Albrecht Graf von und zu Egloffstein ist Kunsthistoriker und entstammt einer fränkischen Familie. Er hat schon an mehreren Publikationen über seine Heimat mitgearbeitet.

Als weitere Titel liegen in der Knaur-Taschenbuchreihe *Reisen und Entdeckungen* vor:

Walther-Gerd Fleck: *»Burgen und Schlösser in Nordwürttemberg«* (Band 4404)
Peter Hawel: *»Klöster«* (Band 3685)
Ludwig Hüttl: *»Schlösser«* (Band 3686)
Werner Meyer: *»Burgen«* (Band 3684)
Werner Meyer: *»Burgen und Schlösser in Bayerisch Schwaben«* (Band 4407)
Günter Stein: *»Burgen und Schlösser in der Pfalz«* (Band 4405)

Vollständige Taschenbuchausgabe
Droemersche Verlagsanstalt Th. Knaur Nachf. München
Lizenzausgabe mit freundlicher Genehmigung des
Verlages Weidlich, Frankfurt/Main

Fotos von Karlheinz Bauer, Bamberg, außer 10 (Verlag
H. Söllner, Ludwigstadt), 97 und 165 (Toni Schneiders, Lindau)
Kartenzeichnung durch Erwin Raeth, Kiel
Umschlagabbildung Veste Coburg, mit freundlicher Genehmigung der
Kunstsammlungen der Veste Coburg
Umschlaggestaltung Klaus Förster
Druck und Bindung Ebner Ulm
Printed in Germany · 1 · 9 · 383
ISBN 3-426-04406-4

1. Auflage

Burgen und Schlösser in Oberfranken

Ein Handbuch von Albrecht Graf von und zu Egloffstein
mit 134 Abbildungen von Karlheinz Bauer

Knaur

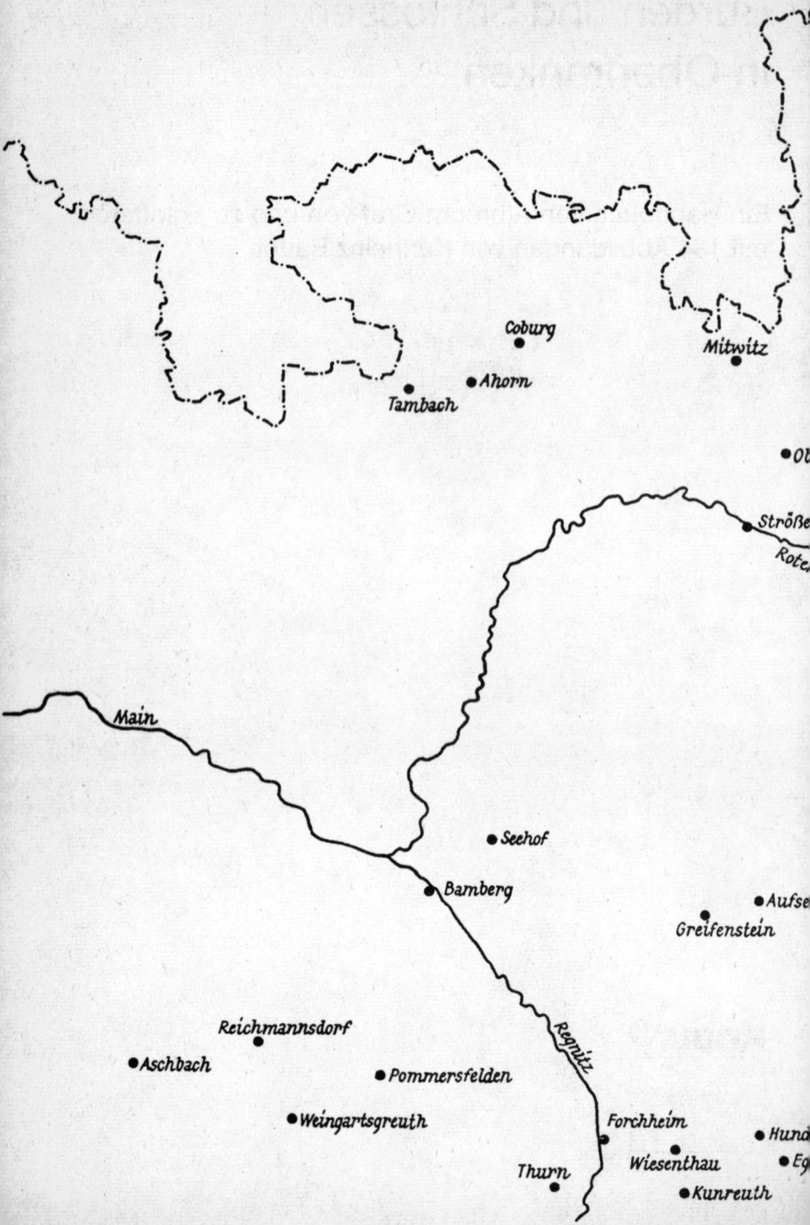

Coburg
Mitwitz
Ahorn
Tambach
Main
Seehof
Bamberg
Greifenstein
Reichmannsdorf
Aschbach
Pommersfelden
Regnitz
Weingartsgreuth
Forchheim
Wiesenthau
Thurn
Kunreuth

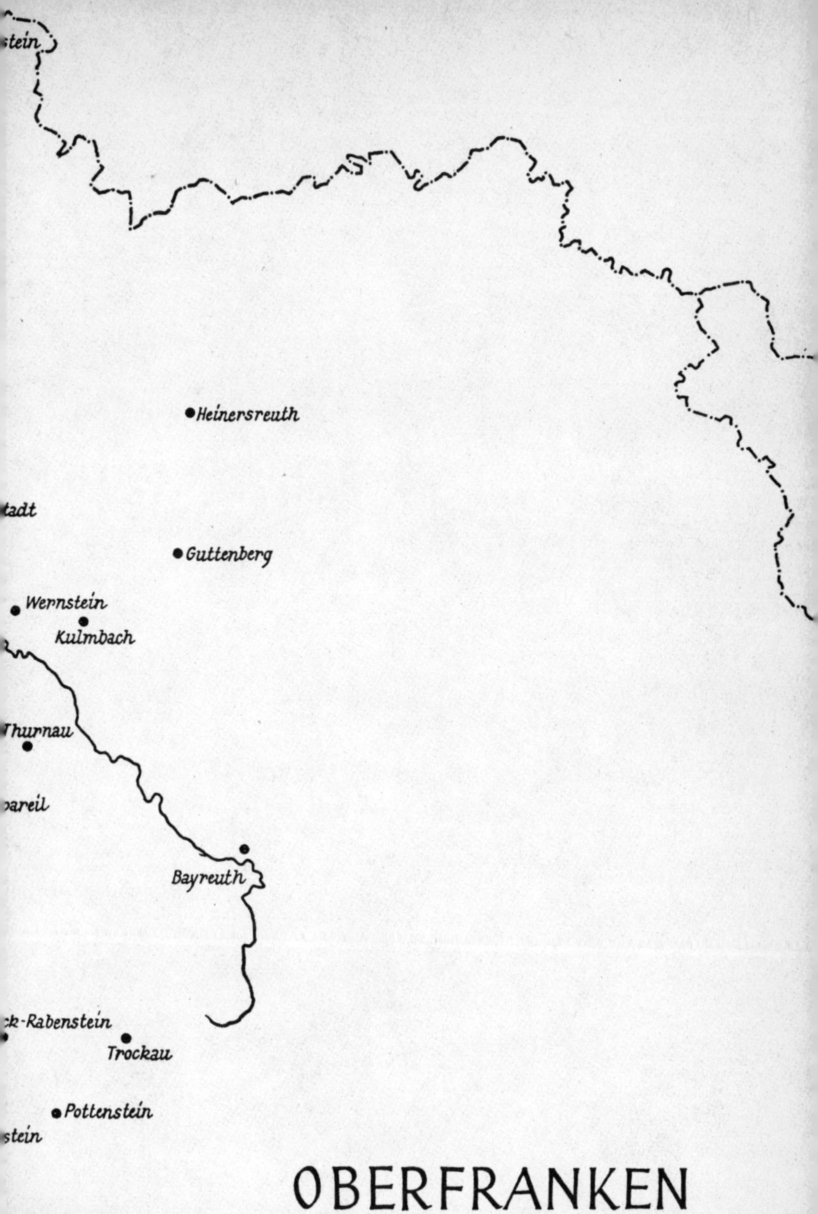
stein
Heinersreuth
tadt
Guttenberg
Wernstein
Kulmbach
Thurnau
pareil
Bayreuth
ck-Rabenstein
Trockau
Pottenstein
stein
OBERFRANKEN

Inhalt

Vorwort

Zwischen einer Landschaft und ihren Burgen und Schlössern besteht eine enge Wechselbeziehung. Ein Stadtpalais ist allein auf seine architektonische Wirkung angewiesen. Ein Landschloß dagegen gleicht eher einem Geschöpf des Erdgrundes. Es nimmt die Natur — Berg, Felsen oder Fluß — zu Hilfe, macht sich seine Umgebung untertan und spannt Gärten, Alleen, Wasserflächen und Götterbäume vor, um die Macht und die Pracht seiner Bauten zur vollen Entfaltung zu steigern.
Das reichgegliederte oberfränkische Land, absteigend von dem waldreichen Fichtelgebirge, Franken- und Thüringerwald, durchzogen vom steilkantigen und zerklüfteten Juraplateau und gesegnet mit fruchtbaren Äckern und Wiesen entlang der Hügelausläufe und Nebenflüsse um den Oberen Main ist insofern zum Burgenbau prädestiniert.
Im Gegensatz zur Monotonie der Ebenen oder der erdrückenden Wucht des jäh aufsteigenden Hochgebirges steht in Franken das bewegte Hügel- und Tälerspiel nirgends still. Formationen aus allen Erdzeitaltern zeichnen immer wieder neue charakteristische Linien, bilden Schichten, Abbrüche, Verwerfungen und liefern Steinmaterial in allen Farben und Qualitäten.
Jede Kuppe, jede Biegung und jede wasserreiche Mulde in Frankens gefälligem Relief ruft daher nach dem dazupassenden Geschmeide von Turmspitzen, Dächerwuchten und Steilgiebeln. Die Erwartung wird nicht enttäuscht, denn in dem schon seit alten Zeiten reich besiedelten Bauernland unterstellte sich jedes Dorf einst der geistlichen Obhut einer stattlichen Dorfkirche und dem weltlichen Schutz eines hervorragenden grundherrlichen Sitzes. Diese Blickfänge befriedigen die Augenlust an markanten Punkten und machen Frankens Landschaft menschlich und geistreich zugleich.
Die geschichtliche Entwicklung folgte —, ja sie erlag der topographischen Verführung, die in der Abwechslungsfülle vorgegeben war. So kam es schon früh nach dem Verfall des großen Frankenreiches zu einer Zersplitterung in unzählige Territorialherrschaften. Weltliche und geistliche, fürstliche und ritterschaftliche Herrensitze übertrafen sich bald in Selbstherrlichkeit und Kühnheit der Bauten. Jeder der reichsunmittelbaren Potentaten anerkannte über sich nur den lieben Gott und den im großen christlichen Reich umherirrenden noch ferneren Kaiser.

Man war auf sich selbst gestellt. Die eigenen festen Mauern waren der einzige Garant für Überleben, Fortbestand und Ansehen.
Diese Vielfalt der fränkischen Landschaft und Geschichte spiegelt sich getreu im Artenreichtum seiner Burgen und Schlösser wider. Kaum ein Herrensitz gleicht dem anderen weder nach Lage noch nach Bauart und Geschichte. Sie stehen damit im Gegensatz etwa zu den Münsterländer Wasserschlössern oder den behäbigen Gutshäusern Norddeutschlands, die ihre Stil- und Wesensverwandtschaft und ihre Abhängigkeit von einem Landesherrn nicht verleugnen können.
Im ganzen gesehen repräsentiert jedoch das bunte Fähnlein der aus dem großen Heer übriggebliebenen Herrensitze in besonderem Maß die Originalität und den Einfallsreichtum Frankens, das als Land der Mitte es besser als andere verstanden hat, die Einflüsse aus allen Richtungen einzufangen und sich zueigen zu machen.
Für Freunde alter Burgen und Schlösser lohnt es sich daher, allein zuliebe der verschieden gewandeten, doch immer harmonisch sich ihrer wechselnden Umgebung anpassenden Steinveteranen, nach Franken zu fahren. Am liebenswürdigsten empfangen sie den Liebhaber verträumter Vergangenheit im Spätherbst, wenn die nicht umzubringenden Herbstastern den fehlenden Gärtner aus wohlleblicheren Zeiten entschuldigen, wenn vertragene Sonnenblumen über die Mauerbrüstungen letzte Ausschau halten und die fallenden Blätter überraschende Durchblicke freigeben, nachsichtig vielleicht auch manchen Verfall zudecken.
Wer nämlich das liebenswürdige Märchen aus nobler Vergangenheit durchschaut, wer weiß, daß dort der Ertrag einer ganzen Ernte für das Abstützen einer Umfassungsmauer dahingegangen ist und daß da das Umdecken des Torturmes die Kosten einer Weltreise und den Erlös aus dem Verkauf des besten Ackers verschlungen hat, wer erfährt, daß man in den Steinkühltruhen im Winter erbärmlich friert und mangels Hilfskräften in den weitläufigen Schlössern auf moderne Bequemlichkeiten verzichten muß, der wird die närrischen Uhus belächeln, die trotz des unaufhaltsamen Verfalls in den Dunkelkästen weiter nisten. Wo in unserem Wohlstandsstaat gibt es noch so viel unlukratives Denken, wo so viel Mut, das Vergangene aufrecht zu erhalten und das Rad der Zeit zurückzudrehen?!
Selbst der Neider aller Größe und Feind des Konservativen wird beim Anblick dieser noch immer imponierenden Monumente aus feudaler Vergangenheit versöhnlich zugeben müssen, daß die für heutige Wohnzwecke um mehrere Nummern zu großen und wahrhaftig nicht „pflegeleichten" Kolosse niemand mehr bedrücken außer ihre Besitzer, zu denen heute bereits vielfach der Staat gehört. Aber auch der Staat und

seine Denkmalschutzämter sind bei der Vielzahl der Schlösser in Franken nicht in der Lage, mit Geldmitteln ausreichend unter die Arme (und brüchigen Flügel) zu greifen.
Insofern erfüllt dieses Buch über die Schlösser Oberfrankens, denen zwei weitere Bände über Mittel- und Unterfranken folgen werden, einen vielfachen und guten Zweck. Wenn es auch nur eine kleine, wenn auch bedachte Auswahl des Vorhandenen bringt, so hält es doch Bestehendes fest, eröffnet in fundierter Weise einen Blick in große Vergangenheit und weckt das Verständnis für ein Kulturgut, das für die fränkische Landschaft unersetzlich bleibt.

Hans Max von Aufsess — Schloß Oberaufsess, im April 1972

1 Lauenstein

Burg, Kreis Kronach

Auf den Höhen über dem Loquitztal, welches von Kronach aus den Weg nach Thüringen am bequemsten öffnet, thront über großen Waldungen auf einem Berg als Wachtposten dieser wichtigen Verkehrsstraße die Burg Lauenstein. Auch heute noch geht die kürzeste Verbindung vom oberfränkischen Raum nach Berlin per Bahn und Auto hier entlang. Im thüringisch-fränkischen Grenzbereich gelegen ist Lauenstein schon immer eine bedeutende Grenzfestung gewesen, von deren Wehrhaftigkeit noch heute die große Anlage zeugt.
Im 12. Jahrhundert vermutet man heute ihre tatsächliche Entstehung. Zumindest scheinen Reste des Bergfrits für diese Datierung zu sprechen. Die genaue Festlegung ist bis 1337 unmöglich. Vorher gibt es verschiedene, sehr wahrscheinliche Vermutungen. Sicher ist nur, daß 1222 zum ersten Male in einer Urkunde der Name Lauenstein auftaucht. Im

12. Jahrhundert wird angenommen, daß die Orlamünde bereits Herren der Burg waren, man hält sogar für möglich, daß Albrecht der Bär, wie die Orlamünde ein Askanier, sich 1138 Adelbert de Lewinstein nannte. Ältester Bauteil dürfte neben dem Stumpf des Bergfrits ein Palas sein, der im Nordostabschnitt des Orlamündebaues, also anstossend an den Thünaflügel, einbezogen ist. Ob die erste Burganlage im Feldzug des bamberger Bischofs Berthold v. Leiningen während des meranischen Erbfolgekrieges 1259/60 zerstört wurde oder auch 1290 von den Erfurtern ist fraglich, möglich, aber nicht nachweisbar. 1337 haben wir die erste verläßliche Nachricht über die Orlamünde (Graf Friedrich v. Orlamünde) in Lauenstein. Es war demnach freies Eigen dieses Grafengeschlechtes, das im thüringisch-fränkischen Grenzbereich große Besitzungen hatte. 1427 wird es Lehen des Markgrafen Friedrich I. v. Brandenburg und deshalb 1427 und 29 von den Grafen v. Schwarzburg überfallen und vergeblich belagert, geht aber schon 1430 an die Grafen von Gleichen-Blankenhain, da die Orlamünde in große Schwierigkeiten geraten waren. 1438 veräußern diese es wiederum an die Grafen Schwarzburg-Leutenberg und 1480 erwerben es Philipp v. Seldeneck und Jacob von Heimburg als Afterlehen. Sieben Jahre später werden sie aber direkt von den Markgrafen von Brandenburg belehnt. Jacob v. Heimburg scheint in der Folgezeit den Besitz ganz in seine Hand gebracht zu haben, wie es 1496 erwähnt wird. 1498, ein Jahr nach dessen Tod, wird Balthasar Graf v. Schwarzburg-Leutenberg belehnt und 1501 Lauenstein an Hoyer Graf von Mansfeld verkauft. 1506 werden für 14.000 Gulden die Thüna Afterlehninhaber der Burg Lauenstein. Sie können wir heute als die bedeutendsten Bauherren der Anlage ansehen. 1514 stiften sie die Pfarrei und führen wenig später die Reformation ein. Heinrich, der Sohn des ersten Thüna auf Lauenstein, ist eng befreundet mit Luther und begleitet ihn 1521 auf den Reichstag nach Worms. Sein Enkel Christoph ist der große Bauherr der Anlage.

So bietet diese heute einen noch recht unverfälschten Burgcharakter, der wohl bereits die Züge einer wohnlicher werdenden Zeit trägt, in der man anfing, es sich in Burgen bequemer zu machen.

1622 geht Lauenstein aber wieder in die Hände der Markgrafen, für zweimal 40.000 Gulden und 2.500 Gulden Handgeld. 1634–35 wird die Burg vergeblich von den Kronachern belagert. Wie die Markgrafschaften Ansbach und Bayreuth erlebt die Herrschaft ein sehr wechselseitiges Schicksal, geht 1791 an Preußen, bis dieses 1803 das Amt Lauenstein an Bayern abtritt. Wie im ganzen anderen Land ist auch in Lauenstein der bayerische Staat daran interessiert gewesen, die Schlösser, für die er keine Verwendung mehr fand, abzustoßen. Das vorerst dort eingerichtete Amt wurde 1837 nach Ludwigstadt verlegt. Durch viele Privathände ging die Burg 1896 an Erhard Meßmer, der es als sein Lebenswerk betrachtete, die ganze Anlage, welche total heruntergekommen war, wiederherzustellen, was ihm im Rahmen der damaligen Auffassung von Denkmalpflege auch gut gelang. 1963 wurde von seinen Nachkommen die Burg wieder an den bayerischen Staat verkauft. Seither untersteht sie der Verwaltung der staatlichen Schlösser, Gärten und Seen, wurde in den letzten Jahren unter gewaltigem Aufwand hervorragend restauriert und wieder der Öffentlichkeit zugänglich gemacht.

Von der ersten Burganlage hat sich heute nichts Sichtbares mehr erhalten. Der Bergfrit an der Südwestecke wurde später abgetragen und ist nur noch in den Fundamenten vorhanden. Danach besaß er einen runden Grundriß. Ein vermutlich mittelalterlicher Bauteil, eventuell ein Palas, steckt wahrscheinlich im Nordostteil des Orlamündeflügels, sowie mittelalterliche Reste im Südwestteil desselben Traktes. Die heutige innere Burg war sicher schon von Anfang an mit einer Mauer umgeben, die etwa der heutigen inneren Burgmauer mit Wehrgang entsprochen haben dürfte. Im 15. Jahrhundert wurde dann wahrscheinlich der äußere Mauerring angelegt mit einem neuen Torbau an der Westseite der Burg. 1514 ist eine Burgkapelle mit Georgspatrozinium beurkundet.

Der Orlamündebau ist in der zweiten Hälfte des 14. Jahrhunderts durch Graf Otto VII. von Orlamünde nach einer teilweisen Zerstörung errichtet worden. Die wesentliche Gestaltung der Burg verdanken wir aber den Herren von Thüna, die Lauenstein im 16. Jahrhundert besaßen. Christoph v. Thüna 1551/54 ist der Hauptbauherr der Burg. Unter ihm entstand der sogenannte Thünaflügel im Nord-Osten der Anlage. Dieser dreigeschossige Bau beherbergt die schönsten Räume der gesamten Burg. Der Grundriß bildet ein Rechteck mit vier angesetzten Mauertürmen. Eine große Ähnlichkeit ist hier mit dem Schloß in Rottweinsdorff bei Pirna vorhanden. Außer diesem großen Neubau wurden die beiden ersten Stockwerke des Orlamündeflügels in ihrem Südwestteil verändert und die Wendeltreppe in einem vorgeblendeten Turm aufgeführt. Der Umbau der alten Toranlage südlich vom Hauptschloß entstammt derselben Bauzeit. Als letztes wurde um 1600 der Saal im Erdgeschoß des Orlamündebaues mit Gewölben versehen und dieser Trakt um ein Stockwerk erhöht. Auf der zum Hof gewandten Seite legte man eine Arkadenreihe vor. Auch aus dieser Zeit dürfte die Veränderung der Toranlage im Westen der Burg mitsamt dem daneben gelegenen Wehrturm stammen.

Damit war die Hauptbauperiode Lauensteins, welches den bedeutendsten Teil seines heutigen Aussehens den Thünas verdankt, beendet.
Die Markgrafen lassen an ihrem Amtsbau nurmehr wenige Veränderungen durchführen. Im 17. Jahrhundert wird die Zugbrücke vor dem Tor durch eine Steinbrücke ersetzt. 1680 erhält der Torturm einen barocken Abschluß. Der bis zum Ende der markgräflichen Herrschaft vorhandene Bergfrit wird in der ersten Hälfte des 19. Jahrhunderts zusammen mit den Turmaufbauten abgerissen.
Erst der Übergang an Erhard Meßmer macht diesem Zerstörungswerk und infolgedessen traurigen Zustand, ein Ende. Seiner Hand ist es zu danken, daß Lauenstein heute noch in dieser Form vorhanden ist. Ein lebhafter Besucherstrom erfüllte seit ihrer Wiederherstellung die Burg Lauenstein. Anziehung boten nicht nur die wiederhergestellten Räume und die Möglichkeit, sich in der Abgeschiedenheit seiner Lage zu erholen, denn ein Teil des Baues dient als Hotel, sondern auch eine große Sammlung alten Inventars, die in erster Linie auf den Burgcha-

Saal im Thünabau, sog. Rittersaal

rakter bezogen war und alten Hausrat und andere, zum Teil erstklassige kunsthandwerkliche Erzeugnisse, darbot. Besonders hervorgehoben werden muß das noch heute vorhandene Museum der Schmiedekunst, mit u. a. einer einzigartig umfangreichen Schlössersammlung.

Ab 1963 konnte der bayerische Staat als neuer Besitzer auf diese Restaurierungsarbeiten aufbauend eine grundlegende Sanierung des Gebäudes durchführen, so daß es heute wieder in ausgezeichnetem Pflegezustand vor uns steht.

Wer heute Burg Lauenstein besucht, erreicht sie auf einer schneckenförmig den Berg sich emporwindenden Straße bis er das erste Tor südöstlich der Burg passieren kann. Im Westen ist auch noch ein Zugang durch die äußere Zwingermauer zur Vorburg vorhanden. Vielleicht war das Westtor der älteste Zugang, der zuerst das Eindringen in einen äußeren Zwinger zwischen den heute nurmehr am Südrand teilweise erhaltenen beiden Außenmauern ermöglichte und dann den Weg im Norden und Osten an der Burg entlang zum Osttor freigab, welches sich in den inneren Zwinger öffnete.

Die Bezeichnung des Westtores mit der Jahreszahl 1749 läßt auf eine Entstehung zumindest der jetzigen Gestalt zu dieser Zeit schließen, als die Burg ihren fortifikatorischen Wert weitgehend eingebüßt hatte und nebenan das Amtshaus errichtet wurde. Der Zugang nötigte den Angreifer, vorbei an der auf entgegengesetzter Seite der Schildhand liegenden Mauer, durch einen Zwinger zum Tor vorzudringen, eine Erschwerung, die immer wieder bei der Anlage von Zwingern bedacht wurde. Das alte Burgtor lag östlich des jetzigen Einganges zwischen Palas (Orlamündebau) und Bergfrit, also an gut zu verteidigender Stelle. Auf einer anderen Seite war kein Eindringen möglich, denn die hohen Mauern, welche die Burg an West- und Nordseite zum hier herumlaufenden Zwinger schützten, waren schwer zu überwinden. Das älteste Tor hat sich samt Bögen, Durchfahrt und Wächterstube erhalten, übt heute aber keine derartige Funktion mehr aus. Der jetzige Zugang liegt im Westen und führt auf einer Brücke, die einen kleinen wassergefüllten Graben überspannt, in den Innenhof. Schießscharten und Pechnase vermitteln einen wehrhaften Eindruck. Nördlich anschließend bewacht ein dreigeschossiger Turm den heutigen Zugang. Er übernahm später dieselbe Schutzfunktion, die vor ihm nur der Bergfrit innehatte.

Von den alten Vorbefestigungen hat sich nurmehr im Süden ein Teil der alten Mauer mit wohl neuerem Wehrgang erhalten. Das anfangs erwähnte Torhaus im Südosten stammt, wie ein Teil der westlich des Zuganges in die innere Burg gelegenen Bauten, welche heute ein Re-

Außenansicht

staurant aufnehmen, aus neuerer Zeit. Im Norden sind ebenfalls Teile der alten äußeren Mauer vorhanden.

Haben wir den Eingang passiert, stehen wir nun den beiden großen Wohnflügeln: Thüna und Orlamündebau gegenüber. Die sehr strenge Atmosphäre des dunklen Bruchsteinmauerwerkes und der Schieferdächer wird gemildert durch einen Wehrgang, der Torturm und Thünabau verbindet, und dessen Hofseite eine reich geschnitzte Maßwerkbalustrade bildet, welche Meßmer aus Nürnberg hierher bringen ließ. Sie stammt ursprünglich aus dem Kutschers- oder Pfannenhof in Nürnberg und dürfte um 1571 entstanden sein. Die Mauern des gegenüberliegenden Orlamündebaues werden im Erdgeschoß durch einen Arkadengang aufgelockert. Einziger sparsamer Schmuck an den sonst recht düsteren Wänden ist das Portal im Turm mit plastischen Renaissanceornamenten. Ein Treppenturm vermittelt, wie auch in der Nahtstelle zum Thünaflügel, dort mit sehr schöner Hohlspindeltreppe den Aufgang in die oberen Stockwerke. Innen wie außen zerfällt der Trakt in zwei Teile, wobei der an den Thünaflügel anstoßende Abschnitt wohl auf den romanischen Palas zurückgeht. Schönster Innenraum dieses Baues ist im neueren, südlichen Abschnitt der große Orlamündesaal.

Die zweischiffige Halle wird von vier Pfeilern unterbrochen, die ein schönes Kreuzgratgewölbe tragen. Im zweiten Obergeschoß nimmt ebenfalls ein großer Saal das ganze Stockwerk ein. Wand und Decke weisen eine schöne Täfelung auf, die aber zum Teil ergänzt wurde. Der Hauptbau der Burg ist seit dem 16. Jahrhundert der Thünabau, dessen Inneres eine Reihe sehr hübscher und für eine Burg des landsässigen Adels ungewöhnlich prächtiger Räume aufnimmt, unter denen der Saal im Erdgeschoß wohl der schönste ist. Die Decke des Sterngewölbes wird von einer mächtigen Mittelstütze getragen. Auch die anderen Erdgeschoßräume weisen schöne Deckengewölbe auf, wenngleich viel einfacher als die im sogenannten Rittersaal. Das erste Obergeschoß beherbergt ebenfalls wieder einen Saal, der durch die ganze Gebäudetiefe geht. Er hat, wie alle anderen Räume dieses Stockwerkes, Holzdecken mit zum Teil sehr schönen Schnitzereien. Im 2. Obergeschoß schließlich findet sich wieder ein großer Raum, welcher die ganze Tiefe des Baues einnimmt. Im sogenannten Betsaal (Südostzimmer) haben sich eine Reihe von Fresken erhalten, die auf 14 Darstellungen christliche Szenen wiedergeben, einen nicht ganz kompletten Kreuzweg, zu dem Dürers Kupferstichfolge die Vorlage bildete. Ihre Entstehung dürfte in der zweiten Hälfte des 16. Jahrhunderts zu suchen sein, also nach Vollendung des Thünaflügels. Außer diesen Szenen sind noch einige Architekturmalereien zur Betonung von Fenstern und Nischen vorhanden. Angeblich sollen sie der Cranachschule verwandt sein. Das untere Dachgeschoß schließlich nimmt ein großer Saal ein, dessen Kassettendecke eine schlichte Bemalung aufweist. Von ehemals zwei Kaminen ist nurmehr einer erhalten. — Dem Verfasser ist ein derartiges Beispiel eines ungewöhnlich großen Saales im Dachboden in Franken nur aus dem Schloß Sommersdorf südlich Ansbach bekannt. — Eine Geheimtreppe verbindet von diesem Stockwerk bis zum Keller alle Geschosse dieses Flügels.

Die Räume sind mit reichhaltigem Inventar ausgestattet, welches zum Teil aus der Meßmerschen Hinterlassenschaft stammt. Vor allem Stücke, die in erster Linie in eine Burg und nicht in ein Schloß gehören, haben hier Aufstellung gefunden.

2 Rosenberg

Veste, Kreis Kronach

Kronach wird im Jahre 1003 zum ersten Male, als „urbs craha", im Besitze des Markgrafen Heinrich v. Schweinfurt erwähnt. Es ging dann über verschiedene Herren an Kaiser Heinrich IV., der es 1122 an Bamberg schenkte und erhielt zu Anfang des 14. Jahrhunderts Stadtrechte. Zu dieser Zeit entstand sicher die Stadtmauer. Sie wurde im Laufe der Jahre immer wieder verbessert, erweitert und Zwinger wurden angelegt, so daß die Mauerzüge den verschiedenen Anstürmen der Feinde durchaus gewachsen waren. Im Hussittenkrieg, dem Markgräflerkrieg und dem 30jährigen Krieg konnten sich dann auch Stadt und Festung erfolgreich verteidigen. Nur im Bauernkrieg wurde alles besetzt, was aber zu keinem

großen Schaden führte. Sogar in napoleonischer Zeit hatte Kronach als Festung noch einen bedeutenden Rang. Erst 1867 wurde diese Eigenschaft der Veste Rosenberg aufgehoben.
Die erste Anlage, welche angeblich schon Bischof Otto der Heilige gebaut haben soll, ist heute nirgends mehr feststellbar. Vielleicht ist mit der erwähnten Burg auch eine am Stadtturm gelegene gemeint. 1249 ist, wie wir aus Urkunden erfahren, mit Sicherheit aber eine Burg auf dem Berg anzunehmen. Sie ging als Pfand an Otto II. v. Schaumberg, dann weiter an die Grafen Hermann und Otto von Orlamünde und 1260 durch den Vertrag von Langenstadt an Bischof Berthold v. Leiningen. Mit diesem Vertrag fand der meranische Erbfolgekrieg sein Ende. Nach der Wiedererlangung der bischöflichen Oberherrschaft begann die Vergrößerung der Burg. Als ältester Teil, wohl in der Mitte des 13. Jahrhunderts anzusetzen, gilt der Bergfrit. Reste eines Wohnbaues sind im Südflügel des Hauptschlosses vorhanden — vor allem die Westmauer des Südflügels und die südlich vorspringende Ostmauer des Torbaues.
Unter Bambergischer Herrschaft beginnt nun die planmäßige Vergrößerung. Als erstes werden im Nordosten des Bergfrits zwei Flügel errichtet, an der Ecke ein Turm erbaut und nordwestlich vom Bergfrit ein weiterer Turm. Die Verbindung zwischen beiden stellt eine hohe Mauer her. An den Ostflügel stoßen das Torhaus und der Brunnen an. Dieser erste Erweiterungsabschnitt fällt in das 14. Jahrhundert. Zur gleichen Zeit wie Forchheim im Süden, wird unter Fürstbischof Lamprecht v. Brunn, Kronach im Norden weiter verstärkt. Ende des 14., Anfang des 15. Jahrhunderts vergrößert man den alten Hauptbau im Süden weiter nach Osten. In der zweiten Hälfte des Jahrhunderts erfolgt unter Georg v. Schaumberg die Erneuerung der beiden Nordtürme und des Torbaues. — Die zweite große Bauphase fällt in die Amtszeit des Fürstbischofs Philipp v. Henneberg. Er ließ die gesamte Anlage von einem Mauerkranz mit Wehrgang und Türmen zur Verstärkung der Verteidigung umziehen. Damit wurde auch ein weiterer Zugang durch diesen äußeren Mauerbering notwendig. Er entstand im Südwesten des Komplexes an der Stelle, wo heute das Zeughaustor in den ersten Hof führt. Weiterhin wurden der südliche Zeughausflügel zum ersten Male errichtet und das äußere und das innere Tor durch eine Streichwehr (vorgeschobenen Bauteil) verstärkt geschützt. Der innere Nordgraben erhielt außerdem eine Futtermauer, und der Ostteil des Hauptbaues im Süden der Anlage wurde im gleichen Jahre, 1486, zur Kapelle umgewandelt. Zur selben Zeit waren wesentliche Teile dieses Traktes Neubauten gewichen, so daß eine etwas verschachtelte Bauweise bestanden haben muß.

In der nächsten Zeit wurden dann die mittlere Futtermauer des Grabens weiter ausgebaut, sowie Ausbesserungen und Verstärkungen vorhandener Bauten vorgenommen. Im 16. Jahrhundert erfolgte ein weiterer großer Schritt in Richtung Ausbau zur Festung. Bischof Weigand v. Redwitz, der ja auch in Forchheim die Lage zum großen Nachteile des Hochstiftes erst zu spät erkannte, obwohl er gut beraten wurde, hat auch in Kronach anfangs kaum etwas für den Ausbau dieses so bedeutenden Stützpunktes seiner Macht getan. Er ließ nur Vorhandenes instandsetzen. Erst 1549—53 erfolgte eine Verstärkung der Mauern und Türme. Der dicke Turm am Zeughaus wurde in seiner jetzigen Gestalt als gewaltiger Geschützturm erneuert und auch die anderen Türme des äußeren Berings wurden verstärkt oder erhöht. Der Nachfolger scheint sich schon mit dem Gedanken getragen zu haben, eine große Festungsanlage zu schaffen, denn er berief den Nürnberger Paul Beheim, der auch zu Forchheim für ihn gearbeitet hatte, nach Kronach. Der große Bauherr der alten Hofhaltung in Bamberg, Veit II. v. Würtzburg ließ die alte Kernburg in einen Wohnbau umgestalten. 1564 wurde als erstes der Ostflügel ausgebaut und erhöht. Für die Arbeiten ist in dieser Zeit Daniel Engelhardt nachgewiesen, der auch in Bamberg wie am benachbarten Mitwitz, das sich im Besitz der Familie des Fürstbischofs befand, mitgewirkt hat. Engelhardt arbeitete seit 1563 an der Plassenburg, wo er Caspar Fischer unterstand, der ja ebenfalls vom Fürstbischof konsultiert wurde. Mit dem Ostflügel, welcher zwei prachtvolle Renaissancegiebel, die eine gewisse Ähnlichkeit mit denen von Mitwitz und Wernstein aufweisen, als Abschluß erhielt, wurde auch der Schieferturm im Süden erhöht. Es folgten der nordwestliche Eckturm (Schmiedsturm) und der nordöstliche Eckturm. Der Nordflügel wurde ebenfalls um ein Stockwerk erhöht. 1571 zog man sogar Caspar Vischer selbst zu Rate, zusammen mit Jörg Wieber und Erasmus Braun, während letzterer auch an der alten Hofhaltung in Bamberg tätig war. Zur gleichen Zeit erfolgte dann noch die Erhöhung des Westflügels und der Bau eines Treppentürmchens am Bergfrit.
Die Schaffung eines außen herumlaufenden Walles fällt auch in diesen Zeitraum, und damit der Beginn für die Anlage einer dritten Befestigungsstufe. Die Kernburg mit ihren vier Flügeln und dem Bergfrit, an den vier Ecken durch Türme und den Torbau gesichert, war umgeben von einem Graben, den man durch das Zeughaustor erreichte, und in welchem man, um die Burg an der West-, Nord- und Ostseite herum, auf eine Rampe im Nordosten gelangte, die zu einem Tor in den Ostflügel führte. Dieser Graben war westlich flankiert vom Zeughaus und weiter von einer rundherum laufenden Mauer umgeben. Im Norden und Westen

stieg das Gelände zu dieser Mauer an. Der neue Wall vor dem Mauerkranz war demnach die dritte Umschließung.

Ernst v. Mengersdorff, der Wegbereiter der neuen Residenz in Bamberg sorgte für eine Vereinheitlichung des Südtraktes der Kernburg, von dem heute noch ein kleiner Verbindungsbau im Osten steht. Das Zeughaus wurde um ein Stockwerk erhöht und nördlich ein neues Zeughaus angebaut. An der Nahtstelle entstand der Treppenturm. Der Nachfolger Mengersdorffs Fürstbischof Johann Philipp von Gebsattel, der abgesehen von der Schaffung der Neuen Hofhaltung in Bamberg auch wiederum in Forchheim eine rege Bautätigkeit entfaltet hat, ließ über dem Tor am Zeughaus einen massiven Trakt aufsetzen. Inzwischen war Daniel Engelhardt verstorben und Heinrich Hellerstein als Festungsbaumeister gewonnen. Weitere Ausbesserungsarbeiten an Mauern und Türmen folgten. Auch scheinen nach Norden, zum Bergrücken als der gefährdetsten Stelle hin, die ersten Basteien errichtet worden zu sein. Der 30jährige Krieg brachte nun den großen Ausbau zur Festung, der auch danach eifrig fortgesetzt und verbessert wurde.

Zuerst wurden verstärkte Erd- und Holzbefestigungen aufgeführt, 1626 im Norden ein gewaltiger Graben ausgehoben und eine Mauer errichtet, die 1631 als neues Werk bezeichnet ist. Einer Belagerung durch die Schweden im Jahre 1632 hält die Feste Rosenberg stand, wenn auch der Verlust einer steinernen und einer hölzernen Bastion schon während der Belagerung bekannt ist.

Nach dem Krieg wird — wie gewöhnlich zusammen mit Forchheim — auch in Kronach viel an der Festung gearbeitet. Von jetzt an erhält sie ihr heutiges Gesicht als Barockfestung. Fürstbischof Philipp Valentin Voit v. Rieneck ist der erste große Bauherr des neuen Systems. Die Mitarbeit des Würzburger Baumeisters Simon Choquet kann man sicher annehmen. Als erstes entsteht die Nordwestbastion mit dem Namen St. Valentin in den Jahren 1656—58, 1659 folgt im Osten die Bastion St. Philipp, später St. Sebastian benannt, im folgenden Jahr zwischen beiden im Norden die Bastion St. Alexander.

Wer diese Anlagen entwarf, ist nicht genau festzustellen. Verbindungen zu Würzburg und auch Mainz werden aber sicher bestanden haben. 1626 wird das äußere Tor geschaffen, dessen überreiches Schmuckwerk große Verwandtschaft mit dem Nürnberger Tor in Forchheim und einem heute nicht mehr vorhandenen Stadttor in Bamberg aufweist. Antonio Petrini ist bei letzterem sicher als Architekt nachgewiesen. Für Kronach wird seine Beteiligung an dem Bau wohl nicht auszuschließen sein. 1663 geht der Ausbau der Bastionen weiter, die südwestliche Bastion St. Kunigunde und die südöstliche St. Heinrich entstehen, letztere ab 1671 bis

1689. Der nächste Bischof, Peter Philipp v. Dernbach baut weiter und erneuert die Bastion im Nordosten nun mit dem Namen St. Sebastian. Johann Christein wird jetzt Festungsbaumeister. Die große Brücke über dem Wall vor dem zweiten Mauerbering wird als rückwärtige Verbindung zur inneren Festung geschaffen. Unter Fürstbischof Lothar Franz v. Schönborn ist mit dem Neubau der Bastion im Norden (Bastion Lothar), vermutlich anstelle der voraufgegangenen Alexanderbastion, der fünfeckige Festungsstern im Inneren abgeschlossen. Wie auf der Wülzburg bei Weißenburg oder auch in abgewandelter Form der Festung Rothenberg bei Schnaittach unweit Nürnbergs ist hier eine heute allerdings von den drei Beispielen bei weitem am besten erhaltene Barockfestung vorhanden. Die letzten Planungen werden sicherlich auch wiederum von Mainz mit beeinflußt worden sein, denn die Verbindung der Ämter des Fürstbischofs haben wohl dazu beigetragen, daß er auch von seiner zweiten Residenz Baufachleute hinzuzog. Maximilian v. Welsch, genau wie Balthasar Neumann aus der Festungsbaukunst hervorgegangen, stammt ja aus Kronach und hat auch später Anteil an der Gestaltung der Festung seiner Heimatstadt gehabt. Über Mainz kam er in kurfürstlichen Diensten wieder nach Kronach, denn aus den Jahren

Rosenberg ob Kronach. Lithographie um 1820

Im Heimatmuseum der Veste

1707/08, 1722 und 1724 sind seine Besuche auf der Veste bekannt und weiß man, daß er Anweisungen zu Renovierungen und Modernisierungen gab. Ihm folgten als Beaufsichtiger und Architekten von Neubauten zwei weitere berühmte Baumeister des fränkischen Barock: Balthasar Neumann und Johann Michael Küchel. Der zweite Schönborn auf dem Bamberger Bischofsstuhle, Friedrich Karl, berief ihn in seine Dienste. 1730—33 entstand der Kasernenbau im Südosten der zweiten Mauer, desgleichen die neue Gestaltung des Haupttraktes der ersten Burganlage im Süden. In dieser Zeit wurden dann vor die rundherum abgeschlossene Festung im Norden weitere Verteidigungswerke gelegt: 1741/43 die Contregarde Carl vor der Bastion Lothar, westlich und östlich von Küchel in den folgenden Jahren das Ravelin Anton und der Waffenplatz Philipp. Westlich vom Ravelin Anton entstand ein weiterer Waffenplatz. Vor diese neuen Anlagen trat dann aber noch, gleichermaßen als fünfte Stufe, im Norden die Schaffung von Erdwällen und Gräben. Damit war die größte Ausdehnung der Festung erreicht, die in der Folgezeit zwar immer wieder überholt, aber nicht mehr vergrößert wurde. Die Napoleonische Zeit brachte ihr, die sie ja seit dem 30jährigen Krieg keine wesentlichen kriegerischen Auseinandersetzungen mehr erlebt hatte, noch einmal eine strategisch wichtige Position. Damals diente sie für die vorrückenden Truppen des Kaisers als Rückendeckung. Es wurden kleine Arbeiten durchgeführt, die Festung nochmals instandgesetzt und der Bergfrit oben mit einer Plattform versehen, auf der Geschütze postiert werden konnten. Aber auch das konnte 1813 den Vormarsch der verbündeten Truppen nach Westen nicht verhindern. Damit begann die letzte Phase Rosenbergs als Festung, und zwar nunmehr seit der Säkularisation in bayerischer Hand. Die Vorwerke im Norden bedurften wiederum einer Überholung, was in den Jahren bis 1859 geschah. 1866 mußte die Veste nochmals im bayerisch-preußischen Krieg in verteidigungsfähigen Zustand versetzt werden, ein Jahr bevor sie als Festung aufgegeben wurde. 1888 kam sie durch Verkauf an die Stadt Kronach, welche sie noch heute besitzt und deren Erhaltung ihr große Sorgen bereitet. Im Inneren wurden Wohnungen eingebaut und das Heimatmuseum im Neuen Zeughaus untergebracht. Im zweiten Weltkrieg nahm die Anlage im Norden einen Rüstungsbetrieb auf, wozu eingreifende Veränderungen vorgenommen wurden. Damit ist die Baugeschichte, die sich heute nurmehr in Erhaltungsarbeiten fortsetzt, im Wesentlichen beendet.

An interessanten Innenräumen hat die großartige Anlage wenig zu bieten. Das Meiste wurde durch Wohnungseinbauten verändert. Zu erwähnen ist vor allem die Schloßkapelle im Ostteil des Südflügels der Kernburg. Sie hat noch ihre ursprüngliche Ausstattung behalten mit dem Altar, einigen Gemälden und Grabdenkmälern und ist ein schlichter Bau, dessen Innenraum durch zwei Rundsäulen unterteilt wird. In den anderen Flügeln gibt es in vielen Räumen schöne Gewölbe und Spunddecken. Nur wenige Zimmer haben noch eine barocke Stuckdecke. Der Südteil des Ostflügels nimmt in seinem Erdgeschoß einen großen gewölbten Saal, den sogenannten Fürstensaal auf.

Die beiden Zeughäuser dienen heute teilweise dem Heimatmuseum der Stadt Kronach. Seine Bestände umfassen eine große Sammlung an Waffen, Hausrat vor allem bürgerlicher und bäuerlicher Haushaltungen mit Bildern, Geschirr, Küchengerät, Möbeln etc. Im Erdgeschoß des Neuen Zeughauses sind in einer großen Halle Kutschen, Schlitten und alte Feuerlöschfahrzeuge untergebracht. Das erste Obergeschoß des alten Zeughauses nimmt in vielen Räumen mit z. T. sehr schönen alten Holzdecken den Hauptbestand auf. Besondere Beachtung verdient auch eine Abteilung, die dem jetzt ausgestorbenen Beruf der Frankenwaldflößer gewidmet ist. Weiterhin hat man aus Kronacher Kirchen — noch heute besitzt es sieben alte Kirchen mit z. T. sehr bemerkenswerter Ausstattung — alte Grabdenkmäler, Altarbilder und Portraits hierher verbracht. Außerdem hervorzuheben ist die wohl einmalige Sammlung von alten Schützenscheiben, die aus dem 18. und 19. Jahrhundert stammen. Schließlich wurden aus Kronach noch eine Reihe von Plastiken hierhin zusammengetragen. Sehr zu Unrecht ist dieses Museum heute leider etwas vergessen, denn seine Fülle von Sammlungen gibt einen Überblick, wie ihn selten eine Stadt in ihrem Heimatmuseum zur Illustration ihrer Geschichte bieten kann. Der Besucher sollte hier nicht versäumen, sich diese Dinge zeigen zu lassen.

Heute betritt man die Veste Rosenberg — die Zugbrücken sind verschwunden — durch das prachtvolle äußere Tor, welches in seinen lebhaften Formen einen besonders reizvollen Kontrast zu der großen glatten Mauer bietet, der es vorgeblendet ist. Das alte Tor hat sich wie an den anderen Eingängen auch hier noch erhalten. Auch die Stelle für das Fallgatter ist noch zu erkennen. Auf der Innenseite ist dem Tor ebenfalls eine reiche Verkleidung vorgelegt. An beiden Seiten tragen Löwen das Amtswappen des Erbauers, Fürstbischof Voit v. Rieneck. Linkerhand liegt das ehemalige Wachhaus, heute Wohnung des Burgwarts. Von diesem Teil aus kann man im zweiten Graben rund um die innere Anlage gehen. Über dem Graben stellen zwei Brücken die Verbindung zwischen Bastionen und innerer Festung her. Auf den Bastionen bilden, wie in Forchheim, an den Ecken kleine Mauertürmchen eine hübsche Zierde, darunter sind in gewaltiger Größe die Wappen der Fürstbischöfe angebracht. Im mittleren Graben standen früher noch eine Reihe von Bauten, die heute verschwunden sind, so ein Waschhaus, das Heu- und Strohmagazin und die alte Artilleriekaserne, später Spital. Dieser mittlere Graben ist von den Bastionen umgeben, die heute noch einen gewaltigen Eindruck vermitteln. Auf der Bastion St. Heinrich im Südosten erinnert die Schwedenlinde noch an den 30jährigen Krieg. Die im Norden vorgelagerten Befestigungsanlagen sind zum großen Teil noch erhalten, verfallen aber leider auch schon an manchen Stellen. In den Bastionen sind eine große Zahl unterirdischer Gewölbe, Kasematten, Gänge usw. eingebaut, die der erhöhten Verteidigungskraft dienten. Sogar ein unterirdischer Brunnen ist vorhanden.

Heute erreichen wir den inneren Bezirk der Festung durch das Tor am Zeughaus. Links erhebt sich der gewaltige Rundturm als Schutz des zweiten Einganges. Den vor uns liegenden Zeughaushof rahmen die beiden Zeughäuser und der Westflügel der inneren Anlage. Eine kleine Treppe vermittelt den Aufgang in den höher liegenden Innenhof. Daneben stand einmal das Kommandantenwachhaus, welches abgebrochen wurde. Unter einem Bogen, der das Neue Zeughaus mit dem Schmiedeturm verbindet, geht man im inneren Graben rechts weiter, um den Kern der Festung. Nach außen hin lag hier früher der Garten des Festungskommandanten. Auf der Seite zum Nordflügel haben einstmals die Schmiede (daher führt der Nordwestturm seinen Namen), ein Stall und eine Zisterne gestanden. Zwischen der Zisterne, die sich östlich an die Schmiede am Turm anschloß, und dem Garten befand sich ein weiterer Bau, Laffettenremise oder auch Schafstall genannt. Über eine Rampe gelangt man dann, vorbei am südlich stehenden Pulvermagazin, auf einer Brücke durch den Ostflügel in den Innenhof. Der Angreifer hatte also früher das Gebäude an drei Seiten zu umgehen, ehe er eindringen konnte.

Tor im äußeren Festungsring

Durch den Ostflügel, Fürstenbau genannt, kommt man also in den Innenhof, der an allen vier Seiten von dreigeschossigen Flügeln umrahmt wird. Am Südflügel steht der Brunnen von 45 Metern Tiefe. Der Fürstenbau hat seinen Namen daher, daß er den Bamberger Landesherren ehedem als Wohnung diente. Heute ist dort eine Jugendherberge untergebracht und die Fürstenküche als Speisesaal hergerichtet. Im Nordflügel wohnte zur bischöflichen Zeit die Dienerschaft, heute sind es Wohnungen.
Der Südflügel war einst den Kommandanten als Wohnung bestimmt. Sein barockes Gesicht erhielt er unter Balthasar Neumanns Führung. Ihm wurde später eine südlich vorgelagerte Terrasse hinzugefügt. An dieser Stelle stoßen innerer Ring der Anlage und mittlerer Mauerring zusammen. Hier entläßt uns eine Treppe in einem kleinen Turm wieder in den mittleren Graben, wo sich östlich noch einige Nebengebäude, wie die Kaserne und verschiedene Maueranbauten finden. Nach Westen zu erreicht man dann wieder das äußere Tor.
Die einzige Belebung dieser großen Mauermassen mit ihren vielen Flügeln und Nebenbauten bilden die 15 Türme mit verschieferten Hauben und die prachtvollen Ziergiebel der Renaissance. Sparsam über den Komplex verstreut sind an Mauern und Türmen die Wappen der Erbauer angebracht, beginnend mit dem Wappen des Fürstbischofs Georg v. Schaumberg geht es weiter mit den Wappen von Philipp v. Henneberg, Heinrich Groß v. Trockau, Weigand v. Redwitz, Veit v. Würtzburg (von der Hand Daniel Engelhardts), Ernst v. Mengersdorff (von Hans Werner), Johann Philipp v. Gebsattel, Philipp Valentin Voit v. Rieneck, Peter Philipp v. Dernbach, Marquart Sebastian Schenk v. Stauffenberg, Lothar Franz v. Schönborn, Friedrich Carl v. Schönborn und Johann Philipp Anton v. Franckenstein.
So weist die Veste Rosenberg in Kronach die für eine Festung typischen, sehr geringen Schmuckelemente auf, da hier in erster Linie auf den Zweck der Verteidigung und Unterbringung großer Besatzung, nicht aber auf kultiviertes Wohnen, auch in späterer Zeit, geachtet wurde.

3 Oberlangenstadt

Schloß, Kreis Kronach

Den chronologischen Abschluß in der langen Geschichte der in diesem Buche behandelten Burgen und Schlösser Oberfrankens bildet das freiherrlich künsbergsche Schloß Oberlangenstadt in der Nähe von Küps. Wie nur wenige Häuser in Franken liegt der Bau inmitten eines großzügigen, alten, englischen Parkes. Vom Balkon des Hauses öffnet sich ein weiter Fernblick in den Talgrund, abgeschirmt zur Straße und dem Dorf durch die breite Kulisse eines alten Baumbestandes.
Oberlangenstadt steht in dieser Gegend als einzigartiger Bau, ohne vergleichbares Beispiel da. Der Baustil — Neogotik, gemischt mit orientalischen Elementen, — ist für den Landadel dieser Gegend absolut ungewöhnlich. Spätestens mit dem Klassizismus hört die intensive Bautätig-

keit dieser Schicht auf und von nun an treten entweder Industrielle oder mit der Industrie reich gewordene Mitglieder des Adels als Bauherren für Schlösser auf. Hier in der Gegend beschränkt man sich allenfalls auf Umbauten. Aber ein vergleichbarer völliger Neubau ist in dieser Art nirgends zu finden in der Nachbarschaft. Bereits 1625 kauft Hans Heinrich v. Künsberg für 20000 fl. das freieigene Gut Nagel unweit Oberlangenstadt mit der oberen neuen Kemenate von den Erben des Wolfgang Heinrich v. Redwitz. 1626 folgte für 18000 fl. das bambergische Lehen Tüschnitz, welches aus der Hand Veit v. Redwitz' auf Trunstadt, Küps und Theisenort an die Künßberg geht. Der 1691 von Johann Heinrich v. Künsberg erworbene Besitz Oberlangenstadt befindet sich seither in der Hand derselben Familie. 1743 wird von dem in bambergischen und mainzer Diensten stehenden Karl Dietrich v. Künsberg ein Herrenhaus mit einem großen Garten errichtet, über das uns wenig bekannt ist. Der heute vor uns stehende Bau des Neuen Schlosses wurde 1862–1864 im Auftrage des Freiherrn Karl August v. Künsberg errichtet. Die Pläne stammen von Volz, der im Dienste Ludwig II. stand. Von der Einfahrtsseite überschaut man als erstes die Hauptfront des Hauses, das in dieser Verbindung von Park und Architektur sehr englisch anmutet. An einen Hauptbau von 5 zu 3 Achsen mit rechteckigem Grundriß schließen an den 4 Ecken polygonale Türme an. Im Norden ist dem Haus ein achteckiger 35 m hoher Turm vorgelagert. Das Hauptportal wird durch einen dreiachsigen, stark vorgezogenen Mittelrisalit betont, der die Ecktürme noch überragt. Auf der Rückseite vermittelt ein Portikus über zwei seitliche Treppen den Zugang zum Haus.

Von den Fenstern sind jeweils die beiden äußeren als einfache, die anderen drei wie auch in den Türmen als Doppelfenster ausgeführt. Die Türme überragen den Hauptbau um ein Stockwerk und finden in einer zinnenbekrönten Attika mit kleinen Ecktürmchen ihren Abschluß. Die Fensterstürze werden im Hochparterre von Stichbogennischen, im 2. Stock von Maßwerk oder Maßwerkblenden, im 3. von Vorhangbögen und in den Obergeschossen der Türme von Kielbogennischen über Stichbögen gebildet. Hier wiederholt sich die ganze Formensprache der Gotik. Die glatte Sandsteinfassade über einem starken Quadersockel wird auf dem 1. und 2. Stockwerk durch umlaufende Gesimse gegliedert und an der Rückseite zusätzlich von zwei Pilastern. Der große Turm mit einem zweigeschossigen Übergang zum Haupthaus besitzt oben eine Reihe von Schlitzfenstern, in beiden Hauptstockwerken, genau wie der Übergang, dreiteilige Fenster. Den Abschluß bilden Zinnen und vier kleine offene Eckerker.

Zurück zum Haus: Betritt man über die vordere Freitreppe die anschließende Vorhalle, die sich in drei Bögen zur Vorfahrt öffnet, so findet man über dem Hauptportal die Jahreszahl der Fertigstellung, 1864. Auf einer Treppe mit Maßwerkbalustrade erreicht man dann die obere Halle, welche einmal den Zugang zum Hauptsalon über dem Eingang vermittelt und mit ihren Fenstern den Blick in den Park freigibt. Seitlich anschließende Gänge verbinden mit den einzelnen Zimmern. Die auf der Vorderseite gelegene Front der Repräsentationsräume ist unter sich durch Flügeltüren verbunden.
In der Halle verdienen vor allem die Deckenmalereien Erwähnung, sie täuschen eine Holzdecke vor und sind mit Pflanzenornamenten und Wappen versehen. Bei den Malereien muß vor allem ihre Akuratesse hervorgehoben werden. Die Hölzer sind bis hin zur Maserung exakt wiedergegeben. Vergleichbare Arbeiten befinden sich im Schloß Kunreuth in mehreren Salons, wurden aber dort übertüncht. Zwei Schränke mit fränkischen Wappen u. a. dem der Freiherren v. Thüna stammen

Maurisches Eßzimmer im nordwestlichen Eckturm

aus deren ehemaligem Besitz Burg Lauenstein. In den folgenden Räumen zeigt sich nun die ganze Phantasie der Ausstattungskunst dieser Erbauungszeit. Ein Teil wurde in jüngster Zeit unter wesentlicher Bewahrung der Stilmerkmale sehr gut restauriert. Von einmaliger Qualität sind die Parkettfußböden, die auch kürzlich wieder abgezogen, in ihrer alten Farbe kräftig hervortreten. Die Verwendung einer Vielzahl von Hölzern führte zu sehr abwechslungsreichen Mustern.

Mittelsalon

Außer dem abgebildeten Mittelsalon in nachempfundenem Barock müssen noch zwei andere Zimmer beschrieben werden, deren Ausstattung besonders originell ist. Einmal das Schlafzimmer, welches in sämtlichen Details der Einrichtung ein interessantes Beispiel des Neurokoko bildet. Ähnlich aufwendige Formen ist man nur aus den Schlössern Ludwig II. gewöhnt. Die Dekoration erfolgte in bester Handwerksarbeit nach bamberger Überlieferung, in der einstmals dort ausgeübten Art. Weiter muß man auf das maurische Eßzimmer im nordwestlichen Turmzimmer hinweisen. Stukkaturen und Wandvertäfelungen sind in reichen Farben gefaßt und noch in bestem Zustand. Die Wände werden zusätzlich durch große Spiegel belebt. Auch dieser Raum ist wie das Schlafzimmer nur den Arbeiten für den Bayernkönig vergleichbar. Man mag über die Schönheit dieser Teile streiten. Fest steht, daß sie in handwerklich bester Tradition ausgeführt wurden und nicht nur in dieser Gegend den Anspruch auf besondere Originalität haben. Weiter beherbergt ein Raum neben dem Mittelsalon von Tapeten über Möbel bis zu Glas, Fayencen und Zinn eine komplett neugotische Einrichtung. In den anderen Räumen setzt sich die aufgezeigte Stilrichtung gemäßigt fort. Man könnte hier auch noch das sehr kuriose Jagdzimmer nennen, das neben sehr witzigen Sammlungsgegenständen vor allem auch ausgezeichnete Trophäen birgt, die vor allem den jetzigen Besitzer als ausgezeichneten Waidmann ausweisen.

Durch das ganze Haus verstreut, findet sich außerdem eine Menge an Inventar aus der Erbauungszeit, wie es wohl in kaum einem anderen Schloß in dieser Fülle noch heute zu finden ist und allein deswegen schon besonders hervorgehoben werden muß. Darüberhinaus ist aber auch eine große Zahl guter älterer Stücke vorhanden. Im Park liegen noch ein Nebenhaus aus derselben Zeit wie das Schloß, welches als Garage und Stall dient, ein weiteres Gewölbe, die Gärtnerei oder das sogenannte Alte Schloß, entstand 1806, als eingeschossiger, verputzter Bau mit Mansarddach.

So bildet Oberlangenstadt ein seltenes, in Oberfranken das einzige, Beispiel für eine Schloßanlage, die in Haus und Park gemeinschaftlich dem englischen Vorbild folgt. Dieser Parkstil hatte sich zwar schon lange in der Gegend verbreitet, aber nirgends eine derartige Ergänzung in einem Schloßbau erfahren. Er beruht neben dem bereits zitierten Wert als Kuriosum vor allem auf der Bedeutung dieser stilistischen Geschlossenheit des Komplexes, mit der hier zum letzten Male in Oberfranken eine Einheit von Haus und Garten neu geschaffen wurde. Mit Oberlangenstadt hört der oberfränkische Schloßbau auf. Eine neue Gesellschaftsschicht bestimmt die Form der repräsentativen Bauten. Die Industriellen-Villa entsteht. Das Schloß entspricht nicht mehr den Bedürfnissen und Erwartungen dieser Zeit. Nur noch sehr wenige Große bauen Schlösser. Wie für das Barock das Schloß Versailles bildet für die Gründerjahre die Villa Hügel das Paradebeispiel des Repräsentationsbaues der neuen herrschenden Klasse.

4 Strössendorf

Schloß, Kreis Lichtenfels

Die erste Nennung des Ortes erfolgt 1180, als eine Bamberger Urkunde besagt, daß die Brüder von Langheim von Rudolf von Widence Strössendorf erworben haben und dieses durch den Bischof von Bamberg an Langheim gegeben worden ist. Für die nächsten 120 Jahre fehlen uns weitere Nachrichten. Der erste Besitzer Rudolf de Widence wird 1225 zum letzten Mal genannt.

Als Herren folgen nun vermutlich die Marschall von Kunstadt, deren Geschlecht, genau wie die Redwitz, aus dem Stamme der Kunstadt kommt. Diese Familien gehen, so nimmt Erich Guttenberg an, auf Wickerus de Langheim zurück. Es ist aber nur eine Vermutung. Ebenfalls zu diesem Stamm gehören wahrscheinlich die Rotenhan. Besitzzugehörigkeit und übereinstimmende Wappen (bei den Rotenhan in früherer Zeit) unterstützen diese Annahmen weitgehend.

Die Besitzer von Strössendorf werden erst mit Gundeloch II. Marschall von Kunstadt 1301 wieder bekannt. Er ist 1266–1310 beurkundet. Weiter wird sein Sohn Friedrich I. 1307–60 (nach Schaumberg) genannt. Ein Vetter Friedrich II. tritt 1351 dem Konvent das Vorkaufsrecht für das an Langheim verpfändete Strössendorf ab. Über dessen Sohn, Friedrich III., der vermutlich keine Kinder hatte, scheint es an den Vetter Friedrich IV., einen Enkel Gundelochs, und dann an dessen Sohn Wolfram IV. gekommen zu sein, der 1403 als zu Strössendorf gesessen beurkundet ist. Andererseits besteht die Möglichkeit, daß mehrere Familienmitglieder gleichzeitig Besitz oder Anteile hatten und es dann an Wolfram IV. kam. Die genaue Besitzfolge ist nicht mehr exakt zu ermitteln.

Dieses freie Eigen trägt Wolfram den Markgrafen Friedrich und Wilhelm von Meißen zu Lehen auf. Wolframs Frau 1405 Witwe, gibt ihren Sitz zu Strössendorf 1407 oder 08 an ihren Schwager Heinrich von Schaumberg. Auf ihren Mann geht der Bau der Kapelle zu Strössendorf zurück.

Es ist anzunehmen, daß bei diesen komplizierten Verhältnissen mehrere Mitglieder verschiedener Linien hier Anteile hatten, wie wir ja auch von den stammverwandten Redwitz, zum Beispiel gemeinsamen Besitz Iring von Redwitz' und seines Bruders Wolfram von Redwitz, kennen. Die Redwitz und die Kunstadt sind beide vielfach verschwägert mit den Schaumberg, woraus sich wohl auch der Übergang Strössendorfs an die Schaumberg erklären läßt. 1335 verkauft die Witwe Wolframs v. Redwitz ihren Besitz zu Strössendorf für 222 Pfund Heller an das Kloster Langheim. 1350 werden die Brüder Eyring und Theoderich v. Redwitz dort genannt. Sie tauschen Besitz mit dem Kloster Langheim. 1352 verkauften Eyring v. Redwitz (genannt v. Teuschnitz), seine Frau und sein Bruder Arnold ihr halbes Lehen zu Strössendorf für 40 Haller an Langheim.

Als 1405 Wolfram von Kunstadt, den wir als Hauptbesitzer und wohl auch Inhaber der Burg ansehen müssen, ohne Nachkommen stirbt, stiftet die Witwe, gemäß dem Testament des Mannes, für ihr Seelenheil dem Kloster Langheim Besitzungen mit bestimmten Auflagen. Wenn das Kloster diese nicht einhalte, sollen die Einnahmen der Pfarrei Strössendorf, welche sie und ihr Mann gebaut hatten, zukommen. Das freie Eigen an Strössendorf wird wie gesagt um 1408 an Heintz v. Schaumberg übertragen. Das Schloß ist von nun an offenes Haus für das Bistum Bamberg. Von nun an bleibt die Burg bis 1858 in schaumbergschen Händen.

Zu dem Besitz Strössendorf gehören damals außerdem Liegenschaften zu Burgkunstadt, Weidnitz, Ebneth, Ober- und Unterlangenstadt, Nagel, Küps, Baiersdorf, Trainau, Theisau, Reuth bei Kirchlein und Tüschnitz. Der Übereignung an die Schaumberg im Jahre 1407 war schon 1405 eine teilweise Übergabe von Land zu Trainau, Mannsgereuth, Tiefenklein und auch Burgkunstadt vorausgegangen.

Das Geschlecht von Schaumberg ist ein fränkisches Ministerialgeschlecht, welches zuerst mit Heinricus de Schaumberg, Reichslehensträger zu Schaumberg und Schalkau und Ministeriale der letzten Herzöge Otto VII. und Otto VIII. von Meranien im Jahre 1216 zusammen mit seinen zwei Söhnen im siegelfähigen Alter beurkundet ist. Mit ihm beginnt die ununterbrochene Stammreihe der Familie. Wie auch die Vorbesitzer von Strössendorf, gehören die Schaumberg der fränkischen Reichsritterschaft in den Kantonen Baunach, Rhön-Werra und Gebürg an. Biedermann, der Genealoge des 18. Jahrhunderts für die fränkische Ritterschaft, weiß von 16 Hauptlinien dieses verbreiteten Hauses zu berichten, die er alle in seinem Werk erwähnt.

Der erste Schaumberg auf Strössendorf: Heinz von Schaumberg, Knoch genannt, wird 1395 und 1396 in einem Vertrag über Rauenstein und 1405 bis 1416, zu Burg Ellern gesessen, genannt. Diese Ganerbschaft war unter anderem auch anteilig im Besitz des Hans von Giech. Heinz von Schaumberg stirbt vermutlich vor 1419 ohne Kinder. Seit Oktober 1419 hat sein Vetter Michael I. von Schaumberg diesen und anderen Besitz zu Traustadt, Lisberg, Hof an der Steinach und Nagel. Er ist seit 1409 mit Margarethe Marschalk von Kunstadt verheiratet. 1414 erhält er Eichenbühl bei Kronach als Bamberger Lehen. Mit der Übernahme von Strössendorf erfolgt am 5. 10. 1419 die Lehensauftragung dieses Teiles an den Burggrafen Johann III. von Nürnberg. Danach zu schließen, müssen zwei getrennte Teile in Strössendorf bestanden haben, also vermutlich auch zwei Kemenaten. 1422 erfolgt dann die Belehnung der beiden Brüder Michael und Georg von Schaumberg mit verschiedenem Besitz durch Bamberg. Strössendorf und seine Zugehörungen waren also teils in bamberger, teils in burggräflich nürnberger Lehensabhängigkeit. Diese Teilung findet sich bei vielen ritterschaftlichen Familienbesitzungen und führt in dieser und folgender

Zeit oft zu Streitereien innerhalb der Geschlechter, bei denen die großen Territorialherren oftmals mit hineingezogen wurden und versuchten, für sich einiges zu gewinnen. Von den beiden 1422 belehnten Brüdern spielt Michael eine besonders bedeutende Rolle. Er nimmt 1433 am Hussittenkrieg teil und ist der Vertreter der Bamberger und Würzburger Ritterschaft im Stiftsstreit vor dem Hofgericht in Coburg. 1417 empfängt er auf dem Konzil zu Konstanz die Reichslehen und stirbt als Geschlechtsältester, nachdem er 1441 mit verschiedenen Besitzungen vom Markgrafen belehnt worden ist, im Jahre 1454. Seine Söhne erhalten den zu Lebzeiten des Vaters geteilten Besitz. Nun geht dieser, oftmals nicht in einer Hand, durch Erbgang in seinen bedeutenderen Teilen weiter an die Nachkommen Michaels v. Schaumberg. Mit Konrad, der 1549 nicht mehr lebt, erlischt dieser Stamm des Hauses. Strössendorf geht nun ganz an die Nachkommen des Bruders Michaels, Georg, dessen Enkel Veit bereits 1464 einen Anteil an Strössendorf besaß.

1469 tragen er und sein Bruder ihre Teile dem Bischof von Bamberg, bzw. dem Markgrafen, zu Lehen auf. 1487 beurkundet der Bischof, daß er seine Lehen an die Schaumberg zu Strössendorf dem Geschlecht solange, wie es männliche Mitglieder hat, sonst aber den weiblichen Mitgliedern als Lehen zuerkennen will. 1497 ist Wolf von Schaumberg Besitzer von einem Teil Strössendorfs. Mit dem Erwerb des anderen Teiles, seines Onkels Konrad, 1514, kommt er in den Alleinbesitz von Strössendorf. Vorher hatte es hier wohl drei Parteien gegeben, einmal zwei Familien der Nachfolger Georgs und dann einen Nachkommen Michaels. Von nun an haben die Agnaten des ersten Alleininhabers Wolf, der mit einer Berlichingen verheiratet war, Strössendorf in ihrer Hand. Die Eigenschaft als Lehensherren haben aber weiterhin Bischof und Markgraf. 1619 baut der Enkel von Wolf v. Schaumberg, Achaz-Georg Wolf eine neue Kirche. Im Dreißigjährigen Krieg ist das Schloß öfters unbewohnt, und auch noch danach. 1644 fällt es als Pfand an Hans Wilhelm von Streitberg, der bis zu seinem Tode 1690 zusammen mit der Witwe des Vorbesitzers dort lebt. Sein Grabmal befindet sich in der dortigen Kirche. Der Sohn des Verpfänders, Johann Georg, zieht 1719 nach dem Tod seiner Mutter nach Strössendorf. Seine Kinder bekommen den Besitz und der jüngere Sohn wird, nach der Heirat mit einer von Werdenstein, wie seine Frau katholisch. Die Schaumbergs hatten sich ansonsten seit der Reformation zum evangelischen Glauben bekannt. Dieser erste katholische Schaumberg führt, der Zeit entsprechend, in Strössendorf ein großes Haus. Seine Erben leben aber meist wieder als Hofangestellte (Oberjägermeister) in Bamberg. Erst der Urenkel des großen Barockherren zieht wieder nach Strössendorf und verkauft es, ein Jahr vor seinem Tode, 1858 an Franz-Friedrich Karl Freiherrn von Seckendorff-Aberdar aus Unternzenn. Von diesem gelangt der Besitz mit seinen Zugehörungen an Söhne und Enkel. 1911 wird der testamentarischen Verfügung des Erwerbers entsprechend, der Besitz in zwei Fideikommisse getrennt. Das eine umfaßt Strössendorf mit Weidnitz und Ortsberg, das andere Klein-Ziegenfeld und Trautskirchen. Nachdem der eine der beiden Erben ohne Söhne stirbt, kommt der gesamte Besitz an Walter v. Seckendorff und dann weiter an den heutigen Besitzer, Christoph Freiherrn v. Seckendorff-Aberdar.

Wie die Behandlung fast aller Schlösser auf dem Lande zeigt, hat hier die Geschichte ihre Ausprägung in vielen Kriegen und Fehden erfahren, die an den meisten Bauwerken erhebliche Spuren hinterließen.

Eine Zerstörung im Hussittenkrieg erscheint möglich, da zu dieser Zeit der Hausherr auf dem Konzil zu Konstanz weilte und nachher an dem Vergeltungskrieg teilnahm. Bei dem Fürstenkrieg, an dem ein Verwandter der damaligen Besitzer, der Bamberger Bischof Georg von Schaumberg, beteiligt war, scheint die Burg, den Klagen des Bischofs nach zu urteilen, welche überliefert sind, ebenfalls in Mitleidenschaft gezogen worden zu sein. Im Bauernkrieg hatte die Burg, wie die meisten anderen in der Umgebung, ebenfalls zu leiden und wurde 1525 zerstört und geplündert. Der Schaden wurde auf 4000 fl. geschätzt, eine sehr hohe Summe, die dafür spricht, daß die Beschädigungen am Haus nicht erheblich gewesen sein müssen. Bei dieser Schätzung entfallen 3600 fl. auf das Haus und 400 fl. auf fahrende Habe. Ob allerdings die Entschädigung auch vom Bischof bezahlt worden ist, bleibt fraglich, denn meistens wurden höhere Forderungen eingereicht, als sie der Wirklichkeit entsprachen, damit man wenigstens einen annähernd gerechtfertigten Betrag erhielt. Im Dreißigjährigen Krieg fielen 1632 die Weißmainer ein und plünderten das Haus. 1733 brannte das Wildzeughaus ab.

Die Baugeschichte umfaßt sechs Perioden, die uns aus Urkunden und Baurechnungen bekannt sind.

Die erste Anlage dürfte im 13. Jahrhundert aus einem massiven Untergeschoß mit vorkragendem Oberbau aus Fachwerk bestanden haben. Den Zugang zum Obergeschoß vermittelte eine Holztreppe im Inneren des Hauses. Das Untergeschoß wies vermutlich nur schmale Lichtschlitze auf, die als Schießscharten dienten. Im Südosten des Hauses war ein Rundturm vorgebaut, der im Rahmen eines Walles und Palisadenzaunes der Verteidigung diente. Im Norden verwehrten ein steiler

Halle im ersten Stock

Geländeabfall und hohe Mauern den Zugang. Der Eingang zum Haus erfolgte vermutlich über eine Holzbrücke, die den Graben im Westen überspannte. Erbauer dieser Anlage sind wahrscheinlich die ersten Besitzer aus dem Geschlechte von Weidnitz.

Die Periode eines ersten Um- bzw. Neubaus fällt in die zweite Hälfte des 14. Jahrhunderts. Sie folgte unter dem Marschalk v. Kunstat und ist wohl auf eine vorherige Zerstörung zurückzuführen. Altes Material fand bei den Neubauten Verwendung. Der erste Bau wurde durch einen Anbau in der Nordwestecke der heutigen Anlage erweitert. Außerdem entstand ein Berchfrit. Dieser Kern bildete mit einer einen Hof umschließenden Mauer einen fast quadratischen Grundriß. In der Nordwestecke des Komplexes sprang ein zweistöckiger Rundturm vor. Außerdem erhielten zwei Räume Tonnengewölbe. Die Burg wurde außer durch die Mauer noch von Wall und Graben gesichert. Die Kapelle, welche 1408 erwähnt wird, befand sich wohl an der Stelle des heutigen Jungfernbaues. Sie nahm die strategisch schwächste Stelle der Burg ein und war durch weitere Verteidigungsanlagen geschützt. Die dritte Bauperiode ist unter den Schaumbergs anzunehmen. Bald nach Übergang des Besitzes an dieses Geschlecht wird man mit Umbauten begonnen haben, die sich mit Unterbrechungen von 1415 bis 1525 hinzogen. Michael von Schaumberg wird die Anlage im Nordosten und Südwesten erweitert haben. Wobei der Südwestflügel wohl erst nur ein Holzbau gewesen ist. Ein innerer Treppenturm und Westflügel stammen ebenfalls aus dieser Zeit. Ein westlicher Anbau führte nun bis zum Halsgraben.

Damals bekam die Burg zwei Zugänge. Im Westen, geschützt durch einen westlichen Anbau und die wehrhafte Kapelle, über eine Zugbrücke, und im Osten durch ein Tor am Bergfrit.

Die inneren Bauten zerfielen zu jener Zeit in drei Flügel, hinzu kamen der Bergfrit, die Wehrtürme, Mauern, Graben, Kapelle, Brunnen, Brücken und Wall.

Der westliche Teil war bambergisches Lehen, der östliche bayreuther. Die Burg bot so einen annähernd hufeisenförmigen Grundriß, der im Süden durch eine Wehrmauer geschlossen wurde. Der Unterteil des Erkers und die großen Giebel am Hauptbau entstammen derselben Zeit.

Die vierte Bauperiode umfaßt etwa die Zeit zwischen 1530 und 1570. Der Bauernkrieg machte einen totalen Wiederaufbau nötig. Der südwestliche Seitenflügel entstand neu mit dem Erker, und der innere Treppenturm wurde abgebrochen, dafür ein schräger Verbindungsgang geschaffen. Der neu errichtete Raum erhielt ein Gewölbe. Weiter schritt man zum Ausbau des Wehrganges im Süden für Wohnräume. Außerdem wurde eine protestantische Hauskapelle eingerichtet.

Die Bauten unter Achatz Georg Wolf v. Schaumburg von 1595–1620 umfassen den Ausbau des Jungfernbaues, die Errichtung des Treppenturmes, welcher heute den Hauptzugang bildet, und die Vergrößerung der Fenster.

Der Barockzeit verdankt das Haus dann die letzte gestaltende Periode. In den Jahren 1736–70 wurden das Äußere teilweise vereinheitlicht, ein Großteil der Fenster in ähnlicher Form verändert und innen die Räume umgebaut und einfache Stuckdecken angebracht. Erst in dieser Zeit wurden die Verbindungen der einzelnen Trakte in jedem Stockwerk geschaffen. Damit ist die Baugeschichte des Schlosses zu Ende. 1742 baute man im freistehenden südöstlichen Wehrturm eine Kapelle ein.

Heute zerfällt Strössendorf in zwei Gebäudegruppen, welche zum Schloßkomplex gehören: die südlich vorgelagerte Ökonomie mit einigen älteren Bauten, einer Scheune aus dem vorigen Jahrhundert und das Schloß mit einer Vielzahl an Baukörpern unterschiedlicher Höhe und Größe, die sich um einen winzigen Innenhof mit dem Bergfrit gruppieren. Abseits liegen nur die Kapelle und der durch einen schmalen Übergang verbundene Jungfernbau. Die Kapelle weist im Inneren eine äußerst interessante Architekturmalerei auf, die an Arbeiten des Italieners Marchini zu Pommersfelden und Wiesentheid erinnert. Das Schloß, dessen Fenster im Wesentlichen alle barockisiert wurden, besitzt durch die vier verschiedenen Dachflächen unterschiedliche Giebel aus Fachwerk, Sandstein oder verputztem Bruchstein sowie Erker an Süd- und Westfront, eine sehr lebhafte Silhouette, deren Farbigkeit im Herbst durch den am Südbau rankenden sich verfärbenden

Katholische Kapelle

Wein noch verstärkt wird. Im Inneren herrscht ein ebenso buntes Konglomerat wie Außen. Alle Stile des Baues sind auch hier vertreten. Von mittelalterlichen Kellergewölben angefangen, über gotische Räume mit prachtvollen profilierten Spunddecken und auch Spundwänden — hier muß besonders die große Halle im Nordostflügel, zusammen mit dem Bergfrit der älteste Teil, erwähnt werden — und schließlich die der Renaissancezeit zuzuordnende heutige große Eingangshalle des 1. Stockes im Westflügel, der ein entsprechender Raum im 2. Stock mit Spunddecken und schönen, stark gedrehten Säulen entspricht. Außerdem finden sich auch barock stukkierte Räume im Haus.

Diese vielseitige Baugeschichte spiegelt sich auch in einem von den Freiherren v. Seckendorff mit großer Kenntnis zusammengetragenen Inventar, welches einen breiten Überblick, nicht nur über das Kunstschaffen Frankens in den letzten Jahrhunderten gibt. Erinnerungsstücke an Familienmitglieder fehlen ebensowenig wie Reminiszenzen an bekannte und befreundete Fürstenhöfe, in deren Diensten viele Mitglieder des Geschlechtes, das immer ungewöhnlich zahlreich war, gestanden haben. Unter diesen Dingen finden sich viele auserlesene Kostbarkeiten von hohem Rang. Auch der heutige Besitzer widmet sich mit großer Hingabe dem Ausbau und der Pflege des übernommenen Kulturgutes.

5 Mitwitz

Schloß, Kreis Kronach

Ursprünglich gehörte Mitwitz den Freiherren von Schaumberg, in deren Besitz es mit Sicherheit seit dem 13. Jahrhundert war. Ob die Herren von Mitwitz, welche im 15. und 16. Jahrhundert auftauchen, als Nachkommen schaumbergscher Ministerialen angegeben werden können, ist fraglich. Im Mittelalter ist Mitwitz freies Eigen und mit der Öffnung 1315 durch Heinrich V. und Eberhard IV. v. Schaumberg für das Hochstift Bamberg wird es abhängig und schließlich 1396 Lehen.

Aus dieser Zeit stammt vermutlich der untere Teil des Nordturmes und des Nordostflügels, der einige tonnengewölbte Keller besitzt.
1425 wechselte es dann durch Verkauf Otto, Georg und Linhard v. Schaumbergs in den Besitz der Herren von Rosenau. Erste Herren aus diesem Geschlechte auf Mitwitz sind Heinrich und Günther v. Rosenau. Sie entstammen dem Coburger Münzmeistergeschlecht, das in der zweiten Hälfte des 13. Jahrhunderts zum ersten Male auftritt. Es erwarb im Laufe des 14. Jahrhunderts auch außerhalb Coburgs Vermögen und vermehrte dieses ständig. Außer Mitwitz gehörten dazu der Lichtenfelser Forst, Neuhaus (Südthüringen) mit 12 Dörfern, Gauerstadt, Eichhof, ferner Schloß Öslau, Schloß Ahorn und Güter in Ketschenbach, Gestungshausen, Scheuerfeld, Schlettach, Finkenmühle und Buch. Mit dem 16. Jahrhundert kam ein weiterer erheblicher Besitz dazu. Alle coburger Lehen des Klosters Saalfeld fielen an das Geschlecht. Den Rosenauern ist wohl die Errichtung oder Erweiterung des Schlosses Mitwitz zu verdanken, das 1523 erwähnt wird, nachdem 1506 nur eine Behausung genannt ist. 1525 erfolgt die Zerstörung im Bauernkrieg. 1527 ist das Haus aber bereits wieder aufgebaut. Die Zeit dieser Familie in Mitwitz endete 1575, als Hans Berthold v. Rosenau, eine der unerfreulichsten Gestalten dieses Geschlechts, es an Hieronymus v. Würtzburg verkaufte. Er war in Geldschwierigkeiten gekommen, die auch z. T. auf den hinterlassenen Schulden seines Vaters Silvester beruhten. Er selbst wirtschaftete dann auch so schlecht, daß er den gesamten Besitz, welcher recht umfangreich war, mit seinem Tode, um 1609, schwer verschuldet hinterließ.
Der Familie der Herren von Würtzburg gehört Mitwitz dann bis 1922. Ihr verdankt das Haus im wesentlichen seine heutige Gestalt. Das Geschlecht ist im 11. Jahrhundert zum ersten Male nachweisbar. Seine Stammreihe beginnt 1137 mit Heroldus, der sich 1152 de Wirzeburg nennt. Es gehörte dem Kanton Gebürg der fränkischen Ritterschaft an. Als erste Baumaßnahme erfolgte, wohl noch vor 1577, der Bau der Kapelle in der südlichen Hofecke. 1596/98 wird vermutlich dann unter Leitung von Daniel Engelhardt, der seit 1566 im benachbarten Kronach an der Festung arbeitete und außerdem den Neubau der Kanzlei in Bamberg geplant hatte, das Hauptschloß grundlegend umgebaut und vergrößert. Das Haus erhält damit seine Gestalt, in der es noch heute vor uns steht. Um einen unregelmäßig rechteckigen Hof entstehen durch Umgestaltung vorhandener Bauteile eine Vierflügelanlage und an jeder Außenecke ein Turm. Dem ältesten Teil — Nordostflügel — wird statt des Fachwerkobergeschosses ein massives aufgesetzt. Neu errichtet werden der Südwest- und Südostflügel, sowie der Eckturm im

Osten. Die Eingangsseite (Nordwesten), bisher nur durch eine Mauer gebildet, erhält im ersten Stock einen schmalen Verbindungstrakt. Im gleichen Zuge dieses Um- und Neubaues erfolgt die Errichtung des großen im Osten vorgelagerten Traktes mit Verwaltung, Torhaus und Ställen.
Die Verbindung des Bauherren Hans I. Veit zum wallersteinischen Baumeister Hans Alberthal, wohl infolge der Absicht, einen Bau für die Verwaltung zu errichten, scheint ohne sichtbare Folgen gewesen zu sein. Der 1610 errichtete Bau wurde vermutlich von Peter Sengelaub aus Coburg entworfen und durch Peter Kraucker ausgeführt. Die 1608 nachweisbare Tätigkeit eines Meisters Heinrich aus Kronach (vielleicht Heinrich Hellermann) gilt vermutlich für den Eckraum. Zur Ausschmückung der neuen Bauten hat man eine Reihe von Handwerkern herangezogen. Erwähnt seien hier für den Giebel Jobst Müller, sowie für andere Arbeiten Claus Hünlein. Mit diesem Projekt verbunden erfolgte eine Umgestaltung des Torhauses an der Innen- und Außenseite. Die von Breuer gezogenen Vergleiche zum Südflügel des Schlosses Redwitz/Rodach führen zur Annahme, daß Hans Fridmann der Architekt war. An der Innenseite wurde ein Arkadengang angelegt, dessen Sandsteinbalustrade 1609 auch Müller nach Entwürfen von unbekannter Hand fertigte. Aus der gleichen Bauzeit stammt dann noch der lange anschließende Teil, die ehemaligen Wirtschaftsgebäude. Als letztes entstehen 1626/29, von Hans Fridmann und seinem Sohn Joachim geplant, die Stallungen.
In den folgenden Jahrhunderten erfolgen dann nur noch geringe Korrekturen des äußeren Bildes. Eine etwas regere Gestaltungstätigkeit setzt noch einmal im 18. Jahrhundert ein. Die beiden neueren Südost- und Südwestflügel werden gesichert und mit zum Teil unschönen Stützen versehen. Außerdem erneuert man die meisten Fenster und baut das Innere gründlich um. Das Kuratenhaus entsteht wohl im 18. Jahrhundert, wird im 19. Jahrhundert umgebaut und erhält um 1900 sein jetziges Obergeschoß. Ferner wird eine Balustrade zum Verwaltungsbau errichtet, eine zweite in entgegengesetzter Richtung ein kleines Stück in den Park. Auf dem ersten Teil stellte man verschiedene Gartenplastiken, die um 1710 wohl in der Schule von Dietz entstanden sind, auf. Am Ende der Landzunge zwischen Burggraben und Teich wird als letztes ein kleines klassizistisches Teehaus mit rundbogigen Fenstern aus Sandstein im 19. Jahrhundert errichtet. Aus dieser Zeit stammt auch eine Zahl einfacher Malereien in den Räumen. Damit ist die gestaltende Baugeschichte des Hauses beendet. Restaurierungen erfolgen bis in die neueste Zeit hinein immer wieder.

In einem von Föritz und Steinach gebildeten Winkel liegt der Bau schon in einem durch die Natur begünstigten und geschützten Gelände. Vom Ort her fährt man heute an der sehr langen Fassade der Ökonomiebauten entlang, von diesen durch einen Graben getrennt und dann über die Brücke durch das Torhaus in den Hof. Die Außenseite vermittelt mit ihren Schießscharten am ganzen Bau und vor allem dem Torhaus, das die schwache Stelle der Einfahrt schützte, noch einen wehrhaften Eindruck. Die Toreinfahrt bekrönt das Wappen des Erbauers Hans Veit und seiner Frau Margareta v. Ebleben. Das gleiche Wappen begegnet uns auf der Innenseite in der Maßwerkbalustrade. Linkerhand schließen Wachhaus, Stallgebäude und durch einen weiteren Trakt verbunden der Stadel an. Teile desselben stammen vermutlich noch aus dem Spätmittelalter. Die

Torbau und Verwaltung vom Hof aus gesehen

Einfahrt zu diesen Bauten wird durch eine Reihe schöner Rundbogentore gewährt. Auf der rechten Seite schließt sich die Verwaltung an. Das Haus dient auch heute noch der Verwaltung des Forstbetriebes. Auf dem Weg zum Hauptschloß, das sich uns hier von seiner hübschesten Seite zeigt, gehen wir an der rechts gelegenen Balustrade vorbei und treffen auf das ehemalige Kuratenhaus. Dahinter öffnet sich der Blick in die Reste eines Barockgartens, der heute allerdings verwildert ist. Die Orangerie wurde nach dem Kriege abgerissen. Über den Graben spannt sich nun in drei Bögen eine Sandsteinbrücke mit Balustergeländer, die Einfahrt in das Haus. Über diesem Zugang erhebt sich die durch drei Türme und einen Giebel gegliederte Hauptfassade.

Bevor wir das Innere behandeln, soll ein Rundgang um das Haus uns die Verschiedenheit der Fassaden des auf den ersten Blick so einheitlich wirkenden Baues vor Augen führen. Gehen wir noch einmal zurück. Als erstes liegt vom Torhaus gesehen der Nordosttrakt mit einer Doppelreihe von 10 Fenstern, flankiert von zwei eckigen Türmen mit geschweiften Hauben, vor uns. Sie sind, während für das Haus Ziegel verwendet wurden, schiefergedeckt. Dies ist die einfachste und schönste der vier Fronten und wird als einzige von keinem Giebel überragt. Die Eingangsfront ist dagegen wesentlich lebhafter gestaltet. Die sie rechts und links begrenzenden Türme haben quadratischen und runden Grundriß. An diese lehnen sich die Giebel der beiden anschließenden Trakte mit reichen Voluten. Der rechte weist zwei, der linke drei Stockwerke auf. Früher war anstelle dieses Traktes nur die Abschlußmauer zum Hof vorhanden, auf die der obere Teil aufgesetzt wurde. Der Torbogen besitzt noch die Rollen der alten Zugbrücke und darüber findet sich sogar noch eine Pechnase. Das Wappen der Erbauer (Würtzburg/Riedesel) ist auch hier wieder angebracht. Es findet sich außerdem an dem Turm links. In der Mitte der Wand liegt ein achteckiger Turm, der mit drei Seiten vor die Fassade heraustritt. Er findet seinen Abschluß in einer geschwungenen Kuppelhaube mit Laterne und aufgesetzter Kuppel. Solche Vielzahl an verschiedenen Bauelementen sorgt für eine große Bewegung in dieser Fassade, die im Gegensatz zu der sehr ruhigen Nordostwand steht. Geht man nun weiter um die Anlage, so erreicht man die Südwestfront. Hier werden wesentliche Teile von den Umbauten des 18. Jahrhunderts sichtbar. Zur Stützung ist das Untergeschoß mit einer abgeböschten Mauer unterfangen, die um beide Türme, den rechten in Form von Streben, weitergeführt ist. Die sonst auch sehr ruhige, von zwei runden Türmen gerahmte Fassade, erfährt eine Unterbrechung durch den Giebel des Südostflügels. Dieser Trakt, der den Abschluß unseres Umganges bildet, hat unter den Renovierungen im 18. Jahr-

hundert etwas gelitten. Die dem Untergeschoß vorgelagerten Mauerstreben sind durch Bogen und Gesims verbunden und tragen nicht gerade zur Verschönerung der Fassade bei. Auch auf dieser Seite ist im Abschluß eines der Bögen das Wappen der Würtzburg angebracht, das sich im Ostturm in Verbindung mit dem riedeselschen noch einmal wiederholt. An diesen schließt sich der Giebel des Nordostflügels an.
Bei einem Teil der Fassaden ist das obere Stockwerk durch vorkragendes Gesims abgehoben. Die Fenster sind zum großen Teil geohrt — eine Zutat aus der Barockzeit — und mit Fensterläden versehen. Das Mauerwerk ist nur noch zum Teil verputzt und in den überwiegenden Partien kommt die lebendige Struktur des Sandsteines wieder gut heraus. Von der Wehrhaftigkeit früherer Zeiten legen nur noch die über das ganze Mauerwerk verstreuten Schießscharten Zeugnis ab. Ansonsten ist kein bestimmender architektonischer Eindruck eines Wehrbaues mehr geblieben. Der Burgcharakter ist dem eines Wasserschlosses gewichen.
Gehen wir nun zurück zur Brücke und in den Innenhof. Hier sind noch fast alle Wände verputzt. Im Eingangsflügel verläuft im Erdgeschoß hinter Pfeilerarkaden ein gewölbter Gang. Der Mittelturm ist nurmehr als Dachreiter hervorgehoben. Auf der gegenüberliegenden Seite ist eine Sandsteintafel in die Wand eingelassen, auf der ein Text die Um- und Neubauten zu Ende des 16. Jahrhunderts beschreibt.
An den einzelnen Flügeln führen verschiedene Tore und Türen in das Innere. Den Zugang zu den oberen Räumen vermitteln vom Hof aus zwei Treppentürme. Der eine runde Turm mit Wendeltreppe ist dem Nordostflügel vorgeblendet. Über dem Eingang befindet sich ein weiterer Stein mit einem Text über die Baugeschichte.
Der zweite Turm in der Südecke ist oktogonal und nimmt auch eine Wendeltreppe auf. Im Innenhof befindet sich noch ein Brunnen aus dem 18. Jahrhundert in Gestalt eines muschelförmigen Beckens, das eingefaßt wird von verschiedenen Fabeltieren. Die Brunnenfigur stellt einen reitenden Meeresgott Neptun dar. Die zweite Figur im Hof, ein Ritter in voller Rüstung, vermutlich von Pankraz Wagner, stammt vom Stadtbrunnen in Weismain. Dort befindet sich heute eine Kopie. Der Schild des Ritters zeigt das Wappen des Würtzburgischen Fürstbischofes von Bamberg, und das Wappen von Weismain.
Im Haus sind die Kellerräume zu ebener Erde meist Gewölbe. Im Erdgeschoß befindet sich auch die Hauskapelle. Zuerst ein Vorraum mit Kreuzgewölbe, den Wappen der Erbauer (Würtzburg und seiner Frau Anna Rufine Riedesel von Eisenbach) und Stukkaturen. Die Kapelle mit Tonnengewölbe hat zwei Fenster. An der Decke wieder das würtzburgische Wappen. Die gesamte Einrichtung stammt aus dem 18. Jahrhundert,

das Altarbild zeigt die Beweinung Christi, die Kanzel ist mit Rocailledekor versehen und die Wangen des Gestühls sind in einfach geschwungener Form gehalten. Im Schlußgestein der Tür zur Sakristei im Turm ein weiteres Würtzburg-Wappen. Die Patronatsloge befindet sich im anschließenden Raum des Südwestflügels und ist zur Kapelle mit einem Durchbruch verbunden. Von hier aus führt ein kleiner Aufgang in den Treppenturm, der an dem Schnittpunkt der beiden Flügel in den Innenhof hineinragt. In diesem Herrenstand ist ein zweiter Altar aus dem 17. Jahrhundert aufgestellt, dessen Blatt die 14 Nothelfer mit dem Christuskind darstellt. Im anschließenden Gewölbe hat sich noch der alte Pferdestall mit der ursprünglichen Einteilung erhalten. In den beiden oberen Stockwerken des Hauses sind eine Reihe von schönen Balken- und Stuckdecken und zum Teil altes Inventar erhalten. Die Räume wurden zum großen Teil im 19. Jahrhundert ausgemalt und vertäfelt. Sehr schön ist im ersten Stock das Zimmer im Westturm mit Stuck aus Muschelwerkkartuschen, welches um 1700 in der Art von Carlo Domenico Lucchese entstanden ist. Weiter ist das Spiegelzimmer besonders gut ausgestattet. Unter einer Decke mit feinen Rocaillekartuschen, die um 1770 entstanden sein dürfte, findet man die Wände getäfelt mit jeweils doppelten Rahmen übereinander, die von Rocaille und Blumenschnitzereien begleitet werden. Die unteren nehmen Spiegel auf, während in die oberen um 1750 entstandene Bilder des Georg Anton Urlaub eingelassen sind, welche, eventl. als Anspielung auf Johann Joseph Heinrich Ernst v. Würtzburg, Szenen aus der Josephsgeschichte zeigen. Außer diesem Raum müssen noch folgende Zimmer erwähnt werden: Im Nordostflügel ein Raum mit Rokokostuck, auch um 1770 mit bemalter Leinwandtapete (Blumen) und zwei Blumenstücken als Supraporten, im zweiten Stock des Ostturmes ein stuckierter Raum, dessen Wände mit Gartenszenen bemalte Leinwandtapeten bedecken — Entstehungszeit ist auch hier etwa das Jahr 1770 — und der große Saal. Er ist der schönste Raum des Hauses, liegt im Obergeschoß des Südostflügels und nimmt diesen ganzen Trakt ein. Das Deckenbild in Öl zeigt die sich kussenden Pax und Justitia. Um 1700 gemalt, wurde es vermutlich erst später hierhergebracht, da es in einen Stuck der Rokokozeit eingelassen ist, dessen reiche Ornamentik die ganze Fläche überzieht. Aus demselben Material stammt ein Scheinkamin. In diesen Arbeiten spiegeln sich in besonders bezaubernder Art der ganze Ideenreichtum und die Verspieltheit des Rokoko wider. Soweit zu den Räumen.

Im Zweiten Weltkrieg nahm Mitwitz große Bestände von Frankfurter Bibliotheken auf, um nach deren Abzug dann in einen Dornröschenschlaf zu versinken, dem es noch heute zum Teil seinen Zauber verdankt.

6 Coburg

Veste, Kreis Coburg

Der Besucher, welcher sich Coburg von verschiedenen Richtungen nähert, vermag schon von weitem den gleich einer Krone die Bergspitze über der Stadt umgreifenden Mauerkranz der Veste zu sehen. Viele Kilometer ins Land sichtbar, überragt die aus den bewaldeten Hängen des Hofgartens, — der in einen weiträumigen englischen Landschaftspark verwandelt wurde —, herauswachsende gewaltige Burganlage mit ihrem doppelten und dreifachen Mauerzug die Stadt. Die Veste Coburg zählt zu den großartigsten Burganlagen des deutschen Sprachraumes und nimmt durch ihre Größe und Bedeutung in der Geschichte einen hervorragenden Platz ein. Heute lockt sie mit sehr umfangreichen Kunstsammlungen jährlich viele Besucher.

Eine frühe Besiedlung des Coberges, auf dem die Veste steht, scheint auf Grund ihrer strategisch ungünstigen Lage und unzureichenden Befestigung durch natürliche, unüberwindliche Hindernisse, wie sie z.B. bei Staffelstein und der Ehrenburg vorhanden waren, ausgeschlossen. Durch neuere Funde glaubt man aber sicher zu sein, daß eine Besiedlung in vorgeschichtlicher Zeit erfolgte, und zwar um 2000 v. Chr. Das Bestehen einer Fliehburg wird aber nur vermutet. Erste Befestigungen nimmt man nahe der ersten Siedlung im Tal an.
Das Jahr 1056 bringt die bekannte erste Erwähnung Coburgs. In der Folgezeit, als der Ort vom Kölner Erzbischof Anno an das Kloster Saalfeld geschenkt wird, errichtet man auf dem Berg eine Kapelle, die den Heiligen Petrus und Paulus geweiht ist, vermutlich die erste christliche Kirche für die noch heidnische Siedlung. Sie stand in Zusammenhang mit der Klause auf dem benachbarten Fürwitzberg. Als weitere Bauten folgten der Kirche auf dem Coberg eine Probstei, die bald wieder verlegt wurde. Zwischen der ersten Nennung der Kapelle 1075 und dem Jahr 1225, wo zum ersten Male von einer Burg die Rede ist, liegt eine große Lücke in der Überlieferung.

Linke Seite: Fürstenbau und Innenhof, rechts die Kapelle, links der Eckpfeiler der Kemenate

Die Veste Coburg, Stahlstich um 1855

Die Anlage der ersten Veste hat trotz bedeutender Größe sicher nicht die heutigen Ausmaße erreicht. Man kann sie aber heute recht genau anhand von Resten rekonstruieren. Die Stelle des Fürstenbaues nahm ein romanischer Palas ein, dessen westlicher Anbau, wie dieser zweistöckig und nördlich der Steinernen Kemenate gelegen, die Küche aufnahm. Auf der Ostseite des Palas lag an ihrer heutigen Stelle eine Kapelle. Ferner bestanden Bergfrit und Teile des Blauen Turmes.

Diese romanischen Reste gehen ins 12. Jahrhundert zurück. Die steinerne Kemenate, welche im rechten Winkel an Palas und Kirche anstieß, folgte wenig später. Den Zugang zum Hof verteidigte der im Süden gelegene Bergfrit, während die anderen Teile durch natürliche Geländebeschaffenheit (Felsen etc.) und Mauern gesichert waren. Die Westhälfte des Berges nahm die Vorburg ein, die Osthälfte mit der Burg war durch eine mächtige Schildmauer getrennt.

Diese staufische Anlage entstand zu einer Zeit, als die Andechs-Meranier Herren der Gegend waren. Der Übergang an die Henneberger ist mit Sicherheit 1265 vollzogen gewesen, und sie vermochten in der Folgezeit ihr Territorium stark auszuweiten. 1266 sah die Veste die Hochzeit des letzten Hohenstaufen Konradin. 1291 saßen die Askanier auf der Coburg, ab 1312 aber wieder die Henneberger. 1353 wurden die Wettiner Herren der Veste — die letzte Henneberg heiratete einen Wettiner — und blieben es bis in unser Jahrhundert. 1485 erfolgte dann die Spaltung des Hauses Wettin in Ernestiner und Albertiner Linie, Johann Casimir wurde Ende des 16. Jahrhunderts erster Herzog von Sachsen-Coburg, 1638—72 regierte der Zweig Sachsen-Weimar-Altenburg, von 1672 an Sachsen-Gotha und ab 1735 Sachsen-Saalfeld. Seit 1826 war die Veste im Besitz des Herzogtums Sachsen-Coburg-Gotha. Nach 1918 an Bayern gelangt, ist sie — seither im Staatsbesitz — Aufbewahrungsort der Kunstsammlungen, deren Hauptbestandteile aus herzoglichem Besitz stammen.

Zurück zur Baugeschichte. Unter den Wettinern wurde als erstes an der Vorburg einiges verändert, vermutlich wurden auch Nebengebäude, stärkere Befestigungen und neue Zwinger hinzugefügt. Die Steinerne Kemenate erfuhr einen Umbau und das Hohe Haus (Zeughaus) entstand. Letztere sind heute die beiden Hauptzeugen der Gotik auf der Veste.

Im Zuge der Vergrößerungen, wurde außer dem Zugang im Westen am Blauen Turm auch noch einer direkt in die Hauptburg von Osten her geschaffen. Nach dem Hussitteneinfall fand eine erneute Verstärkung der Burg statt. In der folgenden Zeit wurde die Vorburg weiter ausgebaut. Bilder des Malers Lucas Cranach d.Ä. mit dem Hintergrund der Veste geben ein anschauliches Bild der vieltürmigen Anlage mit reichem

Fachwerk und Mauerkranz um Haupt- und Vorburg. Derselbe Maler schuf hier auch umfangreiche Wandmalereien, die heute leider nicht mehr erhalten sind. Rechnungen für seine Tätigkeit liegen unter anderem aus dem Jahre 1508 vor. Von ihm stammen die ältesten Darstellungen der Veste auf Tafelbildern und Holzschnitten. Ausbesserungen an Zugbrücke, Brunnen, Brau- und Badehaus wurden 1505 vorgenommen. Als 1547 die Residenz in die Stadt verlegt wird, ist der Zeitpunkt gekommen, wo die Veste als Wohnbau an Bedeutung verliert, aber nun als größte Festung des Landes weiter verstärkt wird. 1531 entsteht die Zisterne. Cunz Krebs, der Erbauer der prachtvollen Renaissanceanlage von Schloß Hartenfels in Torgau, ist ihr Architekt. Nickel Gromann verändert dann den Fürstenbau. Die Hauptarbeiten für den Ausbau der Festungsanlagen beginnen, nachdem man 1531 eine Verstärkung beschlossen hat und 1533 bereits Basteien und Gewölbe errichtete, nach dem Schmalkaldener Krieg 1547 mit größtem Nachdruck. 1553 werden der Graben vertieft und an der Bastei Verstärkungen durchgeführt, die man 1570 nach einem Einsturz erneut verbessert. Bastionen entstehen und 1568—69 werden die Ringmauertürme errichtet. Den Zugang am Blauen Turm ersetzt man ab 1533 durch einen unterirdischen am Roten Turm, welcher eine bessere Verteidigung erlaubt. Dieser bleibt bis etwa 1660 der Hauptzugang. Der zweigeschossige Keller unter Herzogin- und Kongreßbau ist damals auch schon vorhanden, die Rondelle, von denen man vier bis 1615 zu Bastionen erweitert, ebenfalls. In der Vorburg errichtet man nun eine Reihe von Wirtschaftsgebäuden und Lagerräumen für Verteidigungszwecke. In diesem Zustand konnte die Veste auch im Dreißigjährigen Krieg 1632 der Belagerung Wallensteins trotzen und übersteht die Eroberung drei Jahre später, in der sie durch eine List genommen wird, ohne nennenswerte Schäden. Eine rege Bautätigkeit hat Herzog Johann Casimir noch im Dreißigjährigen Krieg auch an der Veste entfaltet. Bis 1614 sind, wenige Jahre vor Beginn, die beiden Südbasteien durch Gideon Bachers, und die Bärenbastei errichtet worden. 1625 läßt er die Brücken erneuern. In diesem Jahr besteht die Veste aus: 2 Brücken, Bärenbastei, 2 Südbasteien, Ostbastei, Fürstenbau (ehemaliger Palas), Anbau an den Fürstenbau das sogenannte obere Zeughaus, Kapelle, Schmiede; im Vorhof: Zeughaus, Nebenbauten, Rote Kemenate (heute Kongreßbau), Herzoginbau und Windmühle. Wall, Graben, mehrfache Mauern und Zwinger umgaben das Ganze. Nach dem Dreißigjährigen Krieg, der eine große und erfolgreiche Bewährungsprobe für die von einer Burg mittlerweile zur stärksten Festung des Herzogtums gewordene Coburg gibt, führt sie im 18. Jahrhundert, wie die meisten dieser Art, ein recht stilles, unbedeutendes Dasein.

Große Veränderungen gibt es in dieser Zeit nicht. 1725 ist die Kirche baufällig und 1727 ein Stück Mauer eingefallen. 1756 erfolgen kleine Ausbesserungen. Die Festungen werden zu dieser Zeit oft in Gefängnisse umgewandelt (z. B. auch Kronach und Plassenburg), was hier 1782 im Zeughaus geschieht. Zu diesem Zwecke werden Innenwände eingezogen, im linken, hofseitigen Teil ein Treppenhaus eingebaut und die Fassade total verändert, sowie Längs- und Westseite mit großen Fenstern versehen. Nur die Ostwand bleibt unberührt. Dieser Umbau zerstört die gotische Konzeption weitgehend. Im Zuge der neuen Verwendung werden auch 1782 in Nebengebäuden eine Krankenanstalt und ein Irrenhaus

Lutherstube im ersten Stock des sog. Küchenbaus

eingerichtet. 1824 baut man das Hohe Haus erneut um. Danach beginnt langsam die romantisierende Restaurierung der Veste. 1827—38 werden zwar noch Wälle und Gräben eingeebnet. Ab 1838 finden aber unter Leitung des Architekten Heideloff bis 1844 Erneuerungsarbeiten in der Mode entsprechend stark gotisierenden Formen statt. Ein neues Treppenhaus am Fürstenbau entsteht 1850 an Stelle eines schon 1560 nachgewiesenen Aufganges. Damit ist die erste Renovierungsphase abgeschlossen. Unter Ernst II. wird bis 1893 weiter gebaut und restauriert. 1857 entsteht ein Turm, werden der Wehrgang beseitigt und Zinnen angebracht.

Mit dem Verlust des Festungscharakters der Veste wird zuerst die Besatzung aufgelöst und das Geschütz zum Teil verkauft. Ab 1840 etwa erhält sie dann ihre neue Bestimmung, welcher sie noch heute dient. Sie wird Sitz der überaus reichen Kunstsammlungen und im Zuge der neuen Verwendung laufend umgebaut. Ab Mitte des 19. Jahrhunderts werden die vielen kleinen Fachwerkbauten abgebrochen, 1851 Invalidenwohnungen eingebaut und 1860 die Rote Kemenate im Innern total verändert. Mit diesen Arbeiten hat die Veste sicher viel von ihrem romantischen Aussehen eingebüßt. Angesichts der andererseits großen Bemühungen um eine möglichst romantische Wiederherstellung der Veste verwundern uns diese Bau- und vor allem Abbruchmaßnahmen besonders. 1908—24 werden viele der Zutaten, welche die Restaurierung Heideloffs geschaffen hatten, unter Bodo Ebhardt entfernt, dafür aber zum Teil nicht minder unpassende bauliche Veränderungen durchgeführt.

Ihre letzte große Zerstörung erlebt die Veste 1945 als sie von amerikanischen Panzern beschossen wird. Das Hohe Haus erhält einige Treffer, welche im Inneren, am Treppenhaus und dem Dach große Schäden hervorrufen, auch eines der Ecktürmchen wird fast zerstört, desgleichen werden Herzogin- und Kongreßbau schwer beschädigt. Die Wiederherstellungsarbeiten begannen schon bald nach Kriegsende. Dabei konnten auch viele, durch die unsachgemäßen Umbauten des 19. Jahrhunderts, entstandene Schäden ausgebessert werden.

Im folgenden sollen hier näher noch die wesentlichen und ältesten Teile der mittelalterlichen Burg behandelt und auf einige Details eingegangen werden: Die Türme, Zugänge und Hauptbauten der alten Veste. Die heute die Veste überragenden drei Haupttürme stammen sämtlich in ihrer jetzigen Form nicht aus der ersten Bauzeit. Der Bergfrit im Hof der Hauptburg ist heute verschwunden; Bulgarenturm am Osteingang und Roter Turm entstammen der Renovierungsperiode unter Bodo Ebhardt, und nur der Blaue Turm auf romanischen Resten ist älteren Datums. Eine weitere Reihe von Nebentürmen, die wir auf alten Abbildungen immer wieder vorfinden, hier abzuhandeln, würde zu weit führen. Dieser Blaue Turm scheint zwischenzeitlich der Hauptturm der Burg gewesen zu sein, wie alte Abbildungen zeigen, und erst Zinnen und ein Kegeldach, dann ein Fachwerkobergeschoß mit spitzem Dach und kleinen Ecktürmchen getragen zu haben. Die in den Abbildungen auffallende runde Form beruht aber wohl mehr auf Phantasie. Der heutige Renaissanceoberteil des Blauen Turmes, ca. um 1570 entstanden, stammt vermutlich von Caspar Vischer, da er eine große Ähnlichkeit mit dem Wartturm der Plassenburg aufweist. Er nimmt die Stelle des Fachwerkobergeschosses ein, das aus den erwähnten Zeichnungen

überliefert ist. Im beginnenden 17. Jahrhundert kam dann als Abschluß eine Welsche Haube, die in neogotisierender Art ab 1853 von Rothbart in ein spitzes Dach mit vier kleinen Ecktürmen verwandelt wurde. Das spitzbogige Tor zur Talseite wurde auch etwa vor 100 Jahren eingebrochen. Von hier aus führt heute eine Holztreppe im Inneren ins nächste Stockwerk und von dort in den Hof. Auf dieser Seite ist der Turm als Schalenturm ausgebildet. Früher war er noch einige Meter tiefer bis auf das erste Geschoß geöffnet. Vom Turm aus besteht direkter Zugang zu den beiden Wehrgängen, die verschiedene Höhen haben. Die von ihnen umschlossene ehemalige Vorburg ist an allen Seiten wesentlich aufgefüllt worden, woher auch die Veränderungen am Turm rühren dürften. Heutige Wehrmauer und Wehrgänge stammen ebenfalls mit Sicherheit aus späterer Zeit als der erste Bau. Das Gelände der Vorburg war in mittelalterlicher Zeit mit größter Wahrscheinlichkeit nicht annähernd so eben wie heute. Die natürliche, unregelmäßige Felsoberfläche mit beträchtlichen Höhenunterschieden fiel stark nach Westen ab. Durch diese unebene Fläche wird man einen Weg zur Burg gearbeitet haben, der seinen Anfang am Blauen Turm nahm. Der alte Aufgang und das Tor neben dem Blauen Turm wurden aufgegeben, als man 1553 begann, den Felsen zu durchbrechen, um an der Stelle des Roten Turmes einen Zugang mit Tunnel in den Innenhof zu schaffen.
Die Schutzfunktion für diesen Zugang übernahm nun die südlich davon angelegte Bärenbastion. Mit der Anlage der Bastei wurde 1533 begonnen. Über dem Tor saß als kleiner Mauerturm der Rote Turm, welcher in falscher romantischer Deutung von Bodo Ebhardt als gewaltiger Torturm neu erbaut wurde, somit eine Funktion vortäuschend, die er nie gehabt hat und haben konnte. Im heutigen Bauverband sind beide Türme dieser Seite (Blauer und Roter) als Teile der Wehrmauer ihres ursprünglichen Sinnes beraubt.
Der Westzugang, den der Rote Turm bewachte, wurde um 1800 beseitigt, und heute besteht als Einfahrt nurmehr der Osteingang, der seine Gestaltung im wesentlichen der Barockzeit verdankt. Flankiert von Löwen- und Rautenkranzbastei, zwei gewaltigen barocken Festungsdreiecken, führt dort heute vom Außenrand des Grabens eine Steinbrücke anstelle der alten Zugbrücke über den tiefen Graben. Das prachtvolle Barocktor von Chr. W. Gundermann empfängt als erstes den Besucher. Ein Tunnel unter der gedeckten Batterie und dem Turm führt in das Innere der Burg. Seitlich zweigt ein Gang in den Zwinger ab. Im Tunnel sind noch die verschiedenen, alten Mauerteile deutlich voneinander getrennt sichtbar. Sogar das alte gotische, spitzbogige Tor mit Spuren des Holztores ist erhalten, denn der alte Bestand wurde jeweils

Hornstube

nur überbaut und durch Verstärkung der Mauern verdeckt. Auch die Stelle des Fallgatters, das selber neu ist, hat sich erhalten. Ein weiteres Tor markiert das Ende der mittelalterlichen dreifachen Toranlage. Weiterer Verlauf der Tunnels, Seitentreppen etc. sind Veränderungen der Ebhardtschen Bauperiode.
In die Zeit des Ausbaus zur Festung nach 1547 fällt die Errichtung der beiden großen oben erwähnten Basteien zwischen 1595 und 1614, und ins letzte Drittel des 17. Jahrhunderts die der neuen Tore. 1661 bis 1671 wurden die großen Tore der Südseite, das Gewölbe des Torweges und der Zugang nach Westen in den mittleren Verteidigungsgang zu ihrer jetzigen Gestalt verändert, desgleichen erhielt die hohe Bastei ihr heutiges Aussehen. Ein kleiner Turm über dem Tunnel wurde 1830 dem Wasserturm geopfert, der heute in wiederum veränderter Gestalt noch besteht, ebenso wie der Rote Turm im Konzept der Festung fehl am Platze ist und seine Entstehung nur der im 19. Jahrhundert herrschenden Vorliebe für Türme, nicht aber wirklicher Verteidigungsnotwendigkeit oder der Herstellung eines originalen Zustandes verdankt. Er wurde Anfang dieses Jahrhunderts ebenfalls von Bodo Ebhardt errichtet und trägt heute den Namen Bulgarenturm.
Aus dem Baubefund der heutigen Torbauten schließt Teufel, daß die Durchfahrt nicht weiter als bis ins Ende des 15., Anfang des 16. Jahrhunderts zurückdatiert werden kann. Der Bergfrit wurde wohl zu dieser Zeit abgetragen. Die Trennung zum zweiten Hof, der Vorburg, erfolgte dann durch eine heute noch erhaltene Mauer, anstelle des alten Tores der Vorburg mit von Ebhardt aufgesetztem Wehrgang. Veränderungen im Gelände zur Gewinnung des Weges für die Auffahrt vom Osttor

haben die Beseitigung des Bergfrits und eine Abstützung der Kemenate mit einem Eckpfeiler erfordert. Zur selben Zeit, wie die Anlage der neuen Auffahrt erfolgte, wurde auch die Kemenate erweitert und um ein Stockwerk erhöht.

Mit der Zunahme der Bedeutung der Veste für die Sicherung der Verteidigung des Landes war eine Vergrößerung der alten mittelalterlichen Anlage nötig geworden und diese wiederum erforderte bessere Zufahrtswege, Verbesserung und Modernisierung der Verteidigungsanlagen, Schaffung von Wohnraum für die Besatzung und Lagerraum für Waffen und Verpflegung. Diese Überlegungen werden im Endeffekt zur Anlage des bequemeren heute bestehenden Einganges im Osten geführt haben. Soweit zu den Türmen und den damit verbundenen Zugängen zur Veste. Die wesentlichsten Gebäude der Burg und ehemaligen Vorburg sollen im folgenden behandelt werden.

Der Palas an geschützter Stelle gelegen in einem Verband mit der Wehrmauer war der Hauptwohnbau der Anlage. Er ist heute nur noch als Kern des Fürstenbaues erhalten, welcher um 1500 nach dem großen Brand neu entstand und in jüngerer Vergangenheit nochmals verändert wurde. Aus der Zeit um 1500 haben sich noch heute beachtenswerte Türstöcke erhalten. Der erste Palas wies vermutlich im östlichen Abschnitt zwei große Säle unterteilt durch vier Säulen auf, während der Westteil kleinere Räume aufnahm. Von dem alten Mauerwerk ist nur an der Außenseite der Festung einiges sichtbar und erhalten geblieben, auch die alten Fenster sind im untersten Stockwerk zum Teil vorhanden. Im Erdgeschoß wurden sie vermutlich unter Verwendung alter Substanz überarbeitet. Der Hauptsaal lag wahrscheinlich im Obergeschoß mit beidseitigen Fenstern. Wo die erste Peter- und Paulskapelle auf dem Coberg gestanden hat, ist unbekannt. Als erstes tritt mit der staufischen Burganlage die an den Palas angebaute Kapelle auf, welche vermutlich nach dem Vorbild anderer staufischer Burgen (Eger und Nürnberg) auch eine Doppelkapelle gewesen ist. Die Heutige stammt, wie so vieles Andere, von Bodo Ebhardt. Sie war allerdings auch schon vorher im 19. Jahrhundert verändert worden. Um 1840 von Heideloff stark restauriert, ist der damalige Bau auch sicher nicht mehr romanisch, sondern aus der Zeit nach dem Brand um 1500 vom darauf folgenden Umbau stammend gewesen. 1688 war dann eine weitere Renovierung erfolgt und nach Heideloff wurde 1851 die Kapelle noch einmal erneuert bevor sie Ebhardt umwandelte.

Der Küchenbau im Winkel zwischen Palas und Kemenate besitzt noch heute im Erdgeschoß einen großen Raum, dessen Gewölbe von zwei Pfeilern getragen werden. Während die Ausmaße der Küche sicher dem originalen Zustand entsprechen, wurde das Gewölbe erst im 17. Jahrhundert eingezogen. Darüber liegen die später eingerichteten Lutherzimmer. Es gibt Vermutungen, nach denen der Küchenbau erst später als der Palas eingebaut worden ist. Der südlich gelegene Bergfrit, als letzte Zuflucht der alten Burg, hatte eine enorme Mauerstärke von 4,90 m, während der Innenraum in den unteren Stockwerken lediglich 2,85 m breit war. Er entstand vermutlich im 12. Jahrhundert, zusammen mit der ersten Burganlage. Sein Platz südlich der Kemenate neben dem Tor zur Vorburg gab ihm die Möglichkeit, von hier aus den Zugang wirksam zu verteidigen. Vermutungen über seine Gestalt können wir nur im Rahmen des allgemein Gültigen über Bergfrite aus dieser Zeit anstellen. Um 1500 mußte er den Umbauten weichen.

Eine Reihe von Einzelfragmenten haben sich aus dieser ersten Zeit der Coburg erhalten. Darunter befinden sich einige romanische Steinmetzarbeiten, zum Teil vielleicht von Künstlern lombardischer Herkunft. Besonders erwähnenswert ist ein Riesenkapitäl, das in drei Zonen übereinander einen prächtigen Blattfries aufweist. Es stammt vielleicht aus dem alten Palas.

Die steinerne Kemenate, letzter Bau der alten Hauptburg und mit dem Zeughaus Hauptbestandteil der Bautätigkeit in der Gotik, erfuhr im 17. Jahrhundert einen eingreifenden Umbau im Erdgeschoß. Gewölbe wurden eingezogen und durch den Flügel eine Durchfahrt von einem Hof zum anderen angelegt. Der darüber liegende gewaltige gotische Saal, heute der größte alte Raum auf der Veste, erfuhr wohl keine Veränderung. Seine Spunddecke auf kräftigem Unterzug ruhend, der von drei Pfeilern gestützt wird, ist noch gut erhalten, wie auch der große Eisenofen, wohl einer der bedeutendsten aus der Zeit der Gotik.

Wie die Umbauten der romanischen, ältesten Teile der Hauptburg — Palas, Kapelle, Bergfrit, Türme und der später hinzugefügten Kemenate — im einzelnen erfolgten, ist unbekannt. Auch der Baubefund gibt hierüber relativ wenig Aufschluß. Nach dem Brand von 1500, der auch eine Vielzahl von Bauten im Vorhof vernichtete, wurde der Palas, heute Fürstenbau genannt, tiefgreifend umgestaltet (s. o.). Dabei erfolgte eine Erweiterung in Richtung Innenhof, durch Vorrücken einer Fachwerkwand, Erhöhung um ein Stockwerk und den Aufsatz eines neuen Daches. Die Kemenate wurde im oberen Stockwerk ebenfalls umgebaut und, wie bereits gesagt, auch der Küchenbau, wobei letztere Veränderungen vielleicht schon früher begannen. Luther hat bei seinem letzten Besuch 1530 — im ganzen war er dreimal in Coburg 1510, 1518 und 1530 — das Stockwerk des Saales sicher schon so erlebt, wie es heute auf uns gekommen ist. Im Bauernkrieg war die Veste Coburg

Zufluchtsort für den coburgischen und fränkischen Adel, bis sie durch Kurfürst Johann den Beständigen entsetzt wurde. Luther, der 1530 von Coburg aus den Augsburger Reichstag verfolgte, hat hier Teile der Bibel übersetzt sowie einige eigene Schriften verfaßt.
Der schönste Teil der erweiterten mittelalterlichen Burg ist das Hohe Haus im Hof der ehemaligen Vorburg. Es diente als Zeughaus, hierzu auf Grund seiner geschützten und zentralen Lage im gesamten Komplex prädestiniert, und wurde zu einem Zeitpunkt gebaut, als die Wehrmauer schon stand, also wohl in der 2. Hälfte des 15. Jahrhunderts begonnen. Im Inneren ist die alte Konstruktion des Wehrganges noch erkennbar. In der Außenwand haben sich sogar die Hohlräume dieser Wehrgänge erhalten. Der ganze Bau war früher innen kaum mit festen Mauern unterteilt, da er ja in erster Linie weite Lagerfläche für Waffen und Munition sein sollte. Die Türen für jedes Stockwerk in der östlichen Giebelwand dienten zum Herunterlassen des Lagergutes. An den Längsseiten waren ursprünglich nur wenige Fenster vorhanden, während die Giebelseiten reich mit Fenstern ausgestattet waren. Fünf Türmchen, welche über dem viergeschossigen Bau am Ansatz des vierstöckigen Dachstuhles kleben, hatten ursprünglich strategische Bedeutung, sie dienten zur Überwachung dieses Herzstückes der Verteidigung. Talseitig sind drei, hofseitig zwei dieser Türmchen angesetzt. Wenn auch die Fenster und Türen der Giebelseiten reiche Profile aufweisen und die Giebel ehemals mit Fialen geschmückt waren, so ist ansonsten der Bau doch sehr schlicht gehalten, aber von schöner Wirkung. Er dürfte im 15. Jahrhundert entstanden, aber erst Anfang des 16. Jahrhunderts vollendet worden sein. Die kleinen Türmchen am Dachansatz trugen ur-

Speisesaal im Fürstenbau mit alter Täfelung und Spunddecke

sprünglich oder zumindestens seit Ende des 16. Jahrhunderts welsche Hauben, welche unter den gotisierenden Bauveränderungen Heideloffs in spitze Dächer verwandelt wurden.
Soweit zu den wesentlichen Bauten der alten, mittelalterlichen Burg.
Der heutige Baubestand weist, im Großen gesehen, also folgende Bauzeiten auf: Herzoginbau (Schaf- und Kornhaus) 16. Jahrhundert, 1917—24 ausgebaut. Roter Turm: 1663 eingestürzt, Tor und Brücke dazu um 1800 abgebrochen, 1914 neuer Roter Turm erbaut. Blauer Turm: Unterteil romanisch, Oberteil 16. Jahrhundert. Kongreßbau: 1924 vollendet, anstelle der Roten Kemenate aus dem 16. Jahrhundert. Hohes Haus (Zeughaus) 15. Jahrhundert, Umbauten im 18. und 19. Jahrhundert. Fürstenbau (Palas): Romanischen Ursprungs, um 1500 erweitert, im 19. Jahrhundert umgebaut, 1909—24 restauriert und erneuert (Fachwerk). Steinerne Kemenate: Romanischer Kern, Umbau in der Gotik und Veränderungen in der Renaissance, 1924 Treppenturm. Kapelle: 1847—51 anstelle der zwischendurch mehrfach veränderten romanischen Kapelle, heutige Gestalt 1912—20. Gästehaus: 1921 erbaut. Burgschänke von Ebhardt erbaut. Torturm: 1856 anstelle eines Dachreiters von 1680 errichtet, 1911 Umbau, wofür das Geld vom Zaren Ferdinand von Bulgarien kam, daher der Name Bulgarenturm. Bärenbastei: 17. Jahrhundert. Bastei Rautenkranz und bunter Löwe: 1595—1614. Hohe Bastei: 16. Jahrhundert.
Heute steht dies alles vor uns, wie es die Renovierungen des 19. und 20. Jahrhunderts endgültig gestaltet haben. Dabei wurde manches (z.B. Türme) falsch verstanden auf- und neugebaut. Der Veste Coburg konnte aber nicht ihre großartige Wirkung genommen werden. In einem Park gelegen, welcher in seinem Stil auch erst ein Produkt des 19. Jahrhunderts ist, wird sie für den Besucher zum Sinnbild einer alten, in romantisierenden Bemühungen etwas überzeichneten, mächtigen Burganlage, deren Zweck ebenfalls seit dieser Zeit nicht mehr der eines Verteidigungs- und Wohnbaues war, sondern Sammelplatz für die hier zusammengetragenen Kunstschätze des herzoglichen Hauses ist, ein gutes Beispiel für die Verwendung einer Burg im Sinne der Romantik.
Die Museen auf der Veste verdanken ihre überaus reichen Bestände der großherzigen Stiftung des letzten Herzogs Karl Eduard, welcher sie der am 9.8.1919 gegründeten Coburger Landesstiftung vermachte und damit diese einzigartigen Privatsammlungen der Nachwelt erhielt.
Die Vielzahl der Abteilungen mit ihren Beständen an Gemälden, Waffen, Möbeln, Glas, Keramik und anderem Kunsthandwerk, sowie das Kupferstichkabinett zählen zu dem Eindrucksvollsten, was süddeutsche Museen zu bieten haben.

7 Coburg, Ehrenburg

Schloß, Kreis Coburg

Seit dem Jahre 1920 gehört Coburg in den Grenzen des ehemaligen Herzogtums zum bayerischen Staat. Bis dahin führte es als Mittler zwischen Franken und Sachsen ein von beiden Seiten kulturell beeinflußtes Leben, wobei das Sächsische Element zweifelsohne überwog.
Im Jahre 1056 wird Coburg zum ersten Male erwähnt. In einem für die Geschichte des Landes sehr wichtigen Dokument, — es werden darin eine Reihe von Namen aufgeführt —, vermacht die Polenkönigin Richezza, Tochter des Pfalzgrafen Ehrenfried von Coburg, ihren Besitz in dieser Gegend dem Erzbischof Anno von Köln.
Eine weitere urkundliche Nennung aus dem Jahre 1126 läßt die schon früher vermutete Siedlung als sicher erscheinen. Bevor das Haus Wettin für über 500 Jahre bis in die heutige Zeit hier ansässig wird, — verläuft das Schicksal der Stadt recht wechselhaft. Die Oberherrschaft über die Coburg gelangt aus Kölner Hand im frühen 13. Jahrhundert an die

Andechs-Meranier, zu jener Zeit das mächtigste Haus in Oberfranken, und 1248 an die Grafen von Henneberg, welche — von 1292—1308 durch die Askanier Markgrafen unterbrochen — im Jahre 1353 den Wettinern weichen müssen. Damit beginnt auch die Zeit, der wir die Stadtresidenz Coburg verdanken. Während einer allgemeinen Blüte, die ihren Ausdruck in vielen Bauten der Residenzstadt findet, ziehen auch die Coburger Herzöge es vor, den für die damalige Zeit unbequemen Aufenthalt auf der Veste, welche bisher, schon aus Gründen der Sicherheit, die Residenz gebildet hatte, mit dem angenehmeren in einem Schloß im Talgrund inmitten der Stadt zu vertauschen. 1547 erfolgte die Verlegung der Residenz. Dem Baubeginn um 1543 gingen eingehende Erkundigungen des Herzogs Johann Ernst bei Verwandten, Bekannten und benachbarten Höfen voraus, um einen passenden Baumeister zu finden. Im Zusammenhang mit den Plänen und der Ausführung der Stadtresidenz werden die Namen dreier Künstler genannt, die sämtlich zu den bedeutendsten Baumeistern der Renaissance in Deutschland zu rechnen sind: Paulus Behaim aus Nürnberg, Nicolaus Gromann aus dem Sächsischen und Caspar Vischer.

Die Frage der Platzwahl war relativ schnell bewältigt. Das im Zuge der Reformation säkularisierte Franziskanerkloster wurde als Baugrund gewählt, mit dem Gedanken, noch einiges von dem zwar ruinösen Komplex verwenden zu können. So erklärt sich auch der nicht ganz regelmäßige Grundriß des Baues, dessen vorerst noch bescheidene Ausmaße den heutigen Binnenhof mit vier Flügeln umschließend, der ersten Bauperiode angehörten. Heute ist davon noch der Trakt an der Steingasse und z.T. der Rückertstraße erhalten. Er stammt wohl von Nicolaus Gromann. Im Osten an die Stadtmauer geschmiegt — wir erkennen noch heute ihren Verlauf an dem an dieser Seite gelegenen Grüngürtel hinter der Altstadt — nahm der Bau um einen westwärts längsgestreckten Hof im Nordteil die herzoglichen Gemächer, mit anschließendem Treppenturm, und südlich daran anstoßend zwei niedrigere Trakte für Wirtschafts- und Nebenräume auf, die im Gegensatz zu dem reich mit Steinmetzarbeiten geschmückten Haupttrakt einfacher gehalten waren. Zum Süden hin war der Hof offen.

Der kaum fertig gestellte Bau sah kurz nach dem Einzug des Herzoges im Jahre 1547 den festlichen Besuch Kaiser Karl V. und soll diesem Ereignis auch den Namen Ehrenburg verdanken. Einer anderen Version zufolge erhielt das Schloß seinen Namen, weil es angeblich ohne Inanspruchnahme von Frondiensten und unter normaler Bezahlung der anfallenden Arbeiten gebaut wurde. Ausstattungsarbeiten am Haus

zogen sich noch lange hin und selbst 1553, 10 Jahre nach Baubeginn, als der Herzog starb, wurde noch weiter gearbeitet.
Ungenauere Angaben in der Zukunft lassen uns nur Vermutungen über den Baubestand treffen, auf den Herzog Johann Casimir, der größte Bauherr Coburgs vor dem Klassizismus, stieß. So hören wir von einem weiteren Ostflügel etwa an der Stelle des Traktes, der heute das Staatsarchiv aufnimmt. Dort wird vermutlich eine Kirche gestanden haben.
Mit Herzog Johann Casimir wird Coburg im Wesentlichen seines Bildes bestimmt. Nur im 19. Jahrhundert hat noch einmal eine ähnlich starke Bautätigkeit das Bild der Stadt so weitgehend verändert, wie z. Zt. der Renaissance sein kunstsinniger Herzog. Die Kanzlei am Markt, das Gymnasium und das Zeughaus sowie Umbauten auf der Veste sind die bekanntesten Zeugen seiner Bautätigkeit, welcher sich die ganze Stadt anschloß.
Bereits drei Jahre nach Regierungsantritt, 1586, erfolgt die Anstellung des Baumeisters Frey aus Straßburg. Als erstes werden Umbauten an den Nebentrakten vorgenommen. Der Flügel, welcher den Hof nach Süden abschließt, wird unter Verwendung älterer Teile weiter ausgebaut. In den neu gewonnenen Räumen bringt man nun u.a. die Verwaltung und die Münze unter. Damit ist die erste Bauphase abgeschlossen.
Die unter der Regierung dieses Herzogs andauernde erste große Blütezeit des Coburger Landes führt in der Folge zu einem Anwachsen des Staatsapparates, welches wiederum eine Erweiterung der Hofhaltung bedingt. Die alte Anlage wird dementsprechend zwischen 1595 und

Gobelinzimmer

Ehrenburg, Lithographie um 1840/50

1623 — genauere Unterlagen fehlen — vergrößert, so daß der Baubestand danach wie folgt aussieht: Drei Höfe, beginnend mit dem Haupthof im Süden, als Zentrum des Schlosses, welcher südlich durch die Verwaltung, nördlich durch den Fürstenbau mit einem großen Treppenturm begrenzt wird, der mittlere Hof, Teile des heutigen Ehrenhofes umfassend, mit dem Magazin im Westen und dem Kapellentrakt im Osten, dem Küchentrakt im Norden und an diesen wiederum nördlich anschließend, der Wirtschaftshof, welcher wohl bis in den großen Vorplatz hineinreicht und von Nebengebäuden umgeben ist.
Damit ist auch eine Veränderung der Eingangsfronten erfolgt. Führte der Zugang erst durch den nördlichen Fürstenbau, so erfolgte er nun durch den südlichen Verwaltungstrakt. Bachmann sieht in dem Führer durch die Ehrenburg hierin auch die Verwirklichung einer anderen Staatsidee, welche zwischen Souverän und Volk die Beamtenschaft als Vermittler einstellt. Außerdem beginnt die fürstliche Repräsentation sich in der Renaissance zum ersten Male in den Schloßbauten stärker zu entfalten, weil diese auf den Burgenbau bestimmende Gedanken, wie strategisch günstige Anordnung keine Rücksicht mehr zu nehmen brauchen, sondern ganz den Wohnbedürfnissen der Erbauer dienen können.

Als letzter Teil wird für den südlichen Hof 1623 der Ostflügel — 1811 im sogenannten Silberbau aufgegangen — von dem in Diensten des Bamberger Fürstbischofs stehenden Giovanni Bonalino erbaut. Arkaden in zwei übereinander liegenden Stockwerken beleben die hofseitige Fassade, ein typisches in der italienischen Palastarchitektur wiederkehrendes Motiv, das auf streng gegliederte Außenfassaden lebhafte, aufgelockerte Innenhöfe folgen läßt. Während diese Elemente der italienischen Baukunst schon weiter fortgeschrittene Bauideen verwirklichen, spürt man in der Verwendung gotisch anmutender Ornamente für die Brüstungen, welche an Maßwerk erinnern, einen stilistisch weiten Rückgriff. In einem an diesen Flügel anstoßenden Raum wird 1631/32 die Hornstube eingebaut, deren reich intarsierte Täfelung man 1809 in die Veste übertragen hat.
In dem Moment als Coburg unmittelbar mit der vergeblichen Belagerung der Veste in den dreißigjährigen Krieg eintritt, ist auch die rege Bautätigkeit Johann Casimirs beendet. Er stirbt 1633, nachdem Wallenstein die Stadt wieder verlassen hat. Aber schon kurze Zeit später, 1635 wird Coburg erneut belagert und diesmal erobert. Mit Verlegung der Residenz nach Gotha ist die Bautätigkeit in der Ehrenburg dann endgültig beendet. Nur Reparaturen werden durchgeführt und 1678 und 1679 Grundrisse und Aufnahmen des Bestandes angefertigt, welche bei den heutigen Baustudien wesentliche Hilfe sind. Erst Herzog Albrecht bringt wieder Leben in das Bauwesen der Stadt, als 1680 das Schloß zu seiner Residenz wird. Ein neuer Hofgarten entsteht, ferner der Marstall und 1686 beginnt dann der Hofbaumeister Justinus Bieler mit den Planungen für eine Hofkirche. Der Brand am 9.3.1690 schafft endlich die Möglichkeiten, diese zu verwirklichen. Wenn auch der Verlust der drei Flügel (Fürstenbau und nördlich anstoßende Trakte) sehr beklagt wird, so dürfte die neue Situation dem Herzog, der sich beim Einzug über die etwas kleinräumige Einteilung negativ geäußert hatte, nicht unrecht gewesen sein. Mit den Klagen um seinen Verlust verbindet Albrecht erfolgreiche Bittgesuche um Zuschüsse und Stiftungen, die ihm allein von drei sächsischen Vettern dreitausend Gulden einbringen. Auch die Bevölkerung des Landes trägt zum Bau bereitwillig durch eigenen Arbeitseinsatz bei. Neben den erwähnten Bieler tritt nun der Weimaraner Architekt Christian Richter, welcher die Oberleitung des Baues übernimmt. Am 23.6.1690 erfolgt die Grundsteinlegung der Hofkirche. Damit rückt sie an ihren heutigen Platz. Die gesamten Nebenbauten im Norden werden abgetragen und ein nach Norden geöffneter Ehrenhof tritt an ihre Stelle. Nur die Wirtschaftsgebäude, die den Brand überstanden haben, bleiben stehen. Der Mitteltrakt wird mit einem drei-

geschossigen Corps de Logis barockisiert. Die beiden den Ehrenhof auch heute noch begrenzenden Flügel entstehen mit turmartigem Abschluß in Form von viergeschossigen Eckpavillons. Die Öffnung zum Norden ändert nun zum zweiten Male die Hauptrichtung des Baues.
Auf die neue Gestaltung des Außenbaues folgt auch ein grundlegender Umbau des Inneren. Der Mitteltrakt nimmt wie eh und je die Räume des fürstlichen Paares auf, der Ostflügel wird den Gästen vorbehalten, der Westflügel beherbergt Kapelle und darüber den Festsaal. Der südlich anschließende hintere Hof, — der vordere der Renaissanceanlage —, ist für Dienerschaftsräume bestimmt.
Wie allgemein in der Ausstattungskunst jener Zeit, vor allem bei den Stukkateuren, zählen italienische Handwerker zu den begehrtesten Kräften. 1691 arbeiten Girolamo Rossi und Nicolo Carvani am Audienzzimmer. Um dieselbe Zeit ist die Tätigkeit Giovanni Caveanis bekannt, welcher vorher Arbeiten in Eisenach ausführte. Er ist in einer großen Anzahl von Räumen an der Arbeit. Über 10 Zimmer sind von ihm ausgestattet worden. 1692/93 ist ein weiterer Italiener namens Carlo Tagliata, der weitere vier Räume ausführte, erwähnt. Sein Werk führt Domenico Carboneti fort. Als Gehilfen werden Giosefo Ryasio und Francesco Ruscha genannt. Leisten alle diese Künstler gewiß bedeutende Arbeiten, so ist ihr Schaffen doch nie über die Grenzen weiter bekannt geworden. 1697 kommen mit den Brüdern Bartolomeo und Carlo Domenico Lucchese aber Meister nach Coburg, deren Ruhm weit über Süddeutschland reicht und deren Hand viele bedeutende Arbeiten im Süddeutschen Raum schuf, Hofkapelle und Riesensaal sind ihr Werk.

Holzzimmer mit Zitronenholztäfelung

Die zur farbigen Fassung und Schaffung kleiner Deckenbilder beschäftigten Maler sind kaum bekannt. Mit dem Tode des Herzogs Albrecht im Jahre 1699 beginnt ein ziemliches Chaos, da das Land von drei Vettern, den Herzögen in Gotha, Meiningen und Saalfeld regiert wird. Die Bauarbeiten kommen auch fast zum Erliegen, weil sich die drei selten einigen können. 1720 tritt eine totale Bauruhe ein. Als 1731 eine Einigung der Saalfeldschen Herzöge, wohl aufgrund des als möglich erscheinenden Anschlusses Coburgs an Saalfeld, zustandekommt, wird Johann Nicolaus Straßburger für neue Arbeiten berufen. Die Hofkirche vollenden nun deutsche Künstler und am 4.2.1738 kann sie endlich eingeweiht werden. So ist dieses Werk des Frühbarock, das noch die schweren Züge der italienischen Stukkatorenkunst des ausgehenden 17. Jahrhunderts zeigt, erst in einer Zeit vollendet, als überall schon leichter Bandelwerkstuck oder sogar hochbarocke Dekorationskunst herrschen. Im Vergleich dazu muten diese Coburger Arbeiten fast

Hofkirche

manieristisch an. Das 18. Jahrhundert bringt in Coburg im Gegensatz zu den umliegenden deutschen Provinzen wenig an Baumaßnahmen. Eine Brücke wird errichtet und die Orangerie geplant, aber nicht ausgeführt. Nur wenige Innenräume werden umgestaltet, so der Andromeda-Saal, und Erhaltungsmaßnahmen durchgeführt. Auf diese für das 18. Jahrhundert ungewöhnlich bescheidene Bautätigkeit folgt aber im 19. Jahrhundert dafür eine verspätete Blüte, welcher die Stadt heute

neben der Renaissance im Wesentlichen ihr Bild verdankt. Auch auf dem Lande draußen werden herzogliche Schlösser umgebaut. Callenberg und die Rosenau sind hier die bekanntesten Beispiele.
Gottlieb Eberhard, der Leiter der Baumaßnahmen für das Schloß Ehrenburg, führt als erstes den Silberbau anstelle des italienischen Arkadenbaues im Osten des Innenhofes, unter Bewahrung der Hoffassade, neu auf. Man ist hierbei, wohl zum ersten Male in der Baugeschichte, auf sorgsame Erhaltung alter Teile, so auch der Hornstube, bedacht. Das Zeitalter der Romantik bringt ein erstes Bemühen um die Anerkennung vorhergehender Stile und ein gewisses denkmalpflegerisches Denken. Der erwähnte Trakt wird um ein Stockwerk erhöht, wie auch der Westbau an der Rückertstraße. Die offenen Bögen des Silberbaues setzt man zu und versieht sie mit Fenstern. 1817 ist dieser Abschnitt beendet. Schinkel — er wird nicht nur bei großen Plänen, sondern auch Details öfters erwähnt — ist mit Sicherheit an den Arbeiten beteiligt gewesen. Die bei der barocken Neuorientierung im Norden noch übrig gebliebenen Nebenbauten werden als nächstes abgerissen. Die neugotische Ummantelung, über deren angebliche Urheberschaft Schinkels — der zwar wie gesagt nachgewiesenermaßen für Coburg arbeitete — im Gegensatz zu der Eberhards, durchaus berechtigte Zweifel bestehen, bildet eine Mischung aus dem bisher für einen Schinkel-Entwurf gehaltenen Plan und dem Entwurf des Architekten André Marie Renié-Grétry, wobei die Formensprache von letzterem mehr die Seitenflügel bestimmt. Weitere im Zusammenhang mit der Neufassung des Schlosses genannte Künstler sind der Stuttgarter Friedrich Streib, sowie Karl und Manfred Heideloff als Maler.
Während im Hauptschloß gearbeitet wird, verschwinden 1830—35 die Nebenbauten und wird die Reithalle verändert. Der Zeitpunkt der napoleonischen Kriege, welcher alles andere als günstig für die Durchführung solcher Projekte ist — es dürfte wohl Coburg auch einer der wenigen, wenn nicht der einzige Hof gewesen sein, der zu dieser Zeit für die Verhältnisse seines Landes so enorme Bauten unternimmt — führt 1815 auch zu einem totalen Baustop. Aber eine Anleihe bei Rothschild in Frankfurt bringt alles wieder in Gang. 1817 ist auch das Innere des Silberbaues fertig. 1821 wird die Verkleidung des Osttraktes abgeschlossen, und 1827—34 folgt die des Mitteltraktes, mit der auch ein Neubau des Treppenhauses, welches nun erweitert wird, verbunden ist. Zwar sind die alten Wendeltreppen der Renaissance schon ab 1690 in, wenn auch schmale, barocke gegenläufige Treppen verwandelt worden, seine heutige Großzügigkeit erhält das Treppenhaus aber erst mit der Verlegung aus dem die Mitte der Hoffront einnehmenden

ehemaligen Hauptturm an die Seite der Durchfahrt. Reichlich phantastische und sehr romantische Entwürfe hierfür, welche weitere Eingriffe in die Bausubstanz erfordert hätten, scheitern wohl in erster Linie an den knappen Finanzen. 1832 sind auch die Arbeiten an Vorder- und Rückseite beendet. 1834 der Mitteltrakt, und als letzter folgt der Westflügel. Den Abschluß bildet die Anbringung des Wappenreliefs am westlichen Pavillon im Jahre 1837, ein Pendant zum Wappen des Ostpavillons. Zwar sollten auch der Innenhof und die Seite zur Steingasse noch verkleidet werden, aber diese Pläne wurden nicht mehr ausgeführt. Allerdings waren sie wesentlich bescheidener als die zur Gestaltung des Ehrenhofes, was vor allem daran lag, daß aufkommendes kunsthistorisches Interesse alte Teile erhalten wissen wollte.

Die gestaltende Baugeschichte der Ehrenburg ist damit beendet. Nun sind nur noch Arbeiten an dem Platz und den Nebengebäuden zu erwähnen. 1840 nimmt das Schloßrondell Gestalt an. 1849 wird das Schwanthalersche Denkmal Herzog Ernst I. aufgerichtet und das 1837 von Harres begonnene Hoftheater, 1840 vollendet, 1847—48 nochmals verändert. Auch die Arkaden zum Hofgarten werden von Nicolai fertiggestellt. Sie nehmen die Stelle des herzoglichen Ballhauses von 1627, ab 1738 Comödienhaus, ein. An diese schließen sich der 1820 umgebaute Marstall von 1680/96 und die Reithalle von 1850 an. 1881 wurde noch von Rothbart das Palais Edinburgh hinzugefügt.

Die bis hierher verfolgte recht abwechslungsreiche Baugeschichte — beginnend mit einem Kloster —, welche der Besucher auf den ersten Blick hinter recht einheitlich wirkenden Fassaden kaum vermutet, findet im Inneren nurmehr in zwei Stilen ihren Wiederklang. Barock und Klassizismus haben der Ausstattungskunst der auf uns gekommenen Innenräume ihren Stempel aufgedrückt. Von der am Innenhof zu spürenden Renaissance Johann Casimirs finden wir im Schloß Ehrenburg nichts mehr. Nur Zwerchgiebel, Erker, Treppenturm und das Prachtportal sind aus dieser Zeit vorhanden. Als einziger Innenraum wurde die alte Hornstube auf die Veste gerettet. Das barocke Meublement verschwand bei der Neueinrichtung im Empirestil zuerst auf den Dachboden. Zur Deckung der Kosten für Neuanschaffungen ging es 1806 über eine Versteigerung aus dem Haus.

Vom Barock blieben daher nur wandfeste Ausstattung und Stuck erhalten. Die gleichzeitig mit den Außenarbeiten des 19. Jahrhunderts vorgenommenen Veränderungen im Inneren haben sich z. T. sehr stark an die Vorbilder des Barock angelehnt, so daß beispielsweise im heutigen sogenannten Thronsaal der klassizistische Stuck dem barocken Deckenstuck der vorherliegenden Räume sehr verwandt ist.

An diesen Arbeiten sind zwischen 1820 und 1830 Johann Hoffmann und Kühlmann beteiligt, während die Malereien der Reihe nach von Cremonini, Conti, Hagedorn und Ignaz Klamm ausgeführt werden. Ab 1801 beginnen große Möbeleinkäufe. Der Coburger Hübner liefert hier viele Arbeiten. Eine Berliner Firma beschafft 1802 weitere Stücke und 1805 fertigt ein Kunsttischler Roth neue Möbel. 1808 folgen weitere große Lieferungen. Vor allem polierte Naturhölzer finden den Geschmack des Herzogs. Die bis in den Frühklassizismus, vor allem aber im Barock und Rokoko üblichen, farbig gefaßten Möbel entsprechen nicht mehr den Vorstellungen der Zeit. 1812 kommen aus Wien Kronleuchter und Wandarme. Mit Anstellung des Franzosen Renié-Grétry sind es dann Möbel und andere Ausstattungsgegenstände aus Paris. Mit Genehmigung des Herzogs werden nun alle nötigen Dinge in Frankreich eingekauft und nach Coburg geschafft, besonders kostbar ist das Meublement des Thronsaales, von Georges Jacob, der auch noch einiges Andere liefert. Aber auch die Landsleute werden nicht ganz vergessen. Der Coburger Schmidt und der Gothaer Rathgeber, ferner Müller aus Coburg. Mit dem Klassizismus ist dann die Ausstattung im Wesentlichen beendet. 1856 werden noch neue, hochlehnige Stühle für den Riesensaal beschafft, die denen im Salon zu Oberlangenstadt sehr ähneln, welche ebenfalls auf der Lehne einen Wappenaufsatz tragen. Die Verwandtschaft mit vielen bedeutenden Fürstenhäusern Europas im 19. Jahrhundert bringt eine Reihe wichtiger Besuche nach Coburg. Zu diesem Zwecke erfolgen in Abständen immer wieder Neuanschaffungen. So besucht die Queen Victoria 1865 bei der Enthüllung des Denkmales für ihren verstorbenen Mann Albert v. Coburg die Stadt und 1894 weilt sie wieder in Begleitung ihres Schwiegersohnes, Kaiser Friedrich III., des Enkels, Wilhelm II., sowie des Zarewitsch in Coburg. Letztes glanzvolles Ereignis ist 1905 die Hochzeit des letzten Herzogs Carl Eduard. Das Jahr 1918 brachte auch dieser Residenz die Verwaisung und aus den bewohnten Räumen wurde ein Museum. Staatsarchiv, Landesbibliothek, die Coburger Landesstiftung und die Verwaltung der staatlichen Schlösser, Gärten und Seen, welche sich um die kunsthistorischen Belange und die Erhaltung der Bauten kümmert, zogen ein. Noch heute sitzen diese Institutionen im Schloß.

Die Raumaufteilung ist zur Zeit etwa folgende: Westflügel Museum, Mittelflügel Museum und Bibliothek, Ostflügel Museum und Archiv. Die Nebentrakte um den Binnenhof nehmen teilweise dieselben Stellen und Behörden auf. Ihr Umbau und die Modernisierung, bei der in verständnisloser Weise viel der alten, wenn auch einfachen Innenausstattung geopfert wurde, wird demnächst beendet sein. In der Reihen-

folge der heute gezeigten ehemaligen Wohn- und Repräsentationsräume soll noch kurz auf deren Gestaltung eingegangen werden.
Einfahrtshalle im Mitteltrakt und Treppenhaus stammen aus der 1. Hälfte des 19. Jahrhunderts, ebenso wie der Vorsaal im zweiten Obergeschoß. Hier findet der Besucher ein Modell, das die alte Barockanlage wiedergibt. Im folgenden Familiensaal hängen eine Reihe ausgezeichneter Portraits des 19. Jahrhunderts von Mitgliedern des Hauses. Die kleine Galerie schafft die Verbindung zum Westflügel, in dem sich noch die barocke Ausstattung erhalten hat. Der Weiße Saal, früher Audienzzimmer, weist den Stuck Giovanni Caveanis auf. Über schlicht stukkierten Wänden spannt sich eine reiche Decke. Von den drei von hier aus begehbaren Nebenräumen hat nur eines den Stuck dieser Zeit verloren. Der Riesensaal, zusammen mit der darunter liegenden Hofkapelle, ist der größte Raum des Schlosses. Die prachtvolle, überquellende Stuckarbeit der Brüder Lucchese wird von 28 Atlanten getragen. 56 Wappen in der Hohlkehle zeigen ehemalige Herrschaften des Hauses Wettin. Zwei Vorräume nur durch Pfeiler getrennt, vergrößern die Wirkung dieses gewaltigen Raumes. Wie in den meisten Zimmern wurde das Parkett im 19. Jahrhundert erneuert. Das Grundkonzept des Saales ist in seiner eingeschossigen Höhe noch der Renaissance verhaftet. Seine Bedeutung liegt in den gewaltigen Stukkaturen, die allerdings einen etwas erdrückenden Eindruck erwecken. Die anschließenden drei Räume des fürstlichen Appartements aus der Zeit um 1840 sind nicht zugänglich.
Auf dem Rückweg erreicht man wieder den Familiensaal in der Mitte des Haupttraktes. Anschließend, nun in östlicher Richtung, folgt die große Galerie mit einer Reihe bedeutender Gemälde und Kopien verschiedenster Herkunft. Wie auch die kleine Galerie ist der Raum im 19. Jahrhundert umgestaltet worden. Es folgen dann wieder zwei Räume (Gobelinzimmer und Rotes Zimmer) mit dem überreichen Stuck von Carlo Tagliata und Domenico Carboneti. Vor allem im Gobelinzimmer erreicht er eine nahezu vollplastische Wirkung, Blätter- und Pflanzengewirr treten voll aus der Decke hervor und hängen in den Raum hinunter. Auch die Figuren besitzen eine weitgehende Plastizität. Handwerkliches Können begeistert hier mehr als dekorative Wirkung. Die Deckenmalereien stammen von Domenico Cadarota, wurden aber evtl. von Antonio Servi begonnen. Die Tapisserien aus Frankreich nach Cartons von Alexander Francois Desportes, bei Etienne Claude Le Blond hergestellt, bedecken die Wände. In beiden Räumen stammen die Möbel aus dem frühen 19. Jahrhundert. Der Thronsaal gehört ganz dem 19. Jahrhundert an. Reniés Entwurf wurde 1831 ausgeführt und

der Stuck von Hoffmann angebracht. Die Formensprache des Klassizismus mußte hier zur Erreichung einer gewissen Einheitlichkeit mit den beiden Nebenzimmern in ein barockes, kräftiges, wulstiges Gewand schlüpfen. Nur die zurückhaltende Wandgliederung in Pilaster und glatte Felder ist unverfälscht klassizistisch, wie man ja auch in den barock belassenen Räumen zumindest die Wände im neuen Stil umwandelte. Der Parkettboden ist wohl der kostbarste des Hauses. Meublement, Wandbespannungen und Baldachin sind in rot gehalten. Ein folgendes einfaches Vorzimmer entstand zur selben Zeit wie der Thronsaal. Die Decke bilden einfache Kassetten. Es folgt anschließend an ein Empfangszimmer im Ostpavillon ein Appartement, bestehend aus Arbeitszimmer, Schlafzimmer, Holzzimmer und Ankleidezimmer. Alle aus derselben Zeit, beherbergen sie eine ausgezeichnete Möblierung des Empire, worunter die Schwanengarnitur von Jacob besondere Erwähnung verdient, welche im Schlafzimmer und Arbeitszimmer aufgestellt ist. Die Wand- und Deckengliederungen sind hier meist auf einfache Pilaster und Kassetten beschränkt. Das Schlafzimmer wurde später oftmals von der Queen Victoria benutzt. Besonders originell ist das halbrund geschlossene „Holzzimmer", welches vollständig mit Holz ausgekleidet ist und ursprünglich als kleine Bibliothek diente. Über eine Nebentreppe, von der auch ein dem Besucher unzugängliches Dienerzimmer zu betreten ist, erreicht man die Räume des 1. Stockwerkes. Früher führte vom Schlafzimmer oben noch eine kleine Wendeltreppe nach unten. Den Ostpavillon nimmt wiederum ein kleines Appartement

Schlafzimmer

ein, mit Garderobe, Ankleidezimmer, Schlafzimmer, und Arbeitszimmer. Es wurde um 1820 von Cremonini ausgemalt. Die Garderobe weist einen runden Grundriß auf. Ein winziges Kabinett in der Fensternische wird als Dichternische der Herzogin bezeichnet und diente wohl, um sich zurückzuziehen, zum Lesen oder Schreiben. Das Schlafzimmer mit einer halbrunden Wand nimmt, umgeben von prachtvoll drapierten Stoffen, das Bett der Herzogin auf. Über das anschließende Arbeitszimmer gelangt man in den Ostflügel, welcher noch vier Räume aufnimmt: Das Empfangszimmer, einen weiteren mit Holz verkleideten Salon, das Arbeitszimmer Ernst II. und den Speiseraum, sämtlich aus der Zeit um 1820. Schöne Parkettböden, holz- oder stoffverkleidete und stuckierte Wände sowie strenge, meist kassettiert stuckierte, Decken geben wieder den idealen Hintergrund für ein auserlesenes Empiremeublement. Besonders originell ist die Zitronenholzvertäfelung des Holzzimmers, mit aufgemalten Akanthusblättern, Rauten und Greifen. Zum Schluß wird dem Besucher die Hofkirche gezeigt, deren überreiche Ausstattung der Decken und Brüstungen im krassen Gegensatz zu den glatt gehaltenen Wänden steht. Das ursprüngliche Konzept der Brüder Lucchese wurde hier von 1731—35, unter Leitung Straßburgers, von Hemmer, Beindtner und Müller (Bildhauer, Stukkateur, Maler) überarbeitet und ergänzt. Rings ist der Innenraum von Emporen umzogen. Die Rückwand nimmt die ebenfalls von den Lucchese-Brüdern reich ausgestattete Fürstenloge ein. Über dem Kanzelaltar liegt zurückgesetzt die Orgel.
Mit diesen Räumen ist man durch die im Rahmen des Museums zugänglichen Teile des Hauses geführt. Die Landesbibliothek weist in 11 Räumen noch alte, wandfeste Ausstattung auf. Von diesen sind fast alle auch im Klassizismus umgestaltet worden und meist in einfachen Formen gehalten. Nur der Andromedasaal, der einzige, nach der Bauzeit um die Wende vom 17. zum 18. Jahrhundert, im Barock umgestaltete Raum, fällt aus der Reihe. Die ehemalige herzogliche Privatbibliothek umschließt die Fürstenloge und wurde zur selben Zeit wie diese ausgestattet.
Unter den klassizistischen Interieurs in Oberfranken nimmt die Coburger Residenz absolut den ersten Platz ein. Die rege Bautätigkeit dieser Landschaft war im Gegensatz zu ganz Franken mit dem Barock noch nicht beendet. Nur wenige Häuser entstanden anderenorts im nachfolgenden 19. Jahrhundert. Der Erfindungsgeist und vor allem auch die Mittel hatten sich anderswo bereits in dem vorhergehenden Jahrhundert restlos erschöpft. Coburg bietet als einzige oberfränkische Residenz bedeutenden Klassizismus.

8 Ahorn

Schloß, Kreis Coburg

Die Geschichte Ahorns ist eng mit der des Landes verknüpft. Die erste Erwähnung des Ortes ist uns aus dem Jahre 1057 bekannt. Schon zu dieser Zeit muß es hier eine befestigte Anlage gegeben haben. Vermutlich ist die Polenkönigin Richezza, die Tochter des lothringischen Pfalzgrafen Ehrenfried und seiner Frau Mathilde, einer Schwester Otto III., die erste Besitzerin von Ahorn gewesen. Es wird berichtet, daß sie ihre Güter um Saalfeld und Coburg 1057 dem Bischof Hanno von Köln geschenkt habe. Nach dem Tode der vertriebenen Königin wird vom Bischof Hanno die Benediktinerabtei Saalfeld gegründet. In dem Stiftungsdokument von 1074 wird neben anderen Gütern auch Ahorn dem Kloster übereignet. Im folgenden Jahre erfolgt die Übergabe der von Würzburg ausgeübten Episcopalgerechtigkeit an das neu gegründete Kloster durch den Bischof Adalbert v. Würzburg. In dieser Urkunde wird auch Ahorn namentlich aufgeführt. Eine Sage, die aber wohl kaum auf Tatsachen fußt, weiß zu berichten, daß auch in Ahorn damals ein Kloster gegründet worden sei, von dem aus man die Gegend urbar gemacht habe. Später sollen dann die Mönche das Kloster verlassen haben und einen ritterlichen Vasallen des Klosters zum Schutze der Klostergüter als Lehensmann eingesetzt haben. Die Erinnerung an diese Sage lebt noch fort und im ältesten Teil des Schlosses wird noch heute ein Zimmer als Mönchsstube bezeichnet.

Um 1100 sitzt der Edele Siboto auf der Burg Ahorn, welcher ebenfalls Güter an das Kloster Saalfeld schenkt und 1139 wird ein Ministerialer Poppo v. Ahorn erwähnt. Bis ins 13. Jahrhundert fehlen uns weitere Nachrichten. Im 13. Jahrhundert erfolgt dann die Belehnung mit dem Rittergut an eine Familie, die sich als Herren von Ahorn und als Vasall der Herzöge von Meran bezeichnet. Das Geschlecht stirbt aber wohl bald aus, denn wir hören nichts mehr von ihm. 1225 werden Streitigkeiten eines Ritters auf Ahorn um Besitzungen zu Kleinahorn erwähnt.

Wieder tritt eine lange Pause ein. Aus einer Urkunde von 1453 erfahren wir, daß die Herren von Lichtenstein Gut, Schloß und Kirchensatz zu Ahorn vom Kloster Saalfeld zu Lehen erhalten haben. 1486 ist wiederum ein Mitglied dieses Hauses zu Ahorn beurkundet. Es ist Heintz von Lichtenstein, mit Katharina Schottin von Schottenstein verheiratet. Noch einmal hören wir von einem Lehensverhältnis zum Kloster Saalfeld aus einer Lehensbucheintragung aus dem Jahre 1498. Dann erlöschen die Verbindungen zu Saalfeld, welche über mehrere Jahrhunderte bestanden hatten. Heintz von Lichtenstein aus der Linie Lahm hatte keine Kinder und der Besitz geht nunmehr durch Kauf an die Herren von Rosenau über. 1501 erwirbt der Münzmeister Anton von Rosenau das Schloß mit seinen Zugehörigen, um 4030 fl.

Zu dieser Zeit ist als wesentlicher Bau der heute älteste Teil vorhanden und nun folgt unter den baulustigen Herren von Rosenau die Glanzzeit der Baugeschichte des Hauses. Der erste Rosenau auf Ahorn hat zwei Söhne, Valentin und Joachim. Ob und in wieweit schon Anton von Rosenau mit Umbauten begonnen hat, ist nicht festzustellen.

Einer Inschrift an einem der Ökonomiegebäude zufolge, wird der Bau 1555 durch Joachim v. Rosenau begonnen. Er erstellt den großen Trakt an der Straße mit den gewaltigen Türmen. Das oberste Gesims des linken Turmes ist mit der Jahreszahl 1603 bezeichnet. Demnach haben die Erbauer die Vollendung ihres begonnenen Werkes nicht mehr erlebt. — Die bei dem Vorhandensein vieler Teiche öfters geäußerte Vermutung, die Burg

sei früher eine Wasserburg gewesen, findet nirgends Bestätigung und dürfte auch auf Grund der Hanglage der Burg keinesfalls zutreffend sein. Keine Spur eines Bodenbefundes oder einer Überlieferung spricht für eine derartige Annahme.
Der Erbauer des vorderen Schlosses verheiratet sich noch in hohem Alter mit einem Fräulein v. Seckendorff, stirbt aber bereits ein Jahr danach, 1563. Da er und sein Bruder keine Kinder hinterlassen, erbt den Besitz der Neffe (Enkel seines Großvaters) Sylvester, ein sehr gebildeter Mann mit engen Beziehungen zu bedeutendsten Humanisten u. a. Melanchthon und anderen bekannten Zeitgenossen. Aber auch er stirbt schon nach einem Jahre und der Besitz geht an seinen einzigen Sohn Hans Berthold, der in allem das Gegenteil seines menschlich und geistig hochstehenden Vaters ist. Als unbeherrschte, harte Natur schreckt er selbst vor Mord nicht zurück und mit ihm endet 1582 unter traurigen Umständen das einstmals so bedeutende Geschlecht der Herren von Rosenau. Auch wirtschaftlich hat der letzte Rosenau total bankrott gemacht und schon zu Lebzeiten mußte Ahorn 1581 wegen seiner so großen Schulden verkauft werden. Käufer ist der Herzog von Coburg. Aber er behält es nicht lange. 1598 verkauft es Herzog Johann Casimir an einen Truchsess von Henneberg um 26.000 Gulden.
Der neue Herr auf Ahorn, eine äußerst interessante Person, ist der protestantische Abt des Klosters Banz. Abt Georg Truchsess von Henneberg resignierte 1568 nach endlosen Streitereien zwischen Kloster, Herzog von Coburg, Bischof von Bamberg und dem Kaiser und erhält eine lebenslängliche Rente von 8000 fl. im Jahr. Kurz nach seiner Amtsniederlegung heiratet er Kunigunde von Kemnath aus Schloß Wildenheid. Durch Rente und Heirat wird Georg sehr vermögend und dies setzt ihn in den Stand, Schloß und Rittergut Ahorn für 26.000 Gulden zu kaufen. 1598 stirbt er und seine Tochter heiratet Wilhelm von Streitberg, den Angehörigen eines Bamberger Ministerialengeschlechtes, das vor allem in der Fränkischen Schweiz begütert war, und dort von ca. 1120 bis 1690 erwähnt wird. Unter dieser Familie erlebt Ahorn eine zweite Blütezeit. Anna von Streitberg, 1574 geboren, stirbt 1615, womit dann Ahorn ganz an dieses Haus fällt. Außer diesem Gut besitzt diese Linie des Geschlechtes auch noch Greifenstein, Burggrub und Sachsengrün.
Die nun einsetzende Bautätigkeit fällt mit einer allgemeinen Blüte im Coburger Land zusammen. Der erste Herr von Streitberg auf Ahorn, Johann Wilhelm, der diesen Besitz erheiratet, baut nach dem Tode seiner Frau 1621 das Treppenhaus, genauer gesagt den Turm, der wohl die größte Sehenswürdigkeit des Hauses darstellt, mit reichem Renaissance-Portal. Es ist beachtlich, daß dieser Bau unternommen wird, nachdem

Saal im Hauptbau

schon drei Jahre lang die erste Stufe des 30-jährigen Krieges, der böhmisch-pfälzische Krieg, äußerst unsichere Verhältnisse geschaffen hat. Dieser Krieg soll auch Ahorn noch stärkste Verwüstungen bringen. Am 8.9. 1634 wird es von durchziehenden Kriegsvölkern niedergebrannt. 1637 und 1638 folgen Einquartierungen, die ebenfalls furchtbare Spuren hinterlassen. Die Verhandlungen verschiedener Gesandter, unter denen sich auch der Sohn Johann Wilhelms, aus zweiter Ehe, Ludwig Wilhelm, befindet, haben wohl keine Milderung erreicht. Trotz all dieser Schwierigkeiten entsteht 1621 die Wendeltreppe, in vielen Reiseführern als das neunte Weltwunder bezeichnet. Einfachheit und Schönheit der sich spiralförmig nach oben windenden und von einfachen Gesimsen eingefaßten Treppe sucht ihresgleichen. Die offene Achse der Treppen-Schnecke hat nur einen minimalen Durchmesser, der einen winzigen Durchblick von oben nach unten gewährt. Die Reiseliteratur, welche dieser Gegend gewidmet ist, erwähnt seit früher Zeit immer wieder diese Treppe. Die „sehr künstliche Schnecke" — so ein sächsisches Reisehandbuch — wird sogar schon in Zeidlers alter „Reichsgeographie" genannt und an anderer Stelle ist von der „vielbewunderten künstlichen Treppe" die Rede. Den oberen Abschluß des Turmes bildet ein kleines Zimmerchen, das wohl früher Kindern als Spielplatz gedient haben mag und daher den Namen Puppenturm führt. Der Rundblick von diesem Raum

ermöglicht uns einen guten Gesamteindruck der großen Schloßanlage mit ihrem Wirtschaftshof. Über die Gebäudegruppen von Schloß, Ökonomie und Kirche hat man einen weiten Blick ins Coburger Land, mit seiner es gleich einer Krone überragenden Veste. Das heute spitze Turmdach ersetzte Ende des 19. Jahrhunderts eine ehemals welsche Haube.
Der Erbauer dieser Treppe stirbt am 9.4.1631 auf einer Reise in Weimar und wird in Ahorn beerdigt. Das Doppelgrabmal von ihm und seiner ersten Frau ist besonders aufwendig ausgeführt und stammt von der Hand Werners aus Nürnberg und seines Schwiegersohnes Veit Dümpel.
Der zweite Sohn des ersten Ahorner Streitberg, Georg Wilhelm, ist zum letzten Male 1649 erwähnt, stirbt ohne Kinder und 1638 auch sein Bruder, ebenfalls ohne Nachkommen. Letzterer ging wegen seiner großen Gestalt als „der Riese von Ahorn" in die Geschichte der Gegend ein. Sein Grabmal steht ebenfalls in der Kirche zu Ahorn. Eine Holzplastik überlieferte die Gestalt der Nachwelt. Die zweite Frau seines Vaters, seine leibliche Mutter, Eva Agnes vom Stein zum Altenstein überlebt ihren Mann und ihre Kinder und stirbt 1652. Auch ihr verdankt der Bau in Ahorn einige Zutaten und die Kirche wird mit einer reichen Stiftung bedacht. Damit endet die Geschichte des Hauses Streitberg in Ahorn und stirbt diese Linie aus. Dieses Geschlecht und die Herren von Rosenau dürfen wir wohl als die bedeutendsten Bauherren in Ahorn ansehen.
Wie schon so oft in der Geschichte des Schlosses, wird der Besitz durch eine Frau weitervererbt. Die Tochter des ersten Herren auf Ahorn, aus dem Geschlechte der Streitberg, Eleonora Cunegunda heiratet 1618 Christoph Ludwig von Schaumberg, der in der Gegend von Kronach begütert ist. Die Tochter Rosina Kunigunde aus dieser Ehe bringt Ahorn als Mitgift in die Ehe mit Wolff Friedrich von Muffel aus Ermreuth, welcher vorher mit einer Schwedin verheiratet war und aus einer bekannten Nürnberger Patrizierfamilie stammt. Die nächste Zeit bleibt Ahorn im Besitze dieser Familie und Wolff Friedrich stirbt 1671. Schon zu Lebzeiten wird der Besitz an die drei Söhne aufgeteilt. Aber bereits 1688 gelangt ein Teil durch Kauf an Friedrich von Wiesenthau, Mitglied einer Familie aus der Nachbarschaft der Muffel in der Fränkischen Schweiz. Schon 1698 wird der Anteil wieder zurückgekauft. 1699 geht die eine Hälfte und 1701 die zweite mit Ausnahme von Finkenau an Georg Paul von Hendrich aus Hildburghausen. Sein Sohn Christoph Sigmund heiratet 1749 Eleonore Luise von Erffa. Deren Sohn Franz Josias kauft 1777 die einzelnen Güterteile den verschiedenen Besitzern ab und nun sind sie wieder in einer Hand. Der neue Herr auf Ahorn macht sich als fortschrittlicher Politiker einen Namen mit der

Verfassung der „Freymütigen Gedanken über die allerwichtigste Angelegenheit Deutschlands"! Als Wirklicher Geheimrat in Meiningen wird er zum Bundestagsgesandten ernannt.

Und wieder geht Ahorn durch eine Tochter an eine andere Familie. Die Tochter Hendrichs heiratet einen Herrn von Baumbach und kauft auch noch das Gut Finkenau dazu. Ihre Tochter wiederum bringt dann den Besitz in die Hand der Familie der Freiherrn von Erffa, die seitdem hier ansässig ist. Emilie Auguste von Baumbach, die 1843 den Besitz erbt, heiratet Ferdinand Hartmann Freiherrn von Erffa, mit ihrer Heirat ist dann Ahorn in Erffa'scher Hand. Ihr ältester Sohn, Eduard Hartmann, kauft noch Wüstenahorn dazu und wandelt den Besitz in ein Fideikommiß. Die Bildergalerie, der Verbindungstrakt vom vorderen zum hinteren Schloß, wird von ihm erbaut, wohl aber an Stelle eines bereits vorhandenen, eventuell baufälligen Ganges. In der Folgezeit ist dann Ahorn bis 1918 Fideikommiß geblieben. Nach der Aufhebung durch Gesetz verbleibt der Besitz vorerst gemeinschaftlich und wird dann nach dem Kriege in verschiedene Güter aufgeteilt, das Haus hingegen gehört noch weiter den früheren Fideikommißherren gemeinsam. Die Familie hat sich seit der Übernahme sehr um die Erhaltung des Hauses bemüht und gerade in letzter Zeit sind wieder maßgebliche Restaurierungsarbeiten durchgeführt worden.

Dem Besucher bietet sich heute eine umfangreiche Anlage, die aus drei Baugruppen besteht: dem Wirtschaftshof, dem Schloß und der Kirche.

Die Ökonomie dient noch ihren ursprünglichen Zwecken und bildet ein zum Schloß hin offenes Hufeisen. Die Verbindung zum Haus stellt ein Tor mit Übergang dar. Das Schloß selber besteht aus drei Teilen: dem östlich zum Park hin gelegenen ältesten kleinen Bau mit Formen des 15. Jahrhunderts, dem südlich gelegenen, vorderen, von zwei Türmen flankierten Hauptschloß (wohl Mitte 16. Jahrhundert), das von mehreren Mitgliedern der Familie bewohnt wird, und einem weiteren nördlichen Flügel, dem sich zum Park hin ein Rundturm anschließt. Die drei Bauteile sind durch niedrige Verbindungstrakte und Gänge zusammengefaßt, welche einen rechteckigen Hof umschließen. An den vorderen (südlichen) Bau zum Hof hin angeschlossen, erhebt sich der Treppenturm mit seiner einzigartigen Spindel.

Außer dem Vorderbau dienen die anderen Teile des Hauses als Mietwohnungen.

An allen Bauteilen finden wir einfache Fenstereinfassungen und sparsame Bauplastik, sowie hier und da einige Wappensteine. Aus diesem einfachen Rahmen fällt das reiche Portal am Treppenturm. Über dem

Türsturz halten zwei Löwen einen doppelstöckigen Wappenstein mit drei Wappen. Die Felder werden von Renaissance-Rollenwerk eingerahmt. Die Wappen, welche stark verwittert waren, wurden 1969 restauriert. Es sind die der Erbauerfamilie Streitberg und darunter der beiden Frauen des Johann Wilhelm, Truchseß von Henneberg und Stein zum Altenstein. Im Inneren des Hauses verdient neben einer reichhaltigen Ausstattung mit altem Mobiliar, Bildern und Erzeugnissen des Kunsthandwerkes vor allem ein Fresko im oberen Saal Erwähnung, das eventuell von demselben Maler stammen könnte, welcher für das Schloß Redwitz arbeitete, und eine Versammlung der Götter des Olymp darstellt. Eine Reihe von Räumen erhielt im 18. Jahrhundert einfachen Felderstuck, der in einigen Zimmern auch reicher ausfiel und durch kräftige Blattornamentik bereichert wurde. Den geschlossenen Teil des Verbindungstraktes vom vorderen (Süd) Schloß zum ältesten (Ost) Teil des Hauses nimmt eine Ahnengalerie der jetzigen Besitzer des Hauses Ahorn ein. Das Archiv blieb glücklicherweise noch erhalten und wurde nicht, wie so oft bei Erbgängen oder Verkauf, im vorigen Jahrhundert, von den Vorbesitzern mitgenommen. So vermittelt das Haus trotz der vielen Besitzerwechsel noch heute einen geschlossenen Eindruck und gehört mit seinem schönen alten Inventar zu den besten Häusern des Coburger Landes.

Treppenspindel

9 Tambach

Schloß, Kreis Coburg

Im gesamten oberfränkischen Raum dürfte die Katastrophe des Zisterzienserklosters Langheim kurz vor der Säkularisation zu den vergleichbar größten Verlusten geführt haben, welche am Beginn des 19. Jahrhunderts die doppelte Aufhebung aller überkommenen Strukturen des alten Heiligen Römischen Reiches deutscher Nation durch Säkularisation und Reichsdeputationshauptschluß mit sich brachte. Bei dem Brand vom 7. 5. 1802 wurden außer einem sehr wertvollen Gebäudebestand in Langheim eine Unzahl an Inventar, die Bibliothek und vor allem das Archiv vernichtet. Was nicht damals zerstört wurde, fiel der barbarischen Ausplünderung der verbliebenen Reste zum Opfer, so daß heute an der Stätte eines einst blühenden Klosters, das für die Geschichte im Obermaingebiet eine sehr bedeutende Rolle spielte, nicht mehr viel vorhanden ist. Nur ein paar wohl eher zufällig stehengebliebene Wirtschaftsgebäude und Pavillons geben einen minimalen Eindruck der einstigen Pracht dieses weitläufigen Baukomplexes. Mit der Vernichtung des Klosters ist heute eine für die Geschichtsforschung nicht

mehr zu schließende Lücke für die Vergangenheit Frankens eingerissen. Die wenigen Reste, welche heute relativ ungeschmälert auf uns gekommen sind, bildeten ehemals die Außenstellen des klösterlichen Besitzes, es sind dies 1. eine Reihe von Amtsbauten in umliegenden Städten und Dörfern, wie Scheßlitz, Giechkröttendorf, Weismain, Kronach, Altenkunstadt, Hochstadt, Oberlangheim, Roth, Wolfsdorf, Brücklein, Oberdornlach, Forstlahm, Hutschdorf, Langenstadt, Mainleus, Autenhausen, Neuses a. d. E., Schlettach, Großgarnstadt und Isling. 2. Als wohl bedeutenderer Teil, die fünf großen Amtshöfe des Klosters zu Trieb, Hochstadt, Tambach, Bamberg und Kulmbach. Bis auf Hochstadt, welches jetzt als Krankenhaus wesentliche Eingriffe und Beeinträchtigungen erfuhr, sind alle diese Höfe heute gut erhalten und gepflegt, Bamberg und Kulmbach als Stadthäuser. Trieb und Tambach, umgeben von weitläufigen Parks, vermitteln heute den gepflegten Eindruck einer großen Schloßanlage, wurden im Gegensatz zum Kloster selbst nicht annähernd so in Mitleidenschaft gezogen und bilden seither jeweils den Mittelpunkt eines umfangreichen, privaten Landbesitzes. Das prachtvollste Zeugnis der Bautätigkeit Langheims blieb glücklicherweise ebenfalls erhalten. Es ist dies die zu den besten Werken der Deutschen Barockbaukunst zählende Wallfahrtskirche Vierzehnheiligen, die mit ihrem Gegenüber Banz einen der schönsten Raum- und Landschaftseindrücke in Süddeutschland vermittelt. Trotz der unglücklichen letzten Zeit für das Kloster selber, ist es immer noch erstaunlich, welche Fülle an Zeugnissen seines kulturellen Schaffens heute auf uns gekommen ist, und man vermag nur zu ahnen, welcher Reichtum an Kunstschätzen es vor dem Brande beherbergt haben muß.
Schloß Tambach vermittelt heute von all diesen weltlichen Bauten den großartigsten Eindruck, da es schon kurze Zeit nach Verlust seiner Zugehörigkeit zu Langheim in die Hand eines reichsständischen Hauses kam und als dessen Hauptsitz den Schloßcharakter erhielt, der in seiner Anlage im Grunde schon vorher begründet, aber mit dem Namen und der Stellung eines Klosterhofes zu dieser Zeit noch nicht zu verbinden gewesen war. Es wirkt mit seinem weitläufigen englischen Landschaftspark heute durchaus nicht mehr wie ein Klosterhof. In seiner landschaftlichen Lage gehört es zu den wenigen Ausnahmen fränkischer Schlösser, die nicht eingeengt durch ein Dorf oder eine Stadt Gelegenheit finden, etwas Garten um sich zu entfalten. Hier öffnen sich weite Fernblicke über Wiesen, die durch malerisch verteilte Baumgruppen, sowie zusätzlich durch Wasserflächen (Teiche und einen Bach) belebt werden, und denen ein leicht bewegtes Gelände erhöhten Reiz verschafft.

Wenn man heute Tambach besucht, vermutet man hinter den Barockfassaden kaum, daß die Geschichte dieses Besitzes bis ins 12. Jahrhundert zurückreicht. Sie ist dank der Arbeit des Grazer Universitätsprofessors Friedrich Hausmann heute weitgehend erforscht. Hausmann hat in den letzten fünfzehn Jahren das umfangreiche Archiv, welches sich aus Ortenburgischem und Kloster Langheimer Material zusammensetzt, mit seinen vielen Akten, Bänden und einer ausgezeichneten Urkundensammlung von über 2000 Stück nach den neuesten Erkenntnissen der Archivwissenschaft geordnet und in den ehemals schon dafür bestimmten Räumen wieder aufgestellt. Unter den Urkunden befinden sich prachtvolle Originale vom Jahre 1142 an und eine Reihe von Stücken, wie sie eben nur das Archiv einer Standesherrschaft, also eines bis 1803/06 reichsunmittelbaren Landes zu bieten vermag. Durch einen Ländertausch am Ende des alten Reiches kamen viele Bestände nach München ins Hauptstaatsarchiv, so daß die Tambacher Archivalien durchaus nur einen, jedoch den weitaus größten Teil des ehemaligen reichsständischen Archivs der Grafschaft Ortenburg bei Passau darstellen.
Es wäre zu wünschen, daß viele Privatarchive dem vorbildlichen Beispiel dieser Erhaltung folgen könnten, wie es wohl für die oberfränkischen Privatarchive einmalig ist.
Aus Forschungen also wissen wir, daß Tambachs Geschichte bis ins hohe Mittelalter zurückreicht.
Als Vorläufer des heutigen Ortes existierte eine Siedlung mit Namen „Burchardisdorf", wohl aus dem 10. Jahrhundert, die 1153 nicht mehr bestanden hat. Der Name Tambach taucht 1156 zum ersten Male auf, für einen Ort, der in der Nähe von Neundorf lag, nach der Wiederbesiedlung des heutigen Tambach als „Tambach inferior" bezeichnet wurde und im 15. Jahrhundert verschwand. Ehemals im Besitz Würzburgs befindlich, ging es wohl zum Teil weiter ans Kloster Michelfeld in der Oberpfalz bzw. 1153, 1154 und 1156 dann an Langheim. 1158 wurde mit Urkunde vom 6. Juni Tambach endgültig von Würzburg an das Kloster Langheim abgetreten. Zuvor hatten es ein Mangold von Thundorf und Friedrich von Abersfeld zu Lehen.
Mit dem Übergang Tambachs an das Kloster Langheim ging eine Vergrößerung des dortigen Besitzes Hand in Hand. 1180 ist bereits ein Klosterhof erwähnt und im 13. Jahrhundert entwickelte sich ein eigenes Klosteramt, als Zentrum eines ausgedehnten Wald- und landwirtschaftlichen Besitzes. Ein Waldmeister verwaltete dieses zusammen mit dem Hofmeister, der stets ein Mönch des Langheimer Konvents war. Ab 1290 sind die Namen der Hofmeister bekannt.

Der Ausbau dieses wichtigsten Außenpostens der klösterlichen Herrschaft ging stetig weiter. 1337 konnte man vom Hochstift Bamberg die niedere Gerichtsbarkeit erwerben, der sogar 1356 durch kaiserliche Verleihung der Blutbann hinzugefügt wurde.
Diese Entwicklung fand eine einschneidende Unterbrechung im Bauernkrieg, der eine Zerstörung der Bauten mit sich brachte. Aber diesen Verlust vermochte das sehr reiche Kloster noch im selben Jahrhundert durch einen Neubau auszugleichen. Der 30jährige Krieg brachte wieder Plünderungen, Kontributionen und Verwüstungen. Dieser Rückschlag war jedoch bald überwunden. Abt Gallus Knauer, der erste große Barockabt von Langheim, ließ ab 1694 den Klosterhof Tambach prachtvoll völlig neu erbauen. Von nun an diente er als repräsentativster Bau außerhalb des Klosters den Äbten als Sommerresidenz. Um 1700 war der erste Teil (Ostflügel) fertiggestellt, wurde aber in der Folgezeit immer noch verändert. Ob wirklich Johann Leonhard Dientzenhofer der Architekt ist, kann nicht geklärt werden. Vielleicht hat er die Pläne begutachtet, genauso wie dies etwa Balthasar Neumann bei der Stallung in Guttenberg getan hat. Deswegen aber gleich von einem Werk Dientzenhofers zu sprechen, hält der Verfasser für verfehlt. 1698 war als erster Abschnitt der Ostflügel, wie wir einer Inschrift über dem Gartenportal entnehmen, fertiggestellt. Der erste Entwurf scheint immer wieder umgeändert worden zu sein, wie man anhand von einigen Plänen im Archiv zu Tambach feststellen kann. Es lassen sich nämlich fünf Pläne unterscheiden, von denen nur ein Teil mit dem bisher unbekannten Namen Königshofer signiert ist. Der erste Plan sieht für den Westteil wie in der späteren Ausführung, Lager- und Wirtschaftsräume vor, für den Ost- und Mittelflügel dagegen Treppenhaus, Kapelle und Wohnung des Hofmeisters wie des Abtes. Ist dieser Plan in seiner Form noch recht schlicht, so sind die beiden folgenden Entwürfe wesentlich reicher und erinnern mit ihren kuppelartigen Mittelrisalitabschlüssen entfernt an Langheim. Vor allem der dritte Entwurf weist sehr reich geschwungene Fenster und stark gegliederte Fassadenteile auf. Außerdem sind in dieser Skizze in einem reichen Giebelfeld, das der geschweiften Kuppel vorgelagert war, eine Uhr mit Glocke geplant. Ein weiterer Plan ist wieder etwas schlichter.
Die letzten drei Entwürfe sehen jeder über dem Eingang eine große Kapelle mit annähernd rundem Grundriß, also einen Zentralbau vor, dessen Wände mit vier konkaven Schwüngen drei Altäre aufnehmen sollten. Sogar eine Kapelle mit zwei Stockwerken und einem oben angebrachten Altar hat man geplant.

Der nächste Entwurf wird wohl in das Ende des 18. Jahrhunderts einzuweisen sein. Die auf einer Kuppel ruhende Laterne trägt eine schlanke hochgezogene Pyramide und erinnert mit allerlei plastischem Beiwerk schon eher an einen verspielten Tafelaufsatz. Den Zugang zum Inneren sollten hier, wie auch bei einigen anderen Entwürfen, breite Außentreppen vermitteln, die in ihrer Anlage etwa an Nymphenburg oder Schönbrunn erinnern.

Von diesen Entwürfen sahen auch nicht alle im Westteil Wirtschaftsräume vor, manche haben auch hier voll ausgebaute Räume konzipiert. Man hat sich wohl durch den Hang der Barockzeit zu übergroßer Repräsentation dabei etwas von den Realitäten und Notwendigkeiten abbringen lassen.

Die einfachste der vorliegenden Planungen wurde im großen und ganzen bei der Ausführung übernommen. Details haben Änderungen erfahren. Diese Pläne aber geben uns einen Einblick in die hochgespannten Anforderungen Langheimer Äbte, die sie sich nur auf Grund der Bedeutung und des Reichtums des Klosters leisten konnten. Man

Unausgeführte Entwürfe zum Corps de Logis

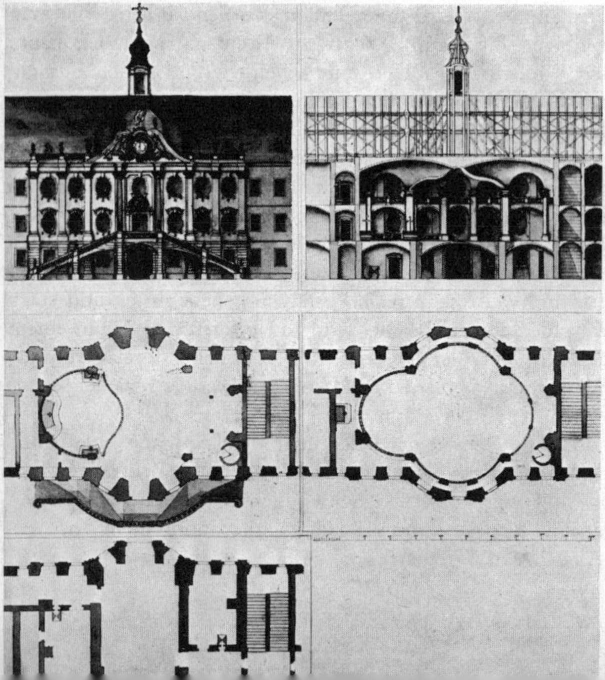

wollte wohl hinter dem Mutterkloster Ebrach nicht viel zurückstehen in der Vergabe von Bauaufträgen. Der in den Jahren ab 1694 entstandene Bau weist mehrere Abschnitte auf. Als erstes war 1698 der Ostflügel vollendet, dann verging eine große Zeitspanne des Ruhens der Bauarbeiten, der wir wohl auch die verschiedenen Entwürfe verdanken. Der große Bauherr Langheims, Abt Stephan Mösinger, ließ nur einen Pavillon vor dem Schloß im Jahre 1746 errichten. Zu dieser Zeit brauchte das Kloster alle Kraft für die Projekte der eigenen Umbauten am Ort und vor allem für Vierzehnheiligen. Dafür vollendete Abt Johann Nepomuk Pitius 1777–86 die Anlage, indem er den Haupttrakt und den Westflügel aufführen ließ. Sein Wappen ziert heute den Einfahrtsgiebel des Komplexes. Damit war der große Plan, wenn auch in den Details bescheidener, ausgeführt. Dies und die Weihe der Kapelle gegen den Willen des Bamberger Fürstbischofs im Jahre 1786 brachte ihm seine Suspension ein. Wir können aber heute froh sein, hiermit ein unverletztes Zeugnis der großen Bautätigkeit Langheims aus dem 18. Jahrhundert zu besitzen. Die Pläne für diese Erweiterung stammen von Lorenz Fink, einem Schüler Küchels, der in Bamberger Diensten u. a. die Abschlußmauer am Domplatz schuf. Seiner Hand verdanken wir eine der wenigen reinen Louis XVI. Kirchen in Süddeutschland. Umgebaute Kirchen aus dieser Zeit gibt es wohl mehrere, zu den bekanntesten Beispielen gehören das Mutterkloster Ebrach und Elchingen bei Ulm. Reine Louis XVI. Bauten aber, die in dieser Zeit völlig neu aufgeführt worden sind, finden sich sehr selten, zumal in einer solchen Qualität wie hier. Damit war der Bau der Anlage, wie sie heute vor uns steht, im wesentlichen abgeschlossen.

Die Säkularisation brachte auch hier einen tiefen Einschnitt in die Geschichte. Zu diesem Zeitpunkt bestand Tambach aus: dem Schloß, in welchem Hofmeister, Waldmeister und Neundorfer Pfarrer wohnten, Gärtnerhaus, Jägerhaus, Mühle, Säge, Wirtshaus und vier Bauernhöfen. 1803 wurde der Übergang an Bayern vollzogen. Am 4. 8. 1805 erfolgte der Tausch mit der Grafschaft Ortenburg bei Passau, die im Besitze des Grafen Joseph Karl als evangelisches Territorium eine unliebsame Enklave im altbayerischen Raum bildete. Tambach wurde unabhängige Grafschaft und am 20. 1. 1806 trat das Haus Ortenburg die Herrschaft an, welche aber nur bis zum Oktober desselben Jahres währte, im Dezember kam es über Bayern an das neu gegründete Großherzogtum Würzburg, 1810 und 1814 war es dann endgültig bayerisch. Damit war das Ende, einer wenn auch beschränkten Unabhängigkeit vollends gekommen. Tambach blieb von nun an Gutsherrschaft wie alle anderen adeligen Besitzungen Frankens.

Das reichsgräfliche Haus Ortenburg hatte ursprünglich seinen Sitz in Niederbayern bei Passau. Es stammt von dem edelfreien, rhein-fränkischen Geschlecht der Spanheim ab und ist 1048 zum ersten Male erwähnt. Durch Heirat des Grafen Siegfried mit Richgard der Tochter des Pustertalgrafen Engelbert erwarb dieser umfangreichen Besitz in Kärnten und nach der Heirat des Sohnes Engelbert I. mit der Schwester Hedwig des letzten Herzogs von Kärnten bekleideten die Spanheimer von 1122—1269 und von 1275—79 das Amt eines Herzogs von Kärnten. Eine dritte Heirat Engelbert II. mit Uta, Tochter des Grafen Udalrich von Passau, brachte schließlich die spätere Grafschaft Ortenburg in den Besitz des Sohnes, Rapoto I. Von nun ab werden dieser und seine Nachkommen nach der Burg Ortenburg benannt und bereits Rapoto bezeichnete sich als „Comes de Ortenberch". Er ist der Stammvater des Geschlechtes. Die reichsunmittelbare Grafschaft hatte in der Folgezeit viel mit dem mächtigen Nachbarn Bayern zu kämpfen, dem dieses kleine, seit 1563 evangelisch gewordene Territorium ein Dorn im Auge war. Aber alle Versuche Bayerns, Ortenburg landsässig zu machen, schlugen fehl. Das Reichskammergericht in Speyer bestätigte am 4. 3. 1573 den reichsständischen Charakter der Grafschaft und als solche blieb sie bis 1805 unabhängig. Nach dem Tausch von Ortenburg gegen Tambach endete jedoch bereits nach wenigen Monaten die Geschichte des reichständischen Hauses endgültig. In der Folge konnte zu Tambach noch einiger Besitz hinzuerworben werden, so wurde 1858 das Fideikommis Birkenfeld in Unterfranken, nicht weit von Tambach, gestiftet.
Mit dem Einzug der Grafen Ortenburg wurde auch die Kirche in Tambach für den evangelischen Gottesdienst verändert. Eine große Anzahl erstklassiger Ausstattungsstücke, vor allem Plastiken, wurde an die katholischen Pfarreien der Grafschaft abgegeben, in die Kirchen zu Neundorf, Autenhausen, Witzmannsberg. Es waren dies hervorragende Figuren des Bildhauers Trautmann. Auch zwei Brunnen, welche im Schloßhof standen, wurden abtransportiert, der eine befindet sich heute in Neundorf, der andere besteht nur noch in Fragmenten zu Hattersdorf. Die Kirche wurde in jüngster Zeit restauriert und seit Ostern 1965 wird wieder katholischer Gottesdienst in der Tambacher Schloßkapelle gehalten.
Die Bauarbeiten am Schloß Tambach waren mit dem Ende der Langheimer Zeit zwar im wesentlichen beendet, aber auch die neuen Herren fügten doch noch einiges hinzu. 1892 erfolgte der Umbau des Wirtschaftsteiles in der Westhälfte. Die alten, schmalen Fenster der Lagerräume und Stallungen der Barockzeit wurden den großen des Ostteiles (Wohnflügels) angepaßt und auch dort Räume eingebaut, ferner an der westlichen

Durchfahrt das Heinrichstor mit dem Ortenburgwappen errichtet, während man sich sonst bei den Umbauten bezüglich Anbringung der neuen Besitzerembleme größte Zurückhaltung auferlegte. Der Abschluß des parkseitigen Hofes erfolgte damals ebenfalls in anderer Form. Während früher eine Achse vom schmiedeeisernen Einfahrtsgitter durch die Hofeinfahrt bis zum Forsthaus verlief, wurde nun zum Park hin eine Balustrade, die ursprünglich nur zu den Flügeln hin bestanden hatte und in der Mitte geöffnet war, nach dem Vorbild des Attikageschosses am Mittelrisalit errichtet und mitten im Hof ein Brunnenbassin gebaut. Der englische Landschaftspark, welcher ein sicher vorhanden gewesenes kleines barockes Gartenparterre und die weitere Umgebung des Wiesengrundes einnimmt, entstand ebenfalls im vorigen Jahrhundert. Innen wurden die Räume an einigen Stellen neu eingeteilt und in den Gängen Stuck und Parkett, sowie Täfelungen erneuert.

Auch der jetzige Besitzer hat in den letzten Jahren wiederum umfassende Renovierungsarbeiten innen und außen durchgeführt, bei denen wie schon vermerkt vor allem die einzigartige Kapelle hervorragend instandgesetzt wurde. Die seit langem im Westflügel anstelle eines Getreidespeichers untergebrachte Keramikfabrik besteht noch heute.

Seit Pfingsten 1970 besitzt Tambach als besondere Attraktion einen Wildpark, der in den weitläufigen englischen Landschaftspark gebettet ursprünglich ein Areal von 20 ha aufwies, inzwischen aber mehrfach — nun auf über 35 ha — vergrößert wurde. Seine schöne und abwechslungsreiche Landschaft bietet dem Besucher zudem in einer Fülle großzügig angelegter Gehege eine große Zahl europäischen Hoch- und Niederwildes, u.a. Rot-, Dam-, Schwarz- und Steinwild. Fischereimöglichkeiten, Kinderspielplätze, Reitgelegenheiten, ein Naturlehrpfad und lange Spazierwege durch die abwechslungsreiche und reizvolle Parklandschaft haben diesen Park zu einem Erholungszentrum der ganzen Umgebung werden lassen. Ein nahes Gasthaus nimmt sich des leiblichen Wohles der Besucher an und man kann auch abseits der Gehege seine ungestörten Spaziergänge unternehmen.

Wer sich heute Tambach nähert, wird an beiden Seiten schon viele hundert Meter vor dem Schloß von einer alten Allee empfangen, die dem Zug der Straße folgt. Der große Schloßkomplex, dem gegenüber die Ökonomie liegt, wird nach Norden zu durch mehrere Barockpavillons abgegrenzt, die zur Straße hin vorgeschoben einen schmalen Garten zwischen sich und dem Schloß lassen. Dieses öffnet seinen Hof zum Park hin in zwei weit vorgezogenen Flügeln. Das Äußere ist schlicht gehalten, lediglich der Mittelrisalit ist an beiden Fronten durch Lisenen und Attika mit aufgesetzten Vasen und Figuren, geschwungene Giebelfelder mit

Wappen und plastischem Schmuck etwas bereichert. Eine weitere Belebung in dem ansonsten klosterähnlich ruhigen Bau bilden die Tore in den gegenüberliegenden Seitenflügeln.
Das Innere nimmt im rechten westlichen Teil eine Manufaktur auf. Vom Mittelbau an östlich liegen die heute noch bewohnten Privaträume der gräflichen Familie. In ihnen sind die verschiedenen Bauperioden des Komplexes anhand der Stukkaturen und anderer Ausstattungsgegenstände deutlich sichtbar.
Während in einigen Räumen ein schwerer Rahmenstuck mit wulstigen Pflanzenornamenten den ersten Bauabschnitt verrät, weisen andere Räume bereits lebhaftesten Rokoko- und Louis XVI.-Stuck auf. Vom alten Langheimer Inventar hat sich heute nur weniges erhalten. Die Urkundenbestände dieser Provenienz wurden schon erwähnt und im übrigen ist lediglich die Kapelle, wenn auch ohne wesentliche Teile ihres plastischen Schmuckes ein Zeugnis dieser Zeit.
Von den Innenräumen besonders erwähnenswert sind nach der Kirche das Treppenhaus und eine Folge von Räumen im Ostflügel mit zum Teil bezaubernden Stuckdecken. Das Inventar stammt in erster Linie aus altem Ortenburgischen Bestand und wurde von Vater und Großvater des

Treppenhaus und Gang im Mittelbau

Schloßkapelle im Corps de Logis

jetzigen Besitzers durch weiteres Sammeln erheblich vergrößert. Heute bietet es eine Fülle guter und zum Teil sogar kostbarer Stücke, vor allem des Barock und Rokoko. Auffallend ist eine große Zahl von silbernen Ampeln, die heute als Lampen Verwendung finden. Ein Kuriosum in einem der Gästezimmer ist ein Möbelofen in Form eines viertürigen Schrankes, bestehend aus Ton. Auch eine Reihe anderer ausgezeichneter Fayenceöfen hat sich in vielen Räumen erhalten. Besonders interessant ist eine kleine Sammlung von Kupferplatten der gräflichen Hofreitschule aus der Barockzeit, die in einer vollständigen Serie vorhanden sind. Ansonsten findet sich im Hause eine Fülle schönen alten Kunsthandwerkes, darunter ein Sèvres Service, das Napoleon als Konsul einem Vorfahren des Besitzers schenkte.

Die Kirche kann mit Recht als der wertvollste Innenraum der Anlage bezeichnet werden. Über rechteckigem Grundriß bilden umlaufende

Emporen einen ovalen Raum, dessen flaches Gewölbe mit Stichkappen zu den Emporen einen eleganten Louis XVI.-Stuck mit in der Mitte dem von Wolken und Strahlen umgebenen Auge Gottes tragen. Umlaufende Balustraden der auf Korbbögen ruhenden Emporen und darunter locker aufgelegter Stuck weisen dieselbe elegante Formensprache auf. Heinrich Seelmann aus Mistelfeld, welcher u.a. bei Feichtmayr in Vierzehnheiligen gelernt hatte, schuf die Stukkaturen. Die Medaillons mit Szenen aus dem Marienleben über den Pilastern sowie den verbliebenen plastischen Schmuck von Trautmann hat man bei der Restaurierung 1965 wieder im alten Sinne verwandt. Der im Zuge der Umgestaltung zu einer evangelischen Kirche eingebaute Kanzelaltar wurde entfernt und damit wieder der ursprüngliche Zustand weitgehend hergestellt. Dennoch empfindet man schmerzlich den Verlust der an die Kirchen im Umkreis abgegeben und dort heute noch vorhandenen Figurengruppen Trautmanns: die Nebenaltäre der Heiligen Bernhard und Johann Nepomuk, die Mariä-Himmelfahrt vom Hochaltar, die Verkündigungsgruppe und den Anbetungsengel. Sie wanderten zusammen mit den beiden großen Prachtbrunnen aus dem Innenhof in die umliegenden Orte. Trotzdem oder vielleicht gerade durch diese Verluste der Innenausstattung kommt heute, nach einer sehr gelungenen Restaurierung, der schlicht-elegante Charakter des Louis XVI. mit sparsam verteilten Schmuckelementen besser zum Ausdruck.

Alte Hofhaltung, Aquarell von J. G. Kaufmann 1777

10 Bamberg, Alte Hofhaltung

Kreis Bamberg

Der Dom- oder Burgberg mit dem gewaltigen Kirchenbau, den Kurien (Domherrenhöfen) und den beiden Komplexen der alten Hofhaltung und der Neuen Residenz überragt die Stadt und bildet zusammen mit dem von einer großen im Barock erweiterten Klosteranlage bedeckten Michelsberg sowie der weiter außen gelegenen Altenburg ein Dreigestirn ganz eigener Art. Bamberg genießt heute mehr denn je einen besonderen Ruf als kunsthistorisch bedeutende Stadt. Es bietet in der Altstadt einen Kern von großem Umfange, der zum größten Teil in der Barockzeit sein Gepräge erhielt und durch die Fülle hervorragender Bauten Beachtung verdient. Seine Berühmtheit beruht vor allem auf der Tatsache, daß die wunderbaren alten Viertel fast unversehrt durch den letzten Krieg kamen und es somit die einzige Stadt in der Bundesrepublik ist, die ihr altes Bild in diesem Umfange bewahren konnte. In neuerer Zeit droht nun leider diesem einmalig geschlossenen Ortsbild durch unverständige Planer und Architekten große Gefahr, der zu begegnen u.a. eine „Schutzgemeinschaft Alt Bamberg" gegründet wurde, die versucht, das Wesentliche zu retten.

Die Geschichte der Bamberger Residenzen ist sehr alt. Sie führt von der Neuen Residenz auf die der Alten Hofhaltung zurück und über und diese baut wiederum auf der Pfalz auf, welche mit am Anfang der Geschichte der Stadt steht.

Bamberg, im Grenzgebiet des Ostfrankenreiches gelegen, wird 902 zum ersten Male als „Castrum Babenberg" erwähnt. Es ist durch die Volksfeldgrafen vermutlich in der zweiten Hälfte des neunten Jahrhunderts an die Popponen gekommen, welche sich nach diesem Besitze Babenberger benannten. Das in diesem Gebiet sehr mächtige Dynastengeschlecht unterliegt in einem Krieg mit den lothringischen Konradinern in den Jahren 902/06. Dies führt dazu, daß Konrad 911 im benachbarten Forchheim zum König gewählt wird. Adalbert v. Babenberg enthauptet man am 6.9.906 in Theres und die Babenberger Besitzungen gehen an das Reich.

Die Stelle der ersten Burg oder eines befestigten Lagers müssen wir auf dem Dom- oder Burgberg annehmen. Ein Steinbau vermutlich von Wällen und Palisaden umgeben, wird etwa die Form der Anlage gewesen sein. 973 kommt Bamberg als Geschenk Kaiser Otto II. an Herzog Heinrich den Zänker von Bayern. Dieser vererbt es seinem Sohne, dem nachmaligen Kaiser Heinrich II. Der wiederum bringt es seiner Frau Kunigunde von Luxemburg, welche er um 997 heiratet, als Morgengabe. 1002 wird er zum deutschen König gewählt, und auf einer Kirchenversammlung in Frankfurt erfolgt am 1.11.1007 die Gründung des Bistums Bamberg. Das Gebiet wird auf Kosten der bereits bestehenden Bistümer Eichstätt und Würzburg abgesteckt. Zur selben Zeit hören wir; daß in Bamberg große bauliche Veränderungen stattfinden, und wir können wohl annehmen, daß anstelle des ehemaligen Castrum nunmehr eine erst herzogliche und dann königliche Pfalz tritt. So kann für diese Zeit eine erhebliche Vergrößerung der alten Anlage als sicher gelten. Über die ersten Bauten und ihr Aussehen sind wir aber meist nur auf Vermutungen angewiesen. Mit der Zeit Heinrichs II. setzen dann genauere Überlieferungen in Form von Bildern und Urkunden ein. 1185 ist ein Großteil der Gebäude auf dem Domberg einem Brand zum Opfer gefallen oder hat dieser zumindest schwere Verwüstungen angerichtet.

Der älteste Baubefund sind die Fundamente und Mauerteile, welche man unter dem zum Platz gewandten Teil der alten Hofhaltung gefunden hat. Sie stammen von dem Palas der herzoglichen und königlichen Pfalz. An der Südostecke haben sich ferner Reste der Andreaskapelle — einer oktogonalen Pfalzkapelle aus dem frühen 11. Jhdt. — erhalten. Der Überlieferung zufolge fand in ihr oder an ihrem Platze die Feuerprobe der heiligen Kunigunde statt. An der Nordostecke der heutigen Hofhaltung bestehen noch Teile einer weiteren Kapelle. Es handelt sich um die bischöfliche Hauskapelle, die dem hl. Thomas geweiht war. Ihre Entstehung darf in der ersten Hälfte des 11. Jhdts. angenommen werden. Nach 1185 wird über ihren Mauern ein großer Turm aufgeführt, die hohe Warte genannt, den man aber 1777 leider zusammen mit anderen Teilen der Hofhaltung abgerissen hat. Die Kapelle ist wohl zu Beginn des 12. Jhdt. umgebaut worden. Ihre Außenmauern (man hatte Nord- und Südwand verstärkt) dienten nun dem großen Turm als Außenmauern. Die Kapelle lag im Hochparterre des Turmes.
Infolge des durch den Bischof Leopold II. von Egloffstein gestifteten Katharinen-Benefiziums wird der Chor später zur Katharinenkapelle, während man die Thomaskapelle abmauert, verfallen und selbst das Patrozinium in Vergessenheit geraten läßt.
Von frühen Verteidigungsanlagen der Burg oder Pfalz ist uns nichts genaueres bekannt. Auf der in Berlin befindlichen Zeichnung um 1487 erkennt man eine dem Palas vorgelagerte Wehrmauer. die wohl ins 12. Jahrhundert zurückführt. Sie setzte sich in Westrichtung von der Thomaskapelle ungefähr bis zur heutigen rückwärtigen Einfahrt der Hofhaltung fort. Diese hat damit nur ungefähr die halbe Ausdehnung der heutigen Anlage besessen. In den folgenden Jahrhunderten erfolgen kleinere Anbauten an den Palas oder auch Veränderungen im Inneren. Im Turm wird die Katharinenkapelle gotisiert, ein Erker angebaut und das Obergeschoß mit Brettern verschalt; später erfolgt eine Umwandlung des letzten Geschosses. Zu Ende des 15. Jahrhunderts wird der bis dahin annähernd rechteckige Hofkomplex nach Norden erweitert und erhält seine jetzige Form. Der neu hinzugeschlagene Teil scheint schon früher bestanden zu haben, weist doch die Berliner Zeichnung eine Zugbrücke von der hohen Warte aus auf. Mit der Vergrößerung des Hofes kommt auch ein Um- und Neubau der Hofhaltung. Zuerst wird der Südbau unter Philipp von Henneberg (1475—87) begonnen. Vorgängerbauten werden mit in die neue Anlage einbezogen. Noch heute erhebt sich dieser stattliche Bau mit zwei Fachwerkstockwerken über einem Grundgeschoß aus Sandsteinquadern. Zum Hof hin sind durchgehende große Holzgalerien vorgeblendet. Dieser Südflügel ist also als

ältester Teil des heute bestehenden dreiseitigen Fachwerkkomplexes der Alten Hofhaltung anzusehen. Unter Bischof von Henneberg werden die sich nach Norden anschließenden großen Häuser errichtet. Den Hofkasten zieren mit dem Hoheitswappen des Bischofs bemalte Schalbretter. Eben dieses Wappen ist auch über der rückwärtigen Einfahrt angebracht. Hier endete früher der alte Hof. Das nun anschließende Gebäude diente ehemals vor allem wirtschaftlichen Zwecken und ist ein Stockwerk niedriger als die anderen Häuser. Auch hier sind dieselben Schalbretter angebracht. Alle diese Trakte sind zum Hof hin durch Holzgalerien verkleidet. Der Nachfolger, Bischof Heinrich III. Groß von Trockau führt die begonnenen Bauten zu Ende und vollendet den Nordflügel (Hofkammer, Küchenbau, Hofschmiede), der in etwas repräsentativerer Form ausgeführt wird als die anderen Teile. Die Verbindung mit dem Turm stellt eine Mauer mit Wehrgang und Spitzbogentor dar. Darüber setzt der Erbauer einen prächtigen und sehr reich ausgeführten Wappenstein und Bauinschrift. Sitzmann vermutet Hans Nußbaum als den Künstler, der es geschaffen hat, welcher jedenfalls von den Werken Adam Kraffts stark beeinflußt ist.
Ein während des Baues ausbrechender Brand scheint nicht allzugroßen Schaden angerichtet zu haben. Jedenfalls erhält daraufhin der Turm im oberen Geschoß ein Fachwerk mit vier kleinen Türmen.
Für eine Reihe von Bildausstattungen ist die Anstellung des Malers Katzheimer gesichert. Er bringt auf der Vorderseite des Turmes ein großes Bild des Kaiserpaares mit dem Dom und verschiedenen Wappen an, desgleichen in der fürstlichen Kammer. An der Ausschmückung der Residenz sind außerdem noch die Maler Erhard Schwarz, Paul Lautensack und Hans Wolf beteiligt.
Unter Georg III. Schenk von Limburg erfolgt vor allem ein weitgehender Umbau der Altenburg. Auf ihn gehen die ersten Pläne für den Neubau des Reichssaales im Palas zurück. Hans Behaim d. Ä. und sein Sohn Paul werden wiederholt mit Plänen beauftragt, die sie wohl auch liefern, und an den Hof nach Bamberg berufen. Aber alle Projekte, unter denen es auch eines für den völligen Neubau einer Bischofsresidenz gibt, kommen nicht zur Durchführung.
In der ersten Hälfte des 16. Jahrhunderts wird trotz ungünstiger Verhältnisse (Bauernkrieg und Religionskriege) weiter eine Reihe von bedeutenden Künstlern beschäftigt.
Wie schon oben angedeutet, kommt seitens der Bischöfe aber der Altenburg eine immer größere Bedeutung zu und man arbeitet seit dem 14. Jahrhundert — mit Leupold II. von Egloffstein beginnt eine Reihe von Bischöfen, die es entweder wie dieser zu ihrer Lieblingsresidenz

erklären, oder aber hier oft weilen — intensiv an ihrem Ausbau und ihrer Verschönerung, so daß sich nicht mehr das gesamte Bauinteresse auf die Hofhaltung beschränkt. Erst nach Einnahme und Plünderung der kostbar ausgestatteten Altenburg im Jahre 1553 durch Markgraf Albrecht Alcibiades konzentriert sich das Interesse der Fürstbischöfe wieder auf die Stadtwohnung, da man oben im Wesentlichen nur die Befestigungswerke erneuert. Unter Veit II. von Würtzburg werden eingehende Umbauten vorgenommen und neue Räume eingefügt. Der Bischof erhält eine andere Wohnung. Im Turm baut man das zweite Wohngeschoß aus und wird ein zweiter Erker angesetzt. Baumeister ist Jakob Mailink.

Nachdem die Repräsentationsräume hergerichtet sind, geht man an den Umbau der Kanzlei, welche, hinter der Andreaskapelle gelegen, dringend einer Vergrößerung bedarf. Die Bauleitung erhalten Erasmus Braun und Jörg Wieber. Der Neubau erfolgt an der alten Stelle.

Danach entsteht die Neue Ratsstube. Die alte können wir wohl im Anschluß an den Reichssaal zum Turm hin vermuten. Für diesen entscheidenden Umbau muß der Bischof in seinen eigenen Domherrenhof umziehen und auch die Ratsstube zieht behelfsmäßig in einen anderen, den Henneberg'schen um. Der schon oben erwähnte Steinmetz Mailink aus Forchheim und Zimmermeister Ambrosius werden berufen. Durch eine Rechnung für die Kosten der Behausung von Kaspar Vischer aus Kulmbach wissen wir, daß auch er zu Rate gezogen worden ist. Einer der Hauptausführenden ist der Steinmetz Erasmus Braun. Wir entnehmen den Rechnungen ferner, daß ein Verbindungsgang zur Kanzlei gebaut wird und ein neues Tor in Richtung zur hohen Warte. Ist bisher das Bild des romanisch-gotischen Palasbaues unversehrt erhalten geblieben, so erfährt die Fassade nun durch diese Bauten eine starke Unterbrechung. Der Neubau entsteht im alten Zwinger zwischen Palas und der südlich vorgelagerten Mauer. Ende 1571 ist er in seinen Hauptteilen vollendet.

Mit der neuen Gebäudegruppe wird auch der alte Reichssaal aufs Stärkste in Mitleidenschaft gezogen. Vom Ratssaal führen zwei Türen in diesen tiefer gelegenen Reichssaal. Die gesamte verbleibende Fassade desselben wird verblendet und mit neuen Fenstern versehen. Am bischöflichen Wohnbau ändert man vermutlich nicht viel, die Verbindung hierzu stellt dann ein Fachwerkbau über der Einfahrt her. Der andere Verbindungsgang von der Ratsstube führt zur Andreaskapelle und von dort zur dahinter liegenden Kanzlei. Wie so viele andere Teile wird auch der Gang mit Ausnahme seiner Außenwand 1777 abgerissen und nach innen werden Räume, die einen winzigen Hof umschließen, angebaut.

Weiter erfolgt nun noch ein Umbau der alten Andreaskapelle und 1570—72 die Veränderung anderer Teile. Der letzte Bauabschnitt umfaßt die Zeit von 1575—76. Die Kapelle erhält einen viereckigen Aufbau und von der Kanzlei schafft man durch Verbreiterung eines Fensters einen Zugang. Das Ganze erhält außen eine Verblendung, die es dem Gesamtaussehen der neuen Fassaden einpaßt.
Nachdem nun alle Bauten, die der Verwaltung, Wohnung und Kanzlei dienen, umgestaltet oder renoviert sind, wird als letztes der Küchenbau verändert. Man schickt hierfür Braun nach Ansbach, um sich Vorbilder anzusehen. Beheim hatte dort zu Beginn des Jahrhunderts die alte Wasserburg umgebaut und erweitert und dies dient wohl als Vorbild. 1575—77 entstehen die Umbauten — Gewölbe statt Balkendecke, und Wendeltreppe. Fenster und Türen im Untergeschoß werden neu eingebrochen —. Auch am gesamten Haus wird einiges verändert, ein Giebel und eine Wand neu aufgezogen, ebenso die Galerien erneuert. Die Türen erhalten ihre Kielbogenabschlüsse. Im Inneren hat sich bis heute nur noch die Gesindeküche in dieser alten Form mit Kreuzgratgewölbe und Kamin erhalten. Der westlich anschließende Hofkammerbau wird kaum verändert, nur die Hofschmiede, zwischen Küche und der hohen Warte 1575 neu aufgeführt. Die Brunnen befanden sich auch damals schon an ihrer heutigen Stelle.
So erfährt die alte gotische Gesamtanlage der Bischöfe Henneberg und Groß eine Gesamtüberarbeitung unter der Ägide des Fürstbischofs Würtzburg, dessen Wappen, umrahmt von Blattwerk und Helmzier der Würtzburg und des Hochstiftes, das prächtige Renaissanceportal krönt. Den Architrav schmückt eine Darstellung des kaiserlichen Stifterpaares zu Seiten des Domes, den sie beide halten und unter dessen Türmen ihre Wappen angebracht sind. Vor dem Dom steht Maria mit dem Kinde. Die Figuren von Kaiser und Kaiserin und die Patrone je in einer Nische, deren Laibung perspektivisch verkürzt sind. Anschließend die Bistumspatrone Petrus und Georg sowie zwei Bischöfe. Zur Rechten und zur Linken dieser Darstellung lagern die Figuren eines Mannes und einer Frau, evtl. Regnitz und Main darstellend, wobei der Main vollplastisch und die Regnitz als Relief in die Mauer übergehend ausgearbeitet sind. Das Ganze wird getragen von drei hermenförmigen Atlanten mit Fruchtkörben auf dem Kopf, wobei der linke noch die Figur des Mannes stützt. Ein Gesims- oder Kapitelansatz unter den Füßen der Frau ließe hier ursprünglich eine ähnliche Figur vermuten, wie auf der linken Seite der kleinen Pforte, was aber nicht zutrifft. Zwickel des Bogens und Archivolte sind mit reichem Blattwerk gefüllt. Im ganzen eine Mischung zwischen antiken Triumphbogen (3 Bögen)

Neue Residenz, Kaisersaal

und mittelalterlichem Tor-Pforten-System (nach Mayer). So bietet sich uns heute als erstes von der alten Hofhaltung der prächtige Renaissanceteil dar, dessen Bauplastik und Wandgliederung zum Teil noch der Gotik verhaftet sind. Man könnte diesen Bau mit dem Begriff Sondergotik oder manirierte Gotik bezeichnen. Seine Gesamtwirkung ist aber der Renaissance zuzuordnen.

Die heute uns sich darbietende Struktur müssen wir uns zur Zeit der Erbauung anders vorstellen. Damals stand die Ratsstube nicht solitär da, sondern wurde rechts von der Hohen Warte gerahmt, links von den neuen Aufbauten und dem Renaissancegiebel der Andreaskapelle. Der Treppenturm stand weniger allein als angebauter Sonderteil, sondern vermittelte den Übergang zum rechten Baukomplex. Eine alte Ansicht von J.G. Kaufmann aus dem Jahre 1778 schildert den Zustand vor dem Abbruch von hoher Warte, Andreaskapelle und Reichssaal.

Der Bau der Ratsstube selber erhält durch verschiedene Bauplastik und architektonische Gliederungen eine starke Bewegung. Einer durch Mittel- und Seitenpilaster betonten Vertikalen stehen die horizontalen Gesimse gegenüber. Sturz und Gewände der Fenster und Türen sind durch reiches Stabwerk und verschiedene Bogenabschlüsse gekennzeichnet. Der Giebel mit flachen Voluten und die Bekrönung in einer halbkreisförmigen Muschel geben einen lebhaften Abschluß, dessen Bewegung sich besonders gut gegen den Himmel abzeichnet. Den prächtigsten Schmuck aber bildet der große, doppelstöckige Erker mit einer Reihe von Ahnenwappen des Erbauers. Den Fußpunkt der Konsole nimmt die stehende Figur des Baumeisters ein. Man fühlt sich an die Büste Peter Parlers am Fuß der Konsole der Orgelempore des Stephansdomes erinnert — oder um ein weniger anspruchsvolles Beispiel zu nehmen — an den Erker in Thurnau. Die zum Platz führende Pforte ist erst später an diese Stelle versetzt worden, während die Samsonstür am Treppenturm noch ihren alten Platz einnimmt.

Als Künstler, die mit der Ausstattung dieses Bauteiles beschäftigt waren, müssen wir folgende Personen annehmen: Für die Regnitz-Plastik, beide Portale, und den Erker, Pankratz Wagner, ferner ist die Tätigkeit von Albrecht Friedmann nachgewiesen. Interessant ist auch, daß der Bau nicht etwa seine Steinfassade in der Form behielt, wie sie heute auf uns gekommen ist, sondern, daß sie bemalt wurde. Dadurch erhielt der Bau neben seiner plastischen Gliederung auch noch eine farbige. So waren über den Fenstern Kartuschen angebracht, die großen Flächen mit Figuren bemalt, Gesimse und Pilaster noch farbig stärker herausgeholt. Auch die Figuren an der Toreinfahrt und der Portale waren teilweise farbig gefaßt. Wo keine Darstellungen und Ornamente die

Mauer überzogen, malte man einfache, facettierte Quadern auf. Die Ausführung dieser Arbeiten ist als Werk des Hofmalers Jakob Ziegler anzusehen. Als Architekt kommt Daniel Engelhard in Frage, dessen Tätigkeit in Kronach (Festung Rosenberg) und Baiersdorf (Scharfeneck, heute verschwunden), nachgewiesen ist. Eine Ähnlichkeit nicht nur mit Teilen der Festung Rosenberg, sondern auch mit Wernstein kann festgestellt werden. Die schon mehrfach erwähnten Jakob Mailink und Ambros wirkten ebenfalls mit. Sie waren damals auch am Bau der Forchheimer Festung beschäftigt.

Das Gesamtkonzept der Ratsstube muß wie gesagt Engelhard zugerechnet werden, während Einzelheiten, vor allem der Bauplastik, wie Erker und Portale, wohl auch auf Vischers Beratung zurückzuführen sind. Heinrich Mayer, dessen grundlegendes Werk für diesen Abschnitt in großem Umfange zu Rate gezogen worden ist, vermutet einen Grundplan von Engelhard, der durch Vischer überarbeitet worden ist. Trotz einerseits einwandfrei vorhandener wesentlicher Renaissancekonzeptionen setzt sich andererseits immer wieder die Gotik noch durch. Mayer vermutet, daß diese gotisierenden Zutaten auf Braun zurückzuführen sind, der sie als Bauleiter vermutlich immer wieder eingefügt hat.

Entsprechend der an Schmuckformen reichen Fassade ist auch das Innere aufwendig ausgestattet gewesen. Von den Malerarbeiten des Hofmalers Ziegler war bereits die Rede. Er hat auch innen viel gearbeitet, so am neuen Turmerker und in der neuen Ratsstube. Die Markgrafenstube wurde von dem Coburger Wolff Schmidt ausgestattet (1568/69) und für die Täfelungen und anderen Holzarbeiten zur Ausschmückung des Baues ist uns der Name Stephan Goldhammers überliefert. Und so sind weiter eine Reihe von Künstlern bekannt, die bunte Wappenscheiben, Öfen, Textilien jeder Art u.v.a. schufen. Die Ausstattung des Baues muß überaus prächtig und reich gewesen sein, wie sich auch aus Rechnungssummen und den dort angegebenen Details ersehen läßt.

Auch die Katharinenkapelle erhielt nun eine neue Bemalung durch Ziegler und wird mit neuen Vasa sacra und Paramenten ausgestattet. Die Arbeiten hierfür fallen in die Zeit des nur kurz amtierenden Fürstbischofs Zobel von Giebelstadt.

Trotz dieser großen Aufwendungen für Neubauten und Umänderungen blieben diese ganzen, zweifelsohne recht bedeutenden Arbeiten ein Flickwerk eines heterogenen Komplexes, der auf Grund seines Alters dauernd überholt werden mußte. So begnügten sich die Fürstbischöfe in einer Zeit, die erste Höhepunkte fürstlichen Repräsentationswillens brachte, auch durchaus nicht mehr mit diesen Arbeiten. Schon der Nachfolger Zobels, Eyb, hatte andere Pläne, war aber mit der Bereitschaft, 1500 fl. aufzuwenden, nicht weit gediehen. Die ersten konkreten, großen Pläne für einen Neubau gehen auf seinen Nachfolger Ernst von Mengersdorff zurück. Unter dem Eindruck von Italien, das er auf Reisen kennengelernt hatte, und der Bautätigkeit Julius Echters aus dem konkurrierenden Bistum Würzburg, plante er einen Neubau, dessen Voranschlag sich schon in anderen, als den Eyb'schen Maßstäben bewegte. 10.227 fl. sah der Plan vor, der als erster vorgelegt wurde. Aber das Domkapitel war nur schwer zu gewinnen. So wurde vorerst der Ausbau der Altenburg beschlossen. Aber schon bald verstärkten sich die Absichten des Bischofs für einen Neubau. Unter Hinweis auf die Gefährdung durch ruinöse Gebäude brachte er es soweit, daß eine Kommission die Lokalitäten besichtigte.

Schließlich erlaubte das Domkapitel die Hinzuziehung Wolfgang Beringers aus Würzburg, der sogar nach Vollendung seiner in Würzburg angefangenen Bauten übersiedeln wollte. Aber die Voranschläge wurden immer wieder verworfen. Mengersdorf reichte einen weiteren in Höhe von 25000 fl. vor, der natürlich erst recht abgelehnt wurde. Man vertröstete auf bessere Zeiten und riet dem Bischof, in das inzwischen fertiggestellte Schloß Geyerswörth zu ziehen, man wolle dann einige Umbauten an dem alten Komplex vornehmen und später die Altenburg entsprechend ausbauen. Im Weiteren ergaben sich wegen der Anstellung Beringers durch den Bischof Schwierigkeiten mit Würzburg und Beringer kehrte kurz dahin zurück. Währenddessen wurde der Forchheimer Paul Keit vom Bischof verpflichtet und der Schwarzenbergsche Baumeister Matthäus Dientemann berufen. Der frühe Tod des Bischofs im Jahre 1591 machte alle Pläne zunichte. Beringer ging, nachdem er Pläne für einen Neubau der Hofhaltung und vermutlich auch für die Wiederherstellung des Domherrenhofes des Bischofs gefertigt hatte, nach Würzburg zurück. Die alte Hofhaltung erfuhr in den folgenden Jahrhunderten nurmehr geringe Zubauten. Hier und da wurden Treppen verändert, Mauern eingelegt und erneuert oder kleine Stallungen eingebaut. Die intensive, gestaltende Bautätigkeit ist aber mit Würtzburg und in Nachklängen, Zobel, zu Ende gegangen. Die Bedeutung dieses Komplexes nimmt in der Folgezeit mehr und mehr ab. Die Verwaltung wird teilweise umgelegt und damit ist dann auch die große Zeit der Alten Hofhaltung vorbei. Das Interesse wendet sich den Neubauprojekten zu und dem Zeitgeschmack der folgenden Jahrhunderte entsprechend, findet man immer weniger Gefallen an dem Alten. Gipfelpunkt dieser Verständnislosigkeit bilden die Abbrucharbeiten am Ende des 18. Jhdts. auf die ich im Anschluß an die Behandlung der neuen Residenz noch kurz eingehen werde.

11 Bamberg, Neue Residenz

Kreis Bamberg

Der zweite Teil des bischöflichen Residenzenkomplexes liegt heute vom Platz her gesehen als große, einheitliche Barockanlage vor uns. An der westlichen Seite allerdings lassen Giebel und Fassade eines Flügels erkennen, daß der große Barockbau durchaus nicht ,,aus einem Guß" auf freier Fläche entstanden ist, sondern daß auch hier Vorgängerbauten zumindest der Renaissance gestanden haben.
An der Stelle des großartigen Schönbornbaues befand sich früher eine Kurie. Diese Kurien, jede ehemals eine kleine Burg für sich in der großen Gesamtanlage des befestigten Domberges, ziehen sich am Westchor des Domes beginnend in nördlicher Richtung in einem Bogen um die Alte und Neue Hofhaltung. Sie bilden meistens mit ihren Außenmauern den

Abschluß der Burg. Die äußere Mauer ist also zugleich die Befestigung des Burgberges. Der Ring dieser Kurien schließt sich mit der Stadionschen, die am Südostende des Domes diesem vorgelagert ist. Th. Mayer zählt in seinem Werk „Bamberg als Kunststadt“ 16 derartige Kurien, wobei hier die Wohnungen des Hochstiftischen Adels und die Stadthöfe verschiedener Klöster, welche sich in der gesamten, barock bestimmten Altstadt verteilen, noch nicht eingerechnet sind. An der Stelle der Residenz befand sich früher die Kurie eines Grafen Berthold von Henneberg, des Bruders von Fürstbischof Philipp. Von Graf Eberhard von Wertheim war der Hof an diese Familie gekommen. Über Erasmus Neustetter, genannt Stürmer, ging er weiter an Ernst von Mengersdorf, der ihn mit großem Aufwand neu erbauen ließ, und wechselte dann in den Besitz des Nachfolgers, Neidhards von Thüngen, der 1599 den Komplex dem Hochstift verkaufte. Von da ab wird die alte Kurie als Neue Hofhaltung bezeichnet, so wie sie uns auf einem Plan von Zweidler aus dem Jahre 1602 überliefert ist. Auf den Hennebergschen Bau, der auch einen Vorgänger hatte und wohl als erster eine repräsentative größere Gestalt erhielt, folgte der oben erwähnte große Neubau unter Mengersdorf.

Bischof Johann Philipp von Gebsattel ist die Erwerbung des Mengersdorf-Hofes zu verdanken, erst jetzt hören die dauernden Schwierigkeiten um Neu- oder Umbau der Alten Hofhaltung an derselben Stelle auf. Wir können ihn wohl als den Wegbereiter der Neuen Residenz ansehen, in die ein erheblicher Teil seiner Bauten mit einbezogen wurde. — Um Platz für einen völligen Neubau zu schaffen, mußte erst einmal eine Reihe älterer Bauten abgebrochen werden, die sich nördlich und westlich des Mengersdorfschen Hofes befanden.

Vor Beginn der Arbeiten wurde eine Reihe von Architekten konsultiert. Aus Augsburg kamen Karl Dietz und Johann Unger. Die Bemühungen um den Lombarden Andrea Spezza schlugen fehl, da dieser unabkömmlich war. So holte Gebsattel den bis 1599 in Bamberger, nun aber in Nürnberger Diensten stehenden Jacob Wolff d. Ä. und seinen Sohn nach Bamberg zurück, wo sie die Pläne für einen Neubau ausarbeiteten. Die Leitung übertrug man Paul Keit.

Nachdem die technischen Schwierigkeiten, welche vor allem an der alten Burgmauer auftraten, beseitigt waren, entstand der erste Teil in den Jahren 1605/06. Seine Ausstattung zog sich bis 1610/11 hin. Dieser Abschnitt umfaßte aber nur den Westflügel der heutigen Neuen Residenz. Erst der Nachfolger, Aschhausen, baute dann den zweiten Trakt im Süden hinzu. Die beiden im stumpfen Winkel aneinander stoßenden Flügel sind außen durch einfache Gesimse gegliedert. Der hintere

(West)Flügel war ehemals an beiden Schmalseiten durch Giebel abgeschlossen, von denen einer 1695 abgebrochen wurde. Der andere blieb glücklicherweise erhalten und schaut uns in der schmalen Gasse zwischen den beiden Flügeln von Alter Hofhaltung und Neuer Residenz entgegen. Seine Gliederung durch Pilaster und Gesimse erhält einen prachtvollen und sehr reichen Schmuck durch die besonders kräftigen Voluten, die nach oben treppenförmig zusammenführend, ihre Krönung im Wappen des Erbauers von der Hand Barth. Ilsangs mit darüber gelagertem halbkreisförmigem Stein finden. Zum Burghof hin erhielt der Aschhausen-Bau einen Giebel. Eine Mauer mit Portal und Pforte als Zugang zum Hof, reich mit Bauplastik von Nik. Bergner geschmückt, von der sich nichts erhalten hat, bildete die Verbindung zum Mengersdorf-Hof. Der Zugang muß an Stelle des linken Teiles des heutigen Eingangsbaues der Residenz gelegen haben. Mayer vermutet, daß evtl. noch ein dritter Flügel geplant war, um den Bau zu einer Hufeisenanlage zusammenzufassen. Im Hof bietet sich im Gegensatz zur Straßenfront nun ein etwas lebhafteres Bild. Das Erdgeschoß öffnet sich in einer breiten Arkadenreihe, hinter der ein schmaler Gang verläuft, auf den Fenster und Türen des Erdgeschosses führen. An der Nahtstelle der beiden Flügel stand früher der Treppenturm, von dem aus ein Prachtportal, zu welchem Bath. Ilsang ein Hoheitswappen schuf, in das Innere führte.
Von der Innenausstattung ist leider nichts mehr auf uns gekommen. Das Barock ging schonend mit der Fassade um, weniger aber mit dem Inneren, so wurden die Holz- oder Fachwerkwände größtenteils beseitigt. Vielleicht hatte man die Außenarbeiten nur so lange zurückgestellt, um sie bei der Ausführung eines Großplanes zur Erweiterung der Anlage auch umzuformen. Von den im Inneren aus den Rechnungen bekannten Räumen läßt sich nur der Saal mit verhältnismäßig großer Sicherheit lokalisieren, etwa an der Stelle, wo sich heute im Obergeschoß des rückwärtigen Flügels der größte Raum befindet. Aus Berechnungen über den Bodenbelag gibt Mayer eine Länge von 25 und eine Breite von 12 Metern an. Also ein großer, nicht sehr hoher Raum, eine Form, die in der Renaissance geschätzt wurde, denkt man z.B. an den noch erhaltenen großen Saal des Schlosses Wiesenthau bei Forchheim. Mit den Ausstattungsarbeiten für beide Trakte ging der erste große Bauabschnitt der neuen Residenz zuende.
Die Weiterführung und totale Umgestaltung des Gebsattel-Aschhausen-Projektes und dessen großzügige Erweiterung sollte dem Barock vorbehalten bleiben. Mit der Wahl Lothar Franz von Schönborns beginnt in Bamberg eine Bauphase, deren ungewöhnlich großer Schaffenskraft die Stadt heute ihr wesentliches Gepräge verdankt.

Auf diese Wahl im Jahre 1693 folgt 1694 Schönborns Ernennung zum Koadjurot und 1695 zum Erzbischof und Kurfürsten von Mainz. Als Domherr gehört er außerdem den Kapiteln von Bamberg, Mainz und Würzburg an.

Der Anfang seiner Regierungszeit allerdings scheint nun den eigenen großen Plänen alles andere als günstig zu sein. In einer umfangreichen Wahlkapitulation hat Lothar Franz sich einer Reihe von Wünschen des Kapitels zu unterziehen, unter denen der auf ausdrücklichste Sparsamkeit im Bauwesen ihn wohl am schmerzlichsten getroffen haben mag. Aber das Schicksal kommt ihm zu Hilfe, als schon zwei Jahre später eine päpstliche Bulle die Wahlkapitulationen auf Grund ihrer teilweisen Unzumutbarkeit verbietet. Der Kaiser schließt sich auf Ersuchen des Papstes dessen Wünschen an und erklärt die Wahlkapitulationen der Bischöfe und Erzbischöfe für nichtig. In Würzburg wird dann der diesbezügliche Erlaß 1698 übergeben. Damit sind die Fesseln des neuen Bamberger Herren gelöst und er kann sein großes Werk beginnen.

Der Baumeister Johann Leonhard Dientzenhofer, schon seit 1686 in Ebracher Diensten, hält sich seit dem folgenden Jahre in Bamberg auf, wo er bereits vor der offiziellen Anstellung als Hochstiftsbaumeister im Jahre 1690 für den Bischof Marquart Sebastian von Stauffenberg tätig ist. Als erstes wird er von Lothar Franz mit dem Umbau der Gebsattel- und Aschhausenschen Neubauten betraut. Die Treppentürme werden abgerissen bzw. verändert, die Haupttreppe nach innen verlegt und eine weitere im Ostteil des Aschhausenbaues eingebaut. Das Erdgeschoß erhält Gewölbe. Im Zuge dieser Arbeiten werden der große Saal aufgegeben und die Innenwände aus Fachwerk in Stein neu aufgezogen. Der zweite Saal im Obergeschoß des Südflügels mit je zwei anschließenden Räumen wird aber erst 1731 nach dem Plan Dientzenhofers unterteilt. Die langen Korridore entstehen vermutlich erst bei dem ersten barocken Umbau. Am Domplatz wird eine große Treppe angelegt, der Giebel zur Michaelskirche abgetragen, und nach Westen erhält der Gebsattelbau eine achtachsige Erweiterung. Die alten, sehr stark verzierten Dachgauben werden durch einfachere ersetzt, während die sehr fein ausgebildeten Schornsteine mit ihren kleinen Arkadenaufbauten für einen belebenden Ausgleich sorgen.

Im Inneren sind einmal die Küchen, dann Wohnung und Gästezimmer für den Hofstaat und die Wohnung des Kurfürsten im Obergeschoß des Nordwestflügels (zum Michelsberg) aus dieser Zeit erhalten geblieben. Die im 1. und 2. Stock neu stukkierten Räume erhalten verschieden reiche Ausführungen, im 1. Stock eine einfache Quadratur, während die kurfürstliche Wohnung und das Appartement im 2. Stock des Gebsattel-

Aschhausenflügels wesentlich reicher ausgestattet werden. 1696 sind die Arbeiten dann weitgehend abgeschlossen.
Aber diese Wohnung wird, wie aus diversen Schriftwechseln ersichtlich, nur als Zwischenlösung betrachtet. Sie besteht aus zwei dem großen Saal vorgelagerten Räumen, einem Audienzzimmer, einem Wohnraum und dem Schlafzimmer. Zum Hof hin bilden diese Räume eine großartige Enfilade.
Für die weiteren Neubauprojekte muß nun erst einmal Platz geschaffen werden. Ein Rest des Höfleins neben dem Südende des Aschhausenbaues steht noch, ferner im Anschluß an ersteren die Hofeinfahrt und der gesamte Komplex des Mengersdorfhofes mit dem großen Turm. Nach Süden anschließend liegt die Kapitelschmiede. Alle diese Bauten befinden sich im Besitze der Hofkammer. Wegen des Erwerbs des Pfarrhofes Sankt Veit und der anschließenden Curia S. Ciliani gibt es allerdings noch erhebliche Schwierigkeiten.
Mit dem Bauen wird dann im Sommer 1697 begonnen und das Projekt in der verhältnismäßig kurzen Zeit von acht Jahren in reduzierter Größe fertiggestellt.
Der Eingangsflügel, ausgesprochen als Fortsetzung der unter Gebsattel begonnenen Neubauten angesehen, ist trotz seiner einwandfrei barocken Erscheinung doch noch in manchem dem Übergangsstil des 17. Jahrhunderts verhaftet. Das Barock hat sich noch nicht in allem so stark durchgesetzt, daß wir auch das ganze Raumgefüge als durch und durch Barock bezeichnen könnten. Der Kaisersaal beispielsweise bescheidet sich noch, wie der Hauptsaal des Gebsattelbaues, mit einem Geschoß, und auch das Treppenhaus hat noch relativ wenig mit den großartigen Treppenläufen der großen Barockresidenzen gemeinsam. War doch im Ostflügel sogar noch eine Wendeltreppe vorgesehen, eine Form, die wir im Barock vor allem nur noch als Domestikentreppe finden. Zur Ausführung der Fassaden ergeht Weisung an den Architekten, daß die Fassade zum Platz hin in Steinen auszuführen und die Seiten zur Stadt und zum Garten mit Architekturmalerei zu versehen sind.
Vom Ostflügel soll vorerst nur die Hälfte errichtet werden und seinen vorläufigen Abschluß mit einer Kapelle finden. Erdgeschoß und Kapelle erhalten Gewölbe und zur Stadt hin werden große Fundamente gelegt, da hier der Geländeabfall durch hohe Mauern auszugleichen ist.
In dem als „Akkord" bezeichneten Vertrag mit J.L. Dientzenhofer schreibt Lothar Franz genau die Zahl der Fenster zum Hof (94), zum Garten und der Stadt (114) sowie die 25 Türen, davon 6 Prachtportale, vor. Die Gliederung der Fassade, die sich streng an die klassische Ordnung hält (Dorisch, Ionisch, Korinthisch) erfolgt durch ein Gitterwerk von

Pilastern und Gesimsen, die jedes Fensterfeld als ein geschlossenes, dem nachbarlichen fast gleiches Gebilde erscheinen lassen. Im Wechsel lösen sich als Fenstersturzbekrönung, Giebel in Segment- und Dreiecksform ab. Die einzige größere Abwechslung bietet der Südost-Pavillon, welcher als monumentaler Bauklotz der Residenz eine Wirkung verleiht, die dem Dom ein gewisses Gegengewicht bietet. Die große Horizontale der Dachfläche wird nur über der Durchfahrt von einem eineinhalbgeschossigen Giebel unterbrochen. Seine Seitenschwünge und das Giebelfeld sind durch reiches Blattwerk ausgefüllt. Diese Giebelgestaltung findet sich in verwandter Form u.a. in Kloster Langheim, Banz und Tambach. Während des Baues ergeben sich immer wieder Veränderungen, die zu einem regulären Umbau des 1. Planes führen. So sollen die Räume in dem neuen Flügel ursprünglich an langen Korridoren liegen und nicht ineinander übergehen, wie es später ausgeführt wird. Weiter reißt man in einem zweiten Bauabschnitt die alte Haupttreppe ab und verlegt sie etwas weiter, in den neuen Bau. Auch hier werden wieder während der Ausführung kleine Details geändert.
Der Neubau verläuft dann in folgender Reihenfolge: Die Nordhälfte des Eingangsflügels und die Westhälfte des Ost- oder Vierzehnheiligenflügels, also die Ecke, werden zuerst aufgeführt. Es folgt der Anschluß an den Gebsattelbau im Süden und der weitere Ausbau des Ostflügels, der 1698, um noch ein Fenster für die Kapelle zu gewinnen, um zwei Achsen verlängert wird. Anscheinend hat man vorerst nur bis hierher geplant und erst in einem weiteren Bauabschnitt den Ostflügel verlängert. Das zuerst erwähnte Projekt eines überlangen Ostflügels scheint fallengelassen worden zu sein. Man bemüht sich dann in einem 3. Abschnitt für den restlichen, noch errichteten Teil um einen pavillonartigen Abschluß. Außerdem wird das gesamte Ziegeldach in Schiefer umgedeckt. Mit dem Abschluß des Pavillons, der den Bau um ein Geschoß überragt und damit verbunden die Verlegung des zweiten Hofportals in Richtung dieses Pavillons, finden die Baumaßnahmen ihr Ende. 1703 steht der gesamte Komplex so, wie wir ihn heute vor uns haben. Damit ist aber dem Bischof noch lange nicht genug geschehen. Er trägt sich, wie die Verlegung der gerade neu errichteten Treppe zu beweisen scheint, mit dem Gedanken, die Anlage, welche an sich keinen Hauptflügel oder eine Mittelachse aufweist, zu erweitern und in barockem Sinne die neue Einfahrt zum zentralen Eingang zu gestalten. Hierüber werden nun eine Reihe von Plänen ausgearbeitet, wobei derjenige des Nachfolgers von Lothar Franz etwa das Doppelte der heutigen gesamten Schönborn- und Gebsattelbauten umfaßt und außerdem den Abbruch der Alten Hofhaltung bedeutet hätte.

Der erste Plan sieht nurmehr eine Überbrückung der Durchfahrt zum oberen Burgplatz vor und anschließend unter Einbeziehung der Hohen Warte einen dem Ostflügel parallel laufenden Trakt. Die Zahnsteine der beiden unteren Geschosse weisen genau auf die Ecke der Hohen Warte hin. Aber bereits die Steine im darüber liegenden Geschoß lassen eine Planänderung annehmen, die in der eben angedeuteten Weise keine Rücksicht mehr auf die Hofhaltung nimmt, sondern eine Weiterführung der Ostfassadenflucht vorsieht. Vierl vermutet allerdings, daß hier bereits ein Gang oder Altan zur Alten Hofhaltung bestanden habe. Die plötzliche Beschränkung in der Ausführung des Ostflügels veranlaßt Mayer zu der Annahme, daß diese nur zu erklären sei mit einem gleichzeitig auftauchenden Projekt, Ersatzräume in einem parallel laufenden Flügel zu schaffen. Die Streichung der Kapelle im Ostflügel weist ebenfalls darauf hin, daß beabsichtigt ist, in einem noch zu errichtenden Teil diese unterzubringen. Es sind also außer dem ersten Plan mit dem langen Ostflügel, ein zweiter mit abknickender Fassade und parallel zum Ostflügel laufenden Trakt, sowie ein dritter ohne Rücksicht auf den Baubestand der Hofhaltung vorhanden gewesen.
Der immer wieder auftauchenden Vermutung von einem Riesenprojekt, das den Dom in der Achse einer gewaltigen Ehrenhofanlage gesehen hätte, liegt mit größter Sicherheit eine Verwechslung mit anderen Plänen, wohl für Würzburg, zugrunde. Die Folge dieser Reihe von Entwürfen zeigt deutlich, wie Lothar Franz sich unter dem Eindruck des sich neu anbietenden Raumgefüges und durch viele Anregungen vor allem aus Wien, von seinem ursprünglichen Plan der Weiterführung der gebsattelschen Idee entfernt und die Idee des Ehrenhofes, der sich zum Dom hin öffnet, mehr und mehr ins Auge gefaßt hat.
Kennzeichnet den Außenbau, wie Mayer sagt, schon die etwas undifferenzierte und ungegliederte, klosterähnliche Bauform langer Trakte, so muß dieses auch für das Innere, die Gliederung der Räume, gesagt werden. Die ursprünglichen Pläne langer Gänge, die den Zugang zu einzelnen Räumen verschafften, wurden zwar teilweise überarbeitet, aber es bleibt noch genug erhalten, was von dieser Aufteilung beherrscht wird. So kommt es, daß der Bau, dessen Innenausstattung sich über 150 Jahre hinzog, doch in seiner Grundkonzeption dem 17. Jahrhundert verhaftet bleibt.
Alte Raumzusammenhänge, wie Treppenhaus und Saal, und auch, wie oben schon erwähnt, die Geschoßhöhe des Saales mit zweiseitiger Beleuchtung bleiben in überlieferter Form. Wir können an der Bamberger Residenz, wie kaum einem anderen Bau der Gegend die Loslösung von der Renaissance und den Weg zum Barock verfolgen. Letzteres erlebt

Blick über den Rosengarten mit Kuchels Pavillon und Kloster Michaelsberg

dann in Lothar Franz'Privatprojekt Pommersfelden einen fränkischen Höhepunkt.
Die Zufahrt zur Residenz erfolgt durch das Hauptportal in eine dreischiffige Halle, von dort erreicht man linkerhand über eine große Treppe, deren drei Läufe zwei von Bögen und Balustern eingefaßte Schächte umgeben, die Wohnstockwerke.
Die anderen Treppen erfuhren im Laufe der Zeit Abänderungen. So auch die zweite Haupttreppe im Ostflügel.
Die Kapelle, welche wir auf den ersten Plänen im heutigen Ostflügel an verschiedenen Stellen finden, und die eingeordnet in die vorgegebenen Breitenmaße des Flügels ein langer von Emporen begleiteter, überwölbter Raum — auf einem zweiten Plan reich durch Säulen gegliedert — geworden wäre, wurde nicht ausgeführt. Es entstand nur eine kleine Privatkapelle im Rahmen eines Appartements.
Die Unzahl der Innenräume dieses großen Baukomplexes gliedert sich in verschiedene Appartements (Wohnungen für verschiedene Zwecke) und eine Reihe von Nebenräumen. Die Appartements sind heute großenteils als Schauräume zugänglich und z.T. mit dem alten Mobiliar, Bil-

dern, Tapisserien etc. ausgestattet, während in anderen Räumen der beiden oberen Stockwerke Wechselausstellungen stattfinden bzw. eine Abteilung der bayerischen Staatsgemäldesammlungen untergebracht ist. So hat die Bestimmung der Räume öfters gewechselt. Im Großen kann man etwa folgendes festlegen:

Der Hintere Flügel, der Gebsattelbau, beherbergte im oberen Stockwerk die kurfürstliche, bereits beschriebene Wohnung. Darunter — heute große Galerie — lagen Räume für den Hof, u.a. die Pagerie. Im Erdgeschoß beider Flügel befanden sich Personal- und Küchenräume. Der Aschhausenflügel beherbergte im 1. Stock die Kavalierzimmer, heute kleine Galerie, im zweiten Stock die Gästezimmer, heute für Wechselausstellungen.

Der Neubau des Bischofs Lothar Franz nahm im Erdgeschoß, anschließend an die Einfahrt, ein ganzes Appartement mit Saal, Vorsaal, Audienzzimmer, Bad, Retirade, Schlafzimmer und einen weiteren Raum auf. Später trat an diese Stelle u.a. ein Gartensaal und ein weiterer als Audienzzimmer gedachter Raum — später als Hofkirche verwandt. Im 1. Stock war die Ecke der beiden aneinanderstoßenden neuen Flügel beim Umbau total verändert worden. Im Eingangsflügel lagen danach die Räume für die Hofhaltung und im Ostflügel ein weiteres Appartement, alles zusammen als fürstbischöfliche Wohnung bezeichnet. Im 2. Stock befand sich das Kaiserappartement. Diese Appartements nahmen jeweils bei der Treppe beginnend den ganzen Eingangsflügel und einen kleinen Teil des Ostflügels ein. Der zum Domplatz blickende Ostflügel, nahm im Erdgeschoß die Kanzlei, Registraturen und das Archiv auf. Ferner befand sich im ersten und zweiten Geschoß des Traktes der weltliche und geistliche Rat. Das oberste Geschoß des Pavillons sollte eine Bibliothek aufnehmen. Heute dienen diese Räume der Staatsbibliothek. — Soweit zur Raumaufteilung.

Von der Ausstattung verdienen besonders die kräftigen Stukkaturen des aus Wessobrunn stammenden Künstlers Johann Jacob Vogel Erwähnung. Zum ersten Male hören wir 1696 von seiner Anstellung. Er war bereits 1686 in Bamberg. In den folgenden 10 Jahren wurden von Vogel und seinen Gehilfen fast die gesamten vorhandenen Räume der neuen Residenz, welche dem Kurfürsten und seinem Hofstaat dienten, ausgestattet, bis 1699 die umgebauten Räume in den beiden alten Trakten und 1701—06 die beiden neuen Flügel. Ein Teil dieser Arbeiten mußte aber späteren Umgestaltungen weichen. Als Arbeiten der Vogelwerkstatt werden folgende Zimmer genannt: die vier Haupträume und Saal der kurfürstlichen Wohnung im Gebsattelbau sowie die Anschlußräume in diesem Flügel. Dann die daneben liegenden Zimmer im Obergeschoß

des Aschhausenbaues (nicht mehr vorhanden), die fürstbischöfliche Wohnung im ersten Stock des Eingangsflügels der Residenz. Ferner die Quadratur im 1. Stock des Gebsattelflügels und des Aschhausenflügels. Im Schönbornbau arbeitete Vogel für die Galerie (später geteilt) und fünf anschließende Räume der fürstbischöflichen Wohnung, — Obermarschall-, Kavaliertafelzimmer, Anticamera, fürstliche Ratsstube, fürstliches Tafelzimmer — weiter die Treppe, Garten-, Audienzsaal, Vorzimmer im Erdgeschoß und einen anschließenden Raum, ferner die Gänge im Gebsattel- und Aschhausenbau, die Regierungszimmer im Ostflügel, den Gang zu den Parterrezimmern des Hauptflügels, das Kaiserappartement, die ehemalige zweite Haupttreppe (nicht mehr vorhanden) und einen weiteren nicht näher bestimmten Raum im Erdgeschoß zum Platz hin. Mit diesem heute noch in wesentlichen Teilen erhaltenen Programm ist aber noch nicht alles das beschrieben, was ursprünglich stukkiert werden sollte. Einige Räume kamen nicht mehr zur Ausführung; so die Einfahrt, der Kaisersaal und die Bibliothek.
In diesem Riesenwerk, das Vogel, wie sich auch an manchen Stellen erkennen läßt, nicht ohne Mithilfe von Gesellen vollbrachte, zeigt sich ein ungeheurer Ideenreichtum in der Ausstattung mit Figuren, Ornamenten, Gesimsen und Pflanzenwerk. Die Schwere der Formen und die wulstartig anschwellenden Ornamente erinnern an die Arbeiten italienischer Zeitgenossen in der Umgebung.
Während das reiche Pflanzenwerk (Girlanden, Fruchtgehänge, Akanthusblätter, Ranken und Schilf), die Kartuschen, Embleme (Musik, Krieg, Jagd etc.) und Gesimse sehr gut ausgeführt sind, fallen die Figuren merklich davon ab. Dies zeigt sich besonders deutlich an den Arbeiten, welche sich über mehrere Jahre hinziehen. Vor allem bei den Kaminaufsätzen läßt sich auch noch eine stilistische Entwicklung klar ablesen. Sind die Ornamente anfangs sehr stark und kräftig gehalten, so gewinnen sie im Verlaufe der Arbeit immer mehr an Leichtigkeit. Schließlich erscheint sogar erstes Bandelwerk. Man vermutet, daß an diesen Stellen ein anderes Mitglied dieser großen Stukkatorenfamilie am Werke war. Die in Hohlkehlen und auf glatten Schilden verbleibenden Flächen sind meist von Malerei ausgefüllt.
An den Arbeiten war die gesamte Familie beteiligt. Der Bruder J. J. Vogels, Johann Caspar, war als Marmorierer tätig und gestaltete die Wände und Pilaster des Gartensaales, sowie den Altar der Privatkapelle. Im Gartensaal und dem anschließenden Audienzsaal, nachmaliger Kapelle, erreicht die Stukkaturkunst der Vogel-Familie ihren Höhepunkt. Auf die Wände im Gartensaal sind in graublauen Tönen Vögel, Girlanden und Gartenmöbel aufgemalt. Die Farb- und Motivgebung erinnert an

die Wandausstattung venetianischer Villen. Weiter arbeiteten für die Residenz der Sohn J. Caspars, Andreas, die Schwiegersöhne Franz Anton Schlott und dessen Bruder Franz Joachim, Johann Martin Walter, Johann Peter Benkert und Gottlieb Heymüller. Ferner sind erwähnt ein Heinrich Vogel, Christoph Vogel und Giovanni Battista Brenno.

Außer der Stukkatorenfamilie Vogel waren noch eine Reihe von Malern mit der Ausstattung der Räume beschäftigt, Hans Jörg Bogner aus Gaibach und seit 1704 J. Jak. Gebhard als dessen Gehilfe. Gebhard scheint dann später Bogner ersetzt zu haben und wir hören von seinem Wirken für Räume im ersten Stockwerk. Bogner und Gebhard können als die Hauptmaler der Fresken angesehen werden, von denen leider die größeren übermalt wurden. Als Maler sind uns dann noch überliefert: Lazaro M. Sanquinetti, vermutlich für das Deckenfresko im Saal der Kurfürstenwohnung und von 1700—1716 Sebastian Reinhard. Er lieferte eine große Zahl von Ölbildern, die in die Decke eingelassen wurden. Weiterhin ist die Tätigkeit des Bildschnitzers Sebastian Degler, dessen Werk die reichen Türrahmen und Spiegeleinfassungen sein dürften, gesichert.

Das mit einer Boiserie versehene chinesische Kabinett, das erste dieser Art in Franken, entstand zu Beginn des 18. Jahrhunderts.

Durch Größe und Ausstattung fällt aus dem üblichen Rahmen der Kaisersaal weit heraus. Seine zuerst vorgesehene Stuckierung unterblieb

Chinesisches Kabinett in der fürstbischöflichen Wohnung

und später verhandelte Lothar Franz der Reihe nach mit Rottmayr, Pozzo und Lanzani, welche aber entweder bereits anderweitig verpflichtet waren, oder die ungünstigen Proportionen erkennend, den Auftrag ablehnten und dem Bauherren außerdem zu hohe Honorarforderungen stellten. So verfiel Lothar Franz schließlich auf den Würzburger Hofmaler Melchior Steidl, der 1707 den Auftrag erhielt. Die Arbeit wurde al Secco ausgeführt. Das Thema ist eine Verherrlichung des guten Regiments. Die Ecken der Decke füllen die vier Weltreiche aus (Babylon., Alexandrin., Röm., Mongol.). An den Wänden versuchte der Maler, typisch für das Barock, Habsburger und andere Kaiser, sowie die römischen Kaiser und Herrscher bis zu Caesar in einer Ahnengalerie aneinanderzureihen, um so der Kontinuität des Heiligen Römischen Reiches Ausdruck zu verleihen. Historische Wahrheit spielte hier die geringere Rolle, wesentlich war, zu zeigen, daß die Positionen des Kaisers auf uralten historischen Voraussetzungen beruhten und man hier eine ununterbrochene von Rom ausgehende Folge in über eineinhalb Jahrtausenden sehen wollte. Ist die figürliche Ausstattung mit Ausnahme der Kaiserportraits auch befriedigend, so leidet die wohl in guter Qualität ausgeführte, Architektur vortäuschende Malerei sehr unter den ungünstigen Proportionen des Saales. Nur von einem kleinen Mittelteil des Raumes aus stimmen die Perspektiven. Begibt man sich aus dieser Zone, so fällt die Scheinarchitektur auseinander oder ergeben sich starke Abweichungen von der perspektivischen Wirkung.

Mit dem Kaisersaal war im Wesentlichen das Ausstattungswerk des Baues durch Lothar Franz beendet. 1729 starb er und gleich übernahm sein Neffe Friedrich-Carl den bischöflichen Stuhl in Bamberg, mit dem er wenige Monate später den des Würzburger Bischofs vereinigte.

Der Nachfolger Lothar Franzens übernahm einen Bau, dessen Ausstattung zwar in wesentlichen Teilen ausgeführt war, von dem aber noch viel der Vollendung harrte. Der künstlerisch durch seine Beziehungen zu Wien — er war Reichsvizekanzler — sehr geschulte zweite Schönborn auf dem bischöflichen Stuhle von Bamberg verpflichtet als erstes Balthasar Neumann für die Vollendung der Residenz, sowie den weiteren Ausbau und die Vollendung im Sinne einer barocken Ehrenhofanlage. Dabei wurde versucht, erst einmal festzustellen, was an Plänen vorhanden war und dann, nachdem man wenig vorfand, ein großer Plan aufgestellt, welcher nicht überliefert ist, wohl aber mit dem Küchels, der etwa das doppelte Ausmaß der heutigen Anlage vorsah, im Wesentlichen übereinstimmen dürfte. Hildebrandt wurde ebenfalls anläßlich eines Besuches um seinen Rat gefragt. Alle Projekte und Vorstellungen des Bischofs scheiterten aber wie schon vorher am Domkapitel. Sogar seine erklärte

Bereitschaft, die Domherrenhöfe anschließend zu modernisieren, nutzte nichts. Selbst der kleinere Plan, der nur anstelle der vorderen Bauten der Hofhaltung einen Flügel parallel zum Ostflügel vorsah, welcher Kapelle, Verwaltungen und Stallungen aufnehmen sollte, kam nicht durch (1733 entstanden). Erst mit diesen Ausführungen hätte der Bau, abweichend von seinem bisherigen Charakter, durch den Ehrenhof absolut barocke Züge erhalten. Die Raumfolge des geplanten Erweiterungsbaues zeigt auch schon eine andere Gruppierung und nicht mehr die Aufreihung an Korridoren. Aber alle Pläne wurden abgelehnt, dadurch aber wenigstens erreicht, daß das alte Verhältnis und die alte Stellung des Platzes und der Hofhaltung zum Dom nicht beeinträchtigt wurden. Nach Ablehnung dieser Pläne ließ der Bischof die Projekte nur wenige Jahre ruhen. 1737 fertigte J.H. Dientzenhofer bereits neue Risse. In diesen greift er die alten Gedanken auf, nur von der Kapelle ist nicht mehr die Rede. Küchel fertigte dann einen auf Neumanns Ideen fußenden Plan, der in der schon mehrfach erwähnten Form eine Verdoppelung der heutigen Anlage vorsah. Mit diesem letzteren Plan ist der Gedanke einer großen Erweiterung der Residenz dann begraben worden.
Franz Ludwig von Erthal wollte zwar 1791 noch Stallungen und andere Hofräume aus der alten Hofhaltung verlegen, aber auch dies Projekt blieb stehen. So ist die heute vor uns stehende Residenz über die entscheidende Bauphase unter dem ersten Schönborn nur in einigen Räumen der Innenausstattung herausgekommen. Friedrich Carl ließ sämtliche Treppen im Ostflügel umbauen (1733—38), auch 1761 wird noch einmal eine Treppe in diesem Flügel neu gestaltet. Durch diese Umbauten wollte man innen mehr Raum gewinnen. Weiter wurden die Galerie im ersten Obergeschoß der fürstbischöflichen Wohnung unterteilt und außerdem Veränderungen in der Wohnung im 2. Stock am Schlafzimmer vorgenommen.
Mit den räumlichen Neuordnungen mußte auch die Ausstattung folgen. So wurden in der unterteilten Galerie im ersten Zimmer die vorhandenen Stukkaturen ergänzt und im zweiten ein neuer Stuck im Regence-Stil, nach Neumannschen Entwürfen, geschaffen. Auch diese Arbeiten stammen von der Künstlerfamilie Vogel. Weiter erhielt das eben erwähnte Schlafzimmer neuen Stuck (evtl. von Küchel entworfen). An Künstlern sind ferner der Schnitzer Mutschele für 22 Supraporten bestätigt, außerdem der Maler Marquart Treu für Supraporten, der Nürnberger Maler Christoph Bemmel und Bartholomäus Lichteis.
Im Rahmen der weiteren Modernisierung wurden nun Kamine durch Öfen ersetzt und die Wände mit Stoff bespannt. Besonders erwähnenswert sind die prachtvollen Tapisserien aus Beauvais mit den von Joseph

Scheubel entworfenen und bei Andreas Pirot in Würzburg gefertigten Ansatzstücken. Die Kamine sollen von J.B. Klausner aus Würzburg stammen. Eine besondere Zierde der Räume bildet noch heute das Mobiliar, welches von der großen Kunstfertigkeit der fürstbischöflichen Ebenisten zeugt. Hier sind vor allem die Namen Servatius Brickard und Balthasar Hermann zu nennen. Außerdem ist eine Reihe kleiner Arbeiten ausgeführt worden, deren einzelne Aufzählung hier zu weit führen würde. Das kleine Kabinett ist ebenfalls besonders exquisit ausgestattet.

Nachdem die Erweiterungsprojekte auf Schwierigkeiten gestoßen waren, baute Neumann in den ehemaligen Audienzsaal eine Kapelle ein. Die Stukkaturen wurden durch Antonio Bossi ergänzt, der mit Vogel auch an Altären arbeitete, für welche Scheubel die Blätter malte. Im April 1737 war die Kapelle fertig. An der Ausstattung waren ferner beteiligt Küchel (Beichtstuhlentwurf), Mutschele (Rahmen und Vasen) und Nikolaus Bauer, der neue Altäre und 1785 auch eine neue (vermutlich Louis XVI) Kanzel schuf, sowie J.M. Fischer (Oratorium).

Immer noch wurde an der Innenausstattung gearbeitet und fast jeder neue Herr der Residenz gab einen Beitrag. Adam Friedrich von Seinsheim veränderte die Wohnung im ersten Stock des Hauptflügels und des Aschhausenbaues. An Stelle der alten Formen trat eine blendend weiße, elegante Louis XVI Stukkatur. Die mitwirkenden Künstler erklären die ausgezeichnete Qualität dieser Arbeiten, es waren Joh. Michael Fischer und Materno Bossi. Stukko auf den Wänden und die leichte Ornamentik erhöhen den Reiz dieser Räume. Besonders interessant ist bei den Louis XVI Stukkaturen um 1770 der Übergang vom Rokoko zu beobachten. In der Kavaliersuite sind vor allem die reizenden Supraporten von Marquart und Christoph Treu zu erwähnen. Wie so vieles an der Bamberger Residenz blieb auch die Bibliothek Projekt. Der Raum wurde nie fertig und außerdem wegen der Feuergefahr, die bestand, da der Raum ja zu oberst im Pavillon direkt unter das Dach kommen sollte, auch der Bau verzögert. Schließlich teilte man den Raum auf, und Joseph Schwarzmann führte in der Mitte des 19. Jahrhunderts klassizistische Malereien im pompeianischen Stil durch.

Das Archiv, gegliedert in drei Räume für die Kaiser- und Königsurkunden, bischöfl. Urkunden und die Verträge mit der Ritterschaft, erhielt erst im Laufe des 18. Jahrhunderts seine Ausstattung. Johann Phillip Anton v. Franckenstein begann mit der Dekoration des ersten Saales. Friedrich Karl v. Stadion gab den zweiten in Auftrag. Ungewöhnlich reich geschnitzte Supraporten, vermutlich von Georg Reuß, bilden einen besonderen Schmuck der Räume. Die Regale fertigten

Neue Residenz, Venezianisches Kabinett im Kaiser-Appartement.

Nikolaus Bauer, der auch an der Umgestaltung der Kapelle mitwirkte, und Michael Bayer, die Bildnisse der beiden Fürstbischöfe, wohl der auch schon öfters genannte J. Scheubel. Der dritte Saal wurde unter Seinsheim vollendet, ebenfalls unter Mitwirkung von Bauer. Für das Bild schuf Michael Trautmann einen pompösen Aufsatz mit acht allegorischen Figuren.

Besondere Beachtung verdient außer dem Residenzbau auch die damit verbundene Gestaltung des Platzes und des Gartens. Letzterer sei zuerst behandelt.

Die Anfänge sind in der Renaissance zu suchen. Im Laufe der Zeit hat sich die Lage des Hofgartens nicht verändert. Nur die Ausdehnung hat wohl immer etwas geschwankt, 1698 ist die Grundlage der heutigen Form entstanden. Die Abtrennung von Hof und Garten hinter dem Haus geht aber wohl schon auf ältere Zustände zurück. Die 1703 in ihrer heutigen Form vollendete Mauer wird innen belebt durch Nischen, verläuft aber zum Hof hin leider sehr langweilig, ohne jegliche Gliederung. Im Jahre 1705 wird im Garten ein „grünes Sommerhaus" gebaut, welches symmetrisch zu einem bereits stehenden Pomeranzenhaus liegt und außerdem ein Turm an dem Mauerknick der Burgbergmauer beseitigt. Die zur Stützung dieser Mauer aufgeführten Strebepfeiler werden auf der Höhe des Gartens zu Balkonen ausgebaut. Dientzenhofer dürfte der Urheber dieser Idee gewesen sein, wie er auch Entwürfe für einen neuen Brunnen lieferte, der 1707 aufgestellt wird. Unter Friedrich Carl v. Schönborn erfolgt dann die Erweiterung des Hofgartens zu seiner heutigen Größe bis an den Gebsattelbau heran. Die alte Anlage und die Bauten werden 1733 beseitigt und eine vorhandene Terrasse verkleinert. Anpflanzungen von kleinen Hecken und die Aufteilung des Gartens in Rondelle und Beete, welche damals erfolgt, bleiben maßgeblich auch für die Nachfolger. Stadion läßt dann die Terrasse ganz abtragen und setzt mit dem Gartenhaus den wichtigsten Akzent der heutigen Anlage. 1756 wird das Werk begonnen, eineinhalb Jahre später ist der Bau vollendet und der Garten wieder in guten Zustand gebracht. Dieser Gartenpavillon atmet jene heitere Leichtigkeit, die für das mainfränkische Rokoko bezeichnend ist. Die drei Innenräume (Mittelsaal und 2 Seitenkabinette) sind mit sparsamem, elegantem Stuck ausgestattet und das Äußere durch einfache Pilaster, Gesims und ein geschwungenes Mansarddach gegliedert. Das Ganze wird von einem kleinen, durch einen Schwan bekrönten Aufsatz abgeschlossen. Küchel darf wohl mit Recht als Autor angesehen werden. Eine Verwandtschaft zum Gartenpavillon in Thurn ist außerdem zweifelsohne vorhanden. Von den später im Garten erfolgten baulichen Zutaten (chine-

sisches Haus aus Holz und kleines steinernes Gartenhaus) ist heute leider nichts mehr zu finden.
Außer dem noch erhaltenen Gartensalett verdienen vor allem die eleganten Figuren, welche Dietz für den Garten, im Zusammenhang mit seinen Arbeiten für Seehof, schuf, besonders hervorgehoben zu werden. Ihre heitere, beschwingte Form verleiht dem Garten seinen Charme. Im Sommer tragen außerdem die prachtvoll blühenden Rosen das Ihrige dazu bei. Dies alles zusammen bildet einen einzigartigen Einklang an Form, Farbe und Duft. Eine vollkommenere Ansprache der Sinne durch eine Gartenanlage ist wohl kaum möglich. 18 Figuren und einige Vasen verteilen sich über die Beete, deren Mittelpunkt ein Brunnen bildet. Leider gingen einige Plastiken, die auf Erthals Anordnung entfernt wurden, verloren, auch die von Mutschele geschaffene Brunnenmuschel ist verschwunden. Trotzdem aber ist das Bild dieses Gartens, dessen Wirkung nach dem Durchschreiten des eher tristen und langweiligen Hofes besonders groß ist, einmalig. Von der Balustrade auf der alten Burgmauer hat man zudem einen besonders reizvollen Blick über die Dächer der Altstadt und in das Umland.
Nun zum Vorplatz der beiden Residenzen auf dem Burgberg.
Mit dem Ende der baulichen Veränderungen um den Domplatz ist auch die Idee seiner neuen Gestaltung aufgekommen. Von dem Ehrenhofprojekt ist schon die Rede gewesen, so daß es hier nicht mehr erneut aufgeführt werden muß.
Der schon auf die erste Zeit Bambergs zurückführende Platz erfuhr immer wieder durch Veränderungen der umliegenden Bauten (Dom, Pfalz, Hofhaltung, Kurien, Residenz), eine Umänderung der Größe und des Aussehens. Nachdem also die barocken Großprojekte gescheitert waren, blieb nur die Möglichkeit, den bestehenden Platz mit seinen umliegenden Bauten, die ein Spiegelbild sämtlicher Stile waren, soweit möglich, im barocken Sinne repräsentativ zu gliedern. Die Planer fanden in Verlängerung des Ostflügels noch Reste einer Kurie vor, die Zufahrt bildete ein Turm, der die Verbindung zwischen den beidseitig anstoßenden Kurien herstellte. 1734–36 wird nun ein Teil des Turmes abgetragen, 1739 der alte stadionsche Hof. Darauf erfolgt dessen Neubau. Sein Nordteil bildet einen kleinen Gegenpart zum großen Pavillon der Residenz. Die Pläne stammen vermutlich von J. H. Dientzenhofer, dürften aber von Neumann überarbeitet worden sein. 1771 wird dann die Curia S. Kiliani abgerissen. Neumanns Sohn Franz Ignaz Michael vollendet das begonnene Werk. Nun wird der unebene, bucklige, fast in Terassen aufgegliederte Platz planiert. 1776 beginnen die Hauptarbeiten, die nicht nur den Platz, sondern die gesamte Zufahrt von dem alten

Weißer Saal
in der
fürstbischöflichen
Wohnung

Rathaus her treffen. Die Straßen werden ausgeglichen, erweitert, wo nötig aufgeschüttet und so vor allem die Steilheit der Auffahrt auf den Burgberg gemildert, wobei auch die einengenden Mauerteile des Redwitz- und Erthalhofes abgebrochen werden. Außerdem müssen die linkerhand liegenden Domherrenhöfe unterfangen werden und zur rechten Seite (Erthalhof) zieht man eine Mauer. Die Idee einer monumentalen Freitreppe vom Platz zum Sand hinab bleibt unberücksichtigt. Der vorher unebene Burghof wird nun zum Tal hin langsam abfallend umplaniert. Damit stellt sich auch ein neues Problem. Die Residenz, welche bisher aus dem Boden hervorwuchs, steht nun auf einmal teilweise auf freiem Sockelgeschoß, da durch die sanfte Abböschung zum Sand hin, hier ein starker Geländeverlust eintritt. Neumann löst dies Problem, indem er dem Pavillon und Ostflügel ein kräftiges Sockelgeschoß vor die Kellermauer legt und dies durch eine abgeböschte Ummauerung einfaßt. Die Wirkung speziell des Pavillons wird dadurch ungeheuer gesteigert und läßt hier eine Spannung aufkommen, die den Flügelbauten abgeht. Die Treppen zum Ostflügel werden ebenfalls beträchtlich erhöht. Der Würzburger Hofschlosser Johann Anton Oegg liefert die Geländer. Auch für den Dom ergeben sich Änderungen. Der alte Ölberg verschwindet, als der kleine Friedhof hinter dem Dompfeiler 1778 niedriger gelegt wird. Der Domkranz muß unterfangen werden, und das Fürstenportal erhält in seiner Wirkung durch die Freitreppe eine Steigerung, während vor der Hofhaltung eine kleine Terrasse gebaut wird, was zum Abtragen der sog. Tartermansäule im Jahre 1779 führt. Mit diesen Planierungsarbeiten kommt auch für wesentliche Teile der alten Hofhaltung das Ende.

Um die Durchfahrt am Dom zu verbreitern, wird die Andreaskapelle, deren unteres Stockwerk bereits in ein Gefängnis verwandelt worden war, abgerissen. Nur Teile der Mauer zur Hofhaltung hin bleiben erhalten. Dabei lassen es aber die Zeitgenossen nicht bewenden. Für die weiteren Abbrucharbeiten dient immer wieder angeblich Baufälligkeit als argumentum pro. Die alte Hofhaltung war in der Zeit vorher bereits durch Verwendung als Stallung etc. degradiert worden und nun kommt auch noch der Abbruch der hohen Warte bis auf das 1. Stockwerk. Es folgen der Reichssaal und die rechterhand gelegenen Stallungen im Hof. Damit ist die Wirkung der Nordseite der Alten Hofhaltung weitgehend zerstört.

An der Stadtseite des Ostflügels der Residenz bricht 1787 in den naheliegenden Häusern ein Brand aus, der gelöscht werden kann, ohne daß die Residenz selber allzugroßen Schaden nimmt. Nun werden auch der von dort herführende Weg verbreitert und die neuen Bauten in größerem Abstand von diesem Flügel errichtet. Die Anlage der Straße erfolgt dann 1790. Eine Reihe größerer Mauern wird nötig, um den Bau und die Straße zu unterfangen. Das bereits erwähnte Projekt einer großen Freitreppe vom Domplatz zum Sand, welches in diesem Zusammenhang entsteht, wird, wie bereits gesagt, nicht ausgeführt. 1791 erfolgt die Errichtung des Tores am Fuß des Ostflügels, zur Stadt hin. Die prachtvoll ausgeführten Gitter von Lindner wurden 1841 entfernt. Die letzte Arbeit zur Neugestaltung des Platzes bildet eine Mauer zur Stadt hin. Sie geht, wie auch die anderen Entwürfe zur Gestaltung der Ostseite des Platzes, auf L. Fink zurück. Vasen und plastischen Schmuck liefert z. T. G. J. Mutschele. Die Figuren stammen aus Seehof (Mittelfigur v. Tietz, die Jahreszeiten von Michael Trautmann). 1794 ist dann auch dieses letzte Bauwerk fertiggestellt. Seit dieser Zeit hat sich nichts Wesentliches mehr am Platz geändert.

Mit der Niederlegung der weltlichen Regierung durch Fürstbischof Christoph Franz v. Buseck am 28.11.1803 endete die politische Bedeutung Bambergs und der Bamberger Residenz. Sie wurde von ihm — er starb am 30.9.1805 — bis zum Tode bewohnt. In den folgenden Jahren diente die Residenz wiederholt als Napoleonisches Quartier. Am 5.10.1806 erklärte hier Napoleon an Preußen den Krieg. Anschließend bewohnte Marschall Berthier den Bau und stürzte sich am 1.6.1815 mittags um 13.00 Uhr aus einem Fenster der Kaiserzimmer. Eine Gedenktafel von 1934 an der Mauer zur Residenzstraße zeigt die Stelle.

Wie die meisten anderen bedeutenden mediatisierten oder säkularisierten Residenzen in Bayern nahm das Haus in Zukunft oft Mitglieder des bayerischen Königshauses auf. 1843—45 diente es dem Kronprinzen Maximilian und 1900—1901 dem letzten Kronprinzen Ruprecht als Woh-

nung, dessen Sohn Luitpold hier geboren wurde. An anderen bedeutenderen Mitgliedern des Hauses Wittelsbach, die hier wohnten, sei noch erwähnt 1807—37 Herzog Wilhelm v. Birkenfeld-Gelnhausen mit seiner Frau und deren Sohn Pius. Kloster Banz wurde eben zur selben Zeit von Herzog Wilhelm vor dem Verfall gerettet, restauriert und ausgebaut und trägt seither den Namen Schloß Banz. Aber alle diese zwischenzeitlichen Belehnungen konnten nicht darüber hinwegtäuschen, daß das Leben in der Residenz aufgehört hatte zu pulsieren. Sie war nicht mehr Zentrum. Eine relativ starke, aber nur kurze Aktivität brachte der Einzug des griechischen Königs Otto nach seiner Abdankung. Er residierte hier 1862—76. Im Zuge der Wohnungsnahme durch Mitglieder des bayerischen Königshauses erfolgten einige Änderungen der Innenräume. Im Wesentlichen blieb aber alles erhalten. Höchstens Öfen und Mobiliar wurden erneuert und hier und da Modernisierungen durchgeführt.
Nach dem ersten Weltkrieg fand von April—August die aus München geflohene bayerische Staatsregierung hier Quartier und später wurden Kaiserzimmer und fürstbischöfliche Wohnräume der Öffentlichkeit zugänglich gemacht. 1932 und 1933 restaurierte man kurfürstliche Zimmer und Kavalierszimmer und gab sie ebenfalls frei. Außerdem wurde eine Gemäldegalerie eingerichtet. Nach dem zweiten Weltkrieg, den die Bestände ohne wesentlichen Schaden überstanden haben, erfolgte 1947 die erneute Übergabe an die Öffentlichkeit. Eine neue Galerie wurde eingerichtet mit zwei Teilen. Nürnberg zeigte vorübergehend Teile seiner Barocksammlung hier und Gemälde der alten Pinakothek/München wurden ebenfalls hier bis zu deren Wiederaufbau ausgestellt. 1954/55 erfolgte die Restaurierung von Erdgeschoßräumen, Gartensaal und ehemaliger Hofkapelle für Ausstellungen. In den letzten Jahren wurde dann die gesamte Galerie erneut restauriert und bietet sich nun dem Betrachter in übersichtlicher Form geordnet als eine der besten Gemäldesammlungen außerhalb Münchens.
Der rechte Flügel beherbergt die Bibliothek. Die Schauräume, Galerie, Wechselausstellungen und die verschiedensten Veranstaltungen, vor allem Konzerte im Kaisersaal vermögen nur bis zu einem gewissen, aber für die Situation größtmöglichen Grade, diesen großen Komplex heute wieder mit Leben zu erfüllen. Die Residenz ist ein allerdings beeindrukkendes Museum, dessen Besuch nicht nur wegen der Schauräume, sondern auch wegen der ausgezeichneten Galerie, deren Bestände uns einen Überblick über viele Jahrhunderte deutscher Malerei geben, lohnt.

12 Seehof

Schloß, Kreis Bamberg

Schloß Seehof bietet heute trotz seines schlechten Erhaltungszustandes einen großartigen Eindruck und nimmt unter den Barockbauwerken Oberfrankens neben Pommersfelden einen hohen Rang ein. Der Besucher findet hier nurmehr die Reste einer einstmals unvorstellbar prächtigen Sommerhofhaltung vor. Verständnislosigkeit, Desinteresse und mangelnde Mittel haben aus dieser einstmals vielleicht prächtigsten Sommerresidenz Frankens ein trauriges Etwas werden lassen. Ein verwilderter, seines prachtvollen Figurenschmuckes nahezu vollständig beraubter Park und ein beinahe völlig ausgeplündertes Interieur lassen nur mit Wehmut daran denken, daß hier eines der kostbarsten Gesamtkunstwerke des 18. Jahrhunderts zerstückelt wurde.
Die bedeutendsten Architekten des Barock in Franken sind an der Ausgestaltung von Seehof beteiligt gewesen. Mehr noch als Pommersfelden vermittelt es einen einmaligen Überblick über die Baukunst

des 18. Jahrhunderts in Franken. Unter Mitwirkung von nicht allein in diesem Landstrich tätigen Künstlern entstand es als Ausdruck der vielfältigen, barocken Schaffenskraft dieses Landes, die sich in seiner Blütezeit im 18. Jahrhundert voll entfaltet hat.

Der Platz scheint schon in früherer Zeit die Bamberger Fürstbischöfe als Sommeraufenthalt gereizt zu haben. Schon 1426 wird das bischöfliche Seehaus erwähnt, in dessen Umgebung Grundstücke erworben werden. Fürstbischof Johann Georg Zobel v. Giebelstadt läßt anstelle des alten Baues 1577–80 einen neuen errichten. Das damalige Bauwerk scheint auch bereits recht umfangreich gewesen zu sein und besaß im Park eine Wasserkunst.

1653 ist von einem Fürstenbau die Rede und 1625 war beidseits ein Fasanenhaus errichtet worden.

Die große Zeit der fürstbischöflichen Sommerresidenz — Seehof war seit je eine Sommerresidenz, Pommersfelden hingegen lediglich ein Privatbau der Schönborn — brach mit dem Fürstbischof Marquart Sebastian Schenk v. Stauffenberg an.

Mit ihm beginnt eine Reihe kunstsinniger Fürstbischöfe, die dem Schloß viel Interesse und finanzielle Mittel zu einem prächtigen Ausbau zuwenden. Lothar Franz und Friedrich Carl, beide aus dem Geschlechte der Schönborn, Philipp Anton v. u. z. Franckenstein und Adam Friedrich v. Seinsheim sind die großen Herren zu Seehof. Mit Fr. Ludwig v. Erthal begann der Verfall dieser einzigartigen Anlage.

Der hier folgenden Darstellung liegt im wesentlichen die Dissertation von Margarethe Kämpf über Seehof zugrunde.

Seehof gehört, wenn auch bereits ein Barockbau, so doch in die Tradition alter, überkommener Bauformen, wie sie in Aschaffenburg, Sternberg, Scharfeneck bei Baiersdorf oder dem ersten Projekt für den Umbau des Truchsesschlosses Pommersfelden anzutreffen sind. Bamberg hat ja in seinen beiden fürstbischöflichen Residenzen der späteren Zeit (Neue Hofhaltung und Seehof) trotz barocker Prägung gewisse von der Renaissance überkommene Vorstellungen beibehalten (vgl. Artikel Bamberg). Etwa 300 Meter westlich des alten Seehauses wurde der Neubau eines Schlosses begonnen. Das alte Seehaus blieb dabei bestehen, wurde lediglich als Wirtschaftsbau umgewandelt und erst im 19. Jahrhundert stückweise abgetragen.

Noch bevor man mit dem Schloßbau begonnen hatte, wurden in Seehof in den Jahren 1683–85 eine große Allee und ein Gang angepflanzt. Die Verbindung des Bischofs zu dem wohl mit ziemlicher Sicherheit als Hauptplaner für den Bau auftretenden Antonio Petrini dürfte von seiner Eigenschaft als Würzburger Domherr herrühren. In dieser Stadt war das Hauptarbeitsfeld des Italieners, der aber dann auch 1677–80 in Bamberg St. Stephan umbaute. Als weiterer Architekt wurde schon zu Beginn der Planungen Georg Dientzenhofer, welcher zur selben Zeit die Jesuitenkirche baute, zu den Seehofer Plänen um Rat gefragt. Außerdem hat auch der in Kronach tätige hochstiftische Festungsbaumeister Johann Christein Beiträge zu diesem Projekt geliefert. 1686 wurde dann mit dem Bau begonnen. Wieweit der Einfluß der drei genannten Architekten nun den Bau bestimmt hat, ist bisher nur schwer zu ermitteln. Selbst die Abhandlung von Kämpf vermag hier keine Klarheit zu schaffen. Die Hauptarbeiten am Schloß dürften, den Rechnungen zufolge, bis zum frühzeitigen Tode des Bauherren 1693 abgeschlossen gewesen sein. Aber sein Nachfolger Lothar Franz v. Schönborn hat hier ebenfalls noch weiter gebaut.

Aus dem sehr spärlichen Aktenmaterial läßt sich nicht viel über den Bauablauf ersehen. Lediglich die führende Hand Petrinis kann hier nachgewiesen werden.

Außer diesem bescheidenen Material haben wir noch 17 Pläne vom Schloß und Park, die uns gewisse Schlüsse erlauben. Als erstes ist ein Entwurf mit einem dreigeschossigen, vierflügligen Komplex vorhanden, dessen vier Ecktürme außen um eine Achse vorspringen. Im quadratischen Innenhof vermitteln vier in die Ecken gesetzte sechseckige kleine Türme mit Wendeltreppen den Zugang zu den einzelnen Stockwerken. Dieses Konzept ist noch weitgehend der Renaissance verhaftet gewesen. Auch die Raumeinteilung ist in vielen Teilen noch typisch für die Renaissance. Hofseitig laufen zwar rundherum Gänge als Verbindung zu den Räumen, werden aber im 2. Geschoß durch zwei Säle in ganzer Breite der jeweiligen Flügel unterbrochen und im 3. Geschoß durch einen weiteren derartigen Raum. In allen Stockwerken aber fehlt die große barocke Enfilade weitgehend. Nur der Nordtrakt bildet sogar unter Einbeziehung der Türme im 2. Geschoß eine regelrechte Enfilade. Die Türme sind ansonsten aber noch als gesonderte Baukörper behandelt und mit ihren Räumen nicht in die Zimmerfluchten einbezogen. Sie hätten, wie auch bei dem sicher als Vorbild dienenden Aschaffenburger Schloß, die Anlage weit überragt.

Dieses Konzept findet sich in der Umgebung noch bei Schloß Sternberg im Grabfeld und bei Schloß Scharfeneck in Baiersdorf wieder. Selbst in der Hochblüte des Barock wird dieses Grundrißsystem in verwandter Form in Ellingen oder Riegersburg in Österreich verwandt, wobei hier andere Entwicklungswege vorliegen.

Die nächste Gruppe von Plänen zeigt ebenfalls eine Vierflügelanlage, nun aber ohne seitlich vorspringende Türme. Der Innenhof, im Ver-

gleich zu Aschaffenburg schon im ersten Entwurf im Verhältnis zur Flügelbreite wesentlich geschrumpft, wird hier nun auf die Breite der umgebenden Flügel reduziert. Über Höhe und das Vorhandensein von Türmen in diesem Entwurf fehlen uns nähere Angaben. Als weitere Veränderung weist dieser Plan an allen vier Seiten in der Mitte Einfahrten in den Hof auf. Auch ist die Hofseite nun durch umlaufende Arkaden verändert. Anstelle der Wendeltreppen, von denen immer noch zwei im Inneren eingeplant sind, werden als Hauptzugänge zwei doppelläufige Anlagen vorgesehen.
Aus der Beschriftung des Grundrisses ersehen wir, daß im Parterre außer der Kapelle in erster Linie Vorratsräume, Küchen und Zimmer für den Hofstaat vorgesehen waren.
Im ersten Obergeschoß sind die Korridore nun durchgeführt. Nur im Osten nimmt ein großer Saal die ganze Breite des Baues ein. Im Süden waren die Räume des Fürstbischofs angeordnet, im Norden Bediensteten-quartiere. Dieser Plan könnte u. U. vom Kronacher Festungsbaumeister Johann Christein stammen. Über eine Vermutung geht die Zuschreibung aber nicht hinaus. Das Grundrißprinzip dieser beiden Entwürfe, hier in etwas plumper Ausführung, wird in einem weiteren Projekt nun wesentlich verfeinert. Der Innenhof ist vergrößert, die Treppen in den Nord- und Südflügel verlegt bzw. letztere dort belassen. Die Verwendung der Räume im Erdgeschoß war wiederum die gleiche wie bei dem vorhergehenden Entwurf.
Diese Stufe ist nun im Grunde der erste wesentliche Schritt zur später erfolgten Ausführung, die etwas ungeschickte Raumeinteilung weicht einer wesentlich besseren Ausnützung des Raumes und Verbesserung der Proportionen.
Die Zuschreibung, hier noch schwieriger als bei den vorhergehenden Plänen, wird von Kämpf vermutungsweise für Georg Dientzenhofer vorgenommen.
Die letzte Entwurfgruppe führt nun zum ersten Male aus dem quadratischen Grundriß in einen rechteckigen, wobei die Nord- und Südseite die längere Front mit 13, die Ost- und Westachse die kürzere mit 11 Achsen darstellt. In diesen Plänen wird außerdem die Zahl der Hofeinfahrten auf zwei verringert. Größere Türme scheinen nicht vorgesehen gewesen zu sein. Auch die Raumeinteilung der beiden unteren Stockwerke und der Verwendungszweck sind ähnlich wie im vorhergehenden Entwurf. Auf Grund einer italienischen Beschriftung und der gesicherten Tätigkeit Petrinis für Seehof wird diesem der Entwurf zugeschrieben. Dieser Plan bildete nun die Grundlage für den vorhandenen Bau. Er erfuhr dann aber wieder eine Veränderung zum Quadratischen mit

15 zu 15 Achsen. Außerdem wurden die Ecken der Flügel in einer Breite von drei Achsen — durch rustizierte Lisenen betont — wie Risalite vorgezogen, ein Stockwerk über den Bau aufgeführt, und bildeten sich darüber in Achtecke um, deren Übergang durch Balustraden verkleidet ist. Die Türme wurden von einer ebenfalls achtseitigen Kuppel bekrönt. Im Innenhof errichtete man an der Nord- und Südseite zwei turmartige Vorsprünge, deren Bestimmung nicht ganz geklärt ist. Auch wurde in der Ausführung die Breite der Trakte verändert. Der Ost- und Westflügel sind wesentlich tiefer als die beiden anderen.

Die Baugeschichte dieser Anlage ist kaum näher bekannt. Die Bauzeit fällt in die Jahre 1687–96. Der Bauherr erlebte lediglich die Vollendung des Rohbaues etwa 1693. Seine Innenausstattung blieb seinem Nachfolger Lothar Franz vorbehalten.

Die Stukkaturen in einer großen Zahl von Räumen schuf Johann Jacob Vogel, wobei allerdings meist nur einfache Quadraturen angebracht wurden. Lediglich im Treppenhaus, dem Jagdzimmer in einem der Türme und zwei Räumen im Nordflügel sind reiche Akanthusblattmotive ausgeführt worden.

In den folgenden Jahren scheint am Haus nicht viel gemacht worden zu sein. Erst 1711 wurde eine Reparatur der großen Turmknöpfe notwendig. Dabei wurde, wohl nach Johann Dientzenhofers Entwurf, auch das Dach für die Türme erneuert.

Ansonsten ließ Lothar Franz nichts mehr am Bau ändern. In der Hauptsache wurde an der Ausgestaltung des Gartens gearbeitet. Die Baurechnungen und sonstigen Unterlagen geben uns wiederum nur ein dürftiges Bild. Lediglich das Stichwerk Salomon Kleiners liefert uns einen Anhaltspunkt zumindest für geplante Bauvorhaben. Das Schloß selber weist hier eine andere Dachform und ein aufgesetztes Mezzaningeschoß auf. Auch im Inneren waren demnach Veränderungen geplant, so ein durch zwei Stockwerke reichender Saal und andere Umbauten. Wenn Kleiners Werk auch in keiner Weise dem wirklichen Baubestand gerecht wird, so beweist es doch, daß schon unter dem kurfürstlichen Herren tiefgreifende Neuerungen geplant waren, welche dieser, genau wie die noch nicht vollendeten und nur geplanten Gärten von Pommersfelden, schon in dem Stichwerk veröffentlicht sehen wollte.

Lothar Franz' Nachfolger, Friedrich Karl, hat nun die Ideen seines Onkels aufgegriffen. 1729 legte Balthasar Neumann bereits Pläne für eine Veränderung des Hauptstockwerkes vor. 1730 wurden dementsprechend die Wohnräume des Fürstbischofs im Westflügel modernisiert, mit doppelten Fenstern, verbesserter Heizung und neu verlegten Türen versehen. In den folgenden Jahren erfolgten wiederum nur

unmaßgebliche Umbauten. Der Hofmaler Scheubel fertigte Supraporten für zwei Räume.
Erst 1736 wurden wieder größere Veränderungen vorgenommen und für die Planungen u. a. Küchel, Dientzenhofer und Fick berufen. Zu diesen Bauten gehören die Kapelle und einige Räume im Hauptstockwerk. Auch wurde eine Reihe von Möbeln aus Wien erworben. In den beiden folgenden Jahren sind weitere Baumaßnahmen erwähnt, die Wendeltreppe neben der Kapelle wird abgebrochen und diese nach Osten verlängert, Türen und Fenster werden ebenfalls verändert, Supraporten angefertigt und einige Räume wieder instandgesetzt. Über den beiden Einfahrten in den Innenhof brachte man die Wappen der beiden vorherigen Bauherren an.
Küchel tritt bei diesen letzten Planungen immer stärker in den Vordergrund. Zwei Pläne geben uns einen Einblick in die Gestalt des Schlosses vor diesen letzten Umbauten und könnten aus der Hand Küchels stammen. Auch von den Umbauten besteht ein Teilplan von der Hand Dientzenhofers.
Die Raumeinteilung war ähnlich wie schon bei den ersten Planungen vorgesehen. Im Parterre Räume für Küche, Personal und Hofstaat sowie die Kapelle. Die fürstbischöfliche Wohnung lag im ersten Stock auf der Westseite, die Retirade im Südtrakt. Die beiden anderen Flügel wurden von Gäste- und Bedienstetenzimmern eingenommen. Diese Anlage erfuhr unter dem Nachfolger Friedrich Carls, Philipp Anton v. Franckenstein, eine weitere Umgestaltung. Damals entstand das prachtvolle Deckenfresko im Festsaal auf der Westseite. 1751 für diese Arbeit gewonnen, erzielte Guiseppe Appiani in diesem nicht sehr hohen Raum mit geschickter illusionistischer Malerei dennoch einen großen Eindruck. Die Themen für die Bildfolge wurden vor allem aus dem Bereich Jagd, Fischerei, Garten und Landwirtschaft genommen, zu deren Ausübung das Schloß ja in erster Linie als Aufenthalt dienen sollte.
Gleichzeitig ließ man im Saal von F. J. Vogel Stucksupraporten für die Türen anfertigen, neue Fenster einsetzen, einen neuen Kamin schaffen und darüber ein Gemälde anbringen, sowie Täfelungen und Spiegel einsetzen. Damit wurde ein reich ausgestatteter Raum geschaffen, der uns in selten gelungener Form eine elegante, nicht zu reiche Rokokoausstattung zeigt und zu den schönsten fränkischen Innenräumen aus dieser Zeit gerechnet werden kann.
Im übrigen Haus wurde eine Reihe von Veränderungen an der Ausstattung vorgenommen. Hauptwerk der Amtszeit Franckensteins war jedoch im Schloß der Saal. Der nächste Fürstbischof Adam Friedrich v. Seinsheim, dessen besonders bevorzugter Aufenthalt Seehof war, ließ

lediglich die Ausstattung einiger Räume verändern, kostbare Tapeten anbringen und erwarb Möbel in größerer Zahl. Aus der Amtszeit des Fürstbischofs stammen zwei Inventare, die uns den ehemaligen Reichtum der Einrichtung mit Schmerz in Erinnerung rufen.

Neben dem bereits mehrfach erwähnten Küchel waren an Innenausstattung und Entwürfen noch Neumann, der Bamberger Maler Scheubel, die beiden Stukkateure Vogel, Antonio Bossi und A. Pirot, die ebenfalls in Würzburg wirkten, beteiligt.

Ferdinand Tietz schuf eine Reihe bedeutender Möbel, die z. T. ähnlich wie in der Amalienburg in Nymphenburg in die Wanddekorationen eingebaut waren. Pfeilerspiegel mit Konsoltischen, Supraportengemälde, kostbare Seidentapeten, Tapisserien, Möbel und Gemälde haben ursprünglich ein großartiges Bild von seltener Einheitlichkeit und Geschlossenheit gegeben.

Seit der Zeit Franckensteins und Seinsheims hat sich an gestaltender Bautätigkeit im Schloß selber kaum mehr etwas Erwähnenswertes getan. Raumeinteilung und verbliebene Reste, auch der wandfesten Ausstattung, gehen auf diese Zeit zurück. Im Inneren wie im Äußeren macht

Aquarell von A. Hofmann um 1860

sich aber heute immer deutlicher der Verfall bemerkbar, besonders wenn man mit anderen gepflegten Schloßanlagen der Umgebung vergleicht.

Trotz alledem ist die Baugruppe, immer noch von höchstem Reiz und großer Schönheit, eines der schönsten und bedeutendsten Zeugnisse fränkischer Barockbaukunst.

So beeindruckend und prachtvoll auch heute das Schloß von Seehof noch vor uns liegt, trotz aller Schönheit, auch noch in einem gewissen Verfallstadium, läßt sich nicht verleugnen, daß nicht alle architektonischen Lösungen an dem Komplex befriedigend erfolgt sind. Die ruhige Gliederung der Flügel mit Gesimsen und geohrten Fenstern — die im Erdgeschoß von Dreiecksgiebeln, im ersten Stock jeweils eine Achse überspringend mit in die Dachzone als Träger der von Voluten flankierten und mit Kugelaufsätzen auf Segmentbögen bekrönten Lukarnen hineinragenden Segmentgiebeln bekrönt sind — erfährt eine etwas gewaltsame, fremdartige Einrahmung durch die Türme, deren Fassaden für sich wieder ein harmonisches Bild abgeben, nicht aber im Zusammenklang mit den Rücklagen oder dazwischenliegenden Trakten. Die Verkoppelung der Fensterüberdachungen ist typisch für Petrini. Die wie angeklebt wirkenden Dachgauben und Fenster der beiden anderen Geschosse lassen eine etwas willkürliche Gestaltung ohne Bezug zu den Wandflächen der Flügel ebenso erkennen, wie der völlig eigenständige Zusatz der Türme, die minimal nach vorn gezogen weitgehend ein Eigenleben führen. Sowohl die Höhe wie die Bearbeitung der Fläche ist wesentlich unterschieden von derjenigen der übrigen Wände. In drei Geschossen füllen die Flächen zwischen den Fenstern halbrunde Nischen. Die Fenster sind im ersten und dritten Geschoß durch Dreiecksgiebel, im Mittelgeschoß durch Segmentgiebel, alle jeweils aneinander stoßend, abgeschlossen. Den Übergang zum achteckigen Unterbau der Turmhaube bildet eine Balustrade, deren mittlerer Teil etwas tiefer liegt. — Ein Aufgreifen der Gesamtfassadeneinteilung mit hohen Türmen und tieferer Wandfläche (Kämpf). — Im Innenhof ist das Ganze wesentlich schlichter. Rustizierte Pfeiler tragen im Parterre einen Arkadengang, der mit Ausnahme der Ecken und Einfahrten durch Balustraden abgetrennt ist und darüber liegen die schlichten, geohrten Fenster des ersten Stocks. Die Dachfenster sind winzigen Gauben gewichen. Einzige Belebung bilden die beiden in den Hof vorgezogenen Türme mit rustizierten Ecklisenen und rundbogigen Öffnungen, z. T. mit rechteckigen Fenstern. Im Außenbild weisen die West- und Ost-Fassaden einen reichen Schmuck in Gestalt der beiden Toreinfahrten auf, die in einen von Säulen getragenen gesprengten Segmentbogen, der jeweils zwei reiche Wappenschilder aufnimmt und das darüberliegende Fenster unten einfaßt, eingebettet sind. Wie am ganzen Bau tritt auch hier wieder der Eindruck des Eingepreßten und Eingezwängten auf, der Raum ist zu eng. Kämpf hat schon sehr richtig die schwere, auf der Erde lastende, in die Erde vergrabene Wirkung des Schlosses beschrieben. Es fehlt merklich ein hohes Sockelgeschoß, das einen Ausgleich für die oben so weit überragenden Türme schaffen würde.

Mit dem Schloßbau ist die Geschichte Seehofs und seiner Bauten aber bei weitem nicht geschrieben. Im Park kam eine ganze Reihe von Gebäuden noch zur Ausführung, die hier ebenfalls abgehandelt sein sollen, zumal diese heute teilweise verschwunden sind oder in besonders schlechtem Zustand. Fünf Baugruppen sind hier zu erwähnen, die behandelt werden müssen.

Als größter Komplex tritt uns die Orangerie mit Seitentrakten im Norden entgegen.

Heute steht nurmehr ein Teil der ehemals bedeutenden Anlage. Sie umfaßte einst im Zentrum das Tor mit Verbindungsbauten zu den beiden Pomeranzenhäusern von Balthasar Neumann, jeweils seitlich anschließend folgten die Feigenhäuser und Treibhäuser, die ihren Ausklang in zwei Pavillons, der Gärtnerwohnung (Westen) und dem Franckensteinschlößchen (Osten) fanden. Diese alle von der Hand Küchels. Heute steht davon nur noch der westliche Teil, Mittelteil mit Tor und das östliche Orangenhaus. Der Rest des Ostflügels mit dem Franckensteinschlößchen wurde im vorigen Jahrhundert nach Erwerbung durch die Freiherren v. Zandt vermutlich 1867 abgetragen. Auch diese Reste geben in ihrem äußerst desolaten Zustand noch ein beeindruckendes Bild.

Genau in der Nord-Süd-Achse der Anlage befindet sich das Tor, welches die beiden Hauptbauten verbindet und nach außen hin in einem Bogen zurückschwingt. Das rundbogige Portal wird von korinthischen Säulen und einem bekrönenden Segmentbogen eingefaßt, der das Wappen des Fürstbischofs aufnimmt. Abschluß bildet ein Obelisk.

Die ehemals eine vertikale Gliederung noch betonenden Figuren und Vasenaufsätze sind heute ebenso verschwunden wie viele andere Gartenplastiken. Der ganze Mittelteil der Orangerieanlage weist eine ungewöhnlich starke Plastizität auf, Rückschwingen der Portalwand, gerade Flächen als Verbindung und wiederum hervorschwingende Ecken der Orangerien geben ein Bild großer Bewegung ab.

Dieser Teil der Schloßanlage von Seehof, im Gegensatz zu anderen später erfolgten barocken Orangerielösungen in der Achse noch nicht

durchbrochen, bildet das Widerlager zu der großartigen Achse Seehof — Neue Residenz, die mittels eines Durchhiebes des Hauptsmoorwaldes erreicht wurde und mit einer Länge von über 10 Kilometern zu den großartigsten barocken Landschaftsgestaltungen überhaupt zählt (Kämpf).
Der Orangerie-Komplex hat einen Vorgänger unter Lothar Franz in Gestalt zweier Glashäuser gehabt, die aber scheinbar recht unsolide gebaut waren. 1733 wurde dann das erste der jetzigen Glashäuser errichtet und war 1734 bereits fertiggestellt. Im Inneren schuf Vogel Stukkaturen, die im Rahmen der Innenausstattung zwischen 1735 und 37 entstanden. 1735 begann der Bau für das zweite Haus, der sich aufgrund späterer Änderungswünsche bis 1737 hinzog. 1750 mußte ein Neubau des zweiten Hauses erfolgen, da die statischen Berechnungen nicht entsprechend exakt erfolgt waren und den späteren Einbauten nicht Rechnung getragen hatten.
Nach Fertigstellung der beiden Orangeriebauten und des Tores scheinen erst von Küchel die Vorschläge für Figuren- und Vasenbekrönungen sowie den Obelisken gemacht worden zu sein. Das Gitter wurde, wie in Pommersfelden auch hier in Holz ausgeführt und mit Eisenfarbe gestrichen. Erst 1768 hat man es durch schmiedeeiserne ersetzen lassen. 1736 erfolgte die erste Erweiterung der Orangeriebauten durch zwei seitliche Feigenhäuser und jeweils ein dazwischenliegendes Treibhaus, nach Planungen Küchels. 1737 waren die Bauten vermutlich fertiggestellt. Die beiden abschließenden Pavillons (Gärtnerwohnung im Westen, Franckensteinschlößchen im Osten) folgten erst unter dem Fürstbischof Philipp Anton v. u. z. Franckenstein um 1752/53. Die Pläne stammen wiederum von Küchel, wenn auch die Beteiligung Neumanns gesichert ist.
Das Franckensteinschlößchen war für kürzere Aufenthalte des Fürstbischofs bestimmt, wenn er sich zurückziehen wollte. Die kostbare Ausstattung des Baues erfolgte erst ab 1761 unter dem zweiten Nachfolger Franckensteins, dem großen Förderer der gesamten Anlage von Seehof, Graf Adam Friedrich v. Seinsheim.
Decken und Wände im Parterre wurden von Ermeltraut mit Fresken versehen und von Vogel stukkiert (Saal, Audienzzimmer). Den schon zu Ende des 18. Jahrhunderts einsetzenden barbarischen Zerstörungen fällt dieser prachtvoll ausgestattete Bau 1867 zum Opfer.
Als nächster Baukomplex innerhalb der großen Parkanlagen von Seehof müssen das Schweizer Tor und die Stallgebäude genannt werden. Die Pläne stammen von dem in Bamberger Diensten stehenden Johann Friedrich Rosenzweig. Es handelt sich um einfache Stallgebäude, die

den Abbrucharbeiten beim Verkauf des östlichen Gartenteiles im 19. Jahrhundert zum Opfer fielen.
Das Tor, zwischen beide Stallgebäude eingefügt, bildete den entsprechenden Ostabschluß der Einfahrtachse, wie im Westen das Haupttor. Es war ebenfalls mit reichem Skulpturenschmuck versehen und ist zusammen mit den anstoßenden Bauten abgerissen worden.
In weitesten Teilen erhalten blieb aber glücklicherweise das große Einfahrtstor im Westen. Diese Anlage zählt zu den besten barocken Torgestaltungen in Franken. Wir hören zum ersten Male von der Absicht einer derartigen Abgrenzung des Parkes 1735/36. 1736 wurden bereits von Küchel die ersten Pläne vorgelegt, ihre Ausführung vorläufig zurückgestellt. 1737 begann aber der Bau des ersten Torhauses. Wie auch bei anderen Entwürfen Küchels war J. H. Dientzenhofer der Ausführende. Im selben Jahr wurden auch die Arbeiten für das Tor, 1738 dann das zweite Wachhäuschen in Angriff genommen und im gleichen Jahr ist wohl die ganze Toranlage im Wesentlichen fertiggestellt gewesen. Sie stellt eine Frühform im Werk Küchels dar. Zu Anfang seiner Tätigkeit ist er, bedingt durch die Schulung an den Architekturklassikern, mehr einem strengen, klassischen Stil verhaftet und stark von Dientzenhofer beeinflußt. Seine Reise in den Donauraum bringt dann in seinem Werk später den Umschwung ins Dekorative, Rokokohafte.
Besonders meisterhaft ist die Gestaltung der Torwand, welche in fünf Gitter aufgelöst, eine starke Bewegung in den oberen Abschlüssen und der Höhe der Gitter erfährt. Dieser auf und ab wogenden Bewegung steht die steigende Linie der großen Vasen und von Löwen gehaltenen Wappen zur Mitte hin entgegen, die durch ebenfalls zum Mitteltor in der Höhe ansteigende Pfeiler unterstrichen wird.
Kämpf weist auch in der Einzelgestaltung eine große Abhängigkeit dieser Lösung von Hildebrands Einfahrt zum Schönbornschloß Göllersdorf nach. Die heute vorhandenen Schmiedeeisengitter waren ehemals auch erst aus Holz und sind 1770 in Eisen ausgeführt worden. Zu dem Park in einer achsialen Beziehung gesetzt und als Abschluß der Ost-Westachse aufgeführt, lagen die Fasanerie und die Schweizerei außerhalb des direkten Parks in die Landschaft gestellt. Mit der Schaffung dieser sehr langen Achse ist wohl ein gewisses Gegengewicht gegen die überlange Achse Seehof — Neue Residenz beabsichtigt gewesen.
Die Fasanerie, schon 1625 zum ersten Male erwähnt, lag am Westende dieser Achse. 1698 erfolgte der Bau einer neuen Fasanerie — die Stelle der ersten ist nicht genau zu ermitteln. 1767 mußte diese einem dritten Bau weichen, dessen Plan der Hofbaumeister Cadusch gefertigt hatte.

Die Anlage bestand aus einem einfachen Mittelbau mit zwei dreiachsig vorgezogenen Seitentrakten. 1771 war sie sicher fertig, als mit der Umgebung des Fasaneriegartens durch eine Mauer begonnen wurde. Die unter Fürstbischof v. Erthal einsetzende starke Vernachlässigung von Seehof führte zu einer Aufgabe der Fasanerie und im 19. Jahrhundert deren Abtragung. Heute findet sich kein Hinweis mehr am Platz des Gebäudes.
Das östliche Gegenstück bildete die Schweizerei, im gleichen Abstand vom Schloß gelegen wie die Fasanerie. Sie ist der einzige wesentliche Beitrag des Fürstbischofs v. Erthal zum großen Komplex von Seehof. 1728 bestand zwar schon eine Schweizerei, die von der ersten Anlage Seehofs stammt und östlich vom Schloß unweit der Mauer lag. Sie scheint allerdings seit 1736 in immer geringerem Maße ökonomischen Zwecken gedient zu haben.
1782 begann man mit dem Bau nach den Plänen von J. L. Fink, der im folgenden Jahr fertiggestellt werden konnte. Wie bei der Fasanerie ist hier die offene Seite — mit den vorspringenden Seitenflügeln wesentlich tiefer als diese — mit folgenden Nebenbauten dem Schloß abgekehrt. Die Fassade lehnt sich im Entwurf an die Fasanerie an, wie diese ist sie eingeschossig und der Mittelteil zweigeschossig. Die Schmuckformen sind schlicht gehalten und beschränken sich auf einfache Gesimse und Pilaster sowie Fenstereinrahmungen. Ein etwas reicherer Giebel nimmt das Wappen des Erbauers auf.
Mit diesem Bau ist die gestalterische Endphase von Seehof erreicht. Bezeichnenderweise bildet in der langen Reihe der Bauten des gesamten Komplexes ein Nutzbau den Abschluß. Aus diesem Grunde seiner Bestimmung blieb er wohl auch besser erhalten als die anderen Teile der ehemals so prachtvollen Anlage.
Der dritte Teil der Seehofer Anlage ist nun der weitläufige Park, der noch mehr als die Bauten nurmehr einen sehr traurigen, geringen Rest seiner einst einmaligen Vielfalt aufweist.
Vorläufer der großartigen barocken Parkanlage war der Garten des ersten Seehofer Schlosses, den Fürstbischof Zobel v. Giebelstadt anlegen ließ.
Der spätere Barockpark nimmt seinen Anfang unter Lothar Franz v. Schönborn. Die Anlage umfaßte ein gewaltiges Rechteck, in dessen Mittelpunkt das Schloß lag. 1698 wurde mit den Planierungsarbeiten begonnen, zu denen man auch Bamberger Militär heranzog, 1699 wurden bereits die ersten Bepflanzungen mit Anlage der Allee geschaffen. 1701 waren die beiden vorderen Quadrate zur Straße hin annähernd fertiggestellt. 1703 folgten die beiden mittleren Quadrate am

Schloß. Ihre Abstufung vom Schloß zu den vorderen Teilen des Parkes diente dazu, das Gebäude etwas höher herauszuheben. Noch im selben Jahr wurde eines der beiden östlichen Quadrate in Angriff genommen und 1715 ist dann wohl auch das letzte Stück fertig geworden. Die neue Anlage fand schon während sie noch in der Fertigstellung begriffen war, das Interesse benachbarter Fürstlichkeiten, so etwa der Markgräfin, die in Erlangen einen neuen Garten anlegte. Die zu Anfang getroffene große Einteilung des Parkes ist in der folgenden Zeit beibehalten worden.

Zusammen mit der Schaffung des Gartens fand auch eine Erneuerung und Verbesserung der Leitungen für die Wasserversorgung statt. 1701 begann die Neuverlegung und wurde 1725/26 unter Hinzuziehung des bedeutenden Baumeisters für Wasserkünste, Abraham Huber aus Salzburg, vollendet.

Einen Eindruck der damaligen Pracht vermittelt uns die Serie der Stiche von Salomon Kleiner. Sicher sind viele Details, wie auch bei der Reihe über Pommersfelden, etwas übertrieben, im Großen aber dürften seine Abbildungen das Geplante und Durchgeführte wiedergeben. Hiernach umfaßte die Anlage eine ungewöhnlich große Fläche mit Beeten, Hecken und Bassins in ornamentaler Anordnung.

Für sie kommen als erste Entwerfer Johann Leonhard Dientzenhofer und Antonio Petrini in Betracht, während Maximilian v. Welsch sicherlich vieles überarbeitet hat.

Unter dem Nachfolger von Lothar Franz, seinem Neffen Friedrich-Carl, erfuhr die Parkanlage jenen großzügigen Bezug auf die Bamberger Residenz, wie er in dieser gewaltigen Form nur selten anzutreffen ist. Der Durchhieb durch den Hauptsmoorwald schuf jene über 10 km lange Achse und ließ damit die Südfront des Schlosses zur Hauptfront werden. Weitere Betonung auf dieser Seite legten die großen Teiche im südlich an den Garten angrenzenden Bereich.

Heute ist dieser Durchblick verschwunden, nur zwei vom Hofmaler Treu gefertigte Supraporten in der Bamberger Residenz erhielten uns diesen Eindruck. Christoph v. Bemmel hat ebenfalls zwei Gemälde mit dieser Achse hinterlassen und im Schloß Greifenstein findet sich ein weiteres Bild mit diesem Thema. Dann ließ der neue Bamberger Herr von Balthasar Neumann Veränderungen im inneren Gartenbereich vornehmen, vor allem im Zusammenhang mit dem Bau der Orangerie am davorliegenden Feld. Desgleichen wurden die vorhandenen Wasserkünste verbessert. Fürstbischof von Franckenstein als nächster Bauherr in Seehof setzte die begonnenen Veränderungen fort.

Die bedeutendste Figur in der Gestaltung des Seehofer Parkes ist allerdings Adam Friedrich v. Seinsheim. Unter ihm erreichte es jene Blüte

Innenhof

und Pracht, die wohl mit kaum einem anderen süddeutschen Barockgarten zu vergleichen ist. Seine Sorge für den Garten ging sogar soweit, daß er für dessen Erhaltung nach seinem Tode eine Summe von 4000 fl. jährlich aussetzte, die aus Zinsen eines Teiles des Geldes vom Verkauf der Kärntner Besitzungen des Hochstiftes genommen werden sollten.
Das Hauptwerk seiner Amtszeit ist die Ausstattung mit den phantastischen Wasserkünsten und die Aufstellung eines unvergleichlich reichen Figurenschmuckes. Seinen Bruder in Speyer bat er um Überlassung von zwei Fachleuten für die Verbesserung der Wasserversorgung, was auch geschah. Allerdings erfolgten vorerst nur kleine Ausbesserungen. 1764 wurde dann mit Arbeiten im großen Stile begonnen, hierzu ein tiefer Stollen getrieben und ein neues Reservoire angelegt. Vermutlich Ende 1768 waren die Bauten am Reservoire soweit abgeschlossen, daß sie benutzt werden konnten. Die neue Zuleitung bedurfte aber noch einiger Jahre und war um 1773 vermutlich fertiggestellt. Mittels dieser neuen,

etwa sieben Kilometer langen Zufuhr konnten nun auch die Wasserkünste ausreichend versorgt werden. Als erste große neue Anlage war hier 1761—64 die große Kaskade im südlichen Parterre errichtet worden. Sie wurde von einer Treppe, der Hauptstiege, eingerahmt und von Dietz mit überaus reichem Figurenschmuck versehen. Heute sind ihre Reste nurmehr unbedeutend, aber immer noch beeindruckend. 1771 erfolgte die Anlage zweier weiterer großer Gruppen in dem südlich vorgelagerten Breitnauer Weiher und zweier Brunnen zwischen Kaskade und Schloß. 1773 wurde unterhalb der Kaskade eine Grotte eingebaut, weiter verschiedene kleine Anlagen innerhalb des großen Gartens neu geschaffen. 1764/65 ließ er neben dem Franckensteinschlößchen, dessen Ausstattung ja sein besonderes Interesse galt, einen kleinen halbrunden Garten anlegen, für den Dietz die Figuren schuf. 1767/68 wurde im südwestlichen Quadrat ein Labyrinth angepflanzt, das drei Jahre später ebenfalls mit Figuren von Dietz bestückt wurde und in der direkten Umgebung noch ein Heckentheater angelegt. Außerdem erfolgte sicherlich die Umgestaltung auch anderer Quadrate, Veränderung der Beete und Hecken und Aufstellung der Figuren. Einige Teile blieben aber vermutlich in der überkommenen Art bestehen.
Nach dieser großartigen letzten Prachtentfaltung beginnt mit dem sehr sozial eingestellten Fürstbischof Franz Ludwig v. Erthal der Anfang vom Ende dieser einmaligen Gärten. Für derart großartige Pracht und Aufwendungen zu kostspieliger Repräsentation zeigte er wenig Verständnis. Er war in erster Linie ein um das Wohl seines Volkes bemühter Regent. So verwundert es nicht, daß gerade bei der Vereinigung zweier geistlicher Fürstenthrone — nämlich von Würzburg und Bamberg —, deren bisherige Inhaber ungewöhnlich viel für die Baukunst getan hatten, fast alle Schloßbauten zu kurz kamen. Erthal beschränkte sich nur auf unerläßliche Reparaturen und so begann der Verfall, dessen beschleunigte Fortführung in den Stürmen der Säkularisation und des Unterganges des alten Reiches nur eine allzugroße Begünstigung erfuhr.
Bayern zeigte wenig Interesse an der Vielzahl neu hinzugekommener Residenzen und so begann die Verschleuderung von Skulpturen und Inventar und sogar Teile des Gartens im Osten wurden verkauft.
Der heutige Besucher vermag sich nurmehr schwer vorzustellen, daß die Gartenflächen, die selbst in ihrem verwilderten Zustand eines gewissen Reizes nicht entbehren, einstmals von einem über 400-köpfigen Heer von Figuren und anderen Gartenplastiken bevölkert waren.
Nicht allein in letzter Zeit aber sind diese Verluste entstanden. Der Hauptteil ging bereits in fürstbischöflicher Zeit verloren. Aus Sorge, zu große Aufwendungen für ihre Erhaltung tätigen zu müssen, ließ Erthal 367

Figuren in einem Schuppen zusammenstellen und später versteigern. Den Rest besorgten die späteren Besitzer, so daß nur noch geringste Fragmente des alten Reichtums an Skulpturen vorhanden sind.
Das in der Endphase des Hochstiftes unter Erthal begonnene Zerstörungswerk setzte hier, wie auch an anderen Orten, in barbarischer Weise der kgl. bayer. Landesbauinspektor Ferdinand v. Hohenhausen fort.
1842 erwarb Frederic Freiherr v. Zandt das Schloß vom bayrischen Staat, dessen Nachkommen es noch heute gehört. 1945 hatte das inzwischen wieder gut hergerichtete Haus furchtbar unter der Einquartierung von Besatzungssoldaten zu leiden. Die in der Folge auftretenden Schäden wurden dann auch z. T. ausgebessert. Die Herrichtung des ganzen Komplexes überstieg aber die Finanzkraft einer Familie bei weitem, so daß der heutige Zustand die unweigerliche Folge ist.
Margarethe Kämpf schließt ihre Betrachtung über den Seehofer Garten: „Aus dem in Seehof und andernorts noch erhaltenen Statuenmaterial sowie aus den archivalischen Quellen läßt sich entnehmen, daß der Seehofer Garten einer der am reichsten ausgestatteten des 18. Jahrhunderts in Franken gewesen ist. An Fülle des Bildhauerschmuckes kommt ihm nur die Anlage von Veitshöchheim nahe, die sich im Programmatischen von Seehof als abhängig erweist. In beiden Gärten hat die letzte Stufe des Rokoko ihre reifste Ausprägung erhalten. Die Dietz'sche Statuenwelt ist so in den Garten eingebunden, so mit ihm verwoben, daß sie wie ein unlösbares Element seiner Natur erscheint. Sie ist gleichsam eine Mythologisierung der Natur im Sinne spätantiker Arkadienstimmung, freilich in der Gesamthaltung spielerisch, heiter, froh und unbeschwert, von raffiniertem Oberflächenreiz, aber ohne Tiefe und Gewicht. Diesem Wollen des Rokokozeitalters Ausdruck gegeben zu haben, war die einmalige Kunst des Ferdinand Dietz und seiner Gehilfen Jakob Gollwitzer, M. Trautmann, B. Kamm, J. Baumgärtner, J. N. Nahl und G. A. Reuß."
Dieser einzigartige Bestand war von Ferdinand Dietz in zwei Schaffensperioden in Zusammenarbeit mit einer umfangreichen Werkstatt geschaffen worden.
1748 bis 53 fertigte er im ersten Abschnitt 104 Figuren für den Park von Seehof. Fürstbischof v. Franckenstein war sein erster Auftraggeber. Danach arbeitete Dietz in Trier im Dienste des dortigen Schönborn-Kurfürsten Franz-Georg. Aber schon 1760 kam er wieder nach Bamberg. Der neue Herr war Adam Friedrich v. Seinsheim, der trotz finanziell äußerst schlechter Verhältnisse an Dietz' Arbeit interessiert war. Aber erst 1764 begannen die großen Aufträge in Fortführung des von Franckenstein begonnenen Werkes in Seehof. 1765—68 war er dann für Veitshöchheim tätig und setzte danach die Arbeiten in Seehof fort, die wohl 1773

mit der Fertigung von Figuren und Muscheln für die Grotte ihren Abschluß fanden. Im Einzelnen können folgende Themengruppen für den Seehofer Figurenschmuck angenommen werden: Götter, mythologische Figuren, die Vier Elemente, Statuen die vier Erdteile darstellend, Allegorien der Künste und der Wissenschaft, Darstellungen von Tierfabeln, Planeten, Pyramiden, Tiere, Tische, Bänke, Vasen, Urnen, die Tages- und Jahreszeiten, Monate und Sphinxen. Besonders groß waren die noch erhaltenen beiden Gruppen: Raub der Proserpina und Titanensturz, welche rechts und links vom Haupteingang liegen, sie sind heute aber nicht mehr in der originalen Form erhalten, sondern verdanken ihr jetziges Aussehen einer Überarbeitung um 1780 von der Hand Trautmanns. An weiteren erhaltenen Gruppen ist zu erwähnen: die Kaskade (heute nurmehr ein trauriger Rest einstiger Pracht), die in drei Stufen, welche von Bassins eingenommen wurden, zum See hin abfiel, vor den noch ein viertes Bassin eingeschoben war. Die Kaskade war an beiden Seiten begleitet von Treppen, auf deren Rändern eine bunte Anordnung von spielenden Putten, Vasen und Rocaillen eine sehr anmutige Szenerie schuf, die Kämpf als eine versteinerte Version des Wasserspiels treffend bezeichnet hat. Oben krönte das Ganze eine Gruppe des Neptun in zahlreicher Begleitung von Tieren. Die auch hier zu beobachtende Vergröberung ist vielleicht ebenfalls einer späteren Überarbeitung zuzuschreiben, denn die Hand von Dietz muß bei ihrer Schaffung schon allein aufgrund der äußerst geistreichen Erfindungsgabe vermutet werden. Eine der witzigsten Erfindungen seiner Hand dürften die Sphinxen, welche heute im Germanischen Museum in Nürnberg vorhanden sind, darstellen. Wie zu jener Zeit werden alle erhabenen Figuren der Götterwelt äußerst stark vermenschlicht und ins Dekorative gezogen. So sind die Sphinxen alles andere als erhaben. Sie wirken eher lustig und den Besucher nötigen sie in ihrer koketten, witzigen Aufmachung mit Spitzen, Rüschen und sogar einem Strohhut versehen unwillkürlich zum Lachen.

Das Museum verwahrt außerdem noch einige Bozzetti für vermutlich Seehofer Arbeiten.

Erhalten blieben ferner die beiden Gruppen im See, die wohl eine Art Rahmung für die Achse durch den Hauptsmoorwald darstellen.

In diesem Sinne ist Dietz' Seehofer Werk, trotz der großen Zerstörung, noch heute von größter Bedeutung.

13 Reichmannsdorf

Schloß, Kreis Bamberg

Zu den großartigsten Landsitzen der fränkischen Reichsritterschaft gehört das prachtvolle Barockschloß Reichmannsdorf der Freiherren v. Schrottenberg.

Der sehr elegante Bau mutet eher wie ein auf das Land verirrtes Stadtpalais an, als der Landsitz einer fränkischen Familie, denn die überaus aufwendige Ausstattung entspringt mehr städtisch-höfischem, als ländlichem Charakter. Die Erklärung liegt in der nahen Verbindung des Erbauers mit dem vom „Bauwurm" befallenen Kurfürsten Lothar Franz v. Schönborn.

Die Ursprünge des Geschlechtes v. Schrottenberg sind ungeklärt. Ein erstes Mitglied (angeblich englischer Herkunft) soll 1163 wegen treuer Dienste von Kaiser Friedrich Barbarossa in Verona zum Ritter geschlagen worden sein. Diese Nachricht aus der Hand des würzburgischen Lehenhofsekretärs Johann Wolfgang Fabrizius vom Jahre 1700 könnte hingegen auch eine für die Barockzeit typische genealogische Konstruktion sein. Klarheit hierüber zu bekommen dürfte äußerst schwierig sein, nachdem die wesentlichen Dokumente schon im 18. Jahrhundert aufgrund eines Familienstreites vernichtet wurden. Mit annähernd gleichlautenden Namen erscheinen noch zwei weitere Personen in späterer Zeit. Mit Friedrich de Schrettenperge beginnt 1270 die ununterbrochene Stammreihe der Familie. Sie verbleibt nun viele Jahrhunderte in ihrem Ursprungsland Tirol und in Österreich. Am 27. 9. 1323 wird Friedrich von Schrottenberg am Vorabend der Schlacht von Ampfing zum Ritter geschlagen.

1415 erfolgt eine Erteilung des Adelsprivilegs durch Erzherzog Ernst. Virgil I. Schrattenberger ist der Stammvater der beiden Linien des Hauses. Er stirbt zwischen 1504 und 1512. Eine Linie blüht nun bis ins 19. Jahrhundert in Tirol, die andere zuerst in Lavis und Salurn und dann in Franken.

Die bei Aussterben des Tiroler Zweiges auf eine Nachfolge im Besitz ihrer Vettern drängende Fränkische Linie, blieb in ihren Bemühungen damals ohne Erfolg.

Johann Paul Schrottimpergher bringt als erster seines Geschlechtes 1594 durch seine Heirat mit Anna Eva v. Hutten eine Verbindung zu Franken. Christoph Karl, sein Sohn, heiratet in zweiter Ehe Anna Dorothea v. Lautter. Diese Ehe führte zu einem weiteren Kontakt mit fränkischen Familien. Durch ihren Besitz kam Anna Dorothea nach dem frühen Tode ihres Mannes nach Franken. Ihre beiden Söhne gelangten durch Vermittlung des verwandten Vicedom Philipp Valentin Voit v. Rieneck an den Bamberger Hof und der Ältere der beiden Wolf Philipp begründete die fränkische Linie.

Mit einer Summe von 10000 Gulden war der erste Grundstock für seine Erwerbung eines umfangreichen Grundbesitzes gelegt. Nach dem Verkauf der von der mütterlichen Seite ererbten Besitzungen konnte er 1682 Untermelsendorf erwerben. 1687 kamen dann Obermelsendorf und Bernroth, 1689 der truchsess'sche Teil an Reichmannsdorf, und 1690 Treppendorf dazu. 1692 wurde der zweite Teil von Reichmannsdorf, im Tausch mit den Gütern seiner Frau, angekauft.

Damit war um Reichmannsdorf ein Besitzkomplex geschaffen, auf dem es nun, dem barocken Repräsentationsbedürfnis entsprechend, einen passenden Sitz zu errichten galt. Die Anregung zu einem Bau stammt sicher von der nahen Verbindung zu Lothar Franz v. Schönborn, dessen engster Mitarbeiter in der Verwaltung des Hochstiftes Schrottenberg war.

Im ganzen umfaßte die Herrschaft jetzt die Güter Reichmannsdorf, Hasenberg, Ober- und Untermelsendorf, Bernroth, Eckersdorf und Treppendorf. 1709 wurde Wolf Philipp von Schrottenberg aufgrund seiner Verdienste für das Hochstift in den Freiherrenstand erhoben. 1715 starb er im Alter von 75 Jahren. Seine Frau Sophia Juliana v. Erthal war bereits 1702 zu Bamberg verstorben. Durch ihre Ehe brachte sie weiteren Besitz in die Familie, und diese, wie auch die vorausgegangenen reichen Heiraten, ermöglichten erst recht den Baubeginn in Reichmannsdorf. Der Sohn Otto Philipp stellt nun den in den ritterschaftlichen Familien zu dieser Zeit immer wieder vertretenen Typ des erfolgreichen hochstiftischen Beamten und Militärs dar. Als Kommandierender der bamberger Truppen und später der Festungen Kronach und Forchheim, bekleidete er außerdem das Amt eines Oberschultheißen und Oberamtmannes v. Forchheim, sowie fürstlich bambergischen Geheimen und Kriegsrates. Reichmannsdorf wurde sein großartiges Land- und Sommerhaus.
Außer diesem besaß das Geschlecht, wie alle reichsritterschaftlichen Familien, auch seine Stadthöfe in Bamberg. Neben vier in der Barockzeit meist recht aufwendig ausgebauten Palais, kam noch diverser Hausbesitz in der ganzen Stadt dazu.
Was an früheren Bauten in Reichmannsdorf gestanden hat, ist heute nicht mehr genau zu rekonstruieren. Wir wissen, daß die Familie von Mäntlein ein Schloß besaß, das im Bauernkrieg zerstört wurde. Die Truchsesse v. Pommersfelden haben es aber wieder aufgebaut. Ab 1570 ist es nicht mehr Wohnsitz dieses Geschlechtes, welches Reichmannsdorf schon in frühester Zeit zu seinen Besitzungen zählte, gewesen. Im Dreißigjährigen Krieg entstand kein neuer Schloßbau mehr, wozu auch, wenn die Besitzer es nie mehr benutzt hatten. Nur der heutige Verwaltungsbau wurde aufgeführt.
1714 begann man dann mit dem Neubau des heutigen, prachtvollen Schlosses. Die Urheberschaft Johann Dientzenhofers, welche schon immer vermutet wurde, konnte in letzter Zeit auch anhand des Quellenmaterials nachgewiesen werden, wobei mit ziemlicher Sicherheit festgestellt wurde, daß die ersten Pläne von Leonhard Dientzenhofer stammen. Demnach dürfte die Planung für den Schloßbau doch zumindest schon 1707 — im Todesjahr Leonhard Dientzenhofers — bestanden haben. 1719 waren der Rohbau und zehn Jahre später auch das Innere fertiggestellt. Der Erbauer und Planer, Wolff Philipp Freiherr v. Schrottenberg, hat die Fertigstellung nicht mehr erlebt. Sein Sohn Otto Philipp konnte nach der Übernahme des Besitzes die Arbeiten auch Innen abschließen. An der Ausstattung waren vier bedeutende Künstler beteiligt, deren Mitwirkung auch in Pommersfelden gesichert ist. Für die Deckenfresken ist die Hand Geb-

hards nachgewiesen, und die Stukkaturen von Hennecke und Beuntner entsprechen den Arbeiten Daniel Schenks, der ebenfalls in Reichmannsdorf mitgearbeitet haben wird, in Pommersfelden. Bei dem großen Bedarf an Stukkaturen im dortigen Schloß ist es durchaus möglich, daß Beuntner dort beteiligt war und gelernt hat, wie auch die Vogel-Familie in Bamberg, immer abgesehen von mehreren Familienmitgliedern, gleichzeitig andere Stukkateure als Gehilfen beschäftigte. Für die Einrichtung des Schlosses sind zwei weitere, ebenfalls in Pommersfelden tätige Künstler hinzugezogen worden. Möbelstücke von der Hand der in bamberger und mainzer Diensten arbeitenden Ebenisten Servatius Brickard und Ferdinand Plitzner (nach Kreisel), befinden sich noch heute im großen Saal des Schlosses. Die Idee des Treppenhauses dürfte dem Vorbild des ersten Privatprojektes von Fürstbischof Lothar-Franz v. Schönborn, Schloß Gaibach, entlehnt sein.
Das Schloß zu Reichmannsdorf bildet heute, umgeben von einem sehr gepflegten Park und barocken Nebengebäuden, in Oberfranken das wohl best gehaltene Schloß in Privatbesitz, welches uns dazu in einmalig einheitlicher Form ein ausgezeichnetes Beispiel der Barockkunst gibt, aus einer Zeit, in der diese Landschaft ihre größte Kraft entfaltet hat. Die große hufeisenförmige Anlage mit 15 zu 7 Achsen, schon ein Bau gerade-

Saal mit prächtiger Deckenverzierung

Ofennische im Marszimmer

zu fürstlichen Ausmaßes, öffnet sich zur Straße in einem Ehrenhof, dessen reicher Gitter- und Pfeilerabschluß ebenso auf das Innere einstimmt, wie der in der Mittelachse gegenüberliegende kleine Pavillon. Der schlicht gehaltene Bau erfährt eine sparsame und wirkungsvolle Gliederung durch rustizierte Ecklisenen. Nur der Mittelrisalit ist auf beiden Seiten kräftig gestaltet und betont. Ein reicher, bekrönender Dreiecksgiebel nimmt das von Rankenwerk umgebene Schrottenberg Wappen auf. Das Portal wird wie der Giebel von Figuren geschmückt. Im Inneren erreichen wir nun ein prachtvolles Treppenhaus, welches sich, unten zweiläufig, auf der Hälfte vereinigt. In der Mitte vermittelt eine abfallende Treppe den Zugang zum Park. Die Balustraden schmücken Figuren der Jahreszeiten, vielleicht von Mutschele, und das ganze wird überwölbt von einer reichen Stuckdecke mit Fresken. Dieser Rahmen ist der würdige Auftakt für eine große Anzahl von hervorragend ausgestatteten Salons und Kabinetts, welche teilweise ebensolche qualitätvollen Stuckdecken und Fresken besitzen. Besonders hervorgehoben werden müssen zwei stukkierte Ofennischen, von denen eine in demselben Zimmer angebracht ist, in welchem der Maler Gebhard auf der Decke ein kleines Bild des Schlosses hinterließ. Besonders originell sind die im Parterre in der kleinen Bibliothek und einem Gästezimmer zur Rokokozeit geschaffenen Stuck-Supraporten mit einer Architektur-Landschaft, wie sie sich zu dieser Zeit auch in anderen Schlössern findet, und zwei etwas karikaturhaft wirkenden Büsten.

Treppenhaus

Im ersten Stockwerk liegt neben dem Treppenhaus ein sehr interessant ausgestatteter Raum, das sogenannte Didozimmer. Die Wandbespannung bildet eine Art Flocktapete auf Leinwand aus dem 17. Jahrhundert. Und zwar ist hier ein Rupfen mit Darstellungen bemalt und nachher mit gefärbtem Filzstaub beblasen worden.
Im Ganzen wurden sieben Räume des Hauses und das Treppenhaus mit überaus reichen Stukkaturen versehen. Im Parterre sind es: Kleine Bibliothek und ein Gästezimmer mit Gewölben, dann das Marszimmer und im ersten Stock Didozimmer, Wohnzimmer, Musikzimmer und der Saal, welcher außerdem einen reichen Stuckaufbau über dem Kamin trägt. In den anderen Räumen wurden die Decken mit einfacher Stuckfelderung versehen.
Das Meublement und die sonstige Ausstattung mit bedeutenden kunsthandwerklichen Erzeugnissen verrät einen ausgezeichneten Geschmack. Unter den versammelten Stücken befinden sich auch Porzellane der hier ehemals ansässig gewesenen eigenen Porzellanmanufakturen.
Die auch in Aschbach und vor allem Greifenstein vorhandenen originellen geschnitzten Hirschhäupter sind auch in Reichmannsdorf in kleiner Zahl vorhanden.
Nach der Fertigstellung des Schlosses und des im Süden und Westen direkt anschließenden kleinen Parkes entstand der Wunsch nach einem größeren Garten, der ab 1763 Gestalt annahm. Küchel lieferte den Ent-

wurf für die Einteilung und Umgrenzung der Anlage. Dabei wurde im Westen als Abgrenzung eine bereits vorhandene Allee einbezogen. Der Platz war westlich des heutigen Gartens gelegen, anstelle des zur Zeit etwas verwilderten englischen Landschaftsparkes, der im vorigen Jahrhundert entstand.

Die Eingrenzung des barocken Parkes bildete im Westen die bereits erwähnte Allee, welche an ihren Enden durch kleine Cabinette und in der Mitte von einem Pavillon unterbrochen wurde, im Norden und Osten eine Terrasse mit Treppen und im Süden, zum Teich hin, ein Obstspalier. Im Zentrum der Anlage stand ein großer Springbrunnen, um den sich östlich rechteckige, in sich unterteilte Stücke gruppierten. Im Westen bildete ein in ein Rechteck beschriebenes System von Halbkreisen, die wiederum unterteilt waren und den Springbrunnen als Mittelpunkt nahmen, den Grundriß. Der Haupteingang lag im Norden zur Straße hin, da zum Osten hin die Schäferei keinen sehr repräsentativen Zugang erlaubt hätte.

Der kleine Park, heute auf zwei Seiten das Haus umgebend, ist durch eine große Sandsteinbalustrade und die barocke Gärtnerei begrenzt und als der einzige barocke Teil des Gartens übriggeblieben. Der Blick öffnet sich von hier über die großen Fischteiche in die freie Landschaft. In den Jahren nach dem Krieg wurde das Schloß in vorbildlicher und überaus großzügiger Weise von den Besitzern restauriert und vermittelt heute einen leider kaum mehr zu findenden großartig gepflegten Eindruck. Wie das Schönbornschloß unter den fürstlichen Privatsitzen des Landes nimmt es eine einsame Spitzenstellung ein unter den Häusern des Landadels. Man könnte Reichmannsdorf als das „reichsritterschaftliche Pommersfelden“ bezeichnen.

14 Aschbach

Schloß, Kreis Bamberg

Am Südhang einer Bergzunge liegt oberhalb des gleichnamigen Ortes das Schloß der Freiherren von Pöllnitz. Über einem kleinen See streckt sich der lange zweigeschossige Bau aus Sandsteinquadern in sehr schlichten Formen parallel zum Berg. Die Front des Hauptflügels wird nur durch eine leichte Abknickung im Westen unterbrochen. Hier führt ein rundbogiges Tor in den hinteren Hof. Westlich anschließend verläuft ein Trakt zu sechs Achsen nach Süden. Ein schlichtes Portal mit alter Tür, welches wir über eine Treppe erreichen, vermittelt den Zugang. Der heutige Eingang aber liegt in dem anfangs beschriebenen Hauptflügel. Eine hohe Freitreppe führt zu einer Tür, über der das Allianzwappen der Erbauer in kräftiger Rahmung angebracht ist.

Im Osten dieses Baues schließt rechtwinklig nach hinten, zum Berg, verlaufend ein weiterer Trakt an. Die Fassaden dieser drei Teile (Westflügel, Hauptflügel, Ostflügel) bilden so einen Z-förmigen Grundriß. Zum Berg hin umschließen Hauptbau, Ostbau und zwei weitere, zu diesen parallel verlaufende Flügel einen kleinen Innenhof. Das Erdgeschoß des rückwärtigen, zum Berg hin liegenden Teiles, der heute die Verwaltung aufnimmt, bildet eine zum Hof hin offene Halle, deren Decke auf schönen Unterzügen ruht. In Höhe des ersten Stockes umzieht den Hof ein ehemals offener Arkadengang, der später mit Glasfenstern zugesetzt wurde. Der kleine Verbindungsbau an der Durchfahrt im Hauptflügel läßt als einziger Teil noch erkennen, daß hier früher auch schon ein anderes Schloß gestanden haben muß. Verschiedene Mauerreste, darunter auch ein Turmstumpf, weisen auf Vorgänger-Bauten hin. Soweit zur Anordnung der einzelnen Bauteile. Hinter dem Schloß zieht sich den Berg hinauf ein heute etwas verwilderter Park. Auf der gegenüberliegenden Straßenseite ein schöner, geräumiger und gepflegter Barockgarten mit anschließendem englischen Teil. An den beiden Seiten des Schlosses allerdings reichen fremde Häuser und Grundstücke bis nahe heran. Dies ist eine für Franken typische Situation. Kennt man im Norden und Osten meistens große Gärten oder weitläufige Parks um die Schlösser und Herrenhäuser, so findet man im Süddeutschen Raum häufig die Ökonomie nahe am Schloß und dieses meist inmitten oder nahe des Dorfes gelegen und von umgebenden fremden Grundstücken eingeengt. Diese Lage beruht auf der verschiedenen historischen Entwicklung und der anderen Sozialstruktur des adligen Grundbesitzes im Süden. Die Burgen bildeten oft den Mittelpunkt des Dorfes, da sie ja auch in Kriegszeiten allen Dorfbewohnern Schutz boten. Um sie herum gruppierte sich der Ort. Später waren sie Verwaltungsmittelpunkt und politisches Zentrum. Im Osten entstanden die Herrenhäuser in Jahrhunderten, in denen diesen keine strategische sondern nurmehr repräsentative Bedeutung zukam. Die alten Burgen hierzulande konnten sich aber in der Folgezeit nur selten und schwer von der Umklammerung durch das Dorf befreien, da dies zu große bauliche Maßnahmen erfordert hätte.

Nun aber zu dem Garten unterhalb des Schlosses. Über drei Terrassen, die durch Sandsteinmauern nach unten abgestützt und mit Vasen verziert sind, erreicht man auf flankierenden Sandsteintreppen einen kleinen Gartenpavillon aus dem Jahre 1728. Auf der untersten Terrasse umschließt ein modernes Gewächshaus einen ebenfalls barocken, kleinen Pavillon. Schon im 18. Jahrhundert wurde hier eine Gärtnerei betrieben, — wie aus den Pachtverträgen von 1775 und 1791 hervorgeht,

sogar mit Glashäusern. Diese sind dann bis in die heutige Zeit immer wieder erneuert worden. Aus alten Rechnungen ist ferner ersichtlich, daß früher außer dem heute sehr sparsamen Skulpturenbestand einiges mehr vorhanden war. So führt ein Winkel des Gartens seinen Namen Bajazz-Gärtchen von solchen Figuren her. 1730 ist ein Teil der Terrassen eingestürzt und wieder aufgemauert worden. 1771 erfolgte die Ausschmückung des Gartenhäuschens durch Malereien und die Anlage einer Nische mit Grotte.
Zu jener Zeit stand auf den Terrassen auch noch eine Orangerie, die heute verschwunden ist. Eine ziemlich brutale Renovierung des Pavillons im Jahre 1902 beseitigte die Vasen-Stukkaturen der Schmalseiten und den Sandsteinfußboden, und legte statt dessen einen Betonboden hinein. Die Deckenstukkaturen blieben aber erhalten. Im folgenden Jahre wurde dann von der Hausfrau eigenhändig die farbliche Gestaltung und die Wiederherstellung der Grotte gefertigt. Heute ist dies kleine, ehemals sicher sehr bezaubernde Haus leider recht verfallen.

Treppenhaus

Im Gegensatz dazu wurden in den letzten Jahren mit großem Aufwand viele Teile des Schlosses restauriert und unter Bewahrung alter Substanz modernisiert. Im Inneren erreicht man zuerst eine schöne Vorhalle mit hübscher Sandsteinbalustrade und einem prachtvollen Treppengeländer aus reich geschnitzten Holzbalustern. Vasen bilden jeweils den Abschluß der Geländer. In Halle und Treppenhaus, wie auch auf den Gängen, hängt eine große Anzahl von Geweihen mit holzgeschnitzten Häuptern, teilweise mit einem sehr originellen, fast menschlichen Gesichtsausdruck. Etwas Ähnliches gibt es auch im Schloß Greifenstein, nur ist dort die Sammlung noch wesentlich größer. Ein Gang zum Hof hin verbindet alle Räume miteinander. Besonders gut ausgestattet sind die Zimmer im ersten Stock. Vor allem das große Eßzimmer, die zwei anschließenden Salons mit Bibliothek und der Saal, welcher das obere

Speisezimmer

Stockwerk des linken (West) Flügels einnimmt, müssen genannt werden. Ein großer Teil der Zimmer erhielt zu Beginn des 18. Jahrhunderts sehr schönen Bandelwerkstuck, welcher zum Teil farbig gefaßt ist. In anderen Räumen findet man Stuck, der bis ins Rokoko hineingeht, mit reicher Pflanzenornamentik, Putten und Vögeln. Die Errichtung des Baues, der in seiner heutigen Gestalt der Vorderfronten einheitlich wirkt, erfolgte zu Ende des 17. Jahrhunderts anstelle eines älteren Schlosses, von dem, wie anfangs gesagt, Teile im hinteren Quertrakt verwandt sind. Das äußere Erscheinungsbild blieb seitdem nahezu unverändert. Die einfach profilierten Fenster sind meist noch bleiverglast und besitzen alle ihre alten Läden. Aus welcher Zeit der erste Bau stammte, ist dem Verfasser unbekannt. Jedenfalls wird der Ort 1136 zum ersten Male erwähnt. Das alte Schloß war teilweise im 30jährigen Krieg niedergebrannt und zum Berg hin hat man 1930 die Reste einer Stützmauer gefunden, die diesen abfangen sollte.

Als Bauherr des heute vor uns stehenden Schlosses muß Hieronymus Christoph Freiherr v. Pölnitz angesehen werden, welcher 1697 verstarb. Die Bauzeit ist etwa zwischen 1680 und 1697 anzusetzen, wobei einige Trakte neu erbaut bzw. Vorhandenes mit einbezogen wurde. Mit den vorbereitenden oder ersten Umbauten scheint schon 1680 begonnen worden zu sein, wie Schreiner- und Ziegeleirechnungen erkennen lassen. In derselben Zeit sind vermutlich auch die Ökonomiegebäude zum Berg hin neu errichtet worden. Mit dem Tod des Bauherrn 1697 ist das Schloß im Wesentlichen vollendet gewesen. 1693/94 wird der Saal stukkiert und der Ofen im Saal gesetzt. Nach dem Tode des Hieronymus Christoph ist aber innen weiter umgeändert und ausgestattet worden. So fand man 1927 im Zimmer über der Durchfahrt die Reste eines Freskos aus der Zeit um 1700.

Die Einrichtung des Neuen Schlosses zog sich bis weit ins 18. Jahrhundert hin. An der Innenausstattung wurde immer wieder einiges verändert. Das Parterre des Westflügels diente dem katholischen Geistlichen und später dem Hausmeister und dem Förster als Wohnung. Die Erdgeschoßräume des Haupttraktes waren ebenfalls Wohnung von Bediensteten und Angestellten und für Verwaltung, Archiv, sowie Küche bestimmt.

In den Jahren 1896—1904 wurde das Schloß renoviert und modernisiert. Damals war es noch Gemeinschaftsbesitz dieser Linie des Geschlechtes. In der Generation der Eltern der jetzigen Besitzer erfolgte dann die Teilung des gesamten Familienvermögens dieses Zweiges. — Ursprünglich gehörte auch noch Hundshaupten dazu. Außerdem befand sich im Besitz des Hauses, allerdings einer anderen Linie, auch die Burg Frankenberg bei Würzburg. In den Jahren 1946—48 richteten über 200 einquartierte Personen in dem in eine Ackerbauschule umgewandelten Schloß furchtbare Schäden an. Die jetzigen Eigentümer v. Aschbach sind bemüht, das Haus und den Park in gutem Zustand zu halten und arbeiten laufend an der Restaurierung des Komplexes.

15 Weingartsgreuth

Schloß, Kreis Bamberg

Über die älteste Geschichte des Ortes sind wir nur sehr mangelhaft unterrichtet. Jedenfalls hat er nie eine besonders große Rolle gespielt, wie auch heute das Dorf nicht sehr groß ist und etwas entlegen sich an einen Hang duckt, auf dem die Autobahn ihren Weg zieht.
Seit 1368 war Weingartsgreuth im Besitze der Herren von Lauffenholz, welche 1568 ausstarben. Damit fiel das Lehen wieder an das Hochstift Bamberg. 1574 erfolgte der Verkauf an die Herren Marschalk v. Ebneth für die Summe von 2400 Gulden. Dieses Geschlecht, das ursprünglich den Namen Marschall v. Kunstadt führte, ist gleichen Stammes mit den Freiherren v. Redwitz. Die Herren v. Kunstadt sind die zuerst auftretenden Ahnen beider Familien. 1059 ist als erstes ein Wiccer ohne Zunamen erwähnt, der als der Ahnherr beider Geschlechter von Gustav

Voit vermutet wird. Die Verwandtschaftsgrade der ersten Mitglieder dieses Hauses sind aber nur sehr vage geklärt. Ein Dietrich v. Kunstadt wird 1241–84 genannt und ist wohl der Ahnherr der Herren von Kunstadt, die 1546 ausstarben. Sein Bruder Gundeloch, 1229–49, ist der erste aus der Reihe der Marschall von Kunstadt, die sich seit dem 15. Jahrhundert Marschall v. Ebneth, nach ihrem gleichnamigen Besitze in der Nähe von Burgkunstadt nennen. Ihr Besitz weitete sich in der Folgezeit über die Umgebung von Burgkunstadt aus, so daß sie außer Ebneth auch noch Strößendorf, Schney, Wildenberg und Nordhalben ihr Eigen nennen konnten. Später kam dann u. a. auch noch Weingartsgreuth hinzu. Die letzte Ebneth, Friederice Wilhelmine, heiratete einen Seckendorff. Mit dem Tode ihres Neffen Wilhelm Georg Friedrich zu Weingartsgreuth und Frensdorff, kam auch der letzte Ebnethsche Besitz in Seckendorffsche Hände und das Geschlecht erlosch 1728.

Von nun an sind die Freiherren v. Seckendorff-Aberdar Herren zu Weingartsgreuth. Der erste Seckendorff, Gemahl der Marschallin v. Ebneth, zählt zu den bedeutendsten Mitgliedern seines Hauses. In seiner Hand vereinigt sich ein umfangreicher Grundbesitz zu Unternzenn, Sugenheim, Egenhausen, Ober- und Unteraltenbernheim, Rosenbach, Rockenbach, Ebneth, Weingartsgreuth und Etzelheim. In seinen Diensten für das Haus Hohenzollern war er mit dem Schwarzen und dem Roten Adlerorden ausgezeichnet worden. Er bekleidete als kaiserlicher Landrichter des Burggrafentums Nürnberg außerdem noch das Amt eines Brandenburg-Ansbachschen Premierministers, Geheimen und Hof-Rats, Präsidenten und Oberamtmannes der Städte Uffenheim, Mainbernheim, Prichsenstadt, Castell und Stephansberg. Sein ausgezeichnetes, vom Ansbacher Hofmaler Schneider gefertigtes Portrait befindet sich im Original zu Weingartsgreuth, während in anderen Seckendorffschen Häusern hiervon eine Reihe von Kopien zu finden sind. Der zweite sehr bekannte Sproß dieses Hauses, der Generalfeldmarschall, ist in ebensovielen „Exemplaren" überall zu finden.

Mit der Heirat des Christoph Friedrich von Seckendorff kam auch eine große Zahl alten, kostbaren Inventars in die Familie, das sich heute auf mehrere Häuser verteilt.

Die Baugeschichte des Schlosses ist in ihren Anfängen ungeklärt. 1574 wurde vom ersten Ebneth auf Weingartsgreuth ein Wasserschloß errichtet, über dessen Aussehen wenig bekannt ist und 1597 um den ganzen Komplex eine Ringmauer gezogen, welche von vier Türmen verstärkt war. Von diesen hat sich nurmehr einer in veränderter Gestalt am Eingang zum Hof als Glockenturm erhalten. 1613 erfolgte seine

Salon im Hauptbau

Erhöhung um ein Stockwerk und der Umbau zum Glockenturm mit Uhr. Im 30jährigen Krieg kam nicht nur er, sondern die ganze Anlage zu Schaden. 1704 wieder hergerichtet und erneut mit Uhr und Glocke bestückt, wurde 1744 der Turmhelm mit der barocken Laterne versehen. 1767 und 1887 erfolgte noch einmal eine Erhöhung um ein Stockwerk und die Veränderung zur jetzigen Gestalt. Einstmals nahm er in seinem Erdgeschoß ein Gefängnis auf, für die Verurteilten des Seckendorffschen Gerichtes. Diese Bestimmung verlor er mit Abgabe der Gerichtsherrschaft an den Staat im vorigen Jahrhundert.
Von den anderen vier Türmen wissen wir noch folgendes: Der zweite lag am alten Amtshaus und diente als Schule. Die beiden anderen waren am Nord- und Südteil der alten Brauerei gelegen. Ersterer wird im Zuge des Kirchenbaues 1744 erneuert, jedoch 1830 bei der Erweiterung des Pfarr- und Schulhauses beseitigt.
Das Schloß selber gliedert sich in zwei Teile. Der stilistisch wertvollere ist der zur Straße hin gelegene Bau mit einer äußerst originell bewegten Fassade, die angeblich französischen Vorbildern folgen soll. An der Vorderfront schwingt ein halbrunder Vorbau in der Mitte nach außen, während an den Seiten die im Bogen eingezogenen in abknickenden Geraden fortlaufenden und dann im spitzen Winkel vereinigten Mauern der jeweiligen Front sich zu turmartigen Gebilden formen. Vergleich-

bares ist in Franken wohl kaum zu finden. Die Ecken sind durch Lisenen betont. An diesen Barockbau schließt sich nördlich im rechten Winkel ein weiterer Flügel an. Er nimmt die Stelle anderer Vorgängerbauten ein. Früher lag hier, getrennt vom Schloß, der Küchenbau, dazwischen ein Nebengebäude, das im 30jährigen Krieg vernichtet wurde. Im Erdgeschoß waren Stallungen und darüber ein Verbindungsgang zum Schloß vorhanden gewesen. Auf einen Wiederaufbau 1704/05 in (Fachwerk) Holz folgte 1719 ein Steinbau. Damit war die noch heute vorhandene Gestalt des Schlosses erreicht. Im selben Jahr wurde auch mit dem Kirchenbau begonnen. Alle diese Bauten waren die letzten, welche ein Marschall v. Ebneth hier durchführte. Wie bei den Rabenstein erlischt mit einem äußerst tätigen und baulustigen Mitglied das Geschlecht. Auch hier sterben die Söhne ohne Kinder.
1744/45 wurde die Kirche vollendet. Ursprünglich war die Pfarrei Wachenroth zuständig für Weingartsgreuth, aber nach Einführung der Reformation kam es zu einer Trennung, die aber offiziell erst 1808

Salon im Hauptbau

erfolgte. In Mühlhausen finden sich deswegen heute eine Reihe Ebnethscher Grabsteine.

Das Schloß hatte unter vielen Einquartierungen im letzten Kriege zu leiden und war total devastiert, als die Mutter des jetzigen Besitzers von ihrem anderen Schloß Unterleinleiter im Landkreis Ebermannstadt hierher zog. Unter unendlichen Mühen und ihrem persönlichen Einsatz wurde das ganze Schloß innen in einen vorbildlichen Pflegezustand versetzt und das alte Inventar wieder hergerichtet. Ohne ihr Wirken wäre Weingartsgreuth heute wahrscheinlich noch lange nicht so gepflegt. Ihr Sohn und seine Frau setzen heute das Werk weiter fort.

Weingartsgreuth liegt umgeben von einem kleinen Park an einem langsam zur Reichen Ebrach abfallenden Gelände. Vor dem Haus, dessen Zufahrt eine alte Allee säumt, liegt einer der großen Fischteiche und gibt hier den Blick in die Landschaft frei. Das Schloß flankiert rechts die Kirche mit einem angebauten Trakt. Linkerhand, etwas zurückversetzt, liegt ein weiterer kleiner Barockbau mit Mansarddach.

Der Hauptbau selber, aus Sandsteinquadern, ist durch die Linienführung des Grundrisses in bewegten Schwüngen von sehr lebhafter Wirkung. Diese Form des Grundrisses erinnert schon eher an spätbarocke Baukonzeptionen, bei denen in der gesamten Architektur das Ornament die Führung übernimmt und sich selbst Grundrisse nach ornamentalen Gesichtspunkten richten. Der rückwärtig anschließende Trakt, welcher mit der Mauer der Westseite des Vorderbaues eine Flucht bildet, ist hingegen äußerst einfach und schmucklos gehalten.

Das Innere erreicht man durch das Hauptportal, welches sich in eine weite Halle öffnet, die fast das gesamte Parterre einnimmt. Von hier aus vermittelt ein einfaches Treppenhaus mit schönen Balustraden den Zugang zu den anderen Geschossen. Die Räume haben meist einfache, barocke Felderstuckdecken, hin und wieder durch Blätter- und Bandelwerk abgelöst. Die Einrichtung setzt sich, mit Ausnahme weniger Renaissancestücke, vorwiegend aus Barock und Biedermeier zusammen. Vor allem die Sitzmöbel der Biedermeierzeit geben uns hier in seltener Vielzahl und Vielfalt einen Überblick über den großen Erfindungsreichtum dieses Stiles in bezug auf die Gestaltung von Rückenlehnen der Stühle, Sessel und Sofas.

Auch anderes Kunsthandwerk guter Qualität erfüllt in großer Zahl das Haus. Alles in selten gepflegtem Zustand, gibt es einen Einblick in die Geschichte des ungewöhnlich zahlreichen und weit verzweigten Geschlechtes.

16 Weißenstein

Schloß, Pommersfelden, Kreis Bamberg

Mit dem Schloß zu Pommersfelden wird in diesem Bande ein Haus behandelt, das in seiner Bedeutung als Schloßbau wie als Sammlung einer einzigartigen Ausstattung noch heute unter den süddeutschen, in Privatbesitz befindlichen Schlössern, einen besonderen Rang einnimmt. Selbst im gesamten deutschen Sprachraum und sogar in ganz Europa finden sich heute nicht mehr viele Häuser, deren Bedeutung mit der Pommersfeldens vergleichbar ist. Die Sammelleidenschaft und die „Bauwut" eines Geschlechtes, ohne das der süddeutsch-österreichische Barock nicht denkbar wäre, ließen hier eines der prächtigsten Beispiele einer fürstlichen Privathofhaltung entstehen, deren Bau richtungsweisend für die fränkischen Gebiete sein sollte, welche in dieser Zeit ihre größte Schaffenskraft entfalteten und in Pommersfelden eines ihrer schönsten Zeugnisse jener Periode besitzen.

Der Rang des privaten Landschlosses ist in Pommersfelden längst nicht mehr gegeben. Lothar Franz v. Schönborn verläßt mit diesem großartigen

Bauprojekt den Kreis seiner Herkunft. Das Geschlecht aus der rheinischen Reichsritterschaft entstanden, verstand es durch geschickte Politik innerhalb von drei Generationen sechs geistliche Reichsfürsten, darunter drei Kurfürsten, zu stellen und den privaten Besitzstand ungeheuer zu mehren. Während andere reichsritterschaftliche Familien nurmehr vergleichsweise bescheidene Bauten zustandebrachten, wurde hier von einem rasch emporgekommenen Geschlecht (und auf diese Feststellung legten z. B. die Markgrafen v. Bayreuth großen Wert), ein einzigartiges Werk geschaffen, gegen das ein für ritterschaftliche Verhältnisse schon sehr aufwendiges Thurn, Ullstadt, Rentweinsdorf oder auch Reichmannsdorf, sehr bescheiden wirken. Das Bedürfnis, den Nachbarn und den Leuten in Wien einmal zu zeigen, was man auch hierzulande vermag — welches Lothar Franz selber des öfteren ausdrückt — hat denn auch zum Teil zu etwas aufwendig protzigen Lösungen geführt, wie etwa der Decke im Marmorsaal. Man hat an manchen Stellen offenbar zu viel gewollt und dabei eine ästhetisch verträgliche Lösung verpaßt, wie sie im markgräflichen Bereich in der Tat öfters gefunden wurde.

Der Park konnte, wenn ursprünglich auch sehr prachtvoll, wie uns Salomon Kleiners detailliertes Stichwerk überliefert, doch wohl kaum mit dem von Seehof konkurrieren, weder was die Größe, noch was die Qualität der Anlagen und Ausstattung betrifft, und er entsprach auch nicht der Bedeutung des Schlosses. Trotz dieser Kritik muß aber Pommersfelden ein erstklassiger Rang eingeräumt werden.

Mit seinem Bauherren tritt uns einer der interessantesten barocken geistlichen Reichsfürsten entgegen, dessen große künstlerische Neigungen und Begabungen, gepaart mit dem politischen Ehrgeiz eines aufstrebenden Hauses, jenes Bauwerk schaffen konnten, dessen äußere und innere Gestalt mit seinen großartigen Sammlungen auch heute noch dem anspruchsvollsten Besucher eine große Begeisterung abringen.

Als Sproß eines Hauses, welches der Reichsritterschaft am Rhein zugehörte, im 13. Jahrhundert dort auftritt, zuerst im nassauischen und kurtrierischen Bereich Besitzungen hatte, und mit dem Erwerb von Reichelsberg bei Aub durch den jüngeren Bruder Lothar Franz', Melchior Friedrich, Fuß in Franken faßte, bekam er auch erste Verbindungen zu Franken. Sein Onkel wurde Kurfürst von Mainz und Fürstbischof von Würzburg und Worms. Mit dem Kauf der Herrschaft Wiesentheid durch die Heirat des Sohnes Melchior Friedrichs, Rudolf Franz Erwein, mit einer Gräfin Hatzfeld, kam dann das namengebende Hauptgut in Franken in den Besitz des Geschlechtes.

Lothar Franz selber wurde 1693 zum Bischof von Bamberg und 1695 zum Kurfürsten von Mainz gewählt.

Der Erbauer von Pommersfelden war, wie kaum ein anderer seiner Zeitgenossen, sehr gebildet, beherrschte die bekannte architekturtheoretische Literatur und konnte somit dauernd auch gestaltend in den Bau des Schlosses eingreifen.

Als absolutistischer Barockfürst war er, wie seine Zeitgenossen, von der Bauleidenschaft gepackt und plante darüber hinaus auch gern und viel. Hinzu kam seine große Sammelleidenschaft für Bilder, ostasiatisches Porzellan und europäische Fayencen, ferner Gläser, Elfenbeine, Bronzen, Glasbilder, Muscheln kurz alles, was ,,curios" war oder was er so empfand. Dieses Lieblingswort taucht immer wieder bei ihm auf und er gebrauchte es zur Bezeichnung von Gegenständen aus dem Bereich der Kunst und der Natur. Die besondere Leidenschaft für Bilder führte dazu, daß Lothar Franz mit dem Ziel sammelte, von allen lebenden Künstlern ein Werk zu besitzen, wobei er den Italienern einen bevorzugten Rang einräumte. Desgleichen begeisterte er sich für kostbare Möbel, die ihm sein Hofebenist Plizner und Servatius Brickart, sowie andere bedeutende Ebenisten der Zeit, in überreichem Maße lieferten. Sein Verhältnis zu den Künstlern war ein überaus freundliches und herzliches. In seiner sehr ausgeprägt humorvollen Art bezeichnet er sie oft als ,,Narren" und nimmt sich selber von dieser Betrachtung dabei nicht aus. Er fördert sie dazu wo er kann und schickt sie alle nach Wien, um dort zu lernen und Erkenntnisse für Pommersfelden zu sammeln. Lothar Franz vertrat vor allem den Wienern gegenüber immer die Kunst seiner Landsleute, und obwohl er Änderungen und Hinweise durchaus aufnahm, baute er letztlich in dem Geschmack seiner Landschaft, der durch die Dientzenhofer in Bamberg und Welsch in Mainz bestimmt war. Immer wieder verteidigt er seine Ideen gegenüber Wien und es wird deutlich, daß er bemüht war, den Wienern zu zeigen, daß man auch im Reich einiges auf die Beine stellen könnte. Über seine Projekte: Gaibach, Favorite, Pommersfelden hinaus beteiligte er sich auch lebhaft an den Planungen für andere Bauten, vor allem denen seines Neffen Johann Philipp Franz zu Würzburg.

Bei der Behandlung der Baugeschichte von Pommersfelden ist es heute besonders schwierig, Klarheit in die Planungen zu bringen, da der Bauherr nach dem Tod des Bauleiters Loyson alle Unterlagen verbrannte und wir daher heute aus Briefen etc. rekonstruieren müssen wie alles ablief.

Mit den Planungen für die Schloßanlage wurde im September 1710 begonnen. Die schöne Lage des von den Truchsessen von Pommersfelden ererbten Besitzes scheint die erste Antriebsfeder zu einem Schloßbau gewesen zu sein. Vorerst war nur der Ausbau des alten Wasserschlosses geplant. Der Platz wurde aber bald verworfen und auf der Höhe über dem Dorf eine neue Stelle bestimmt.

Von Anfang an tritt in Pommersfelden eine doppelte Planung für die Bauprojekte auf. Einerseits fertigt man in Bamberg Entwürfe an, zu denen Lothar Franz seine Beiträge liefert, andererseits gibt dieser schon mit dem ersten Brief über Pommersfelden an seinen Neffen, den Reichsvicekanzler in Wien, diesem den Auftrag, Pläne zu entwerfen.

Als erstes wurde die Anlage eines viereckigen Schlosses anstelle der gleichförmigen truchsessschen Burg geplant. Beim Abbruch der alten Teile stellte sich aber deren sehr schlechter Zustand heraus und nun tauchte eine zweites Projekt auf. Ein Bau mit Corps de Logis und zwei Seitenflügeln sollte errichtet werden. Damit war der erste wesentliche Schritt vollzogen. War die Schloßbaukunst bis dahin ausgehend von der Renaissance auch noch zu Anfang im Barock dem wehrhaften Viereck der Wasserburg verhaftet (Aschaffenburg, Moritzburg, Sternberg, Seehof), so kam jetzt die geöffnete Flügelanlage. — Übrigens führten ähnliche Überlegungen zum Bau des Schlosses Augustusburg in Brühl. — Johann Dientzenhofer ist der Architekt dieses Planes. Möglich ist allerdings auch hier schon eine Anregung aus Wien. War beim ersten Projekt die Hauptfassade zum Vorhof der alten Burg gewandt, so wurde eine Drehung um 90 Grad nach Osten vorgesehen. Auch waren jetzt bereits die alten Umfassungsmauern nicht mehr maßgeblich, denn im Norden sollte der Graben zur Erweiterung des Inselterrains aufgefüllt werden. Der hier vorhandene Grundriß und sogar die Raumeinteilung (kurfürstliches Appartement in der rechten Ecke am Zusammenstoß von Haupt- und rechtem Seitenflügel und darunter die Kapelle), wurden später auch auf das vergrößerte Haus übertragen. Ebenso wurde die Gliederung der Stockwerke übernommen. Das zweite Projekt, welches im März 1711 entstand und dessen Wirkung zum Teil auf dem Gegensatz von Schloß und Dorf beruhte und dem Kurfürsten von seinen Gemächern aus einen Blick in den anschließenden Garten gewähren sollte, wurde schon im Mai des gleichen Jahres abgeändert.

Hildebrand scheint von Anfang an Pläne zuerst zum Umbau des Wasserschlosses als viereckige Anlage geliefert zu haben. In einem abgezeichneten Plan im Archiv zu Bamberg vermutet Walter Jürgen Hofmann — dessen Darstellung für diesen Artikel zugrunde gelegt wurde — einen Entwurf Hildebrands, der aber von der Forschung als solcher nicht unbedingt anerkannt wird.

1711 begann die Organisation des Bauwesens, das dem Jesuitenpater Loyson übertragen wurde. Bis 1720 leitete er mit viel Umsicht die Arbeiten. Mit der Ausführung nach dem zweiten Plan wurde dann auch in der Tat begonnen. Der Tod Kaiser Franz Joseph I. am 17. 4. 1711 brachte einen Baustop für Pommersfelden. Dies allein war der Grund und nicht etwa bereits damals aufgetretene Änderungswünsche des Kurfürsten.

Die Auseinandersetzungen über die lehensrechtlichen Probleme der geteilten Schloßinsel zwischen Kurfürst und Markgraf dürften erst nach der Planänderung, verbunden mit dem Entschluß, einen neuen Bauplatz zu suchen, entstanden sein. Bayreuth fühlte sich durch den bis dahin erfolgten Abriß allein des markgräflichen Teiles geschädigt und es gab lange und komplizierte Verhandlungen.

Der Grund für die Planänderung dürfte in mehreren Tatsachen zu suchen sein: 1. Der erst beim Abbruch der alten Bauteile sich herausstellende schlechte Zustand der Fundamente. 2. Die zu enge Umklammerung des Platzes durch den Ort. 3. Die Ereignisse im Zusammenhang mit der Kaiserwahl. War bei den ersten beiden Projekten noch die Idee eines erneuerten Schlosses ländlichen Ausmaßes, wenngleich auch hier über das normale Maß hinausgehend, vorherrschend

Kupferstich von S. Kleiner 1728

gewesen, wird mit der neuen Planung ein ganz anderer Gedanke verfolgt. Die in der Kaiserwahl als Geschenk vom Kaiser erhaltenen 150000 Gulden, gestatteten erst Planungen in einem derart großen Maße. Nicht das Sommerschloß des Hochstiftes Bamberg, auch kein Jagdhaus oder ähnliches sollte entstehen, sondern ein Privatschloß besonderen Ranges für den Kurfürsten und seine Familie.

Die Geschenksumme diente wohl in erster Linie dazu, den Kurfürsten von der Idee, die er zusammen mit seinem Vetter Friedrich Karl, er als Reichserz- und jener als Reichsvicekanzler, in siebzehn Punkten zur Schwächung der Hofkanzlei in Wien verfaßt hatte, abzubringen. Die Entscheidung für den neuen großen Schloßbau fiel beim Zusammensein von Lothar Franz und seinem Neffen Friedrich Carl aus Wien im Juni 1711 in Schloß Gaibach, wo auch die Einzelheiten der Verhandlungen bei der Kaiserwahl festgelegt wurden. In die Planungen, welche vorher von den Vorstellungen des Kurfürsten geprägt wurden, griff er nun auch weiter verstärkt ein und brachte seine Ideen mit in die Ausführung hinein. Als erstes sei die Treppe erwähnt.

In ihrer Form der doppelläufigen Arme, die sich in der Mitte vor einem Vestibül vereinigen, ist sie zum ersten Male wohl von Palladio in der Casa Civena zu Vicenza hervorgebracht worden und fand u. a. eine barocke Ausprägung in der Treppe der Kaiserin zu Schönbrunn oder in Drottingholm und Salzdahlum. Die eigentliche Erfindung Lothar Franz' ist, daß er die Treppe in einen neuen Zusammenhang stellt mit dem Hauptsaal, und diesem vorgelagert als Zentrum des Baues, dem Vestibül, dessen ins Auge springende zentrale Dekoration die Büste des Bauherren ist. Damit wird dieser Raum als Schnittpunkt der beiden Achsen der Anlage zum Mittelpunkt und Ort der Verherrlichung des Kurfürsten. Hildebrands Beitrag sind die umlaufenden Galerien, in die das fertige übernommene kurfürstliche Konzept hineingestellt wird.

Der Mittelbau war in der Abfolge: Treppenhaus, Sala Terrena, Hauptsaal bereits in den Plänen vom September 1711 vorhanden, welche den rechten Flügel betrafen und die Grundlage zum Kontrakt mit Dientzenhofer bildeten.

Die Idee, welche hinter der Anordnung der drei Räume: Treppenhaus, Grotte und darüber der Saal, steht, ist schon in der räumlichen Anordnung erkennbar. Die Grotte unter dem Hauptsaal als Bereich des Illusionären, Ruinösen wird in den unteren Raum, der gleichzeitig Verbindung zum Garten schafft, gelegt. Diese Welt wird damit auch in Rang und Bedeutung unter die des Hauptfestsaales verwiesen. Das Treppenhaus, welches zugleich den Zugang zur Grotte und dem Garten vermittelt, gewährt den erhebenden Eindruck, der sich im Festsaal dann zur Vollendung steigert.

Zurück zur chronologischen Abfolge des Baues. 1711 kommt der Baukontrakt über die rechte Hälfte des Baues bis an den Mittelteil zwischen Dientzenhofer und Lothar Franz zustande. Die Grundsteinlegung findet am 1. 10. 1711 statt. In der Folgezeit entsteht der rechte Flügel.
Der erste Entwurf für den Mittelbau von Dientzenhofer mußte im ersten Stock, in welchem sich die Haupträume befanden, einen Übergang vom rechten zum linken Flügel durch den Mittelbau gewähren. Außerdem benötigte die anliegende große Galerie von hier aus einen Zugang. Deswegen wurde zwischen Treppe und Hauptsaal ein Gang eingeschoben, wodurch das Treppenhaus wesentlich weiter vorkam. Der Hauptsaal sollte einen annähernd ovalen Grundriß bekommen. Das Treppenhaus war ohne Umläufe geplant. Dieser Entwurf wurde bis zum Frühjahr 1713 akzeptiert. Dann wird der ovale in einen eckigen Saal verwandelt und dieses Projekt in Wien vorgelegt.
Maximilian v. Welsch scheint in Konkurrenz zu Dientzenhofer einen eigenen Plan aufgestellt zu haben, der vielleicht in einer Nachzeichnung überliefert ist, die aber nicht unbedingt in Bezug zu Pommersfelden stehen muß. Von diesem Entwurf stammt nach Hofmann der eckige kreuzförmige Grundriß von Sala terrena und Hauptsaal, welcher 1713 übernommen wird.
1712 beginnt Hildebrandt sich mit dem Mittelbau zu befassen. Er hatte die Pläne schon in einem frühen Stadium kennengelernt und wurde in der Folgezeit sowohl als Gutachter, wie auch als selbständiger Planer für Pommersfelden zu Rate gezogen.
Friedrich Carl Schönborn scheint Hildebrand, der vom Kurfürsten vorerst wohl nur zum Gutachter und Kritiker bestellt war, um eigene Pläne für den Mittelbau gebeten zu haben. Hildebrand hat dann, nachdem der Kurfürst ausdrücklich den Wunsch nach Plänen für das Treppenhaus geäußert hat, außerdem noch Änderungsvorschläge zu dem bereits bestehenden rechten Flügel gemacht. 1713 war ein Entwurf von ihm für das Treppenhaus fertig. Als Änderungen schlug er vor: eine Verkleinerung des Saaltraktes von 100 auf 80 Schuh und die Ummantelung der Treppe mit den umlaufenden Galerien. Der Entwurf umfaßte außerdem den linken Flügel. Der Eingang zum Treppenhaus scheint in Form einer Einfahrtshalle geplant gewesen zu sein mit seitlicher Einfahrt (wie im Palais Schwarzenberg in Wien oder dem Oberen Belvedere). Die kreuzförmige Grundrißanlage des Dientzenhoferschen Saales wurde mit übernommen. Zur Gartenseite hin war eine nach gerundeten Ecken ins Innere zurückspringende Fassade geplant, der ein Balkon vorgelagert sein sollte, dessen Brüstung mit den Ecken abschloß. Der linke Teil wurde von drei Appartements im anstoßenden Trakt, wobei den

ersten beiden eine Galerie gemeinsam war, eingenommen. Den vorgezogenen Flügel nahmen drei Gästeappartements mit Dienerzimmern auf. Das erste Appartement neben dem Saal bestand aus drei Anticamere, einem Schlafzimmer, einem Kabinett und einem Kammerdienerzimmer, das nächste durch eine Anticamera verbundene Appartement umfaßte Retirade, Schlafzimmer, Cabinet und Bedientenzimmer. Beide besaßen gemeinsam eine Galerie. Sie sollten wohl dem Hausherren und der Hausfrau als Wohnung dienen.
Die im Mai des Jahres 1713 gelieferten Entwürfe wurden im Laufe des Jahres durch eine große Zahl an Detailplänen bereichert und erläutert. Als Dach für den Mittelbau plante er eine große Kuppel, die den bedeutenden Charakter des Mittelteiles noch unterstrichen hätte.
Im Jahre 1713 wurde vermutlich der rechte Flügel vollendet, gedeckt und im Inneren ausgebaut.
Durch den Entwurf Hildebrands wurde vor allem das große Problem gemeistert, den Mittelbau sowohl in der Breite wie auch in seinem Vorsprung in den Ehrenhof zu verkleinern, wodurch das vom Bauherren und seinem Neffen gerügte Mißverhältnis in der Größe zwischen Mittelbau und Seitenflügel wesentlich verbessert wurde. Außerdem war die Notwendigkeit der Verbindung der beiden Rücklagen, die an den Mittelpavillon anschließen, durch einen Gang hier besser gemeistert, indem

Kurfürstliche Räume, ehemaliges Wohnzimmer

nicht ein breiter Gang zwischen Saal und Treppenhaus in der Flucht der Vorderräume der seitlich anschließenden Teile des Mittelbaues das Treppenhaus unnötig weit vorschob, sondern die Umgänge um den Kern — die Treppe — als Verbindung abknickend, die Funktion des Ganges übernahmen und so die Treppe näher an den Saal herangerückt werden konnte. Das Vestibül, vermutlich ebenfalls eine Erfindung Hildebrands, schuf dann den Vorraum und das Zentrum der Anlage.
Die im Hildebrandschen Entwurf vorgesehene Einfahrt verschwand ebenso aus der Ausführung, wie die Gestaltung der Gartenseite mit dem schmalen Balkon. Die als Verbindung vom Hauptsaal zur Sala terrena vorgesehene Wendeltreppe wurde in geradläufige Treppenaufgänge verwandelt. Im wesentlichen aber war der Entwurf Hildebrands, der die Grundrißform von Saal und Treppenkern in der Hauptsache aus dem Entwurf Dientzenhofers übernahm, die Grundlage für den Mittelbau. Diese Pläne wurden nun im Bau natürlich durch die Ausführenden verändert: den Kurfürsten als Bauherrn, Johann Dientzenhofer als Baudirektor, Pater Loyson als Bauinspektor und ferner sicher auch Maximilian v. Welsch, sowie von den die Dekoration ausführenden Kunsthandwerkern, deren Bestimmungen des Details nicht unterschätzt werden dürfen. 1714 wird der Detail- oder Ausführungsplan für den Mittelpavillon fertig gewesen sein und man sich mit den Planungen für die Innenausstattung des rechten Flügels und den Garten, sowie den Marstall beschäftigt haben.
Die äußere Form der Fassadengestaltung des Mittelpavillons geht im wesentlichen ebenfalls auf Hildebrand zurück, der diese Einteilung aber gern auf den ganzen Bau übertragen gesehen hätte. Die gesamten Planungen Hildebrands wurden, wie gesagt, frei umgewandelt von dem ausführenden Gremium, womit die Eigenschaft Hildebrands, die ihm ursprünglich lediglich als Gutachter zukam, wieder erreicht wird. Die Doppelsäulenpaare der Vorderfront mit den vorgelagerten Figurengruppen dürften in den Planungen, die Dientzenhofer an Hildebrand schickte, bereits enthalten gewesen sein. Dientzenhofer verwandte dies System zum ersten Male bei der Fassade der Michaelskirche in Bamberg. Hildebrand hat sie wohl übernommen. Die Gartenfassade hingegen, welche große Ähnlichkeit mit dem Mittelbau des Lustgebäudes Hockge in Wien aufweist, dürfte Hildebrands eigene Schöpfung sein, aber wiederum eine Änderung durch die Ausführenden erfahren haben. Das steil Herausragende des Hildebrandschen Projektes wird hier unterbrochen durch horizontale Sockel. Der gesamte Aufbau der Wand erfährt dadurch einen Bruch, die einzelnen Teile wirken eingezwängt.

Das Treppenhaus wird in der Ausführung weitgehend aus den Plänen Hildebrands übernommen. Auch Details wurden mit verwandt, so etwa die Hermenpilaster der oberen Galerie des Treppenhauses. Änderungen an Einzelheiten sind mit großer Sicherheit anzunehmen bei den Zwischenpfosten der Treppengeländer. Die zu Ausführung gelangten sehr eckigen und etwas plumpen Pfosten entsprechen in keiner Weise den elegant geschwungenen bei anderen Bauten Hildebrands. Genauso ist die Kannelierung der Säulen sicherlich nicht von seiner Hand. 1714 ist der Mittelbau im Rohbau fertig. Bei seinem Besuch am 29. 12. 1714 beschließt Lothar Franz, das Schloß Weißenstein zu taufen. Im selben Jahre wurde weiter an der Innenausstattung des rechten Flügels gearbeitet. Plitzner begann mit der überaus kostbaren Arbeit des Spiegelkabinetts und Schenck stukkierte die Räume des rechten Teiles. Bereits im August begann man mit den Fresken. Der Wunsch des Kurfürsten, noch im selben Jahr den fertigen Teil beziehen zu können, zerschlägt sich ebenso wie die Hoffnung, noch im selben Jahr den Mittelbau unter Dach zu bringen, damit verzögert sich auch der Bau für den großen Saal.

Der große Saal, welcher heute seines alten Bilderschmuckes beraubt ist, hat mit diesem Verlust eine wesentliche Komponente seiner Gestalt verloren. Denn die Bilder waren ebenso wie Säulen, Fenster und Pilaster ein Element der Gliederung, die in ihrem Aufbau, — unten ein ovales Bild, darüber ein rechteckiges und darüber wiederum ein ovales, alle durch Klammern verbunden — in den zwischen den Säulen und Pilastern verbleibenden Räumen eine vertikale, eigenständige Gliederung ausmachten. Es ist deswegen unangebracht, wenn wir aus rein ästhetischen Gesichtspunkten heraus heute vielleicht in einem überaus reichen Saal die ruhenden Flächen als wohltuend empfinden. Im Zusammenhang mit dem ursprünglich Gewollten, sind sie falsch. Wie stark architektonischen Charakter die Bilder trugen, geht daraus hervor, daß die oberen Ovalfenster in ovalen Bildern fortgesetzt wurden. Außerdem war ihre Rahmung stark dem architektonischen Rahmungsprinzip von Fenstern und Türen angelehnt. Über den Mittelachsen des Saales war jeweils ein Gemälde angebracht, welches die gesamte Fläche einnahm. Diese Symmetrie-Achsen wurden durch einen halbrunden Architrav unterstützt, während die nebenliegenden Gliederungen durch solche in Form zusammenschwingender Voluten gebildet wurden. Hofmann schreibt dazu: Diese aus ,,Bildstoff" Gold und Marmor gewirkte Oberfläche, war der strahlende Ornat des großen Saales, der die Wand bekleidete und ihr — da sie nur Hintergrund war — die bedrängende Materialität nahm. Die hohen Sockel der Säulen und Pilaster

Treppenhaus

rücken ihn mitsamt aller Bauteile aus der profanen Zone des Besuchers in den verklärten Bereich der Schau. Der Wandaufbau gleicht noch in seinem deformierten Zustand einer Scheinarchitektur, die in wirklichen Gliedern gebaut, und nicht bloß gemalt wurde. Er zeugt von der „Erscheinung" des Hauptsaales, die in den Tafelbildern ihre Erfüllung gefunden hatte.

Die Hauptbilder des Saales, wie im Grunde des ganzen Hauses, waren die über den beiden Kaminen angebrachten Portraits des Kaisers und der Kaiserin. Die Eingangswand wurde von Bildern der Familie eingenommen.

Nach der Bestellung der Bilder des Kaiserpaares im Jahre 1714 zu urteilen, muß damals die Idee aufgetaucht sein, den Hauptsaal in einen Bildersaal mit einem gewissen Programm zu verwandeln. Über den kaiserlichen Portraits waren zwei Bilder angebracht, die einen inhaltlichen Zusammenhang hatten. Über dem der Kaiserin: Sophonisba trinkt aus Treue zu ihrem Gemahl einen Giftbecher, und über dem des Kaisers: Mercur bringt die goldene Zeit ins Land. Die Bilderkäufe und Bestellungen deuten ab 1714 auf das Projekt eines Bildersaales. Im Zusammenhang mit diesem ist dann wohl die Erhöhung des Hauptsaales durchgeführt worden.

Die lebhafte Führung des Architravs als Vermittlung zwischen Wand und Deckenzone dürfte teils auf Dientzenhofer (halbrunde), und teils auf Welsch (Voluten) zurückzuführen sein.

Die Sala Terrena hingegen gibt nicht so viel Probleme auf wie die anderen Räume des Mittelbaues. Ihre Konzeption stammt von Dientzenhofer und erinnert an den Aufbau und das Wölbungssystem von Banz. 1714 dürfte sie entworfen worden sein und stand 1715 bis auf die Gewölbe.

1715 wurden die Schauseiten des Mittelpavillons vollendet und die großen Skulpturen aufgestellt, welche der Hand des Bamberger Hofbildhauers Rösch entstammen. Burkhard Zamels schuf die Statuen an den beiden Eingängen der Vorder- und der Gartenfront, sowie die Figuren in der Sala Terrena und im und neben dem Vestibül vor dem Saal. Sie entstanden 1718.

1715 begann der innere Ausbau des Treppenhauses. In allen Einzelheiten wurde nach den 1713/14 entstandenen Plänen verfahren. 1716/17 scheinen dann die Stukkaturen durch Schenck angebracht worden zu sein, denn noch 1717 kann Byss mit dem Deckenfresko beginnen, während das im Vestibül im Winter 1716/17 entstanden sein dürfte. 1717 ist das Fresko im Treppenhaus auch wohl fertig, 1718 werden die Gitter aus Eisenguß in der oberen Galerie des Treppenhauses eingesetzt und die Gittertüren im Untergeschoß. Diese Arbeiten gehören zu den frühesten Beispielen des Eisengusses in Franken und stammen aus der eigens vom Kurfürsten gegründeten Gießerei in Lohr, wo ebenfalls eine Spiegelfabrik installiert war. Vermutlich wurden die Hermen auf der Vorderseite der Pfeiler der oberen Galerie erst 1718 in Stuck nachträglich gegossen und angebracht.

Die Sala Terrena wurde ebenfalls von Schenck stukkiert. Dabei arbeitete er während das Gewölbe noch nicht geschlossen war. 1715 war diese Arbeit fertig. Im selben Jahr scheint auch der Entschluß gefallen zu sein, sie als Grotte auszubauen. Der höhlenartige Eindruck, der durch die Architektur Dientzenhofers bereits bestand und festgesetzt war, wurde durch die in dicke Mauern gleichermaßen eingebrochenen Fensterhöhlen betont und das tiefere Niveau vom Parterre des Treppenhauses unterstreicht noch diesen Charakter. Erst 1722 werden im Zusammenhang mit der Grottierung durch Hennicke an der Decke Fresken von Gebhardt angebracht. 1723 ist die Grotte fertig. Die beiden von Marchini ausgemalten Nebenräume, welche erst als Orangerie dienen sollten, wurden 1717 in den Bereich der Sala Terrena einbezogen. Der große Marmorsaal war 1715 soweit fertig, daß Schenk mit den Stukkierarbeiten, 1717 Rottmayr mit dem Fresko beginnen und es noch im selben Jahr vollenden konnten. Im folgenden Winter wurden die Kamine gesetzt und Sommer 1718 die Bilder aufgehängt, nachdem vorher der Boden ausgelegt und die Türgewände eingesetzt waren. Bis auf wenige Kleinigkeiten war der Saal im Oktober fertig.

Hildebrand, der mit seinen Entwürfen viel zur Gestaltung des Hauptteiles von Pommersfelden beigetragen hatte, verblieb genau wie der Neffe des Bauherrn, Friedrich Carl in Wien, mit diesem bis zum Schluß in gutem Einvernehmen. Beide zogen sich nicht zurück von Lothar Franz wie oft behauptet wird, sondern nahmen bis zum Schluß an der Gestaltung teil, die das höchste Lob bei ihren Besuchen fand.

Die Innenräume des Schlosses gliedern sich heute in mehrere Teile, die ehemals in sich geschlossene Einheiten bildeten. Im Erdgeschoß sind mit Ausnahme der Kapelle im rechten Pavillon an dem Schnittpunkt zwischen Mittel- und Seitentrakt und der Sala Terrena mit zwei anschließenden Zimmern, nur ungeschmückte Nebenräume untergebracht, von denen die im rechten Teil des Mitteltraktes heute Ausstellungen dienen.

Der Mittelbau des Corps de logis wird von Treppenhaus, Sala Terrena und großem Hauptsaal oder Marmorsaal eingenommen. Rechts schließt sich hofseitig die große Galerie mit dem Blumenzimmer an, die ebenfalls, wie der Saal, nicht mehr den originalen Bilderbehang aufweisen, der

Spiegelkabinett

einer Bildertapete glich, in der Bild an Bild stieß, wie es heute noch im Palazzo Pitti zu finden ist. Man hat zu diesem Zwecke oft auch Bilder verkleinert, um sie an entsprechender Stelle unterzubringen, besonders bei Portraitgalerien kam dies öfters vor, so im gräflich Seckendorffschen Schloß Obernzenn bei Ansbach. Anschließend an das Blumenzimmer führt die kleine Galerie in den hofseitig vorgezogenen rechten Trakt. Von hier aus betritt man heute bei der Führung die Galerieräume, welche sich der Kurfürstenwohnung im Hauptflügel anschlossen. Vier Zimmer mit erlesenen Stukkaturen, Fresken und Täfelungen nehmen einen Teil des reichen Bilderschatzes auf. Im Pavillon über der Kapelle beginnt das Appartement des Kurfürsten, welches sich bis an den Marmorsaal auf der Gartenfront des Hauses hinzieht. Als erstes das Spiegelkabinett, welches in seiner kostbaren Ausstattung als einzigartig gelten kann. Selbst der Fußboden ist kunstvoll eingelegt und erinnert eher an die Deckplatte eines Tisches oder einer Kommode. Anschließend das kurfürstliche Schlafzimmer und dann Wohnzimmer, Audienzzimmer und Tafelzimmer. Das Audienzzimmer hatte als einziges dieser Räume einen Zugang von der Großen Galerie, die hofseitig parallel verlief. Sie sollte wohl den wartenden Gesandten etc. als Warteraum dienen und ihnen dabei Gelegenheit geben, sich vom reichen Bilderschmuck des Hauses beeindrucken zu lassen. Diese Zimmer entstammen in ihrer Ausstattung der Erbauungszeit. Sie sind ebenfalls mit reichen Stukkaturen, Fresken und Täfelungen versehen und dazu überaus kostbar ausgestattet mit Bildern, Möbeln und anderen kunsthandwerklichen Erzeugnissen, deren auch nur annähernde Aufzählung selbst der besten Stücke weit über den Rahmen des Buches hinausgeht. Im Südost-Pavillon, anschließend an die Galeriezimmer, liegt eines der Gästeappartements, bestehend aus sechs Räumen.

Auf der linken Seite folgen nach dem Saal die Kaiserzimmer, welche sieben Räume des Mitteltraktes umfassen und bis an den Eckpavillon reichen. Wie die Kurfürstenzimmer auf der anderen Seite, sind sie überaus reich, aber noch aufwendiger als diese ausgestattet, mit kostbaren Fußböden und prachtvollen Stukkaturen. Sie dienen heute der Familie im Sommer als Aufenthalt, ebenso wie der anschließende Teil im vorspringenden Westflügel. Dieser nimmt in elf Räumen unter anderem zwei oder sogar drei ehemalige Gästeappartements auf, welche nun in die Wohnung einbezogen wurden. Auch ihre Ausstattung ist, wie die der anderen Räume, mit Stukkaturen, Fresken und Täfelungen sehr aufwendig. Im obersten Stockwerk, über dem Piano Nobile, sind nurmehr in den vier Pavillons vier Gästeappartements eingebaut. Die restlichen Räume sind schlicht ausgestattet.

Die kostbare Bibliothek ist teilweise im Ostflügel untergebracht. Sie vereint wie keine andere deutsche Privatbibliothek, angefangen von karolingischen Handschriften bis zur Literatur des 20. Jahrhunderts, eine unschätzbare Fülle, die aus verschiedenen Beständen erwachsen ist. Sie entstand aus den Bestandteilen mehrerer Bibliotheken, die nach und nach von Mitgliedern des Hauses zusammengetragen wurden. Die erste, alte Bibliothek aus Gaibach ist der wertvollste Bestand und stammt vom Kurfürsten. In Wiesentheid wurde dann durch Graf Rudolf Franz Erwein eine weitere gegründet. Beide werden nach Pommersfelden gebracht. Dann begann Damian Hugo Erwein den Aufbau der neuen Bibliothek und als letztes folgt die von der Mutter des jetzigen Hausherren begonnene kunstgeschichtliche Bibliothek, die laufend ausgebaut wird. Dazu kommen noch die Bestände des frühen 19. Jahrhunderts,

die in Wiesentheid untergebracht sind. Pommersfelden vereint lediglich die alten Bestände bis 1800. Mit dieser Bibliothek schließt sich der Kreis der Sammlungen.
Zur Vollendung des Schloßbaues Pommersfelden gehört auch der Marstall. Seine erste Planung dürfte in das Jahr 1714 fallen. Er war wohl zur Abrundung des Schloßkomplexes und als Gegengewicht zu diesem gedacht. Außerdem sollte er die landwirtschaftlichen Gebäude gegenüber dem Schloß abschirmen. Maximilian v. Welsch ist zweifelsohne der Erbauer. Sein erstes oder eines seiner Projekte sah eine noch gewaltigere Anlage vor, die gleichermaßen das Schloß in die Mitte nahm und im Grunde Hauptbau geworden wäre. Die Höhe des Mar-

Marmorsaal

stalles wurde bei den neuen Planungen um ein Stockwerk verkürzt, sowie die Tiefe eingeschränkt. Die Pläne kamen dann auch nach Wien und wurden dort von Welsch persönlich erläutert. Erst 1717, am 6. 4., legte man den Grundstein. 1718 war wohl der Bau im Äußeren fertig und wurden bereits die Vasen aufgestellt und der figürliche Schmuck angebracht, sowie die Verbindungstore zum Schloß in Angriff genommen. Im selben Jahr noch begannen die Innenarbeiten. 1721 wurden noch letzte Kleinigkeiten geändert und damit war der Bau perfekt. Den schönen ovalen Saal der Sattelkammer malte Marchini aus, der im Schloß ebenfalls die beiden Räume neben der Sala Terrena ausstattete. Die Figuren darin dürften hingegen von Byß stammen. In seinem Schwung, mit welchem er vor dem weit vorragenden Mittelbau des Corps de logis zurückweicht, fängt der Marstall gewissermaßen den Druck auf, den dieser dadurch erzeugt, daß er ungewöhnlich weit vorstößt. Gleichzeitig aber entsteht keine Konkurrenz zum Schloß, wie sie Welsch wohl absichtlich anfangs vorgeschwebt hat, sondern eine untergeordnete Rolle, die aber zu einem ebenbürtigen Abschluß des Hofes führt. Der Mittelbau wird somit nur noch in seiner Wirkung gesteigert. Ohne Marstall würde er optisch ins Land hinausfallen. Als drittes Werk zu Pommersfelden war der Garten anzusehen, von dem heute nurmehr der Platz vorhanden ist. Alle barocken Anlagen wurden später abgetragen und der Park im englischen Stil neu angelegt, so daß heute von dem sehr bedeutenden Barockgarten, an dessen Gestaltung u.a. Welsch, Küchel, Neumann und eine Reihe von Kunsthandwerkern beteiligt waren, nichts mehr erhalten ist.
Das Schloß in Pommersfelden, welches schon während des Baues die Aufmerksamkeit sämtlicher damals an Architektur interessierter Kreise in nah und fern auf sich zog, wurde erst recht nach seiner Vollendung weithin berühmt. Hildebrand sah es 1719 und zollte großes Lob und selbst Boffrand aus dem oft so ängstlich imitierten Frankreich, fand große Worte des Lobes für das Treppenhaus. Tiepolo kam aus Würzburg und auch fürstlicher Besuch stellte sich bald ein. 1730 der Soldatenkönig Friedrich Wilhelm I. mit seinem Sohn Friedrich II. und 1735 die Markgräfin Wilhelmine von Bayreuth und ihre Schwester, die Markgräfin von Ansbach, welche sich, trotz Tadels über das ihrer Meinung nach zu protzige Schloß, hier öfters einfanden und einen regen geselligen Verkehr pflegten.
In Reise- und Kunstpublikationen, so den Berichten des Barons von Pöllnitz und dem Stichwerk Salomon Kleiners, fand das Schloß mit seinen Schätzen überall Verbreitung und Anerkennung.
Aber auch kriegerische Ereignisse, Einquartierungen, Durchmärsche und dabei auch Plünderungen, haben die Pommersfelder Sammlungen über

sich ergehen lassen müssen und nicht immer unbeschadet überstanden. In der Romantik war es beliebtes Ausflugsziel für Künstler und Dichter. Wackenroder, E.T.A. Hoffmann und Boisserée reisten hierher. Die bedeutende Galerie wurde weiter bekannt als eine Reihe von Bildern im Auftrage anderer Fürstlichkeiten kopiert wurden. Viele Maler wohnten zu diesem Zwecke zeitweise in Pommersfelden, unter ihnen auch der Spätromantiker Karl Spitzweg.

Heute ist das Schloß wieder Anziehungspunkt für viele Tausende, die als Touristen oder sachverständige Kunsthistoriker hierher reisen. 1968 führte die Familie in einer großen Ausstellung, zu der auch ein umfangreicher Katalog erschien, viele sonst verborgenen Kostbarkeiten der Öffentlichkeit vor und seit vielen Jahren wird im Sommer das Haus, dank der Initiative des Schloßherren, für mehrere Wochen mit besonderem Leben erfüllt, wenn das 1958 vom Hausherrn gegründete Collegium Musicum hier über nahezu zwei Monate junge Künstler arbeiten und proben läßt, um der Öffentlichkeit die Ergebnisse ihrer Arbeit in einer Reihe von Orchester- und Kammerkonzerten vorzuführen. Für diese einmalige Form der Gastlichkeit und diesen so gelungenen Versuch, außerhalb der den Bau durchströmenden Touristenmassen, einen sinnvollen Inhalt für das heute in diesem Ausmaß allein lange nicht mehr bewohnbare Schloß zu finden, dazu die von hier gegebene Möglichkeit, im Erdgeschoß Ausstellungen organisieren zu können, gebührt der Familie des Besitzers großer Dank. Idealere Verwendung kann heute ein Haus, das nicht mehr allein bewohnt werden kann, wohl kaum finden.

17 Forchheim

Kaiserpfalz, Kreis Forchheim

Das Gebiet Forchheims war, wie wir aus Grabungsfunden wissen, schon in vorgeschichtlicher Zeit besiedelt. Bekannteste Anlage dieser Zeit ist die Fliehburg auf der Ehrenbürg, östlich der Stadt am Beginn des Wiesenthales gelegen. An der Stelle der Stadt ist spätestens seit etwa 1000 vor Christus eine Siedlung anzunehmen und durch Funde gesichert. 1000 Jahre später findet sich eine spätkeltische Siedlung nach Südosten ausgedehnt und für das 6. Jahrhundert wird ein fränkisches Kastell auf dem linken Regnitzufer vermutet. Es folgt ein Königshof als Vorläufer der Pfalz etwa im 8. Jahrhundert und mit der Pfalz beginnt die Baugeschichte der heute noch Kaiserpfalz genannten ehemaligen Bischofsburg. Die Lage an der wichtigen Straße Magedeburg—Regensburg und im Grenzbereich zu den Slawen gab Forchheim von vornherein einen bedeutenden Rang im frühen Mittelalter.

Wie Kronach im Norden, bildete Forchheim im Süden den Vorposten des hochstiftischen Territoriums und sicherte so die Residenzstadt ab. Die Befestigungswerke des noch vor 1300 zur Stadt erhobenen Forchheim zählten später zu den modernsten im Reiche und gaben dem Ort in den Markgräflerkriegen, 30jährigem und 7jährigem Krieg eine bedeutende Rolle.

Seit Beginn des 14. Jahrhunderts hatte es eine geschlossene Stadtmauer besessen, die aber den Anforderungen der Zeit nicht mehr gewachsen war. Im 16. Jahrhundert, bei der Einnahme während des 2. Markgräflerkrieges durch die Truppen von Albrecht Alcibiades, zeigte sich deutlich ihre veraltete Konzeption. Der Bamberger Bischof Weigand von Redwitz war trotz lebhaftesten Drängens des Festungskommandanten Claus v. Egloffstein nicht geneigt gewesen, Verbesserungen vorzunehmen, was dann zur erwähnten Einnahme der Stadt führte. Erst als dieser mit seinem Abschied drohte, mußte der Bischof dem Drängen nachgeben. Italienischem Vorbild folgend, wurde Forchheim nun als eine der ersten Festungen dieser Art in Deutschland errichtet. Seit 1552 begannen die Baumaßnahmen. Die ganze Stadt wurde unter wesentlicher Erweiterung der Fläche von dem Mauerzug umgeben, dessen Reste wir heute noch sehen können. Das Material kam z. T. aus dem Abbruch von der Stadtmauer und Schloß Scharfeneck in Baiersdorf. Für diese Arbeiten wurden bedeutendste Bauleute der Zeit beschäftigt, so der Nürnberger Paul Beheim, der Steinmetz Mailik und Erasmus Braun. Die moderne Konzeption der Anlagen sicherte Forchheim bis in den 30jährigen Krieg den Rang einer fast uneinnehmbaren Festung. Im 17. Jahrhundert wurden weitere Festungswerke hinzugefügt und im 18. Jahrhundert waren wiederum sehr bekannte Baumeister wie Neumann (der ja zuerst Festungsbaumeister war) und Welsch an den Arbeiten beteiligt. Ausschmückungen erfolgten von bedeutenden Bildhauern, so ist auch Ferdinand Dietz' Tätigkeit nachgewiesen. Das 19. Jahrhundert brachte für die alten Bauten mehr Verlust an Substanz als die gesamten Jahrhunderte vorher. 1838 wurde der Status Forchheims als Festung aufgehoben. 1874 begann die Zerstörung. Aus dieser Zeit gibt uns eine große Sammlung von Aquarellen des Malers Michael Kotz in der Kaiserpfalz noch einen Eindruck der alten Anlagen, welche ehemals in ihrer Art einzig in Süddeutschland waren.

Gouache von
Carl August
Lebschèe

In diesem Festungswerk bildete die Kaiserpfalz, oder besser gesagt bischöfliche Burg, ein Glied. Sie lag, wie die Residenzen so vieler Landesherren am Rande der Stadt.
Die Geschichte der ehemaligen Kaiserpfalz Forchheim reicht in die Anfänge fränkischer Kolonisation, in die Zeit Karls des Großen zurück. Die erste Nennung erfolgte 805. Im 8. Jahrhundert befand sich in Forchheim ein erster Königshof. Die Errichtung einer befestigten Anlage an dieser Stelle wird aber erst für das 9. Jahrhundert angenommen. Der Platz sah im Laufe des Mittelalters, vor allen Dingen zu Anfang, eine Reihe bedeutender Reichsversammlungen und Reichstage. So erfolgte hier u.a. die Wahl Ludwigs des Kindes und Konrad I. zum deutschen König sowie Rudolfs v. Schwaben zum Gegenkönig. Wichtige Entscheidungen fielen für die deutsche Geschichte in dieser Pfalz und sie diente oftmals Königen und Kaisern als Aufenthalt. Zum letzten Male erlangte sie weit überregionale Bedeutung mit der Absetzung König Wenzels von Böhmen, des Sohnes Karl IV. Der ersten Anlage eines befestigten Amtshauses folgte ein weiterer Bau. Vermutlich errichtete Bischof Otto, der Pommernapostel, anstelle eines wahrscheinlich bereits verfallenen Hauses eine dritte Anlage. Inzwischen war also aus der Pfalz ein bischöfliches Absteigequartier geworden. Sie ging im Rahmen der Schenkungen Kaiser Heinrichs 1007 an das neu gegründete Bistum Bamberg. Aus bischöflichem Besitz muß sie dann an die Herren von Wiesenthau, welche ihren Hauptsitz in dem benachbarten, gleichnamigen Schloß hatten, gekommen sein, von denen es dann Bischof Lambert von Brunn erwarb. Mit ihm beginnt die Baugeschichte des Teiles, den wir heute vor uns haben. Er errichtete eine völlig neue

Burg, und sein Wappen schmückt heute noch die Hauptfront des Hauses. Dieser Wohnbau stand früher mit der 1377 erstmals genannten Marienkapelle durch einen Gang in Verbindung.
Auf die Bauperiode unter Fürstbischof Lamprecht v. Brunn folgen in der nächsten Zeit nur kleinere Veränderungen. 1526 wird der Schultheißenkeller eingewölbt und 1538 baut man neue Stallungen. Weiter werden 1545 eine Badestube errichtet und im folgenden Jahr — leider — zwei gotische Erker an der Kemenate, dem stadtzugewandten Hauptgebäude entfernt. Dies hat bestimmt nicht zur Belebung der eher eintönigen Fassade beigetragen. Erst die Errichtung der Festungswerke ab 1552 gibt willkommene Gelegenheit, in einer Zeit allgemein regester Bautätigkeit im Hochstift, auch an der Bischofsburg einiges Wesentliche zu ändern. Als erstes wird der westlich abschließende Graben zugeschüttet. Im Zuge dieser Arbeiten entsteht dann 1558 ein völliger Neubau des Schultheißenflügels in seinem Nordabschnitt. Er wird im folgenden Jahr durch einen Fachwerkgang auf der Nordmauer mit der Kemenate verbunden. Der Südtrakt des Schultheißenbaues erfährt dann 1566/67 eine Erneuerung. Hier wie auch an der Stadtmauer ist als Steinmetz der ebenfalls in Kronach nachweisbare Jacob Mailik tätig. Die anschließende Südmauer wird, wie ihr nördliches Gegenstück, nun ebenfalls mit einem Fachwerküberbau versehen und als Ersatz für die geschlossene alte Nordeinfahrt nun im Süden ein Tor eingebrochen. Zum Abschluß kommt der Hauptbau, die alte Kemenate, an die Reihe. Der Treppenturm entsteht und das Parterreportal. Der Stilunsicherheit der Zeit entsprechend, wird im Erdgeschoß ein gotisches Gewölbe eingezogen und das alte der bischöflichen Hauskapelle im Obergeschoß abgebrochen. Die Fassade erfährt eine Umgestaltung im Sinne der Renaissance durch den Einbau der heute noch vorhandenen Fenster.
Auch in der folgenden Zeit findet die bischöfliche ehemalige Burg als Absteigequartier Verwendung für den Landesherren. Vogel schafft 1686 eigens für dessen Zimmer eine Stuckdecke, die aber verlorenging. Um 1700 erfolgt der Ausbau des dem Hauptbau hofseitig vorgelagerten Teiles auf zwei Geschosse. Der alte Stufengiebel muß in der Mitte des Jahrhunderts dem jetzigen Walmdach weichen und 1768/69 ersetzt man die Holzzugbrücke durch eine Steinbrücke. Mit dem Heimfall der bischöflichen Burg im Zuge der Säkularisation an den Staat, setzte auch die Bautätigkeit aus. 1817 wird zwar noch die Hoffront am Südteil des Schultheißenbaues renoviert, aber mehr geschah nicht. 1895 wird als letzte Baumaßnahme das Amtsgericht, anstelle des unter Fürstbischofs Adam v. Seinsheim errichteten Barocktraktes, aufgeführt. Erst die Errichtung eines Heimatmuseums in der sogenannten Pfalz brachte eine

eingehende Restaurierung. In den Jahren 1909/10 wurde innen die gesamte Anlage instandgesetzt und 1912/13 das Äußere. Seither birgt der Bau der Kemenate ein umfangreiches Museum, dessen Inhalt die Geschichte der Stadt und der Umgebung lebendig werden läßt. Nach Neuordnung des Museums in den letzten Jahren zeigt es uns heute in übersichtlicher Form bei der Vor- und Frühgeschichte beginnend bis ins 19. Jahrhundert Erzeugnisse verschiedenster Art aus Forchheim und dem Kreis. Von besonderer Bedeutung sind hier die Funde, welche man auf dem Walberla oder Ehrenbürg gemacht hat, einer Fliehburg aus frühgeschichtlicher Zeit, deren gewaltige Wallanlagen heute noch erkennbar sind.

Das Museum nimmt heute die drei Geschosse der ehemaligen Kemenate ein. In den anderen Flügeln sind Wohnungen und die Landpolizei untergebracht. Die Haupträume der bischöflichen Wohnung können somit besichtigt werden. Ihre großzügigen Ausmaße lassen den Besucher schon vermuten, daß es sich hier nicht um das gewöhnliche Haupthaus einer Burg handelt, sondern um die Wohnung eines Landesherren. Das Parterre wird von zwei großen Säulen eingenommen. Die Decke des ersten Raumes ist von einem gewaltigen Unterzug getragen, auf den sich die herrliche Spunddecke stützt.

Der anschließende Saal mit seinem gotischen Gewölbe des frühen 17. Jahrhunderts kann als der harmonischste Raum der Gesamtanlage betrachtet werden. In ihm finden wir noch Reste spätgotischer Wandmalereien. Sie wurden bei der Einrichtung des Museums entdeckt. Außer einigen Figuren beinhalten diese noch Fragmente von Architekturmalerei. Unter die Schlußsteine montierte Holzplatten zeigen das Wappen des Erbauers der Gewölbe, Fürstbischof Johann Philip von Gebsattel. Das erste Obergeschoß erreichen wir über die der Kemenate in einem westlichen Anbau vorgelagerte Wendeltreppe. Auch dieses Geschoß war ursprünglich in zwei Räume eingeteilt. Es blieb aber leider nur wenig von der alten Ausstattung erhalten. Der nördliche Saal besitzt nur noch Teile der alten Holzdecke, welche wie im unteren Geschoß von einem Mittelpfeiler getragen wird. Südlich schloß sich früher die Kapelle an, deren zweischiffig gewölbte Decke eingerissen wurde. An deren Stelle traten zwei Räume mit Holzdecken. Die in beiden Zimmern erhaltenen Freskenreste stammen aus derselben Zeit wie die im Untergeschoß. Sie wurden schon 1830 entdeckt, unsachgemäß renoviert und erst 1909/10 von ihren falschen Zutaten befreit. Die Wandmalereien des nördlichen Raumes sind die Besterhaltenen. Im Südraum füllt die Fensterlaibung eine Malerei mit einem reitenden König mit Vogelschnabel, von der vermutet wird, daß sie eine Anspielung auf König

Wenzel sein soll. Die in den ersten beiden Stockwerken vorhandene Hauptunterteilung ist auch im dritten Geschoß vorhanden. Wieder ist die Decke des Nordsaales von einer großen Mittelsäule getragen. Die Fresken in Form von Renaissancebeschlagwerk stammen aus derselben Zeit, wie die Architekturmalerei des Bamberger Hofmalers Jakob Ziegler, der auch an der Ausschmückung der alten Hofhaltung dort beteiligt war. Die Südhalle ebenfalls mit Wandmalereien desselben Künstlers in den Fensterlaibungen und Umrahmungen. Ihre ursprüngliche starke Farbigkeit kommt heute leider nur noch schwach heraus. In dezenten Tönen verleihen aber die Darstellungen von Scheinarchitekturen, Biblischen Szenen, Rankenwerk und Figurengruppen den Räumen auch jetzt noch einen gewissen Reiz.
Über diesen Räumen liegt der alte Speicher. Wie die folgenden Dachböden ist er wiederum zweigeteilt.
Die ersten drei beschriebenen Stockwerke dienen heute als Museum. In den Nebentrakten sind noch einige einfache, alte Räume erhalten, z.T. mit Gewölben und alten Holzdecken. Der Innenhof beherbergt eine Sammlung von Wappensteinen und Kartuschen, die man beim Abbruch von Teilen der Stadtmauer aufgehoben hat, vertreten sind die Amtswappen der Fürstbischöfe: Voit v. Rieneck, Dernbach, Fuchs von Dornheim, Würtzburg, Zobel v. Giebelstadt und Schönborn (Lothar Franz) sowie Gebsattel.
Die an sich recht schmucklose Baugruppe erfährt eine schöne Belebung durch das Fachwerk sowie den Erker an der Giebelwand des Westflügels. Die auf der Außenseite sparsam verteilten Fenster und der tiefe mit Futtermauern versehene Trockengraben geben der Kaiserpfalz auch heute noch einen durchaus wehrhaften Eindruck.

Saal im Erdgeschoß

18 Thurn

Schloß, Kreis Forchheim

Zu den bezauberndsten barocken Miniaturresidenzen der fränkischen Reichsritterschaft zählt das Schloß Thurn bei Forchheim. Aus einer alten Burg hervorgegangen, ist es mit seinen einen kleinen Hof umstellenden Bauten ein schönes Beispiel einer Hofhaltung der auf ihre Reichsunmittelbarkeit bedachten Ritterschaft, und dazu der Versuch eines Prälaten, in seinem Privatbesitz die Bauwut seines fürstbischöflichen Herren und Taufpaten Lothar Franz v. Schönborn in bescheidenem Rahmen nachzuvollziehen. Der liebliche Charakter der ganzen Anlage wird unterstrichen durch die lebendige Farbgebung in Gelb und Weiß, welche die Gruppe der vier Einzelbauten zu einem Gesamtbild von höchstem Reiz vereint.

Hinter den barocken Mauern verbergen sich aber die Teile einer alten Burg, welche erst später diesen vereinheitlichenden Überzug erhielt.

Die Geschichte Thurns ist sehr alt. Der Name läßt den Schluß zu, daß seine Ableitung von einem Turm, einer Turmhügelburg, erfolgte. Diese älteste Form des Burgenbaues dürfte hier ihr Beispiel, vermutlich anstelle des heutigen Hauptschlosses, auf einer inmitten eines breiten Grabens oder Teiches aufgeschütteten oder aus einer Halbinsel durch Anlage eines Grabens geschaffenen Insel gehabt haben.

Thurn war wohl zu Anfang Sitz des edelfreien Geschlechtes von Heroldsbach-Sambach, das 1125 zum ersten Male auftaucht und nach 1237 erloschen ist. Nach Aussterben der Familie, oder schon vorher, muß es an das Hochstift Bamberg gelangt sein, denn im ältesten Urbar des Hochstiftes aus dem Jahre 1323/27 wird es als bambergisches Lehen aufgeführt. Es läuft anfangs auch unter dem Namen Heroldsbach. 1400 ist von einem „Sitzlein“ die Rede, was auf eine recht bescheidene Größe der Burg schließen läßt. Die Bezeichnungen von Thurn wechseln zwischen: Burggut zum Thurn und zu Heroldsbach und: Burggut in Hergelsbach zum Thurn. Immer ist aber wohl dasselbe Thurn gemeint gewesen. 1399 ist ein Teil im Besitz des Konrad Gotsmann nachgewiesen. Ein erstes Mitglied dieses Geschlechtes besaß Thurn schon 1348. 1400 und 1422 erwirbt Hermann Motschiedler aus Ebermannstadt die Hälfte, ab 1422 und endgültig 1436 ist Thurn dann aber ausschließlich im Besitz der Gotsmann. Im Hussittenkrieg scheint die Burg zerstört worden zu sein. Sie ist wohl auch kaum größer wiederaufgebaut worden, denn Lehensurkunden des ausgehenden 15. Jahrhunderts sprechen nur von einer Behausung mit Graben und Zäunen. Zwischen 1495 und 1534 werden keine Belehnungen verzeichnet. Kunstmann vermutet, daß Thurn als Pfand an Hans Tetzel zu Forchheim ging, da dieser nachweislich Ansprüche darauf erhoben hatte. Mit dem letzten Gotsmann, Hans Friedrich, kommt Thurn durch die Heirat seiner Tochter mit Heinrich von Bünau an dieses Geschlecht. Die für seine Tochter aufgenommene Hypothek von 6000 Gulden ist der Anfang vom Ende, ehe die Herrschaft der Bünau noch recht begonnen hat. Eine Rückzahlung dieser Schulden, zu der sich Bünau verpflichtet hatte, war nicht möglich. Als erstes scheiterten seine Bemühungen, in Nachfolge des Schwiegervaters dessen Lehen zu erhalten, trotz anfänglicher Zusicherung des bamberger Fürstbischofs. 1596 erfolgte der letzte abschlägige Bescheid und kurze Zeit später — vor 1602 — verkaufte Friedrich von Gotsmann Thurn an Otto-Wilhelm von Gebsattel und seinen Bruder Wolf Christoph. Nach seinem Tode sollten beide mit Thurn belehnt werden. Jedoch schon 1609 traten es die Gebsattel an die Söhne des Schwiegersohnes Bünau ab. 1609 erfolgte deren Belehnung. So hatte man den Wunsch des Bischofs umgangen.

Die nach dessen Tode fällig gewordene Neubelehnung ergab aber wieder erneute Schwierigkeiten. 1611 starb der letzte Gotsmann auf Thurn.

Das markgräfliche Amt im benachbarten Bayersdorf machte nicht viel Federlesen und besetzte kurzerhand den Ort. Wenig später machten bamberger Soldaten aus Forchheim das Gleiche und versuchten vergeblich die dortigen Untertanen in Pflicht zu nehmen. Schließlich gewährte Bamberg Ende des Jahres die Vergabe des Lehens, aber ohne die dazugehörige Pfarrei Heroldsbach, um sie den evangelischen Patronatsherren vorzuenthalten. Gegenreformation und die Ausweitung der Territorien des Hochstiftes auf Kosten der Ritterschaft bilden den Hintergrund dieses Geschehens.
Mit der Belehnung war eine erneute Schuld von 6000 Gulden auf Thurn geladen. Die anderen 6000 Gulden mußten für die Belehnung zurückgezahlt werden. Eine weitere Schuld wurde 1623 aufgenommen von Wilhelm v. Streitberg auf Ahorn. Vorerst waren es wiederum 6000 Gulden. Schon 1626 erhielten die Bünau vom selben Leihgeber 10000 Gulden gegen 6% Zinsen. Inzwischen wurde für 12000 Gulden Thurn an Wilhelm v. Streitberg verpfändet, sollte aber innerhalb drei Jahren wieder ausgelöst werden. Dies geschah ebensowenig, wie die Schulden zurückgezahlt wurden. Die Dauer der Verpfändung wurde zum zweiten Male, nun auf sechs Jahre, verlängert und das Darlehen auf 30000 Gulden erhöht. Aber noch im selben Jahre dieser Regelung erfolgte der Verkauf an die Streitberg. Diese bekamen aber Thurn nicht zu Lehen, obwohl sie mehrmals darum nachsuchten. So findet sich die kuriose Besitzstruktur, daß es im Besitze der Streitberg Lehen der Bünau war. Die Tochter des Wilhelm v. Streitberg, der Thurn erworben hatte, brachte es in die Ehe mit Christoph Ludwig v. Schaumberg. Dessen eine Tochter heiratete ein Mitglied der Muffel v. Ermreuth, die andere war mit Georg Enoch v. Guttenberg verheiratet. Der Besitz kam im Tausch zwischen den beiden Schwägern an die Guttenberg.
Im 30jährigen Krieg hatte Thurn, wie die ganze Gegend, unsagbar viel zu leiden und Georg Ennoch v. Guttenberg hat wohl nur eine Ruine übernommen. Trotz des inzwischen mehrfach erfolgten Besitzerwechsels, waren noch 1648 die Bünau mit diesem Gut belehnt worden. Von 1652 bis 1677 dauerten nun die Verhandlungen, in denen es darum ging, ob die Bünau das offiziell als Pfand geführte Thurn wieder auslösen wollten oder nicht, und ob nun endlich die Guttenberg als Lehensinhaber eingesetzt werden konnten. Die Bünau ließen sich immer neue Ausreden einfallen, um die Entscheidung hinauszuzögern, bis endlich nach 25 Jahren die Einsetzung der Guttenberg in ihre Lehen erfolgte.
Während dieser Zeit verfiel die Ruine weiter. Auch die restlichen noch bewohnbaren Teile stürzten zusammen. Das ganze Besitztum muß einen kläglichen Eindruck gemacht haben. Wir hören von Wölfen, die den

Ort bedrohten, dem Überhandnehmen von Schwarzwild, ein Stück soll 1657 die gesamte Weinernte vernichtet haben. Die im Krieg verödeten Höfe wurden nur langsam wieder aufgebaut und aus den sehr bescheidenen Einnahmen konnte man nur mühsam einige Bauarbeiten am Schloß durchführen. Ab 1665 konnte man dann an den planmäßigen Wiederaufbau gehen. Auch die Wirtschaftsgebäude, wie Schäferhaus und Viehhof, wurden neu errichtet oder ausgebessert. Der notdürftig wiederhergestellte Besitz mußte schon 1675 wieder Einquartierungen und Verlust der Vorräte hinnehmen. Der Schwiegersohn Georg Enochs v. Guttenberg, Friedrich Wilhelm v. Schönfeld, übernahm ihn 1679 nach dem Tode seiner Schwiegermutter, und wurde 1680 damit belehnt. Zu der Zeit war der Wiederaufbau abgeschlossen und es wurden außerdem ein Kellerhaus und ein Brauhaus eingebaut.

1747 war auch die Zeit der Schönfelds in Thurn abgelaufen. Sie verkauften es an den bamberger Domkapitular Lothar Franz Horneck v. Weinheim. Das Geschlecht stammt aus der Rheinpfalz und gehörte zur mittelrheinischen Reichsritterschaft. Der Weg der Horneck — deren verwandtschaftliche Beziehungen vor allem zum Oberrhein bestanden — nach Franken führt über die Voit v. Rieneck. Adam Dietrich, Voit v. Rieneck, heiratete, nachdem er als Domherr von Würzburg und

Salon im zweiten Stock

Bamberg resigniert hatte, 1668 Maria Elisabeth Horneck v. Weinheim, deren jüngster Bruder Johann Philipp wurde sein Nachfolger in Bamberg, resignierte nach dem Tode seiner älteren Brüder ebenfalls, heiratete Maria Margaretha v. Eyb und wurde der Vater der Erbauer von Thurn. Durch fränkische Verwandtschaft haben die Horneck damit sehr schnell in Franken Fuß gefaßt. Ihnen verdankt Thurn heute sein bezauberndes Aussehen, das es zu einem Schmuckstück der süddeutschen Rokokoarchitektur macht.

Eine Bestandsaufnahme aus dieser Zeit verzeichnet neben dem Schloß mit Ringmauer, ein Brauhaus, Heuscheuer, Bauernhaus, Schafhaus und Schafstall sowie ein Jägerhaus. Auch der bereits erwähnte Weinberg wird wieder aufgeführt unter den dazugehörigen Ländereien. Der Weinbau wurde in dieser Gegend auch z.B. in Reuth östlich Forchheims intensiv betrieben.

Zuerst wurde Thurn nur weiter renoviert. Die grundlegende Umgestaltung erfolgte erst unter dem Domdechanten Lothar Franz Philipp Wilhelm Horneck v. Weinheim. Bereits 1728 hatten die Schönfeld den alten Torturm hinter der Brücke verändert und auch die Bauten, welche an den Nordpavillon, als Abschluß der Burg und vermutlich deren ältesten Teil, angrenzen, umgebaut. Der jetzige Plan gestaltete die unregelmäßige Anlage soweit es möglich war zu einem symmetrischen Komplex, dessen Haupt- und Einfahrtsseite nach Süden zu ihr Gegenspiel in den einen Hof umstehenden Nebengebäuden fand. Ein Unbekannter aus der Umgebung Küchels — Küchel entwarf, mit Sicherheit, nur den Gartenpavillon — ist der Schöpfer des Schloßumbaues, der nicht mehr in erster Linie barocke Repräsentation wie etwa — als Beispiel auf gleicher Ebene — Reichmannsdorf verfolgt, sondern den intimen Wohncharakter eines Landschlosses des Rokoko, Refugiums von der lebhaften Residenz, anstrebt. Thurn sollte seinem geistlichen Herren Rückzug und Entspannung bieten. Hier wollte er mit seinen Gästen unter sich sein, Theatervorführungen veranstalten und keinen aufwendigen Prunk betreiben. Schon das Treppenhaus, im Barock Ausdruck größter Prachtentfaltung, und in dem bereits zitierten Reichmannsdorf ein für reichsritterschaftliche Verhältnisse einzigartig aufwendiger und großartiger Raum, ist hier eher eine Stiege, als ein auf Wirkung berechneter Raum, bescheiden an die Seite gerückt und erst durch neuere Umbauten wenigstens im Parterre zu einer größeren Halle gestaltet.

Die einschneidendste Veränderung für die alte Burg war wohl die Schaffung der Hauptfront. Unter Verwendung des alten Turmes wurden beiderseitig dreiachsige Flügel angesetzt. Lisenen, geohrte Fenstere-in-

Hoffront mit Brücke

fassungen, am Turm Gesimse, und durch Einbeziehung eines Oberlichtes vergrößerte Fenster, bilden den einzigen Schmuck der harmonischen Fassade. Über dem Mittelteil aber erhebt sich im Anschluß an ein geschwungenes Giebelfeld eine Zwiebelkuppel, deren Form in die Ruhe der Front einige Bewegung bringt. Als nächstes wird die unterschiedliche Baugruppe im Osten der Schloßinsel in ein einheitliches Gewand gesteckt. Die drei Bauten, welche aus dem eigentlichen Turm im Norden, einem länglichen Verbindungstrakt, der um vier Meter vorgezogen wird, und einem südlich anschließenden Haus, welches an den Torturm anschloß, bestanden, erhalten einen barocken Überwurf. Trotzdem ist die Unterschiedlichkeit nicht zu verbergen. Im Parterre zeigen die wenigen unregelmäßigen Fenster der Ostfront noch heute an, daß ein alter Wehrbau im Kern steckt. Vom Aussehen eines weiteren Bauteiles, welcher vielleicht seit der guttenbergischen Zeit dem Komplex eine annähernde Hufeisenform gegeben haben mag, können wir nur vermuten. Er stand nordwestlich an den Torturm angeschlossen und diente als Amtshaus. Vor etwa 100 Jahren wurde er abgebrochen. Der Umbau des Schlosses ist in den Jahren 1754—56 recht zügig vonstatten gegangen. Der Einbau der schönen Schloßkapelle erfolgte zur selben Zeit, wie man auch die anderen Innenräume gestaltete.

Der zweite Bauabschnitt galt der Schaffung eines würdigen Gegenüber für das Schloß. Zuerst wird vermutlich das einfach gehaltene Wirtschaftsgebäude im Osten aufgeführt bzw. wahrscheinlich unter Verwendung alter Reste umgebaut worden sein. Es ist der schmuckloseste Bau der Gesamtanlage. 1758 entsteht gegenüber dem Schloß das kleine Gärtnerhaus mit einem geschwungenen doppelten Giebelbogen, der die Uhr und eine Glocke aufnimmt. Die Gliederung der Fassade ist einfach aber wirkungsvoll. Den Abschluß bildet 1766 das wohl beste Bauwerk in Thurn und zugleich eines der entzückendsten Gartenhäuser des deutschen Barock und Rokoko. Der eingeschossige Pavillon mit einem kräftigen Walmdach weist zum Hof hin eine relativ einfache Fassade von fünf Achsen auf. Das Dach erscheint uns heute völlig recht am Platze. Sein ursprüngliches Aussehen muß aber noch um Vieles eleganter gewesen sein. Über dem Saal erhob sich ein zeltähnliches Kupferdach und die beiden flachgedeckten Seitenkabinette hatten als Abschluß ein Attikageschoß mit von Urnen überragten Balustraden. Aber schon 1777 mußte diese scheinbar sehr anfällige Konstruktion dem jetzigen Dach weichen, das vielleicht doch nicht ganz der eleganten Führung des Unterbaues entspricht. Der Mittelteil der Hofseite wird nur durch Lisenen schwach betont. Auf der Gartenseite hingegen wird er um ein Stück hervorgerückt und seine Wirkung durch Pilaster mit abschließen-

den ionischen Sandsteinkapitellen und einem reichen Blüten- und Früchtekorb, in angedeutetem Giebelfeld, über dem Portal vergrößert. Hofseitig ist dies alles wesentlich bescheidener. Im Inneren nimmt der Mittelteil mit drei Achsen einen eleganten Gartensaal auf, feine Blumenstukkaturen und in den Ecken die Figuren von Paris, Aphrodite, Hera und Athena verleihen dem Raum einen festlichen Charakter. Von den beiden kleinen, anstoßenden Kabinetten nimmt eines einige Barockmöbel, Kamin und einen großen Spiegel zum Teil mit alter, farbiger Fassung auf. Von dem sich westlich ehemals anschließenden Gartenparterre ist heute nicht mehr viel erhalten. Der reiche Figurenschmuck von Ferdinand Tietz und seiner Werkstätte findet sich zum Teil in Museen, manches wurde zerstört oder kam anderswie abhanden. Wir wissen von annähernd 24 Figuren die 1762, teilweise aus Seehof, nach Thurn kamen und der Hand der Ferdinand Tietz und Bonaventura Joseph Mutschele entstammten. Weitere Balustraden und Brunnen sind sicher gefolgt, ebenso wie zu der Zeit übliche Labyrinthe und ähnliche Belebungen zum Vergnügen der Gäste angelegt wurden.
Die englische Anlage nahm ihren Anfang zu Ende des 18. Jahrhunderts unter dem Oberhofmarschall Anton Joseph Horneck von Weinheim. Grotten, ein Badehaus, eine Pyramide, Ruinen und schließlich sogar eine Eremitage entstanden. Heute bietet das barocke Parterre einen zwar immer noch reizvollen, aber etwas bescheidenen Anblick, der in keinem Verhältnis zur bedeutenden Architektur steht. Eine Reihe von Gartenarchitekturen, unter anderem ein kleines Theater, sind heute leider auch verschwunden. Vieles wird man wohl der Anlage des großzügigen englischen Landschaftsparkes zuschreiben müssen, welcher aber in der Folgezeit ebenfalls verwilderte.
Von den Horneck v. Weinheim kam Thurn in der Folgezeit an die Freiherren Sturmfeder v. u. z. Oppenweiler, die sich ab 1904 Sturmfeder-Horneck nannten. Die Schwester des ersten Freiherren v. Sturmfeder-Horneck heiratete Ludwig v. Brandt gen. Flender, die Kinder führten dann ab 1924 den Namen Sturmfeder-Brandt. Seine älteste Tochter heiratete einen Grafen v. Bentzel zu Sternau und Hohenau aus ursprünglich schwedischem Geschlecht. Sein Sohn ist heute Besitzer des Schlosses. Die letzten zwei Generationen haben sich in vorbildlicher Weise für die Erhaltung des Hauses eingesetzt und die gesamte Anlage grundlegend und ausgezeichnet restauriert. Der englische Park erfährt heute eine teilweise Wiedergeburt bei den Vorbereitungen für die Schaffung eines Freizeitgeländes in der Umgebung des Schlosses. Im Inneren wurden unter großem Aufwand, beraten von guten Fachleuten, Räume und Inventar restauriert und bieten ein selten gepflegtes Bild. Eine Fülle

Salon im ersten Stock

außergewöhnlich guter kunsthandwerklicher Erzeugnisse, welche in allen Räumen ihre Aufstellung gefunden haben, vermittelt den Eindruck einer nahen Verbindung zu guten Künstlern, die im Auftrage der Schloßherren viele Stücke für eines der schönsten oberfränkischen Barockinterieurs schufen.

Ein besonderes Kleinod ist die um 1770 entstandene Rokokobibliothek im 2. Stock des Turmes mit ihren reich geschnitzten Schränken und die kürzlich restaurierte Kapelle, welche die ersten beiden Geschosse westlich vom Tor einnimmt.

Sie dürftc, wie alles andere an Entwürfen, für das Schloß wohl auch von einem Künstler aus der Umgebung Küchels stammen. Ein reicher Ädikulaaltar wird an beiden Seiten von den Heiligen Willibald und Otto begleitet. Den Stiftern des Bistums Bamberg, dem Kaiserpaar Heinrich und Kunigunde, sind zwei Reliefs als Supraporten neben dem Altar gewidmet. Als Künstler kommt, wie für alle anderen Schnitzarbeiten in der Kirche, vermutlich G. A. Reuß in Frage, das Altarblatt mit dem namengebenden Heiligen Sebastian, stammt von der Hand Johann Joseph Scheubels d. Ä.

Weiter müssen im Inneren ein gänzlich mit gerahmten Kupferstichen ausgekleideter Raum von 1770 und eine größere Zahl guter Rokokostukkaturen erwähnt werden, die einer Vielzahl kleiner Räume einen besonderen Reiz verleihen. Die Schnitzereien der Bibliothek und im Bilderzimmer stammen von dem Forchheimer Martin Mayer. Erstaunlicherweise fehlt, wie ein Treppenhaus, so auch ein größerer Raum oder Saal im ganzen Haus. Es dominiert eher eine Vielzahl kleiner, intimer Kabinette, was den anfangs angedeuteten Wunsch des Bauherren nach intimen Wohnräumen und keiner großen Repräsentation zu entsprechen scheint.

So liegt heute Thurn nicht als wehrhafter Bau oder als Schloß, das uns wie Pommersfelden fast beklemmende Bewunderung abringt, vor uns, sondern versteckt sich inmitten eines großen Parkes, umgeben von vielen Teichen, als Ausdruck einer Zeit, die das stille, zurückgezogene Leben auf dem Lande zu schätzen begann und sich, überdrüssig der großen Barockpracht, nach intimen Räumen sehnte.

19 Wiesenthau

Schloß, Kreis Forchheim

Das gleichnamige Stammschloß der Freiherren von und zu Wiesenthau, welches auf den heutigen Besucher den Eindruck einer relativ einheitlichen Baugruppe macht, weist, wie die anderen Burgen der Umgebung, auch eine wechselvolle Geschichte und Baugeschichte auf. Als markanter Komplex auf halber Höhe gelegen, beherrscht es von hier aus mit seiner dreiflügeligen Anlage, deren heutiges Gepräge sie in der Hauptsache der Renaissance verdankt, den Blick vom Wiesental. Vor der großartigen Kulisse des Walberla gelegen, bilden Burg und Schloß heute einen der schönsten Landschaftseindrücke der fränkischen Schweiz. Umgeben von einem Mauerkranz mittlerer Höhe erweckt die heute leider nicht mehr sehr gut gepflegte Anlage noch immer einen imposanten Eindruck. Sie gehört zu den bedeutendsten Renaissanceschlössern des Hochstiftes Bamberg. Der Ort wird schon 1062 als Wisentouua zum ersten Male erwähnt. Vom Anbeginn seiner Geschichte ist Wiesenthau immer wieder in der Hand derselben gleichnamigen Familie gewesen, deren Geschichte sich bis ins 12. Jahrhundert zurückverfolgen läßt. 1128 ist mit einem Pero oder Bero de Wisentowe der Erste dieses Hauses, das in der Folgezeit die große Anlage entstehen läßt und ausbaut, nachgewiesen. Bis 1814 sind die Herren von Wiesenthau Besitzer, zuerst als Inhaber eines freien Eigens und dann noch vor 1383 als Lehensträger der Bamberger Bischöfe.

1379 verkauft Volland v. Wiesenthau einen Anteil an der Burg an das Hochstift Bamberg für 750 Pfund Haller. In den folgenden Jahren scheint auch der Rest unter dessen Oberhoheit gekommen zu sein, denn 1383 ist es bereits als bambergisch bestätigt. Er scheint wohl damals auch ganz in der Hand des Hochstifters gewesen zu sein, denn im Dienste Bambergs übten ein Heinrich v. Wirsberg, ein v. Nyderstein und Claus Slehenstein das Amt der Burghut aus.

Die Eroberung der ebenfalls Wiesenthauschen Burg Leupoldstein in der östlichen fränkischen Schweiz 1397 wirkte sich auch auf das Stammschloß aus. Dietrich v. Wiesenthau, der als Raubritter nürnberger Kaufleuten großen Schaden zugefügt hatte, mußte dem Hochstift seinen Teil (3/4) an seinem Stammschloß verkaufen und erst 1460 kam die Veste wieder ganz in den Besitz des namentragenden Geschlechtes. Zwischendurch waren unter anderem im Jahre 1423 Albrecht v. Egloffstein, ferner sein Bruder Hartung, mit Teilen an der Burg belehnt gewesen. Weiter sind in der Zwischenzeit als fremde Besitzer aufgeführt: Ulrich Truchsess, Kunz und Heinz Hetzeldorfer, Heinrich und Claus Slehenstein, Eberhard, Jörg, Eberhard, Heinz und Hans Haut, Peter v. Königsfeld, Kunz Fullsack und Ulrich Stieber aus Regensberg. In dieser Zeit waren aber auch immer noch Wiesenthaus an der Burg beteiligt.

Aus den Belehnungen erfahren wir von dem Bestand zweier Kemenaten, einer Mauer, eines Turmes und Grabens. Das Schloß verblieb nun längere Zeit in der Hand der Familie. Mit dem Tode Philipp v. u. z. Wiesenthaus 1657 kam die inzwischen verschuldete Burg unter Zwangsverwaltung. Schon 1644 ist ein Johann Heinrich v. u. z. Ehrenberg Besitzer von Wiesenthau und Regensberg gewesen. Nach seinem Tode im Jahre 1647 ersuchten die Erben: Johann Friedrich Zobel v. Giebelstadt, Maria Christiane v. Neuhausen, geb. Zobel v. G. und Maria Magdalene Fuchs v. Dornheim um Einsetzung in das Gut. Hans v. u. z. Wiesenthau verkaufte aber 1649 seinen Besitz Reckendorff und konnte mit dem Erlös wenigstens das Stammschloß des Geschlechtes zurückerwerben. Nun verblieb es wieder im Besitze des Hauses, bis mit Karl Anton v. u. z. Wiesenthau, Bamberger Geheimrat und Oberamtmann zu Pottenstein und Adam Friedrich v. u. z. Wiesenthau, die letzten des Geschlechtes, mit Wiesenthau belehnt wurden. Nach dem Tod des letzteren im Jahre 1814 ist dann die Familie erloschen, welche im Grunde während ihrer ganzen Geschichte nur zeitweise völlig Herr über das eigene Stammschloß war. Vor allem eine seit dem 16. Jahrhundert ständig wachsende Schuldenlast hatte den Besitz total ruiniert.

Unter vielen bedeutenden Mitgliedern des Hauses, vor allem in bamberger und markgräfler Diensten, ragen Wilhelm v. Wiesenthau, Kaiserlicher Landrichter des Burggrafentums Nürnberg, Statthalter zu Ansbach und bambergischer Oberschultheiß zu Forchheim sowie seine Söhne Wolff Christoph und Wolff Dietrich hervor. Ersterer und letzterer sind die Bauherren der heutigen Anlage. Wolff Christoph war, wie sein Vater, in Forchheim Oberschultheiß und schlug im Bauernkrieg als Brandenburg-Ansbachischer Obrist die Bauern bei Ostheim. Sein Bruder, der zweite Bauherr, ebenfalls in Bamberger Diensten, bekleidete das Amt eines Hofmarschalls und Rates, sowie Pflegers zu Giech und Scheßlitz.

Der Sohn des zweiten Bauherren von Wiesenthau fügte dann den Erwerbungen seines Vaters — Hagenbach und Rüssenbach — zwar noch Unterweilersbach hinzu. Aber schon Anfang des 17. Jahrhunderts zeichnete sich der endgültige Niedergang ab. Es begann mit zwei Darlehen in den Jahren 1601 und 1604 in Höhe von 1500 und 2000 Gulden. 1608 folgten weitere 3000 Gulden, ein Jahr später erneut 2500 Gulden. Damals konnte man als Sicherung noch die Güter Schlaifhausen, Gosberg, Pinzberg, Niedermirsberg, Neuses und Poppendorf angeben. Aber nicht nur vom Hochstift, sondern auch von den Herren der Umgebung wurde geliehen. 1611 4000 Gulden von den Künßberg auf Wernstein. Schon im folgenden Jahr waren weitere 2000 Gulden an der Reihe, das Juliusspital Würzburg gab 2500 Gulden. Nun waren im Jahre 1612 die Schulden, deren Beginn schon 1573 liegt — vielleicht hatte man sich durch die ungewöhnlich großen Umbauten finanziell übernommen —, auf die ungeheuere Summe von 42200 Gulden angewachsen. Aber damit war das Ende noch nicht da. 1622 wurden erneut 20000 Gulden aufgenommen und dafür Schloß Wiesenthau mit erheblichem Besitz an Johann Heinrich v. Ehrenberg verpfändet. 1625 wurde die Hypothek in einer Höhe von 10000 Gulden erneuert. Die Situation war so ausweglos, daß Philipp v. u. z. Wiesenthau 1632 den Bischof Franz v. Hatzfeld um Übernahme seiner Schulden gegen eine geringe jährliche Leistung bat. Die Beschlagnahme nach seinem

Federzeichnung von Ch. Wilder 1803

Tod war unvermeidbar. Julius Fuchs v. Dornheim wurde der Verwalter im Jahre 1642, und zwei Jahre später ist der Hauptgläubiger Johann Heinrich v. Ehrenberg im Besitze von Wiesenthau. Erst 1649 kam es wieder in Wiesenthausche Hände, einer anderen Linie. Es war nurmehr ein kläglicher Rest des ursprünglichen Besitzes vorhanden. 1613 hatte man Dietzhof veräußert, es folgten 1626 Peulendorf, Besitz in Pretzfeld, Reifenberg, Neuses, Poxstall, Niedermirsberg, Oberweilersbach, Mittlerweilersbach, Unterweilersbach. Dazu wurde das Schloß durch Besatzung und Plünderung arg in Mitleidenschaft gezogen. Dies alles führte nur zu einer Verschlimmerung der Lage. 1666 mußte Regensberg verkauft werden. Aber noch 1708 betrugen die Schulden 10700 fl. und stiegen in den folgenden Jahren erneut bis 1730 auf 24475 fl. Die Schulden aus dem Beginn des 17. Jahrhunderts an das Juliusspital, die v. Egloffstein und den würzburger Rat Fabrizius, waren auch noch nicht zurückbezahlt, ebenso die bei den Groß v. Trockau. Zinsen und Aussteuerkosten vermehrten, wie schon in den letzten 160 Jahren, die drückende Last weiter. 1753 wurden dazu weitere 6000 Gulden beantragt und 1767 mußte das Gut, nun zum zweiten Male, unter Zwangsverwaltung gesetzt werden.

So endete die Geschichte des Hauses sehr unrühmlich und das sonst so baufreudige 18. Jahrhundert mußte sich hier auf wenige, nicht gerade vorteilhafte Baumaßnahmen beschränken. 1805 fiel Wiesenthau, wie das ganze Hochstift und alle ritterschaftlichen Gebiete, an Bayern, wurde 1806 Sitz eines Patrimonialgerichtes und ging 1814 nach Aussterben des Geschlechtes als heimgefallenes Lehen an den König von Bayern.

Als Mitglieder der freien reichsunmittelbaren Ritterschaft im Kanton Gebürg hatten die Wiesenthau die Herrschaft über ein reichsunmittelbares Territorium gehabt. In dieser merkwürdigen Zwischenstellung der Staatlichkeit, die für eine sehr bunte Ausprägung der Landkarte Frankens zu Ende des 18. Jahrhunderts sorgte, war es bis zum Ende des alten Reiches, dem auch schon 1814 das Ende dieses einstmals sehr bedeutenden und wohlhabenden Geschlechtes folgte, verblieben. Als Nachfolger kamen zuerst 1819 die Freiherren von Sturmfeder-Horneck aus dem benachbarten Thurn, die es etwa 100 Jahre in Besitz hatten. Etwa 20 Jahre lang befand es sich dann in den Händen des kath. Frauenvereines. Die inzwischen stark heruntergekommene Anlage erwarb schließlich Architekt Bruno Schneider aus Nürnberg, der mit großem Aufwand, vielleicht nicht immer gut beraten, versuchte, das inzwischen verwahrloste Schloß wieder herzurichten. Aber ihm ist zu danken, daß das Haus nicht mehr verfiel. Dann gehörte es dessen Erben und wurde 1972 verkauft.

Ob mit der frühesten Geschichte des Geschlechtes der Herren v. u. z. Wiesenthau auch schon ein erster Burgenbau verbunden ist, bleibt völlig ungewiß. Sicher ist nur, daß Teile der heutigen Anlage lediglich frühestens bis ins Spätmittelalter zurückreichen. Der Südflügel, dessen Äußeres recht einheitlich ist, hat in sich noch wesentliche Teile eines Vorgängerbaues vom 14. Jahrhundert, dessen Form, Größe und Aussehen aber heute nicht mehr rekonstruierbar ist.

Man kann mit ziemlicher Sicherheit aus den überlieferten Unterlagen schließen, daß die Burg in den Hussittenkriegen zerstört worden ist. Der Bauernkrieg brachte, wie fast überall, ebenfalls eine weitgehende Zerstörung der ersten Anlage, die um einen Hof gruppiert, vier Flügel aufnahm und im Westen am Zugang durch einen Turm gesichert war. Die Schäden beliefen sich auf 1400 Gulden. Ein damals schon bestehender Westflügel und der älteste Teil, welcher im heutigen Südflügel aufgegangen ist, brannten total aus. Schon bald darauf erfolgte der großzügige Wiederaufbau in zwei Abschnitten, dem wir die heutige Gestalt der Anlage verdanken. Die damals im Hochstift in Diensten stehenden Künstler Paulus Behaim als Baumeister und Jacob Mailik als Steinmetz, können mit größter Wahrscheinlichkeit für die Urheber dieser eindrucksvollen Renaissancebaugruppe gelten.

Als erstes wurde der Haupttrakt im Süden neu errichtet, oder besser wieder hergestellt. In diesen Bauabschnitt gehört ebenfalls der Aufbau des Westflügels mit nordwestlichem Turm und südwestlichem Eckturm. Diese Arbeiten fallen in die Zeit um 1529.

Die zweite große Bauperiode von 1560–66 brachte den Aufbau des äußeren Mauerringes mit dem Tor, welches die Jahreszahl 1564 trägt und einen weiteren grundlegenden Umbau. Diese Zeit der Blüte des Geschlechtes der Herren v. u. z. Wiesenthau erforderte auch in zunehmendem Maße mehr ein Wohnschloß, als eine Burg. Beides wurde hier in selten gelungener Weise vereint. Dem Repräsentationsbedürfnis eines stolzen, reichsunmittelbaren Rittergeschlechtes entspringt die Errichtung des Ostflügels mit einem großen Saal, welcher das ganze obere Stockwerk einnimmt und in seiner Größe, vor allem unter den anderen ritterschaftlichen Häusern der Umgebung, nur wenige entsprechende Bauten haben dürfte. Als Zugang wurde eigens ein Turm mit Wendeltreppe im Nordwesten des neu entstandenen Osttraktes angefügt. Der schon bestehende nordöstliche Turm wurde als Raum mit in den Saal, dessen weite Fläche von drei Seiten durch Fenster beleuchtet wird, einbezogen. Das 18. Jahrhundert zerstörte leider im Inneren teilweise die großzügige Raumkonzeption der Renaissance mit großen Hallen und Gängen mit schönen Holzsäulen. Viele Zwischenwände wurden eingebaut und verdeckten manche hübsche Decke und andere Holzkonstruktionen. 1786 wurde dann das kleine Pförtnerhaus im Südwesten des Burghofes ausgebaut und damit die letzte erwähnenswerte Bauleistung der Herren von Wiesenthau vollbracht. Der immer stärker sichtbar werdende Abstieg hatte das Geschlecht seit der Blüte im 16. und 17. Jahrhundert verfolgt und sich auf dessen Tätigkeit auch auf dem Baugebiet lähmend ausgewirkt.

Heute liegt die Burg immer noch als imposante Baugruppe vor uns. Die dreiflügelige Anlage wird eingerahmt von fünf Rundtürmen mit Kegeldächern oder geschweiften Hauben, die der Silhouette ein sehr reizvolles Bild geben. Diese Türme waren bei der noch halb als Burg gebauten Renaissanceanlage wichtigster Bestandteil der Verteidigungskonzeption. Zusammen mit den im ehemals fensterlosen Parterre eingebauten Schießscharten ermöglichten sie eine wirkungsvolle Verteidigung der durch drei Flügel und die Nordmauer geschlossenen inneren Anlage.

Haupt- (Süd-) und Ostflügel sind dreigeschossig, der Westflügel zweigeschossig. Das Quadermauerwerk aus Sandstein bewirkt eine gewisse

Ähnlichkeit mit Teilen des benachbarten Schlosses von Kunreuth. In den Giebelwänden sind noch die alten Fenstereinfassungen in Form von Vorhangbogen erhalten, an der Ostseite des Westflügels die Reste eines Wehrumganges erkennbar und auf der Ostfassade des Ostflügels noch die Teile der Schmiede, die hier ehemals angebaut war. Im Inneren lagen früher an dieser Stelle die Stallungen. Von derselben Seite führte auch ehemals der Gang zur Kirche. Das Innere bewahrt im Parterre große Gewölbe und darüber eine Reihe schöner Räume mit Balken- und Spunddecken, sowie einfachen Sandsteinarbeiten (Fenster- und Türeinfassungen). Besonders bemerkenswert ist der große Saal im obersten Stock des Ostflügels mit einer herrlichen Spunddecke aus der Erbauungszeit.

Einfahrt zum Innenhof durch den Westflügel

Von den Wandmalereien im Saal (Diamantierter Sockel, Fries von Lorbeergirlanden, Ornamenten und Architekturmalereien, Kartuschen, Rollenwerk und sogar Figuren) ist leider kaum mehr etwas erhalten. Wir sehen aber daran, daß die Hofhaltung der Herren v. Wiesenthau überaus großartig angelegt gewesen sein muß. Vielleicht lag hier schon der Ursprung für den so katastrophalen Niedergang.
Der Südostturm nimmt innen das Gefängnis auf, in dem alte Inschriften der Gefangenen vom 16. bis zum 18. Jahrhundert eingekratzt sind. Das Treppenhaus im Südflügel hat außerdem einige sehr schön geschnitzte Holzsäulen. Leider wird das Schloß seit dem Tode des letzten Besitzers nicht mehr bewohnt, so daß es nicht den schönsten Eindruck macht. Dieser hatte unter großen persönlichen Opfern versucht, das Schloß in mühevoller eigener Kleinarbeit wieder herzustellen. Bedauernswerterweise wurden aber später eine Menge sehr entstellender Umbauten vorgenommen, als das Haus nicht mehr voll bewohnt war.
Trotzdem legt das heute stark verbaute Innere noch Zeugnis ab von der einstmals sicher recht prachtvollen Hofhaltung der Herren v. u. z. Wiesenthau.

20 Hundshaupten

Schloß, Kreis Forchheim

Die wohl kleinste der behandelten Burgen, Hundshaupten, zählt zugleich zu den reizvollsten und romantisch verschwiegensten Häusern Oberfrankens. Weniger eine bedeutende Geschichte oder großartige Bauten als der intime Charakter eines verwunschenen Schlößchens abseits der großen Wege geben die Berechtigung, es in einer so kleinen Auswahl von Objekten zu behandeln. Die Sammelleidenschaft mehrerer Generationen eines aus Sachsen stammenden und erst spät in Franken in die Ritterschaft aufgenommenen Geschlechtes haben das Innere des Hauses zu einem Kleinod unter den oberfränkischen Schlössern werden lassen. Auf einem aus bewaldetem Tal und Hängen aufsteigenden und zum Dorf hin durch einen Graben getrennten Bergvorsprung duckt sich der kleine zweigeschossige Bau mit seinen um einen kleinen Innenhof gruppierten Flügeln in den umliegenden Wald, kaum zu finden für den Ortsfremden.

Die Geschichte der Burg ist wohl nicht so alt wie die der umliegenden großen Häuser, sie beginnt mit größter Wahrscheinlichkeit erst im 14. Jahrhundert. Im Besitz der Herren von Wiesenthau tritt sie 1369 zum ersten Mal urkundlich auf, als Heinrich v. Wiesenthau seinen Teil der Burg an Bamberg zu Lehen aufträgt. Aus dieser Zeit stammen wohl der Kern des Südost- und Nordwestflügels und einige weitere Mauerteile, vor allem an der Nordseite Reste einer Wehrmauer. Der Städtekrieg brachte 1388 eine Verwüstung durch die Nürnberger, welche die inzwischen aufgebaute Burg, da sie als Raubnest galt, 1412 bereits wiederum einnahmen, und ein zweites Mal zerstörten. Erst nach 1429 ist sie dann aufgebaut worden. 1406 wurde ein zweiter Teil an das Kloster Michelsberg zu Lehen aufgetragen. In Folge der wiederholten Zerstörungen scheinen die Wiesenthau in erhebliche Geldschwierigkeiten gekommen zu sein, da sie Teile des Besitzes verkauften und mehrfach Hypotheken aufnahmen. Ab 1509 gab es eine eigene Linie des Geschlechtes zu Hundshaupten. Der Bauernkrieg wird auch hier wieder furchtbares angerichtet haben, von Verwüstungen in der Kapelle wissen wir mit Sicherheit. Auf die jeweiligen Zerstörungen erfolgte aber ein Wiederaufbau und auch Ausbau der Anlage. Nach 1561 ließ Clemens von Wiesenthau die Burg aus Schutt und Asche neu erstehen und dabei wohl auch die Arkaden im Innenhof aufführen. Sicher nicht später als 1600 werden Nordost- und Südwesttrakt ausgebaut. Im 18. Jahrhundert erfolgten dann innen noch Veränderungen, sparsame Stukkaturen wurden angebracht, die Fenster erneuert, das Dach umgestaltet und das Haus den Wohnbedürfnissen des 18. Jahrhunderts, soweit es der Raum gestattete, angepaßt. Marquart Karl Anton und Wilhelm Georg Ernst Ludwig Freiherren v. Pöllnitz sind zur Zeit dieser Veränderungen die Herren von Hundshaupten. 1737 lassen sie diese Umbauten am Schloß ausführen. Trotz dieser Umbauten haben sich im Erdgeschoß heute noch einige Räume mit alten Gewölben erhalten. Sogar ein Verließ ist noch vorhanden. 1613 war der letzte Wiesenthau der Hundshauptener Linie gestorben und das Lehen an das Kloster Michelsberg heimgefallen. Aber auch die Neubelehnung eines anderen Mitgliedes des Geschlechtes währte nicht lange.

Von 1618 wurde die Linie der Wiesenthau zu Wiesenthau mit Hundshaupten belehnt, mußte es aber noch im selben Jahre an das Juliusspital zu Würzburg verpfänden. Weitere Teilveräußerungen dazugehörigen Landes folgten, denn schon seit 1614 stand es unter Zwangsverwaltung. Am 14.9.1661 werden die Herren v. Pöllnitz, denen es bis heute gehört, mit Hundshaupten belehnt. Der erste des Geschlechtes auf diesem Besitz, Hieronymus Christoph ist der Erbauer des Schlosses in Asch-

Innenhof

bach; als Mitbesitzer von Hundshaupten weilte er auch oft hier und ließ wesentliche Verbesserungen am Haus vornehmen. Am 9.2.1670 wurde er zum erblichen Reichsfreiherrn und Bannerherren erhoben. Er war Schultheiß und Festungskommandant von Forchheim und bekleidete damit das für die umliegenden Familien begehrteste Amt im Hochstift, ferner den Rang eines kaiserlichen Generalwachtmeisters, kurmainzischen und fürstbischöflichen Geheimen Rates, Oberkämmerers, Oberamtmannes zu Burgebrach und Schönbrunn — nicht allzuweit von Aschbach —, sowie Ritterrates des Kantones Steigerwald, zu dem Aschbach gehörte. Auch sein Bruder, der ebenfalls an Hundshaupten beteiligt war, hatte bedeutende Stellungen: Als Kurbrandenburgischer Obriststallmeister, Marschall, Botschafter, Staatsminister sowie Kriegsrat, Obrist der Leibwache des Großen Kurfürsten und erster Festungskommandant von Berlin ist er ein typisches Beispiel dafür, wie in einem ritterschaftlichen Geschlechte selbst Geschwister völlig verschiedenen, sogar entgegengesetzte Interessen vertretenden Landesherren anderer Konfession dienen konnten, weil sie den Lebensunterhalt nur selten aus ihren meist kleinen Gütern ziehen konnten. Der heutige Besucher findet allenthalben im Haus Erinnerungen an bedeutende Mitglieder der Familie. Das Geschlecht stammt aus dem Vogtland, wo es 1238 zum ersten Male urkundlich auftritt. Seine Stammburgen Ober- und Niederpoellnitz lagen bei Weida in Thüringen.

Vermehrt wurde das schon reichhaltige Inventar der Burg durch die zahlreichen Sammlungen, denen vor allem der verstorbene Professor

Dr. phil. Götz Freiherr von Pöllnitz vieles hinzufügen konnte. Während seiner Tätigkeit als Administrator der Fuggerschen Stiftungen und der Laufbahn an der Universität, konnte er eine in ihrer Fülle fast einzigartige Sammlung zusammentragen, die in Hundshaupten und dem nach dem Krieg von der Stadt Bamberg erworbenen Böttingerhaus in der Judengasse, einem der interessantesten süddeutschen Stadtpalais, aufgestellt wurde. Der Besucher ist heute immer wieder überwältigt von der Fülle erlesenen Inventars, das einen schönen Überblick über die Wohnkultur der vergangenen Jahrhunderte gibt. Die Kapelle zu Hundshaupten birgt als besondere Kostbarkeit einen Altar aus St. Ulrich und Afra in Augsburg, von der Hand des Holzschnitzers Wendel Dietrich. Auch andere Plastiken in dieser Kapelle verdienten Erwähnung. Es würde aber zu weit führen, alle bedeutenden Details im Inneren der Burg aufzuzählen.

Vom Dorf aus erreicht man heute die Anlage über einen Vorhof, in dem von den ehemaligen Bauten Scheune und Forstwohnung noch erhalten sind. Reste der spätmittelalterlichen Vorhof- und der Zwingermauer, letztere mit den Fundamenten für drei Rundtürme, schließen sich im Süden an. Der südöstlich ehemals vorgelagerte große Rundturm ist heute verschwunden. Den Graben zur Burg überspannt eine Bogenbrücke. Im Innenhof und der Vorburg sind die Ummauerungen für zwei Zisternen noch vorhanden, ansonsten macht aber die Burg heute nicht mehr einen allzu wehrhaften Eindruck. Nur das fensterlose Parterre mit Schießscharten läßt noch etwas von der alten Bestimmung ahnen. Sie ist durch ihre Umbauten mehr und mehr ein barockes Landschloß geworden, deren ursprünglicher Wehrcharakter zugunsten der Wohnlichkeit aufgegeben wurde.

Speisezimmer

21 Egloffstein

Burg, Kreis Forchheim

Die Burg Egloffstein ist in ihren ersten Anfängen urkundlich nicht greifbar. Vermutungen, die aber nicht näher begründet werden können, führen die Geschichte des gleichnamigen Geschlechts bis ins 8. Jahrhundert zurück. Die Abstammungsüberlieferungen weisen darauf hin, daß die Familie wohl fränkischen Ursprungs ist. So wird u. a. behauptet, sie stamme aus Seeland (südl. Holland), eine andere Version läßt sie aus Aquitanien einwandern, weitere Überlieferungen nennen als ihre Heimat das Elsaß, und schließlich wird noch angenommen, es handle sich bei diesem Geschlecht um einen Seitenast der Agilulfinger, des bayrischen Herzoghauses, welche Vermutung vor allem auf Grund der Namensverwandtschaft: Agilulph — Egilolph — Eglolf beruht. Weiterhin ließ die große Ausdehnung der mittelalterlichen Burganlage zu Egloffstein die von Kunstmann geäußerte Vermutung aufkommen, es habe sich hier ehemals um eine Ottonische Landesburg gehandelt. Sage und Überlieferung gemischt mit Tatsachen und sicher auch dem Streben, die Familie möglichst weit zurückzuverfolgen, um Rang und Bedeutung zu erhöhen, haben zu dem geführt, was uns heute bekannt ist und überliefert wurde. Alle Kombinationen zur Geschichte des Geschlechtes ergeben aber, wie Anfangs gesagt, bestenfalls, daß die Familie fränkischen Ursprunges ist. Weiteres bleibt vielleicht für immer Vermutung. Nun aber zur eigentlichen Geschichte der Burganlage. Liegt ihr erstes urkundliches Erscheinen erst sehr spät, nämlich im 14. Jahrhundert, so darf man mit Sicherheit ihre Entstehung in weiter zurückliegender Zeit annehmen. Die Anlage einer Burgenkette in Nord-Süd-Richtung, deren Linie grob gerechnet von Nürnberg über Bayreuth nach Norden, entlang der durch Slaveneinfälle gefährdeten Grenze reichte, wird allgemein im hohen Mittelalter angenommen. Vorläufer, wohl schon im 9. Jahrhundert, waren hier auf Sichtweite angelegte Wachttürme, die sich gegenseitig durch Rauch- und Feuerzeichen verständigen konnten. So ist auch heute noch von Egloffstein aus die nächste Burg, Hilpoltstein, mit bloßem Auge deutlich sichtbar. Der Name Egloffstein läßt auf einen Gründer Egilolf schließen, den die Legende im 9. Jahrhundert annimmt. Sein Zusammenhang mit der heutigen Familie beruht aber mehr oder weniger auf recht unklaren urkundlichen Überlieferungen oder, besser gesagt, Konstruktionen. Eine gewisse Verwandtschaft kann auf Grund dessen angenommen werden, daß 1: Vornamen zu einer Zeit, in der Familiennamen noch unbekannt, vor allem wenn sie etwas ausgefallen sind, der Forschung den einzigen, wenn auch sehr vagen, Anhaltspunkt bieten, da sie oft im Rahmen einer Großfamilie und nur selten bei Fremden auftauchen. Aber dies ergibt, wie gesagt, keine festen Beweise. 2: der Besitz des Egilolf und der in der Folgezeit vermuteten Vorfahren in denselben Orten zu finden ist, wie später der Egloffsteinsche. Von der Existenz der Burg erfahren wir mittelbar 1180 durch die Nennung des Henricus de Hegelofvesten, der schon vier Jahre später 1184 als Heinricus de Agilulfi Lapidl auftritt. Aus dem Namen, der zuerst genannt wird, geht hervor, daß er auf einer Vesten sitzt, die nach einem Egilolf benannt ist. Zu jener Zeit nennen sich die Herren mehrerer Orte oftmals verschieden nach ihren einzelnen Besitzungen.

Wie so oft in der Geschichte einer Burg, geschieht auch hier erste Nennung im Zusammenhang mit der Burgkapelle. In Egloffstein wird 1358 zum ersten Male die Stiftung einer Kaplanei bezeugt. Die Burgkapelle war damals sicher schon längere Zeit vorhanden und stand an der Stelle der heutigen, barocken Pfarrkirche. In den folgenden Jahren fließen die urkundlichen Überlieferungen wesentlich dichter. Aber auch

aus ihnen läßt sich die Baugeschichte nur sehr lückenhaft verdeutlichen. Eine 1890 verfertigte Rekonstruktion des Architekten Adolph Leichtle, die sich auf Unterlagen von 1482, 1500, 1509 und 1643, sowie lokale Befunde stützt, veranschaulicht zwar sehr gut die Ausdehnung, dürfte aber im Detail etwas phantastisch sein.
Seine erste und größte Belastungsprobe hatte Egloffstein 1374 zu bestehen, als im Rahmen des Schlüsselberger Erbfolgekrieges ein vereinigtes Heer der Bischöfe von Bamberg und Würzburg sowie des Burggrafen von Nürnberg die Burg belagerte. Sie wurde zwar nicht eingenommen, jedoch ließ sich nicht verhindern, daß die bis dahin freieigene Anlage 1376 teilweise an den Bischof von Bamberg geöffnet werden mußte. Trotz Lossagung der Familie von ihrem Vetter Götz von Egloffstein in dessen Fehde, war es zu der ersten Lehensauftragung gekommen, der weitere folgen mußten. Damit war es dem Bamberger Bischof möglich, im Kriegsfalle eine eigene Besatzung in die Burg zu legen. Weitere ungünstige Bedingungen der Lehensauftragung lassen vermuten, daß Bamberg die Familie unter schweren Druck gesetzt hatte. Die erste Belagerung der Burg Egloffstein blieb ihre größte kriegerische Bewährungsprobe, zugleich auch die einzige von Bedeutung, die sie überstand. Der Städtekrieg dürfte wohl kaum für den Ort Bedeutung erlangt haben, da nichts hierüber in den Akten zu finden ist. 1450, im ersten Markgräflerkrieg, wurde nur das Dorf, nicht aber die Burg geplündert und ausgebrannt. Aus Urkunden der folgenden Zeit erfahren wir nun Details des Baubestandes und Beschreibungen einiger Gebäude. Lehensauftragungen bringen wiederum genaue Erwähnung der hierin begriffenen Kemenaten und Nebengebäude, sowie der Ökonomie. Mit der Lehensauftragung der Kemenate Wolf III. von Egloffstein aus der Gailenreuther Linie im Jahre 1516 ist dann die ganze Burg Bambergisches Lehen geworden. Kunstmann vermutet, daß Geldschwierigkeiten der Grund hierfür waren. Dies ist durchaus möglich. Der Bauernkrieg brachte danach auch noch eine totale Zerstörung und es wurde nur eine geringe Entschädigung gezahlt. Der politische Umschwung, den Bauern- und Ritterkrieg in der Endphase der mittelalterlichen Welt mit sich brachten, hat sich mit Sicherheit auch auf die Machtpositionen der Egloffsteiner ausgewirkt. Wenn sie im Mittelalter noch Besitz in über 300 Orten nachweisen konnten und von 80 Burgen, die ihnen im Laufe der Geschichte gehörten, zu einem Zeitpunkt über 40 besaßen, so war der Besitzstand trotz neuer Erwerbungen in Ostpreußen und Schaffung einer Familienstiftung, erheblich geschrumpft. Schließlich hatten erfolglose Fehden, zum Teil auch gegen so mächtige Herren wie die Landgrafen von Leuchtenberg, die Stadt und den Burggrafen von Nürnberg,

die Bischöfe von Bamberg und Würzburg und sogar den König von Böhmen, bei denen das Recht durchaus auf der Seite der Egloffsteiner war, große Summen verschlungen, und die Tätigkeit der Raubritter dieses Geschlechtes auf ihren Burgen Burggailenreuth, Leienfels und Leupoldstein, auch nicht gerade zur Mehrung des Besitzstandes beigetragen. Nachdem man der entsprechenden Personen habhaft geworden war, hatte man diese Burgen geschleift. Wir sehen für die große, allgemeine Entwicklung hier ein kleines Beispiel des Niederganges der ritterlichen Welt. Zugleich aber erscheinen Personen, die den neuen Typ des Adligen, der an die Stelle des Ritters tritt, repräsentieren. Claus von Egloffstein, Festungskommandant und bamberger Feldobrist sowie Amtmann und bischöflicher Rat, verkörpert hier den Typ des „auf die kleinen fränkischen Verhältnisse abgewandelten Condottiere". Er schafft im Dienste seines Landesherren als Militär- und Verwaltungsfachmann ein großes Vermögen und übergibt es einer Familienstiftung. Der unabhängige Ritter mit Ansprüchen auf die Unabhängigkeit seines eigenen kleinen Territoriums weicht dem Adligen im Dienste eines mächtigeren Landesherren, wenngleich er sich immer noch einen Rest Unabhängigkeit bewahren kann.
In der Folge dieser Entwicklung wurde auch der Baubestand der Burg Egloffstein kleiner. An Gebäuden unterscheiden die Lehensurkunden zwei Gruppen: das obere und das untere Schloß. Die anfangs erwähnte Rekonstruktionszeichnung weist insgesamt allerdings fünf Höfe auf. Von diesen haben sich heute aber nur noch zwei erhalten. Nach Kunstmann ist der innere, gänzlich ummauerte kleine Hof der Burg, der des ehemals oberen Schlosses und der heutige Vorplatz der Kirche der alte Hof der unteren Burg. Zu der Zeit als sie noch ihre alte Ausdehnung hatte, waren nicht nur die Mitglieder des Geschlechtes, die ständig in Franken, also mehr oder weniger in der Nachbarschaft weilten, daran beteiligt, sondern auch die in Ostpreußen seit der Gründung des Deutsch-Ordens-Staates ansässigen Egloffsteiner. Ihre Abwesenheit wurde oft dazu benutzt, sich bei Verlusten oder in Streitereien am Hab und Gut der Abwesenden zu bereichern, was Anlaß zu erheblichen Streitigkeiten gab. 1563 wurde die Burg durch den Bischof von Bamberg im Zuge eines Prozesses der Familie vor dem Reichskammergericht gegen das Hochstift besetzt. Die Besatzung hauste fürchterlich im ganzen Schloß und plünderte es fast völlig aus. Im 16. Jahrhundert bilden sich bei der Burg Egloffstein mehr und mehr zwei Hauptbesitzteile heraus, und mit dem 17. Jahrhundert kommt es zusehends in eine Hand. Albrecht Christoph von und zu Egloffstein kann den ganzen Besitz in seiner Hand vereinen, der im Dreißigjährigen Krieg, vor allem bei

Zerstörungen 1632, sehr gelitten hat und auch 1645 erneut heimgesucht wird. Nach dem verheerenden Krieg ist denn auch die ganze Anlage weiter erheblich verkleinert und besteht nunmehr aus den drei Kemenaten (der heutigen Burg), dem Oberhaus (heute vermutlich Majorat) vor der Burg, dem Zwinger und hinter der Schildmauer einigen Nebengebäuden. Die verschiedenen Höfe werden nicht mehr erwähnt. Die in anderen ritterschaftlichen Territorien, so auch Aufsess, immer wieder vorkommenden Querelen mit den mächtigen Nachbarn gab es auch in Egloffstein. 1701 schlug die Witwe des Albrecht Christoph mit Hilfe ihres Vogtes und hundert Untertanen einen Einfall der Bamberger (40 Mann unter Führung eines Offiziers) erfolgreich ab.
Egloffstein gehörte wie auch andere Besitzungen des Hauses zum Kanton Gebürg der fränkischen Reichsritterschaft. Dieser Status als reichsunmittelbares Gebiet hörte hier mit Tagesbefehl Napoleons vom 17.12.1805 auf. Lange Verhandlungen Christian II. v. E. vermochten aber wenigstens Teile der Rechte zu erhalten. Egloffstein erhielt ein Patrimonialgericht und behielt Gutspolizei und Jagdrecht, aber auch damit war es am 4.6.1848 vorbei.
Mit dem Majoratsstifter zu Egloffstein Carl Maximilian und seinen Brüdern trennen sich die bis dahin immer vereinten, wenn auch oft gemeinsam von mehreren Familienmitgliedern besessenen Baukomplexe der ehemaligen Burganlage. Wie heute das Geschlecht in drei Linien, die gräfliche (Ostpreußische), Majorats- (Hauptmännische) und obmännische Linie geteilt, ist auch der Besitz auf dem Burgberg in Egloffstein dreigeteilt: Das Majorat mit dem Majoratshaus, das barocke Amtshaus, seit 1830 teilweise und 1853 ganz im Besitz des Condominates und auf der Felsenspitze die Burg im Besitz der obmännischen Linie.
Dem heutigen Beschauer bietet sich eine in ihren Resten immer noch imposante Burganlage, deren landschaftliche Lage als einzigartig in dieser Gegend bezeichnet werden kann. Über einem terrassenförmig ansteigenden Ort erhebt sich auf einer das Tal um 100 Meter überragenden Felsspitze die Kernanlage der alten Burg mit ihren einen winzigen Innenhof umschließenden drei Flügeln. Diese reizvolle Baugruppe, bestehend aus einem langgestreckten, dreigeschossigen Trakt, überragt von einem turmartigen, viergeschossigen Hauptbau mit steilem Dach und einem seitlichen Turm, wird fortgesetzt durch die barockisierte Pfarrkirche und das an Stelle einer Kemenate, später des Amts-Dienerhauses, stehende Gebäude. Auf dem Berg folgt das kleine, barocke Amtshaus an Stelle eines Tores und Turmes, und linkerhand in einem kleinen Park versteckt, schließt das Majoratshaus mit der alten Scheune die Gruppe

Kupferstich aus dem Egloffsteiner Gesangbuch von 1726

ab. Bauernhäuser auf der Höhe enthalten in ihrem Kern oft noch alte Vorhofbauten und Nebengebäude der Burganlage.
Sind heute schon nur mehr kleinere Teile der ehemaligen Anlage deutlich erkennbar oder ihre Spuren zu sichern, so ist leider auch die Baugeschichte erst in späterer Zeit genau erforschbar, und damit bleiben Ansichten über das genaue Aussehen — auch der spätmittelalterlichen Burg — Spekulation. Wir wissen wohl Lage und Zahl der vorhandenen Bauten, aber nichts genaues über ihre Gestalt. Gesichert sind lediglich die anfangs bereits erwähnten Teile Oberes und Unteres Schloß, heute Hauptburg und Kirchenvorplatz, ferner vorderer, auf der Höhe gelege-

ner, und hinterer Vorhof, letzterer westlich und nordwestlich des oberen Schlosses, sowie Hofstatt und Oekonomie. In diesem großen Komplex befanden sich eine Anzahl von Kemenaten mit Nebengebäuden, wie Stadeln, Viehhäusern, Stallungen, Zisternen, Back- und Badestube, Kellern und die Kirche. Den Hauptteil bildeten Oberes und Unteres Schloß im Osten der umfangreichen Anlage, an die sich westlich Vorhöfe und Oekonomie anschlossen. Vom ehemaligen Ober- und Unteren Schloß kann man für ihr Aussehen etwa folgendes annehmen, daß an Stelle aller heute im Burgbereich bis zum Amtshaus befindlichen Bauten mittelalterliche Kemenaten zu suchen sind, deren Substanz zum Teil in die heute vorhandenen Teile einbezogen wurde, oder wie in der eigentlichen Burg wesentlich erhalten blieb. Das heutige Schloß war nach Westen hin zu dem höher ansteigenden Gelände wohl durch eine Schildmauer, die auf dem höher gelegenen Teil stand, und einen Zwinger gesichert. Das untere Schloß sowie das obere Schloß umgaben mit ihren Bauten je einen Innenhof, wobei der des oberen erhalten, der des unteren im Vorplatz der Kirche zu suchen ist. Dem Schloß vorgelagert waren die Vorhöfe. Den Abschluß der Schildmauer bildete später der 1664 erbaute große Geschützturm, welcher mit vier Kanonen und einem Mörser bestückt war. Nach Verkauf der Veste Rothenberg, 1698, kamen weitere sieben Kanonen und zwei Mörser in den Turm. Die Schildmauer, wahrscheinlich auf dem Westrand des hinteren Vorhofes also des heutigen Kirchenvorplatzes gelegen, stand hier auf erhöhtem Gelände, so daß der Unterschied zum weiter ansteigenden Terrain nicht zu groß war und somit Einblick bzw. Schußfeld von oben in das Schloß verbaut wurden. Der anschließende Zwinger nahm in der Westseite eine Kasematte auf, in die das Hab und Gut der Untertanen im Kriegsfalle gebracht werden konnte. Weiter standen dort Viehstall, Backhaus und Stallungen. 1691 wurde die eigene Oekonomie aufgegeben und in sieben Bauernhöfe zerschlagen, welche alle westlich des Schlosses entstanden. Hierbei liegt die Vermutung nahe, daß man sich dafür auch alter vorhandener Bauteile bedient hat. 1720 wurde der große Viehstall im Zwinger in einen Pferdestall umgebaut, wohl für die Bedürfnisse einer „Hofhaltung en miniature". 30 Jahre später erfolgte der Bau der Kirche nach den Plänen Johann David Steingrubers. Die Bauleitung hatte der Erlanger Maurermeister Georg Jacob Weihing. Die Kosten wurden zum wesentlichen Teil von Albrecht Christoph Carl und Ludwig von und zu Egloffstein getragen. Der Segmentbogen über dem Portal trägt die Inschrift und vermerkt dazu die Daten der Renovierungen 1850 und 1896 durch Wilhelm und Carl Freiherren v. u. z. E. Die Kirche nahm den Platz der alten Kapelle und der unteren Kemenate ein. Sie beherbergt einen für die evangelischen Kirchen Frankens im Einzugsgebiet der Markgrafschaften typischen Kanzelaltar und das Grabmal des Albrecht Christoph v. u. z. E. Der Kanzelaltar stammt vermutlich vom Bayreuther Hofbildhauer Räntz. 1771 erfolgte neben dem Torbau zum hinteren Vorhof der Bau des Amtshauses, das in seiner schlichten Barockgliederung wohl das schönste Gebäude auf dem Berg darstellt. 1800 stürzte dann der ruinöse große Geschützturm an der Südwestseite ein und der Wappenstein wurde in die Westfassade des Amtshauses eingelassen. Von den Kanonen führten die Franzosen alle bis auf zwei, die heute noch im Schloß stehen, fort. Das Majoratshaus, eine der ehemaligen Kemenaten, erfuhr, nachdem die Baupläne Carl Maximilians in Bamberg nicht genehmigt wurden, im 18. Jahrhundert kleine Umbauten, und 1789 errichtete Christian II. ein Schießtürmchen im Garten. Das Haus wurde unter Verwendung alter Bauteile 1881 erneut umgebaut, und im Jahre 1801 wandelte man das neben der Kirche gelegene Kemmatlein zum Amtsdienerhaus um und erhöhte es 1890 um ein Stockwerk. Letzte größere Baumaßnahme am Schloß zusammen mit einer grundlegenden Renovierung war 1824 die Verbindung der drei den Innenhof umschließenden Flügel durch ein Treppenhaus. Der Stall an der Westseite des Schloßhofes entstand zur gleichen Zeit. In den Jahren seit dem 1. Weltkrieg hat sich der jetzige Besitzer in selbstloser, aufopfernder Weise für die Erhaltung des Stammhauses seiner Familie eingesetzt, es im persönlichen Einsatz wieder hergerichtet und Bauschäden und Versäumnisse vorheriger Generationen ausgeglichen, so daß die Burg wieder einen gepflegten Eindruck macht.

Der Besucher erreicht heute den Berg über die Hochfläche aus Richtung Egloffsteiner Hüll, von wo aus sich am deutlichsten erkennen läßt, wieviel niedriger als das Plateau die Hauptburg liegt, während vom Tal aus der Eindruck entsteht, als sei sie allein auf einer steilen Felsenspitze gelegen. Auch von dem gegenüber liegenden Pfarrfelsen hat man einen guten Überblick über die strategisch zum Bergrücken durchaus ungünstig liegende Anlage. Der zweite Weg führt durch das Dorf und unterhalb von Majorat und Amtshaus an Stelle des alten Torhauses in den Hof. Der dritte Weg ist eine Treppe, die vom Tal beginnend durch romantische Winkel steil an der Kirche emporsteigt. Der Vorhof wird heute von verschiedenen Bauten umrahmt. Das ehemalige Amtsdienerhaus, in dem heute die Besitzer der Burg wohnen, liegt im Süden. Westlich schließt ein Bau an Stelle einer ehemaligen Kemenate, in dessen Mauerwerk sich noch alte Spuren finden, den Hof ab. Daran stößt in östlicher Richtung ein zweigeschossiger Stallbau, dann

der Turm des Schlosses mit der Bibliothek, sowie der Südflügel, welcher das tiefe Verlies in einer Felsspalte aufnimmt. Im Osten bildet die Kirche den Abschluß des Hofes zum ehemaligen Amtsdienerhaus hin, so daß dieser nur an der Stelle seines ursprünglichen Einganges weiter geöffnet ist. Nordwestlich an die Kernburg anschließend findet sich noch ein Ökonomiehof mit diversen kleinen Nebenbauten.
Über eine an der Nordseite der Kirche heraufführende Treppe erreicht man das Portal der Burg. Ein gewölbter Gang führt ins Treppenhaus und den Innenhof, dessen Boden aus dem gewachsenen Fels herausgeschlagen ist. Er wird in den Urkunden als Höflein erwähnt. Ein Backofen fand dort bis vor kurzer Zeit noch Verwendung. Das ehemals sehr reichhaltige Inventar von Schloß und Majorat hat durch die Nöte der Kriegswirren in der Napoleonischen Zeit, die Verschwendungssucht des 18. Jahrhunderts, — welche sich zu der Zeit bei fast allen ritterschaftlichen Familien bemerkbar machte —, und zum Teil unglückliche Wirtschaft sehr an Masse verloren. Bei der Auflösung der Residenz Ansbach war eine Reihe von erstklassigem Inventar nach Egloffstein gekommen, von dem heute leider nurmehr kleinere, aber immer noch interessante Reste vorhanden sind. Im Majorat wirkten sich die ungünstigen Zeitumstände noch wesentlich stärker aus. — Über das Treppenhaus erreicht man eine talwärts dem Hochschloß (ältester

Äußerer Burghof mit der Pfarrkirche

Teil der Anlage) vorgelagerte Altane, die auf an den Fels gemauerten Bögen ruht. Von hier aus bietet sich ein einzigartiger Blick in die weite Umgebung. Das Treppenhaus, vor dessen Errichtung der Zugang und die Verbindung der einzelnen Trakte sehr schwierig war, ermöglicht den Zugang zu den oberen Räumen, die vorwiegend Repräsentationszwecken dienten. Ihr Inventar beherbergt seit dem Verluste der ostdeutschen Besitzungen des Geschlechtes die bei weitem umfangreichste Sammlung von Erinnerungsstücken aus der Geschichte des Hauses. Die bedeutendste Künstlerin aus diesem Hause, Julie Gräfin von und zu Egloffstein, hinterließ eine Reihe guter Portraits, zum Teil des bayerischen Königshauses, und so reihen sich viele Erinnerungen aneinander. Die Interieurs atmen oftmals noch die Atmosphäre biedermeierlicher Beschaulichkeit mit ihren gescheuerten Dielenböden, Tüllvorhängen und Tapeten aus der ersten Hälfte des vorigen Jahrhunderts, in der auch manches am Haus, vor allem einige Fenster verändert wurden. Wenn man die Räume durchschreitet, ohne vom Lärm vorbeifahrender Autos o.ä. gestört zu werden, umfängt einen jene romantische Welt, die man auch beim Blick aus dem Fenster noch in manchen Wald- und Felspartien wiederfindet. — Von Mostviel her kommend wird dem Besucher noch heute der Eindruck gegeben, als liege die Burg inmitten eines Waldes auf steiler Felsnadel, weit entfernt von jeder anderen Siedlung, jener Eindruck, den die Malerin Julie Gräfin v. u. z. E. in einigen ihrer Gemälde und Zeichnungen, aber auch in einem Gedicht, eingefangen hat:

Hingelagert auf des Berges Rücken
In der Abendsonne mildem Strahl,
Senkt mein Blick mit innigem Entzücken
Sich ins tiefe, waldbekränzte Tal.
Zartes Spätrot färbt den Felsengipfel,
Purpurglut spielt um der Eichen Wipfel;
Hehr und ruhig, wie ein holdes Bild,
liegt vor mir das liebliche Gefild.

Jenseits blickt aus dunkelgrünen Schatten
Still und heimlich manches Hüttendach
Durch die frischbetauten Wiesenmatten
Schlängelt sich der spiegelhelle Bach.
Schwalben kreisen in den höchsten Lüften
Müde zieht der Landmann von den Triften
Und der Abendglocke sanfter Klang
Tönt in seinen fröhlichen Gesang.

Dort, wo auf des Felsens höchster Spitze
Meiner Ahnen Stammhaus sich erhebt,
Und gleich einem kühnen Wolkensitze
über schauerlichem Abgrund schwebt
Läßt die Sonne noch im Niedersinken
Ihre letzten Strahlen freundlich blinken.
Alte Burg! wie lebhaft mahnst du mich
An die Zeit, die schon so lang entwich...

Leider haben heute der Ehrgeiz einer aufstrebenden Gemeinde, gepaart mit dem verständlichen Wunsch nach Komfort und modernem Wohnen, viel von dieser Welt zerstört. Der Reiz der Landschaft, dem allein die Orte den gewinnbringenden Fremdenverkehr verdanken, der ihnen wiederum den Fortschritt ermöglicht, wird zusehends durch überdimensionale, den landschaftlichen Verhältnissen in keiner Weise angepaßte Neubauten, genommen. Aus Wiesentälern, in denen saubere Bäche fließen und die den Erholungsuchenden zu Spaziergängen einladen, werden immer mehr staubige Bauplätze, auf denen schauerliche Betonklötze entstehen.

Federzeichnung von Ch. Wilder, Oktober 1803

22 Kunreuth

Schloß, Kreis Forchheim

Die erste urkundliche Erwähnung Kunreuths fällt in das Jahr 1308 als ein Bustitus de Kunenreuth genannt wird. Weiter ist es in dem Rechtsbuch des Bamberger Fürstbischofs Friedrich v. Hohenlohe aus dem Jahre 1348 als Besitz des Bistums aufgeführt. Die Überlieferung sagt, daß Kunreuth seit unvordenklichen Zeiten im Besitze des Geschlechtes v. Egloffstein war. Es wurde daher oft angenommen, daß es schon wesentlich früher in dessen Hand gekommen ist, als wir heute nachweisen können. Jedenfalls ist schon vor 1348, als das Rechtsbuch angelegt wurde, Egloffsteinscher Besitz im Ort vorhanden gewesen. Wann der erste Bau der Burg entstanden ist, bleibt heute ebenso ungeklärt, wie der Anfang der Besitzzugehörigkeit. 1422 wird ein Wilhelm v. Maienthal mit einer Kemenate und einem Hof an der Kirche belehnt. Diese ist sicher auf dem heutigen Kirchberg zu suchen. Die in ihrer derzeitigen Gestalt im wesentlichen barocke Kirche hatte einige Vorgängerbauten, wie sich bei der kürzlichen Renovierung klar herausstellte. Bei den jeweiligen Um- und Neubauten verwandte man aber immer größere Teile des alten Mauerwerks. Von der Kemenate auf dem Kirchberg ist in der Folge nicht mehr die Rede. Vielleicht wurde sie in den Hussittenkriegen vernichtet und nicht mehr aufgebaut. 1412 wird eine vertragliche Vereinbarung innerhalb der Egloffsteinschen Familie bzgl. Kunreuths getroffen, aus der hervorgeht, daß man durch Tod frei gewordene Besitzanteile in die Familie zurückgeben soll. Hier zeigt sich jener Zusammenhalt, welcher sich in späteren Jahrhunderten noch oft beweisen sollte, indem man immer bemüht war, den Besitz in der Familie zu erhalten und Verluste durch Verkauf und hinausheiratende Töchter zu vermeiden.

Zum ersten Male wird im Jahre 1409 eine Burg in Kunreuth erwähnt und 1503 die Schloßmühle am nördlich vorgelagerten großen Teich. Ob eine erste Anlage schon im Hussittenkrieg zerstört wurde, ist nicht sicher, jedenfalls hat sie im Bauernkrieg gewaltigen Schaden genommen. Es wurden 2800 und 3500 Gulden an Entschädigung gezahlt. Einen Aufschluß über die Gestalt der Burg erhält man aus dem Dokument von 1409. Es ist von einer hinteren hohen Kemenate die Rede, der eine vordere niedere Kemenate entsprochen haben müßte. Auf verschiedene Erbteilungen und Belehnungen folgte die Zusammenfassung des Familienbesitzes in einer Hand. Claus V. v. Egloffstein, der erste Besitzer der gesamten Burg, war zu dieser Zeit einer der bedeutendsten Egloffsteiner, in bamberger Diensten 1531—36 Amtmann zu Neideck, dann auch zu Forchheim und Schellenberg, weiter bamberger Rat und Oberster im Markgräflerkrieg. Zusammen mit dem Domherren Leonhard v. Egloffstein stiftete er das Familiencondominat, welches bis 1918 bestand, dann durch gesetzliche Bestimmung aufgelöst werden mußte, und heute aber noch in Form einer Erbengemeinschaft weiter besteht. Zur Schaffung eines möglichst vielseitigen Besitzes trug Claus dem Bistum 5 freieigene Güter nebst einer Badstube zu Lehen auf, und erhielt dafür einen Wald am Regensberg.

1553 erfolgte die zweite verheerende Katastrophe für Kunreuth. Im Markgräflerkrieg nahm, durch das Versagen des Fürstbischofs Weigand v. Redwitz, die gegnerische Partei Forchheim ein, obwohl Claus v. Egloffstein, derzeit Schultheiss in diesem Ort, immer wieder zur Befestigung der Stadt gemahnt hatte. 1552 eroberte und plünderte der Markgraf die Festung, aber schon drei Monate später konnte sie unter Führung von Claus v. Egloffstein wieder zurückgewonnen werden und wurde nun auch sofort ausgebaut. Schon im folgenden Jahr überfiel der

Markgraf erneut das Hochstift. Bei einem Erkundungsritt wurde Claus verwundet, konnte aber nach Kunreuth entkommen. Der Markgraf rückte vor das inzwischen verstärkte Forchheim, welches nicht eingenommen werden konnte. Um sich bei Claus v. Egloffstein zu rächen, zog er weiter nach Kunreuth und verbrannte auf dem Weg Heroldsbach, Pinzberg, Kersbach, Kirchehrenbach und Rüssenbach. Im Dorf wurden Clausens Frau und ihre Mutter gefangengenommen, danach das Dorf niedergebrannt und mit der Belagerung der Burg begonnen. Unter kräftigem Beschuß versuchte man, sie zur Übergabe zu zwingen. Die Besatzung wehrte sich aber sehr tapfer und feuerte kräftig mit ihren Geschützen. Schließlich forderte der Markgraf sie gegen Zusicherung des freien Abzuges auf, das Schloß zu übergeben. Aber nach Öffnung der Tore hängten die Markgräflichen die gesamte Besatzung, 39 Bauern, den Pfarrer und die Kinder im westlich anstoßenden Obstgarten auf. Das Schloß wurde geplündert und in Brand gesteckt. Ebenso erging es wenig später dem anderen Schloß Claus v. Egloffsteins in Mühlhausen. Seine Frau blieb bis zum September desselben Jahres in Gefangenschaft, der Überfall war im April erfolgt. Der Schaden, welcher durch die Greueltaten des Markgrafen entstanden war, muß ein sehr erheblicher gewesen sein. Claus gab an:

Wiederaufbau der Schlösser Mühlhausen und Kunreuth: 12 bis 13000 Gulden. In Kunreuth zwei Vorhöfe und das ganze Dorf verbrannt: 6000 Gulden. In Pinzberg Bauernhöfe und die Koblersgüter sowie 25 Häuser verbrannt: 2000 Gulden. Zwei Stadeln und Getreide verbrannt: 400 Gulden. In Kunreuth weggeführt: 26 komplette Betten, alle fahrende Habe, Harnische für 25 Mann, 70 Doppelhaken, 24 halbe Haken, 10 Falkonet auf Rädern und Böcken, 6 Zentner Pulver, 12 Zentner Blei, 600 Simra Getreide, 25 Fuder Wein, 6 Fuder Bier. Silbergeschirr und Silberbarren: 300 Gulden. 600 Schafe, 30 und etliche Haupt Rindvieh: 600 Gulden. Schaden an Kühen und Pferden: 3000 Gulden. In Mühlhausen wurden die Schäden auch aufgeführt. Weiter verlangte er für seine schweren Verletzungen bei dem Gefecht, das auf dem Erkundungsritt stattgefunden hatte, 2000 Gulden. Außerdem hatte er dem Bischof Geld vorgestreckt. Seinen Antrag auf Ersetzung für sich selber stellte er auf 12000 Gulden. Zusammen beliefen sich die Schäden aber auf über 30000 Gulden. Davon erhielt er lediglich Gegenleistungen im Wert von 7700 Gulden, ein schäbiger Dank des Bischofs für Clausens große Dienste im Hochstift.

Claus nahm nun am Markgrafen furchtbare Rache und zerstörte ihm mehrere Schlösser unter anderem Scharfeneck bei Baiersdorf. Fünf Jahre lang wurde Kunreuth nicht aufgebaut und blieb totale Ruine. Claus bekam die Stelle des Amtmannes zu Neunkirchen und wohnte dort im Kloster. Er starb am 3.12.1557 und vermachte in seinem Testament der Gesamtfamilie seinen sehr erheblichen Besitz mit dem Zwecke einer Familienstiftung, die den Zusammenhalt der Familie stärken, unverschuldet in Not geratenen Mitgliedern des Geschlechtes helfen und Beiträge zu einer standesgemäßen Berufsausbildung oder Aussteuer geben sollte. Der Besitz sollte immer in der männlichen Linie der Familie erhalten bleiben und dieses Testament nur vollstreckt werden und die Familie in den Genuß des Vermögens kommen, wenn sie sich den Bedingungen des Testamentes unterwürfe, welches er und vor ihm 1505 Leonhard v. Egloffstein zum Wohle der Familie verfaßt hatten. Außerdem mußte der Familienvertrag, der schon 1374 geschlossen war, bestätigt werden. Er war dem Testament als sogenannter Egidivertrag beigefügt. Am 14.3. 1559 bestätigte das Hochstift den Vertrag, nahm hierbei aber einige wesentliche Veränderungen des Testamentes vor.

1. Dürften die Testamentserben nur dem Bischof ihre Güter zu Lehen auftragen.
2. Für den Notfall hatte er allein das Recht zu helfen.
3. Jagdstreitigkeiten sollten durch ein Schiedsgericht, aber alle anderen Auseinandersetzungen auf dem normalen Rechtswege geregelt werden.
4. Schloß Kunreuth sollte dem Hochstift weiter offen stehen, wobei sämtliche Lasten und Pflichten wie auch Rechte, die mit der militärischen Versorgung der Burg zusammenhingen, zur Hälfte dem Bischof, zur anderen Hälfte der Familie zugeteilt wurden. Ferner waren die zukünftigen Herren auf Kunreuth verpflichtet, in Kriegszeiten ein Mitglied in Begleitung von 6 gerüsteten Reitern zu stellen.
5. Die hohe Gerichtsbarkeit war bambergisch. Kunreuth sollte keine Ganerbenburg, sondern Gemeinhaus des Geschlechtes werden und jeder, der an der Stiftung beteiligt war, mußte den Lehenseid leisten. Sehr wesentlich ist, daß es verboten war, die Befestigungen ohne den Willen und das Einverständnis des Bischofs zu verändern. Feinde des Hochstiftes durften von hier aus nicht unterstützt werden. Übergriffe oder Belästigungen umliegender bambergischer Ämter wurden streng untersagt.

Der Vertrag stellte in seinen Hauptteilen eine ungerechtfertigte und sehr wesentliche Schmälerung des Testamentes dar, vor allem war die als Ersatz für die schlechte Entschädigung geforderte Hohe Gerichtsbarkeit ausdrücklich nicht gewährt worden. Das Hochstift hat damit nicht im geringsten Anstalten gemacht, sich für die ihm erwiesenen Dienste erkenntlich zu zeigen oder die durch die eigene, ungeschickte Politik entstandenen Schäden anderer auszugleichen und war nur darauf bedacht, seinen Einfluß zu verstärken. Die Kämpfe um die Schmälerung der Rechte der Ritterschaft begannen hier schon sehr früh. Trotzdem konnte diese negative Haltung Bambergs nicht verhindern, daß der Sinn des Testamentes weitgehend erfüllt wurde, bis 1918 durch den Staat die Auflösung erfolgte, um diese Stütze der Familieneinigkeit zu zerstören. Bis zu jener Zeit waren noch durch eine große Zahl (14) von erheblichen Geldstiftungen, vor allem der gräflichen Linie der Familie, die Möglichkeiten den Zweck des Testamentes zu erfüllen, sehr vergrößert worden. Die Inflation vernichtete auch diese Vermögen. Trotzdem konnte nach diesen Katastrophen eine neue Form gefunden werden, die es noch heute ermöglicht, den ursprünglichen Sinn der alten Stiftungen wenigstens zum Teil zu erfüllen.

Mit der Stiftung der Leonhard und Claus v. Egloffstein beginnt die Geschichte Kunreuths als Gemein- und Testamentshaus des Gesamtgeschlechtes.

Der 30jährige Krieg brachte gleich zu Anfang Zerstörungen in den Jahren 1619/20, wie wir aus den Rechnungen, welche über fast 400 Jahre nahezu vollständig erhalten sind, sehen können. Während des Krieges wurden des öfteren Renovierungen und Verbesserungen vorgenommen, demnach scheinen Einquartierungen und durchziehende Völker einiges im Hause beschädigt und geplündert zu haben. Die Zeit brachte über die ganze Gegend unvorstellbares Elend. Alle Dörfer waren total verwüstet, manche wurden gar nicht mehr aufgebaut und wir lesen von einer großen Zahl von Almosenempfängern, die von Kunreuth aus versorgt wurden, zumeist Pfarrer und Standesgenossen. Über 60 Personen, welche Zuwendungen erhielten, sind erwähnt. Außerdem wurden Sammlungen für zerstörte Städte durchgeführt.

Das Schloß hat seine durch den Wiederaufbau nach dem Markgräflerkrieg erhaltene Gestalt später nicht wesentlich verändert. Im Vorhof wurde allerdings einiges umgebaut, da dort große Schäden entstanden waren.

Die Baugeschichte des Hauses ist in ihren Anfängen unklar. Der annähernd rechteckige Grundriß des Kernes mit seinen ursprünglich im Nord- und Südteil parallel zueinander gelegenen beiden Kemenaten, die durch einfache Wehrmauern verbunden waren, sowie die Buckelquadern lassen im Grunde auf romanische Zeit schließen. Kunstmann vermutet aber nicht zu Unrecht, daß der heutige Bau zumindest später entstand. Die Mauern stehen auf Holzrosten, die allein einen festen Boden in dem sumpfigen Gelände boten. Der Bau, auf den das heutige Schloß sich gründet, ist wohl im 14. Jahrhundert entstanden. Dabei wurde als erstes der Südteil, flankiert von zwei nahezu quadratischen Ecktürmen an der Südwest- und Südostecke, erbaut und nach Norden ein weiterer Flügel, der als hintere Kemenate 1409 verzeichnet ist. Die Verbindung schufen zwei Wehrmauern, von denen die östliche noch erhalten ist, während die westliche heute die unteren Teile der Außenmauer des Westflügels bildet. Der Vater des Condominatsstifts Claus V. v. Egloffstein, Claus IV., ließ vermutlich den südwestlichen Eckturm mit einem runden Mantel umgeben und als Geschützturm herrichten; die Annahme, daß der Turm von seinem Sohn gebaut wurde, beruht auf dem angebrachten Allianzwappen Egloffstein-Stiebar. Dabei ist zu bedenken, daß beide, Vater und Sohn eine Stiebar heirateten. Ob im Zuge dieser Bauarbeiten auch an der Südostseite ein Eingang und Torbau vorgeblendet, oder ob er bereits von Anfang an bestand und nun verändert wurde, ist eine Vermutung, die nicht zu bestätigen ist. Andererseits ist es auch möglich, daß der Torbau beim Wiederaufbau nach dem Markgräflerkrieg entstand. Jedenfalls muß der Übergang über den inneren Graben etwa an seiner heutigen Stelle gewesen sein, denn die nördliche Zwingermauer vor dem Graben ist sicher mittelalterlichen Ursprungs und schirmte den Zugang auf der nördlichen Seite nach außen ab. Die Stärke der Mauer, welche das heutige Einfahrtsgewölbe vom Südflügel trennt, ist etwa die Gleiche, wie die der nördlich anstoßenden Ostmauer (Wehrgang) zum Nordflügel. Somit wäre als erstes die anfangs genannte rechteckige Anlage vorhanden gewesen mit nur am Südflügel den bereits erwähnten Türmen und im Norden der hohen Kemenate. Das heutige Einfahrtsgewölbe hätte sich hinter der Zugbrücke angeschlossen und demnach vielleicht ein dem inneren Tor vorgelagerter weiterer Zwinger auf der Grabeninnenseite gelegen.

Nach der totalen Zerstörung im Markgräflerkrieg wurde jedenfalls die alte Anlage grundlegend umgestaltet. Der Südflügel erhielt ein weiteres Stockwerk, der ehemals dreigeschossige Nordflügel wurde mit Ausnahme der beiden großen Keller aufgefüllt, oben etwas abgetragen und darauf der Garten angelegt. Anstelle der Außenwand entstand nun an dieser Seite ein Wehrgang, welcher den an der Ostseite vorhandenen weiter führte. 1611—1613 wurde der Westflügel über einem alten Erdgeschoß, das vermutlich Vorratsräume und Stallungen aufnahm, neu aufgeführt. Als Außenwand diente bis zum zweiten Obergeschoß die alte westliche Wehrmauer. Auf der Westseite sind deutlich die Baufugen zwischen Süd- und Westflügel, sowie der neuaufgesetzte obere Mauerteil zu erkennen. Der Westflügel senkte sich in der folgenden Zeit stark ab, so daß nur die alte Westmauer ihre ursprüngliche Höhe behielt, wodurch in den Räumen heute eine sehr starke Neigung von Böden und Decken zum Hof hin besteht. Die Erdgeschoßräume nahmen im Kriegsfalle die Vorräte auf und das Hab und Gut der Bauern, die sich in die

Wasserschloß von Norden mit Graben, Torbauten und Wehrmauer

Burg flüchteten. Gleichzeitig mit dem Bau wurde in der Nahtstelle zwischen beiden Trakten eine Fachwerk-Wendeltreppe errichtet, die vor 1643 einem hölzernen Aufgang weichen mußte. 1667 nahm bereits wieder ein neuer Treppenturm aus Stein seine Stelle ein, der aber 1687 wohl endgültig der jetzigen Treppe gewichen ist. Zur selben Zeit entstand der Brunnenturm im Innenhof, dessen halbrund herausgearbeitete Rückseite noch heute erhalten ist. Im Innenhof und der Vorburg existierten ehemals zwei Brunnen. Eine Brunnenstube im Vorhof hat sich zwar noch bis heute erhalten. Die beiden Ziehbrunnen sind aber verschwunden. Der Brunnentrog im Innenhof, welcher 1690 vorhanden war, besitzt noch heute die leider von Besatzungssoldaten Ende des zweiten Weltkrieges stark beschädigten Reliefs aus dem 16. Jahrhundert. Sie wurden 1610 an ihre jetzige Stelle versetzt.

1643 wurde im Vorhof die äußere Schloßhofmauer erhöht. Außerdem brach man in die Außenmauer des Viehhauses im Südwesten der Vorburg Schießscharten ein.

Auf einem Plan von Zweidler aus dem Jahre 1602 ist an der Nordwestecke des heutigen Dachgartens ein Türmchen zu erkennen, der Westflügel hatte damals noch einen Treppengiebel, der große Rundturm eine Zwiebelhaube. Es ist allerdings fraglich, inwieweit die Phantasie hier einiges falsch gezeichnet hat. Von dem kleinen Türmchen vermutet Kunstmann, daß es wohl im 18. Jahrhundert abgerissen worden ist.

Der Vorhof oder die Vorburg beherbergte Nebenbauten und die Ökonomie, Stadel im Osten, Pferdestallung, anschließend Viehhaus, Jägerhaus im Westen. Ein Keller und die Rübgrube werden im äußeren Hof, wohl vor dem heutigen Vorplatz genannt. Anstelle des Fachwerkhauses im Innenhof lag das Brauhaus. Außerhalb der ganzen Anlage werden noch Milchgewölbe, Kellerhaus, Fischgrube und äußerer Keller erwähnt. 1725 ist ein neues Jägerhaus erbaut worden. 1756 eine Amtsknechtwohnung im Torhaus, das noch 1728 als Gefängnis diente. In den Folgezeiten sind immer wieder Reparaturen verzeichnet.

1746 wurde die Zugbrücke durch eine steinerne Brücke ersetzt und vermauerte man die Zuglöcher für die Ketten.

Im Urbar von 1728 wies das Schloß folgenden Gebäudebestand auf: Schloß mit innerem Graben, äußeren Schloßplatz, Viehhaus, Milchgewölbe, Stadel, Pferdestall, äußerer Stadel, leerer Vorplatz, Hirschmannsgärtlein, Jägerhaus, Pflanzengarten, äußerer Schloßgraben, Mühlweiher, Schloßgarten, Kellerhaus (heute Brauhaus), Fronveste (Gefängnis im heutigen Torhaus).

Über das Innere sagt das Urbar folgendes aus:

17 eingerichtete Wohnräume nebst Kammern und 6 Nebenzimmern,

5 Gewölben, 3 Keller, 2 Pferdeställe, 3 Küchen, 1 Brauhaus, und 3 Böden mit Ökonomie vor dem Schloß.
Dieser Baubestand mag etwa, als 1716 der Fürst von Oettingen seinen Hofmarschall und Oberamtmann Carl Maximilian v. Egloffstein, der zu dieser Zeit in Kunreuth wohnte, besuchte, vorhanden gewesen sein. Carl Maximilian rüstete, um dem Fürsten seinen eigenen Anspruch als kleiner Landesherr im Rahmen des reichsritterschaftlichen Kantons Gebürg zu dokumentieren, zu diesem Zwecke einige Untertanen mit Uniformen und Gewehren aus, die vor dem hohen Besuch paradieren und den Wachdienst versehen sollten. Eine etwas groteske Demonstration der eigenen, mehr als bescheidenen Macht vor einem Landesherrn, dessen Armee vor größeren Fürsten aber sicher einen ähnlich kuriosen Eindruck gemacht haben wird, wie die kleine Kunreuther Mannschaft vor ihm. Aber man war damals wohl in erster Linie darauf bedacht, jeden Besitz und Machtanspruch, und war er noch so gering, auch nach außen hin zu bewahren und kein Recht, welches reichsritterschaftliche Belange betraf, aufzugeben. Als Carl Maximilian 1721 auf dem Rittertag der Versammlung der Reichsritterschaft des zugehörigen Kantons, zu Kunreuth zum Ritterhauptmann gewählt wurde, verlegte er die Kanzlei hierher und erbaute die Häuser in der Herrengasse sowie die Ritterkanzlei, heute Gemeindeverwaltung. Im Inneren hat vermutlich er einige Räume barock ausstatten lassen mit Marmorierungen und Felderstukkaturen einfachster Form, sowie neue Türen und Fenster eingesetzt. 1765 wurde der westliche Fachwerkgiebel erneuert und das Kellerhaus, heute Brauhaus genannt, in dessen Keller die Quelle für den Burggraben liegt.
Eine schlimme Folge für die Mauern und vor allem die Holzroste hatte die Trockenlegung des Grabens im Jahre 1827. Das Holz, welches sich nur hält, wenn es völlig mit Wasser bedeckt ist, verfaulte zum Teil, und dadurch bildeten sich erhebliche Mauerrisse. Am Torbau mußten im vorigen Jahrhundert deshalb zur Stützung der sich nach Osten neigenden Wand zwei große Pfeiler aufgemauert werden.
In der 2. Hälfte des 19. Jahrhunderts wurden von einem in dieser Gegend, so auch in Schmölz tätigen Architekten, Jacob Schmitt Friedrich, die neugotischen Zinnen anstelle des alten Wehrganges im Osten und Norden angebracht. Der Wehrgang war schon vorher einem einfachen Holzgeländer gewichen. 1895 wurde anstatt des alten Tores eine neue Verblendung vorgelegt, die den Torbau nicht unbedingt zu seinem Vorteil verändert, über dem Tor eine Tafel zur Erinnerung an die Condominatstifter angebracht und das Ganze durch ein Wappen bekrönt. Heute bietet sich Kunreuth mit einigen Änderungen hauptsächlich in

der Gestalt des Wiederaufbaues nach dem Markgräflerkrieg dar. Nur der Vorhof hat noch immer wieder wesentlich sein Aussehen gewandelt. Durch ein Gitter — anstelle eines im 16. Jahrhundert nachgewiesenen Tores als Abschluß einer Brücke über den äußeren Graben — erreicht man den Vorhof. Die gesamte Burg mit Vorhof ist an drei Seiten von den Resten des äußeren Grabens umzogen, der früher von der Trubach gespeist wurde. Im Norden fand er seinen Abschluß im Mühlteich, dessen Fachwerkmühle vor einigen Jahren einem Neubau gewichen ist. Dieser äußere Graben umschloß ehemals die ganze Anlage, mit Ausnahme der Westseite der inneren Burg. Er ist jetzt total trockengelegt und aufgefüllt, der Geländeunterschied aber noch an drei Seiten deutlich zu erkennen. Die Ummauerung der Vorburg, im 17. Jahrhundert ausgebessert und mit einem kleinen Eckturm versehen, ist noch heute erhalten.

Links steht eine Scheune von 1737, anstelle des Viehhauses. Im Rasenplatz wurde 1791 ein Denkmal für den ersten Grafen der Familie, Albrecht Dietrich Gottfried errichtet, der in Ostpreußen für seine Linie — seit der Deutsch-Ordenszeit waren Egloffsteiner in Ostpreußen — ein Majorat stiftete, das bis zum Ende des 2. Weltkrieges der Familie gehörte. Eine trauernde Figur lehnt an einem Säulenstumpf und hält ein Medaillon mit seinem Bild als Relief. Auf dem Sockel ist das große Wappen umgeben von Trophäen und Inschriften angebracht, welche besagen, daß er als Kgl. Preuß. Generalleutnant und Gouverneur von Ost- und Westpreußen, Inhaber des Pour le merite war und 1786 in den Grafenstand erhoben wurde. Im Gegensatz zu den anderen Schmuckelementen an der Burg, ist diese Arbeit von großer künstlerischer Qualität.

Von den ehemals im Vorhof gestandenen Stadeln, Viehhaus, Pferdestall, Jägerhaus und anderen Wirtschaftsgebäuden, ist nichts mehr vorhanden, nur noch eine Brunnenstube hat sich erhalten mit Verbindung einer Holzröhre zu dem Brunnenschacht vor der Scheune.

Durch das Torhaus, dessen spätmittelalterliche Substanz im 18. Jahrhundert Grundlage zu einem vergrößernden Umbau nach Norden war, erreichen wir den Zwinger mit ringsherum alten Mauern aus der Erbauungszeit der Burg, Wehrgang und dem Tor zu einem im Norden den inneren und äußeren Graben trennenden Damm. Im Torhaus ist noch ein altes Tor mit kleinem Einschlupfpförtchen erhalten. Vor der Nord-, Ost- und Südseite der Burg an der Mauer zum Graben hin, liegt ein schmaler Landstreifen, ehemals letzter Verteidigungsumgang für die Burgbesatzung, im Falle, daß die gesamten Vorhöfe, Zwinger etc. schon besetzt waren. Der südliche Umgang erhielt ebenfalls im 19. Jahrhundert neue Zinnen, bei den anderen Teilen ist die Mauer zum Graben hin verschwunden, nur die Durchschlupfe in den mächtigen Pfeilern blieben erhalten.

Von dem Zwinger, der zwischen dem Torhaus und der Nordmauer liegt, führt die Brücke über den Graben in die Burg. Dieser innere Graben umgibt die Burg an allen Seiten und ist seit einigen Jahren wieder an drei Seiten mit Wasser gefüllt. Als äußeres Tor ist ein bemalter Flügel mit Andreaskreuz, Wappen und der Jahreszahl 1614 vorhanden. Innen in der Haupthalle sind noch die Öffnungen für das Pech im Gewölbe. Rechts in der hier sehr starken Mauer ist ein kleines Gefängnis mit alter Tür eingebaut. Früher war als erstes anstelle des bemalten Tores ein wesentlich stärkeres eingefügt, wie der darüber befindliche Balken beweist. Es folgte dann vor dem Spitzbogen, der uns vom Eingang in die eigentliche Haupthalle im rechten Winkel entläßt, ein weiteres Tor. Das dritte Tor an dieser Stelle auf der Innenseite des genannten Spitzbogens ist, wie bereits erwähnt, noch in der alten Form erhalten. Von der Halle aus führt wiederum im rechten Winkel ein weiteres spitzbogiges Tor in den Innenhof. Das alte Holztor hier ist auch nicht mehr vorhanden. Der Hof wird an 2½ Seiten von den dreigeschossigen Hauptflügeln umzogen, dem Süd-, West- und kleinen Ostflügel.

Am Südflügel sieht man deutlich den Unterschied zwischen den alten, ersten beiden Geschossen mit Buckelquadern und dem oberen Stockwerk mit glattem Quadermauerwerk. Der Westflügel hat im hofseitigen obersten Stock ein schönes, leider neu verputztes Fachwerk, welches auch vier Giebel am Haus aufweisen, die kürzlich bis auf einen freigelegt wurden und das Bild sehr beleben. Nur der Nordgiebel des Westflügels ist aus Sandstein aufgeführt. An der Westseite dieses Traktes sind heute noch drei alte Aborterker aus Stein vorhanden, zwei aus Holz stürzten nach dem Krieg ab und ein dritter scheint schon früher abgebrochen zu sein. Der große Rundturm mit dem Verließ im Keller schließt sich südwestlich an der Nahtstelle von Süd- und Westflügel außen an. Er beherbergt noch die Geschützöffnungen mit den Schießkammern und Rauchabzügen.

Im Südflügel ist im Erdgeschoß das Zentralarchiv der Gesamtfamilie untergebracht. Mit einer großen Sammlung an Rechnungen, einer Urkundensammlung von ca. 600 Stück und einem Aktenarchiv von etwa 8000 Faszikeln vereint es außerdem den schriftlichen Nachlaß vieler Familienmitglieder und verzeichnet in über 80 Urbaren den ehemaligen Grundbesitz des Hauses.

Die Räume der oberen Geschosse sind Wohnräume. Im Westflügel nimmt das Erdgeschoß Keller und Gewölbe, darüber die Verwaltung auf. Zum Innenhof sind abgeböschte Pfeiler vorgelegt, die durch große Blendarkaden verbunden sind. Diese waren früher offen. Im Nordostwinkel des Hofes steht an Stelle des alten Brauhauses ein Fachwerkhaus. Er lehnt sich an die östliche Wehrmauer, so wie der Westflügel an und auf die westliche Mauer gebaut ist. Daneben die Reste des Brunnenturms und zwei Tröge mit Relieffragmenten. Im Norden schließt die sogenannte Lumpenburg mit einem nordöstlichen kleinen Ecktürmchen, dem ehemaligen Weinhüttlein von zwei Geschossen, den Hof ab. Diese Lumpenburg ist ein kleiner Dachgarten auf der Höhe zwischen den beiden obersten Stockwerken. Nach außen hin umschließt ihn die Wehrmauer mit dem neugotischen Zinnengang. Die im Norden und Westen außen vorgelegten mächtigen Pfeiler hatten eine dreifache Funktion. Einmal sollten sie die Mauer nach außen stützen, da diese nun mit Erdreich aufgefüllt, stark nach außen drückten, weiter ermöglichten die oben gewonnenen Plätze zuerst als Streichwehren eine wirksame Verteidigung der Burgmauern und dann als Plätze für die Kanonen gegen den Westberg zu, welcher strategisch besonders ungünstig lag, da man von der höher gelegenen Spitze bequem die Burg beschießen und mit Schleudern bearbeiten konnte. Unterhalb des Wehrganges sind noch die Konsolsteine für die ehemaligen Aborterker vorhanden. Vom Innenhof vermittelt eine Holztreppe des 17. Jahrhunderts den Zugang zum ersten Obergeschoß. Von hier führt im Inneren ein Treppenhaus mit schlichten Barockbalustern in den obersten Stock. Im Haus sind die Räume meist schlicht, nur wenige nach Süden zu haben Rahmenstuck um 1700, die meisten aber besitzen einfache Balken- oder Spunddecken. Nur im Erdgeschoß finden sich Gewölbe und über

Denkmal im Vorhof für Albrecht-Dietrich Gottfried, ersten Grafen von und zu Egloffstein

der Torhalle ein weiteres, von dem aus die Pechlöcher versorgt werden konnten. Daneben liegt der alte, durch eine Geheimtür zugängliche Kettenraum über dem kleinen Gewölbe direkt hinter der Zugbrücke. Im Torbau hat sich im ersten Stockwerk noch der Arrest oder das Rittergefängnis erhalten, mit einer ähnlichen Tür, wie im Gefängnis neben der Zugbrücke. Beide weisen als Kuriosum in Wandschränke eingebaute Aborte auf. Neben dem Arrest liegt die alte Pechküche für den Ostwehrgang.

Das einstmals durch Stiftungen, Schenkungen und Vermächtnisse sehr reiche Inventar hatte unter den vielen Einquartierungen und Mietern nach dem zweiten Weltkrieg viel zu leiden. Das Einwohnermeldeamt der Stadt Nürnberg zog hier ein und verwohnte das Haus, kaum wiederhergerichtet, nahm es bis 1957 ein Altersheim der Inneren Mission als Zwangseinquartierung und Mieter auf. Diese Zeit brachte die größten Verluste, da das gesamte, sehr wertvolle, alte Inventar von den Insassen verwohnt, mutwillig zerstört und verheizt wurde. Die Entschädigung fiel nur minimal aus und konnte in keiner Weise den Verlust ersetzen. Dazu waren die Waffensammlung von den Besatzungssoldaten entwendet und viele Einzelstücke im Laufe der Jahre gestohlen worden, so daß heute bis auf einen kleinen Rest nichts Nennenswertes mehr vorhanden ist. Selbst wandfeste Ausstattungen wurden ruiniert und zum Teil mitgenommen. Der heftige Artilleriebeschuß kurz vor Kriegsende brachte zwölf Treffer auf das Schloß, die nur mühsam wieder ausgebessert werden konnten. In den folgenden Jahren hat man zuerst das Dach neu gedeckt, drei Giebel freigelegt, Mauern wo nötig neu verfugt, Wasser in den Graben gelassen und den Garten wieder gepflegt, wodurch das Äußere sehr an Reiz und Schönheit gewonnen hat. Auch im Inneren sind Erhaltungsmaßnahmen durchgeführt worden, die laufend weiter fortgesetzt werden, um die Spuren der Nachkriegs-Verwüstungen zu beseitigen. Die Verluste im Haus werden aber nie mehr auszugleichen sein.

Der Betrieb, zu dem dieses Haus gehört, ist heute als Nachfolger des Condominates in viele Anteile aufgesplittert, die zusammen in unterschiedlichem Umfange einer Reihe von Mitgliedern der Familie gehören. Der Zusammenhalt dieser wohl den gleichen Namen tragenden, aber nur weitläufig verwandten Besitzer in der Form einer Erbengemeinschaft, welche familienpolitische Bindungen, wie sie bei den Condominaten bestanden und staatlich gestützt wurden, nicht mehr stärkt, dürfte mit einer Dauer von nunmehr schon über 50 Jahren fast noch erstaunlicher und bewundernswerter, als das lange Bestehen des Condominates und deutlich der Beweis eines durch Jahrhunderte gepflegten, geförderten und gewachsenen Familiensinnes sein.

23 Gößweinstein

Burg, Kreis Pegnitz

Am Kreuzungspunkt dreier alter Verkehrswege, die sämtlich über das Hochplateau kommend sich hier trafen, bildete Gößweinstein von alters her einen bedeutenden strategischen Punkt. An dieser Kreuzung bot es sich an, hoch über dem Tal, einen befestigten Platz anzulegen, zumal der Felsen, auf dem die Burg heute liegt, sowohl einen Blick ins Tal als auch auf das weitläufige Plateau, von wo die Straßen kamen, bietet. Noch heute hat man von der Felsaltane im Burghof einen einzigartigen Blick ins Land, vor allem nach Norden, Westen und Osten. Vom Bergfrit erschließt sich dann allerdings eine völlige Rundsicht über viele Kilometer. Bei gutem Wetter kann man bis zum Ochsenkopf (Fichtelgebirge) sehen. Wie bei vielen anderen Burgen der Umgebung — so etwa in Pottenstein,

Egloffstein, Wichsenstein, Eberhardstein, Leupoldstein — können wir annehmen, daß die Felsenburg nach ihrem Gründer benannt wurde. Es kommt hierfür ein Goswin in Frage. Zur Zeit ihrer Entstehung — 1076 ist sie zum ersten Male beurkundet als Goswinesteyn — sind drei Goswine bekannt, von denen zwei, Vater und Sohn, 1059 und 1087 auf der Bamberger Synode beurkundet, mit den Hennebergern verwandt sind. Sie waren im Grabfeld begütert. Die erste Erwähnung Gößweinsteins geschieht in einer Urkunde, in der von der Gefangenschaft des Bischofs Burkhard von Halberstadt nach Niederschlagung des Sachsenaufstandes durch König Heinrich IV. die Rede ist. Kunstmann hält es daher für möglich, daß es sich bei Gößweinstein um eine Reichsveste handelte, nimmt aber eher an, daß die Burg sich im Besitze eines Dynasten befunden hat. Die erste Möglichkeit schließt aber nicht aus, daß sie den Namen ihres Erbauers bekommen hat. Es wird aber wohl die Gründung auf dem freieigenen Besitz des Grafen Goswin erfolgt sein, dessen Güter sich ansonsten um Höchstadt gruppierten.

Der Übergang der Burg in den Besitz Bambergs dürfte, wie auch bei Pottenstein, vor 1102 liegen. Jedenfalls läßt die öfters belegte Anwesenheit der Goswine, aus dem Geschlechte der späteren Grabfeldgaugrafen von Höchstadt-Stahleck, in Bamberg, auf eine enge Beziehung zum Bischof schließen. Andererseits ist es auch möglich, daß Heinrich IV., der ebenfalls zu Bischof Rupert in enger Verbindung stand, die Burg an Bamberg gab. Es sprechen verschiedene Erwähnungen für eine Übertragung vor der Regierungszeit Bischof Otto I. an das Hochstift.

Wie auch auf anderen zum Bistum gehörigen Burgen sitzen in Gößweinstein vom Bischof eingesetzte Amtsleute, Verwalter oder Burggrafen. Als solche fungieren während des 12. Jahrhunderts Mitglieder des edelfreien und nach 1202 erloschenen Hauses von Schönfeld, die sich auch nach der Burg nennen. Eine weitere Familie, die sich nach Gößweinstein benennt, sind die Edelfreien von Wolfsberg, welche erst 1169 unter diesem Namen auftreten und sich noch 1174 als v. Gößweinstein bezeichnen.

Die in dieser Gegend wohl mächtigste Sippe, die Edelherren von Schlüsselberg, gelangen als Pfandinhaber schon vor 1243 in den Besitz der Burg. Diese vererbt sich in der Familie weiter bis sie in die Hände Ulrichs von Schlüsselberg gelangt, der im Zuge der Erbabwicklung für seine Nichte Elisabeth einige Besitzungen, darunter auch Gößweinstein, an Bamberg verkauft. 1323/27 wird die Burg in einem Bamberger Urbar aufgeführt, desgleichen im Rechtsbuch, wo sie schon als Sitz eines bischöflichen Amtes bezeichnet ist. Eine Besitzbestätigung für Bamberg durch den Hofrichter König Wenzels führt die Burg ebenfalls auf.

Bis zum Jahre 1578 beherbergt Gößweinstein ein bischöfliches Amt. In diesem Jahr erfolgt die Umsiedlung in das 1577 erworbene, ehemals Königsfelder Burggut. Die Stellung des Amtmannes ist in ihrer später geübten Form erst im 15. Jahrhundert gewachsen. Vorher nehmen die Vögte, bis ins 14. Jahrhundert aus adligem Hause stammend, die niedere Gerichtsbarkeit wahr. Außer diesen gibt es noch einen Castellanus, ebenfalls aus adligem Hause, der den militärischen Befehl hat. Aus diesen beiden Stellen bildet sich die des Amtmannes oder Pflegers. Im 16. Jahrhundert hören wir dann wieder von Vögten, die nun aber aus bürgerlichen Familien kommen. Sie haben, nachdem das Amt ins Dorf zieht, ihren Sitz in der Burg. 1660 wird das untere Schloß, wie das neue Quartier im Ort bezeichnet ist, verkauft. 1632/33 bleibt das Amt mit dem Tode des Amtmannes Valentin Fuchs v. Dornheim unbesetzt, 1637 mit Pottenstein vereinigt, ist es fortan nur noch Sitz eines Vogtes. Aber diese Zeit geht schon 1731 zu Ende, als auch die Vogtei nach Pottenstein verlegt wird. Die Burg teilt nun ihr Schicksal mit vielen anderen, die

Gößweinstein. Lithographie von Th. Rothbart nach C. Kaeppel um 1847. (rechts) Burghof und Turm

den Erfordernissen der Zeit nicht mehr entsprechen und ihre einstige Bedeutung als sichere Zuflucht eingebüßt haben. 1747 erfolgt die Installierung einer Jägerwohnung und außerdem dient der Bau als Getreidelager. Der Umbau, den eine Verlegung des Oberamtes, zu dem Gößweinstein 1712 erklärt worden war, erforderte, unterblieb, da er zu große Kosten verursacht hätte. Aber schon 1770 ändert sich die Lage, als Gößweinstein vom Amt Pottenstein getrennt und die Burg wiederum, nunmehr auch für Wolfsberg, Vogteisitz wurde. So bleibt es bis zum Jahre 1803. Im Rahmen der neuen Organisation durch den bayerischen Staat wird das Rentamt Pottenstein in die Burg Gößweinstein verlegt, aber erst 1859 auch entsprechend umbenannt. Nach einer weiteren Veränderung, der Umlegung wieder zurück nach Pottenstein im Jahre 1875, wird die Burg an eine Frau Rabeneck verkauft, die sie ihrerseits 1890 dem Freiherrn Karl Edgar von Sohlern, Bruder des anfangs erwähnten Malers, veräußert, dessen Enkel sie heute besitzt. Grundbesitz gehört, wie auch in Pottenstein, nicht dazu, da Gößwein-

stein als Amtssitz keinen zugehörigen Grund und Boden hatte, im Gegensatz zu vielen, heute privaten Schlössern in der Nachbarschaft.
Gößweinstein ist von den Kriegen und Unruhen, die das Land heimsuchten, relativ wenig berührt worden. Ob die Burg unter den Kämpfen zwischen dem König Lothar und seinem Gegenkönig zu leiden hatte, wie das benachbarte Dorf Pottenstein, ist fraglich und nicht zu beweisen. Unter den Hussitten erlitt sie aber vermutlich größere Verwüstungen und sicher ist, daß der Bauernkrieg ihr schwere Schäden zufügte. Am 26.5.1525 zerstörten die Bauern die Burg und verbrannten daselbst noch zwei Sitze. Es handelte sich vermutlich um die beiden Burggüter. Dem Amtmann war angeblich nichts geschehen, dagegen sprechen aber die Entschädigungssummen, die er später erhielt. Desgleichen wurden an die Besitzer der Burggüter, die zum Teil durch Verlagerung vergeblich versucht hatten, ihr Hab und Gut zu retten, Entschädigungen ausbezahlt. Nach erfolgter Niederschlagung des Bauernaufstandes mußten die Gößweinsteiner sich bei der Erbhuldigung in Pottenstein verpflichten, die Burg wieder aufzubauen. Im nachfolgenden Markgräflerkrieg und 30jährigen Krieg, die an allen anderen Orten Frankens so viel Zerstörung anrichteten, blieb das Schloß verschont. Wenngleich es sicher öfters erobert und geplündert wurde, so blieb es aber vor Zerstörung bewahrt.
Über die Baugeschichte sind wir erst seit Ende des 15. Jahrhunderts genauer unterrichtet. Von dem Turm, den wir heute vorfinden, wissen alte Urkunden und Rechnungen nichts zu berichten. Hingegen erfahren wir einiges über Teile der Burg oder vielmehr zugehörige Teile. So vor allem durch das Bamberger Rechtsbuch von einer Behausung der Egloffsteinschen Familie in der Burg, welche offenbar im Gegensatz zu den Einkünften aus den vier im Tal gelegenen Mühlen, die ebenfalls der Familie gehörten, freieigen war. Am 23.11.1585 wurden das Egloffsteinsche Burggut und ein Platz vor der Burg an den Bischof von Bamberg verkauft. Dieser Platz wird wohl auf dem Westteil des Burgberges zu suchen sein und früher ein Haus getragen haben, das zur Burg gehörte und erst bei einem späteren Aufbau nicht mehr mit einbezogen wurde. In diesem Teil lagen auch zwei Zisternen, die für die Wasserversorgung im Kriegsfalle natürlich besonders bedeutend waren. Sie sind sogar noch auf Plänen aus dem 19. Jahrhundert eingezeichnet. Ihr Bestehen an dieser Stelle läßt darauf schließen, daß hier früher vermutlich auch ein wesentlicher Teil der Burganlage stand.
Dic erste uns mögliche Übersicht über die Anlage von Gößweinstein ist anhand von Unterlagen zwischen 1481 und 1525 zu bekommen. Zu dieser Zeit bestand die Burg aus: Der Kemenate (die heute noch be-

steht), der Kapelle, dem Backhaus, Kasten, Schütthaus, Stadel, Stallung, Viehhaus, Zisterne und Gefängnis. 1510 ist die Existenz eines Turmes belegt, der 1598/99 auch das Gefängnis beherbergte. An seiner Süd- und Westseite war der Burgfelsen durch einen Zwinger geschützt, der, wie sich ebenfalls belegen läßt, durch drei Mauern mit Toren unterteilt war. Von weiteren Gebäuden oder ehemals erwähnten Bestandteilen hören wir nicht mehr. Auf eine Zerstörung im Hussittenkrieg lassen einmal das Fehlen einer Erwähnung früherer Bauten der Burg (Egloffsteiner Burggut) und auch 1481 erfolgte Aufräumungsarbeiten im Hof schließen. Vom Aussehen der alten Kemenate wissen wir nur, daß sie eine Freitreppe hatte, die 1516/17 abgebrochen und ins Innere verlegt wurde. Für die folgende Zeit fließen die Quellen nur spärlich. Wir hören 1598/99 vom Bau des Obergeschosses für einen Turm, der die Gefängnisse barg, es ist aber nicht ersichtlich, wo der Turm sich befand. Anhand eines Wappens des Fürstbischofs Johann Philipp von Gebsattel läßt sich für 1605 eine Renovierung vermuten, über deren Umfang wir aber nichts wissen.

Die Bedeutung der Burg nimmt in dem Moment ab, als das Amt ins sogenannte untere Schloß verlegt wird, das ehemals Königsfeldsche Burggut, um schließlich ganz nach Pottenstein zu kommen. In der folgenden Zeit hört man dann hin und wieder von Reparaturen. Nach Verkauf des unteren Amtsbaues wird 1660 wieder die Burg Verwaltungssitz. Die 1690 durch Blitzschlag angerichteten Schäden werden in den folgenden Jahren ausgebessert und 1697/98 wird ein Treppenturm erbaut.

Die Burganlage ist nun auf Amtshaus, Kapelle, Backhaus und Badhaus zusammengeschrumpft. Weiterhin bestehen noch eine Zisterne und ein Aufzug. Außerhalb der Anlage befanden sich Amtsstadel, Amtsknechtshaus und Viehhaus. Die Wohnung des Amtsknechtes wird 1712/13 abgerissen und vergrößert, auch als Vorratshaus wieder aufgebaut. Im gleichen Jahr erfolgt am Burgeingang eine Veränderung. 1725 reißt man die Kapelle ab und transportiert, was brauchbar war, ins Tal. Umfassende Berichte und Baugesuche in der folgenden Zeit erwecken den Eindruck einer recht schlecht erhaltenen Burg. Hin und wieder werden Reparaturen durchgeführt. 1746 anläßlich der Schaffung eines Oberamtes erfolgt ein Baugesuch durch Baron Guttenberg, der eine Neugestaltung der Anlage wünscht, wenn er sich als Oberamtmann hier niederlassen soll: Es wird genau wie das Gesuch um einen Neubau im Tal abgelehnt. 1747 werden dann sämtliche notwendigen Reparaturen ausgeführt und eine Jägerwohnung eingerichtet. 1785 steht es aber wiederum so schlecht um den Bau, daß ein Abbruch erwogen wird. Der Vogt schildert in seinen Berichten den Zustand der ganzen Anlage mit Häusern und Mauern als extrem desolat und schlägt wiederum vor, ins Dorf zu bauen. Davor schrecken zuerst die Behörden zurück und genehmigen die dringendsten Reparaturen. 1786 stellt der Vogt erneut den Antrag auf Abbruch des Hauses und einen Neubau. Er wollte unbedingt die Umsiedlung ins Dorf durchsetzen, was ihm aber nicht gelang. 1789 werden sämtliche notwendigen Reparaturen genehmigt. 1787 ist bereits eine Umlegung des Aufganges vom Ort gestattet worden. In der 1804 und 1805, nach Übergang Bambergs im Jahre 1803 an Bayern, erfolgten Aufstellung besteht die Burg nurmehr aus dem Haupthaus, Nebenbau mit Holzlege, Zisterne, Backhaus, Ringmauer und außerhalb der Burg einem Stadel. Die Amtsdienerwohnung im Tal existiert ebenfalls noch.

In den Jahren 1805/08 beherbergt die Burg dann das Rentamt Pottenstein, und wird 1809/10 überholt. Eingestürzte und schadhafte Mauern werden ausgebessert und ebenso die beiden Wege zum Schloß, der Fahrweg und der Gang (150 Stufen). Da an den auf dieser Höhe dem Wetter besonders stark ausgesetzten Giebeln immer wieder repariert werden muß, entschließt man sich noch vor 1826, ein Walmdach statt des Satteldaches zu schaffen. In einer Bauaufnahme von 1875 bestehen außer den schon früher aufgeführten Teilen nur noch ein Waschhaus (es handelt sich hier um den 1805 aufgeführten Nebenbau) und zwei Zisternen vor der Burg. Nachdem diese 1875 aus Staatsbesitz an eine Witwe verkauft wird, geht sie dann 1890 in Sohlernschen Besitz über. Der Erwerber läßt die Burg im Geschmack der Neugotik ausstatten und versieht sie mit einigen wesentlichen Veränderungen. Das Walmdach wird wieder entfernt und durch ein Satteldach mit zwei Treppengiebeln ersetzt. Ferner werden zwei hölzerne Erker angelegt, der Turm statt des Daches mit einem überragenden Obergeschoß und Zinnenkranz versehen, die Fenstereinfassungen aus Sandstein ersetzt und die Mauern mit Zinnen bekrönt. Die Stelle des östlichen Vorbaudaches nimmt nun eine Altane ein und Treppenaufgang, Scheune, vermutlich auch die beiden äußeren Zisternen, werden beseitigt.

In dieser letzten, umgestalteten Form bietet sich uns heute die Burg Gößweinstein dar. Auf an drei Seiten steil abfallendem Fels und nur von Süden relativ einfach zugänglich, wo deshalb auch besonders umfangreiche Sicherungsanlagen notwendig waren, thront die Burg über dem sich ins Tal und zum Teil schon bis an die Hänge hinziehenden Dorf. Die Seite der Auffahrt nach Südwesten war durch Zwinger und die schon am Hangfuß beginnenden befestigten, zu den Burggütern gehörigen Bauten geschützt. Die heute relativ bequeme Auffahrt ist erst 1877 derart verbreitert worden.

Gößweinstein, in beherrschender Lage über dem Wiesenttal

Der Angreifer sah sich bei der Einnahme der Burg also folgenden Schwierigkeiten gegenüber: An drei Seiten steil abfallender Fels; die südliche und westliche Seite boten die einzige Möglichkeit einzudringen. Zuerst galt es, die Zufahrt, die — wie bereits angeführt — durch die befestigten Burggüter gesichert war, zu gewinnen. An der Stelle, wo die heutige Zufahrt ihre Spitzkehre hatte, bildete ein erstes Tor den Abschluß der Vorburg, die rings durch Mauern abgeschlossen war, auch zum steil abfallenden Fels hin. Nach Erreichen der Vorburg mußte diese durchmessen werden und war das nächste (mittlere) Tor, heutiges unteres Tor zu nehmen, das — parallel zum alten unteren Tor gelegen — der Angreifer nicht direkt beschießen konnte. Es war nur zu erreichen, indem man ohne Deckung vor den rechts neben dem mittleren Tor gelegenen Verteidigungsanlagen vordrang, welche es dem Burgherren ermöglichten, Hof und Mauern mit Feuer zu bestreichen. Demselben Zweck diente ein halbrunder Mauervorsprung am Steilabfall linker Hand der Tor-Mauer. Desgleichen war im Mittelteil der Mauer links neben dem Eingang ein Vorsprung zur Verteidigung des Tores eingebaut. Nunmehr gelangte man durch das Mittlere Tor in den Zwinger, dessen Südmauer mit kleinem Mauerturm den unterhalb vorbeiführenden Aufgang beherrschte. Neben dem Türmchen führte einst der Aufgang vom Tal in den Zwinger. Durch den Zwinger kam man dann, weiter sich nach links wendend, durch das obere Tor. Die alte Anlage schloß hier einen weiteren Zwinger an, den man durch ein Tor, welches sich an die Ecke der Kemenate anschloß, verlassen konnte. Erst nachdem diese Tore und Höfe passiert waren, stand der Angreifer im Burghof, wobei der Zugang der Kemenate mit größter Sicherheit früher aus Holz bestand und abgebrannt werden konnte, der Zugang zum Haus also auch dadurch noch hinausgezögert werden konnte. Wesentlich für diese Art Anlagen ist, daß der Angreifer lange Gänge oder Zwinger zu passieren hatte, wobei seine linke Seite der feindlichen Mauer abgewandt war und somit die den Schutzschild haltende Hand genau auf der nicht brauchbaren oder wichtigen Seite lag, wenn er hinaufstürmte. Dieses Prinzip ist bei den meisten Burgen, soweit es möglich war, angewandt worden und stammt aus der mittelalterlichen Zeit der Bewaffnung mit Schwert und Schild.

Nun zum Inneren des Hauses. Sind auch durch die Umbauten im 19. Jahrhundert die äußeren Formen sehr gewandelt worden, so blieb das Innere davon weitgehend unberührt und wir können annehmen, daß die bei der Renovierung 1605 geschaffene Raumkonzeption beibehalten wurde. Die Zimmer liegen nach Süden und Westen, der Gang nach Norden zum Hof. Der Zugang, den die Treppe vom Dorf gewährte, endete ehemals in einem Tor in der Kemenate, das heute in den Südzwinger führt. Das Haus hat im Untergeschoß einige im 19. Jahrhundert in neogotischem Geschmack sehr originell ausgestattete kleine Räume mit alter Balkendecke, Mobiliar und Fresken aus dieser Zeit und außerdem einer Reihe schöner, alter Waffen. Der anschließende Trakt, früher Waschhaus und Personalraum, beherbergt seit einigen Jahren eine kleine gemütliche Trinkstube und Restaurant, im Sommer kann man auch im romantischen Hof davor sitzen. Anschließend bilden das tiefe Verließ und die im neugotischen Stil gehaltene Kapelle mit Fresken aus der Zeit um 1890, im Raum der ehemaligen Registratur, den Abschluß. Von den ehemals drei Zisternen besteht nur noch eine im Hof. Im bewohnten Obergeschoß hat das 19. Jahrhundert nur geringe Spuren in Form von Türrahmen und Holzverkleidungen hinterlassen.

Wie auch bei anderen Amtsschlössern, z.B. Pottenstein, sind diese Gebäudeteile nurmehr der Rest einer ehemals sehr großen Anlage, deren Umfang auf Grund der ständigen Verminderung der Bedeutung und des Veraltens der Verteidigungsanlagen andauernd abnahm und die im 19. Jahrhundert meist nur durch wenige Begeisterte von dem totalen Abbruch durch den Staat gerettet wurden.

24 Pottenstein

Burg, Kreis Pegnitz

Der in Oberfranken und speziell der fränkischen Schweiz öfters vertretene Typ der Höhenburg, auf schroffem Fels über tiefem Tal thronend, findet eine besonders markante Ausprägung in der Burg zu Pottenstein. Nähert man sich vom Püttlach- oder Weihersbachtal dem Ort, so überragt auf gewaltigem Dolomitfelsen der Komplex der Burg, bestehend aus

einfachen Bauten, Ort und Tal. Vom Hochplateau, aus Richtung Gößweinstein kommend, bietet sich hingegen der Bau völlig anders. Man sieht von dort nicht gleich ins Tal und hat den Eindruck, daß die Burg auf der Höhe des Plateaus steht.
Diese Lage, welche viele Perspektiven eröffnet, teilt das Schloß mit einigen anderen in der Gegend. Wie bei vielen Häusern in der Nachbarschaft, beruhen der Reiz und die Bedeutung Pottensteins weniger auf dem kunsthistorischen Wert der Anlage, der von vielen anderen Häusern übertroffen wird, als auf der prachtvollen Lage in der Landschaft und seiner Bedeutung in der Geschichte. Allein der schöne Rundblick ins Tal lohnt einen Aufstieg und Besuch der Burg. Man erreicht sie gewissermaßen von hinten, vom rückwärtigen Teil des Felssporns, auf dem sie liegt, über eine Straße und muß dann vom unteren Burghof unzählige Stufen über eine höchst originelle Treppe zu den Räumen, die gezeigt werden, vordringen. Den Verlauf der Treppe von der Unter- zur Oberburg sieht man vom Tal aus, genau sich an den Fels anschmiegend und die Klüfte auf hohen Bögen überspannend.
Von ihrem ursprünglichen Wehrcharakter läßt die Burg Pottenstein heute nicht mehr allzuviel erkennen. Nur vom Weihersbachtal (v. Süden) und dem Ort (v. Norden) lassen die gewaltigen Stützmauern etwas von der ehemaligen Veste ahnen.
Wie der größte Teil der Burgen und Schlösser in dieser Gegend, ist auch Pottenstein Sitz einer gleichnamigen Familie gewesen. Gustav Voit nennt in seinem Buch: Der Adel am Obermain, eine bamberger Ministerialenfamilie von Pottenstein. Die erste Nennung wird 1114 festgestellt und zwar eines Wezel de Botensteine. Weiterhin wird behauptet, die Familie sei nach 1365 ins Bürgertum übergegangen, denn die letzten bekannten Familienmitglieder werden als ,,Pottensteiner" erwähnt.
Der Ort ist 1108 in den Besitz Bambergs übergegangen und die Pottenstein saßen als Castellani auf der Burg. Eine größere Zahl von Personen aus diesem Hause stand in bamberger Diensten und lebte dort in Ausübung geistlicher Ämter. Ihre Nachfolge werden vermutlich, lt. Kunstmann, Vögte angetreten haben, die meist den benachbarten Adelsfamilien angehörten.
Als Amtsschloß erlebte Pottenstein natürlich ein anderes Schicksal als die Häuser, welche sich im Besitze einzelner Adelsfamilien befanden und war aufs engste mit den Geschehnissen um Bamberg verbunden.
Pottenstein gelangte als Erbschaft des letzten Markgrafen v. Schweinfurt, Otto, durch seine Tochter Judith an den Pfalzgrafen Botho von Kärnten, mit dem sie in zweiter Ehe verheiratet war. Aus dem Vornamen des Pfalzgrafen ist wohl zu schließen, daß er der Erbauer der Burg ge-

wesen sein dürfte. Dieser Botho, 1087 auf der Bamberger Synode als „dominus" bezeichnet, schenkte 1094 den Besitz seiner Frau dem Kloster Theres, seiner späteren Grabstätte. 1104 starb er ohne leibliche Erben.

Wie Pottenstein war auch der andere fränkische Grundbesitz aus der Erbschaft seiner Frau gewesen. Wenn er der Erbauer der Burg ist, kann sie also nur nach der Ehe mit Judith erbaut worden sein. Nachdem ihr erster Mann Herzog Kuno von Bayern 1053 abgesetzt wurde und 1056 starb, wird sie um 1057 Botho geheiratet haben. Sie starb 1066 und Botho nennt sich 1070 „Comes de Potensteine". Er hat natürlich nichts mit dem Ministerialengeschlecht zu tun. Also muß die Erbauung der Burg zwischen 1057 und 1070 fallen. Der Übergang an das Hochstift Bamberg — laut Kunstmann im Gegensatz zu Voigt — müßte vor 1102 stattgefunden haben. Denn bei einer Bestätigung des Besitzes der seit 1102 erworbenen Güter wird Pottenstein nicht erwähnt. Die Erwähnung von Erwerb und Schenkung einiger Besitzungen, unter sie fällt auch Pottenstein, dürfte sich nur auf Grundbesitz dort und nicht auf die Burg beziehen. Spätere Urkunden beweisen das ganz klar. So gehört u.a. zu den Ausstattungsgütern des Klosters Ensdorf bei Amberg auch Landbesitz in Pottenstein, aber nicht die Burg selbst.

In den Jahren 1118 und 1121 weilte hier der als Missionierer Pommerns bekannte Bischof Otto I., der Heilige von Bamberg. Nach der bis heute überlieferten Tradition, die sich auch immer wieder schriftlich bestätigt findet, diente die Burg der Heiligen Elisabeth, Landgräfin von Thüringen, 1227 nach dem Tode ihres Mannes für einige Zeit als Wohnsitz. Nachdem Pottenstein zu Beginn des 12. Jahrhunderts an Bamberg gelangte, ist es zwischen 1323/27 und 1348 dann Sitz eines Amtes des Hochstiftes geworden. Im Laufe der Zeit entwickelte die Burg sich zu einem Zentrum der bambergischen Verwaltung in diesem Gebiete und wurde der Sitz eines umfangreichen Hochgerichtssprengels, der sich durch Zusammenlegung kleinerer Ämter laufend erweiterte. 1492 kam Tüchersfeld, 1592 Leienfels, das 1502 von Jobst I. v. Egloffstein an Bamberg verkauft worden war, zwischen 1628 und 1636 Gößweinstein dazu, eventuell hat Waischenfeld im 17. Jahrhundert auch kurzfristig dazugehört. Seit etwa 1500 wurde die Bezeichnung „Pfleger", wie in vielen anderen Ämtern auch üblich, und bis zur Säkularisation beibehalten. Die Burg diente allerdings nur bis zum Jahre 1750 diesem Pfleger als Wohnung. Im selben Jahr zog er in ein 1745 für den Vogt gekauftes und zur Oberamtswohnung erklärtes Haus. Von nun an fand das Schloß nicht mehr als Amtsgebäude, sondern als Getreideschüttboden Verwendung. Nach der Säkularisation stand es längere Zeit leer. Vor dem wei-

Stahlstich nach L. Richter 1837

teren Verfall, der in den folgenden Jahren einsetzte, bewahrte die Bauten erst der Nürnberger Apotheker Kleemann, der sie am 27. 5. 1878 kaufte, nachdem die Burg schon 1871 sogar auf Abbruch verkauft werden sollte. Er ließ die noch bestehenden Gebäude wieder instandsetzen.
Die Nachfolger im Besitze, Gebrüder Wießner, verkauften 1918 die Burg an Freiherrn Wilhelm Clothar v. Wintzingerode, dessen Sohn Winzelo sie heute verwaltet. Die Familie kommt aus dem Eichsfeld, tritt 1209 zum ersten Male urkundlich auf und war früher aber mit dieser Gegend nicht verbunden gewesen.
Von kriegerischen Auseinandersetzungen blieb Pottenstein im Vergleich zu anderen Burgen der Umgebung relativ verschont. Während des Kampfes zwischen König Lothar und dem Gegenkönig Konrad wurde 1128 wohl das Dorf, nicht aber die Burg verbrannt. Der Eroberung im Bauernkrieg folgte ausnahmsweise nicht eine Plünderung und Verbrennung. In einer Petition vom 22. 5. 1525 ersuchten Bürgermeister und Rat die Anführer der Bauern, das Schloß nicht abzureißen, da die ganze Stadt dabei in Gefahr käme und Pottenstein dann schutzlos den mächtigen Nachbarn ausgeliefert sei. Erging es dem Ort noch relativ

gut, so hatte der Amtmann von Beulwitz schon mehr zu leiden. Im Markgräflerkrieg teilte Pottenstein dann aber das Schicksal mit den meisten Schlössern der Umgebung. Am 18. 5. 1553 wurde es von den Markgräflichen Truppen beschossen und eingenommen. Ein Vorratshaus und die Kapelle sind dabei wohl vernichtet worden. Die in den Akten über den Schaden an Burgen im Bamberger Gebiet aufgeführte Summe von 20000 Gulden spricht auch für große Verwüstungen am Schloß. Ein 1634 unternommener Versuch der Schweden unter Oberst Cratz, die Burg durch eine List zu nehmen, scheiterte, und von weiteren kriegerischen Begebenheiten ist nichts bekannt. Damit ist Pottenstein aus den sehr bewegten Zeiten zwischen Mittelalter und dem 17. Jahrhundert besonders glimpflich davongekommen. Das Gros der Burgen wurde während dieser Zeit wenigstens drei Mal ganz oder teilweise zerstört.

Über die Baugeschichte des Hauses sind wir in der ersten Zeit nicht gut unterrichtet. Im Rechtsbuch des Bischofs Friedrich v. Hohenlohe findet sich nur der Hinweis auf zwei Türmer, der auf die Existenz eines Turmes schließen läßt, außerdem ist nur ein Wächter aufgeführt. Die Burg muß zu dieser Zeit also recht klein gewesen sein und wird sich wohl auf die Oberburg beschränkt haben.

Der Hauptturm, dessen Fundamente heute noch vorhanden sind, wird vielleicht ins 12./13. Jahrhundert zurückzuführen sein. Im Gegensatz zu anderen benachbarten bischöflichen Burgen besaß Pottenstein keinen Burghüter. Das Rechtsbuch von 1348 bringt nur den Hinweis auf eine Vergrößerung der Besatzung in Kriegszeiten. Zu Ende des 14. Jahrhunderts werden vom Amtmann Eglof v. Egloffstein Baumaßnahmen durchgeführt. Sein Sohn Hans wird dafür am 1. 5. 1410 vom Bischof entschädigt. Auf Baumaßnahmen zu Ende des 14. Jahrhunderts läßt auch das Wappen des bamberger Fürstbischofs Lamprecht v. Brunn (1374–99) schließen, welches sich heute am Giebel der Oberburg befindet. Aus Rechnungen, die seit Ende des 15. Jahrhunderts erhalten sind, ist dann über den Baubestand mehr zu erfahren. Zu dieser Zeit ist bereits eine Vorburg vorhanden. Man erreichte sie über eine Zugbrücke, die den Halsgraben davor überspannte. Durch zwei äußere Tore und ein Torhaus gelangte man in einen Zwinger und von dort in das Innere. Die Vorburg wies ein Schützenhaus, das untere Kastenhaus, nach Abbruch 1495 im Jahre 1497 neu erbaut, einige Keller und eine Zisterne auf. Die Hauptburg umfaßte eine Kemenate, den Turm mit Aufzug, die Kapelle, eine Zisterne, Backofen und Stallgebäude. Die Verbindung zwischen beiden Teilen wurde durch die heute noch bestehende Treppe geschaffen. Außer der Kemenate haben oben noch zwei andere Häuser bestanden, denn 1497/98 werden außer an der Kemenate Reparaturen an vier Giebelwänden genannt. In der ersten Hälfte des 16. Jahrhunderts werden der Kasten in der Vorburg als Getreideschütte, ein zweiter Kasten in der Oberburg und ebenfalls dort eine hohe Kemenate erwähnt. Bis 1546 sind diese Bauten genannt. 1546 taucht eine obere Brücke auf, die vermutlich den Aufgang zum Schloß sicherte. Zwischen 1690 und 1750 ist von drei Zugbrücken die Rede, wobei die dritte wohl am oberen Ende des Ganges bestanden haben wird. Nach der Katastrophe im Markgräflerkrieg werden zwischen 1576 und 1592 nur noch Turm, Amtshaus, Wächterhaus und Backhaus aufgeführt. Kapelle und Torhaus scheinen vernichtet worden zu sein. Der Wiederaufbau beginnt 1553/54 mit dem Neubau eines Wachhäusleins. 1580/81 entsteht im oberen Schloß ein neues Schütthaus. Die erhaltenen Bauakten weisen umfangreiche Anordnungen auf, aus denen auch hervorgeht, daß ein Wehrgang und eine Treppe, beide mit Holz verkleidet, vorgelagert wurden als Verbindung zum Gefängnis und dem Wurzgärtlein, das sich ebenfalls oben befunden haben wird. Außerdem erfährt man, daß das Untergeschoß des Kastens gemauert, das Obergeschoß aus Fachwerk und darüber drei Getreideböden vorgesehen waren.

Während des 30jährigen Krieges wurden nur notwendigste bauliche Veränderungen, vor allem für die Verteidigung, durchgeführt.

Im Zuge des spanischen Erbfolgekrieges wird 1702/03 eine Garnison in die Burg gelegt und 1708 und 1712 ist sie scheinbar noch von Soldaten besetzt. Wie weit die alten Verteidigungsanlagen an Bedeutung verloren haben, zeigt, daß man 1703 den Turm aufbrach und einen Backofen einbaute. Aus den Jahren 1712 und 1720 hören wir vom Verfall bzw. teilweiser Abtragung des Turmes. Von einem weiteren Turm an der Kemenate wissen wir nur aus dem Jahre 1726/27. 1713/14 wird eine Kapelle eingebaut. In der Kemenate bestanden ein Saal, der 1693/94 und 1721/22 erwähnt wird, desgleichen eine Fürstenstube, wohl zur Beherbergung des Landesfürsten bestimmt, und die Wohnung des Pflegers. Das Gefängnis wird südlich des Schütt- bzw. Zeughauses zu suchen sein. Die Verbindung zwischen Ober- und Unterburg wurde außer durch die Treppe von einem Aufzug gebildet, der in den Rechnungen von 1682 zu finden ist. In der Vorburg befand sich das 1679 erbaute Vogteihaus, die Stallungen für Pferde, Vieh und einen Esel, der das Wasser vom Tal heraufzubringen hatte. Unten wie oben bestand dann noch eine Wachstube.

In den Jahren 1712 und 1722 erfolgten gründliche Ausbesserungen. Der lange Aufgang zwischen Unter- und Oberburg war schon 1687 abgebrochen und neu aufgerichtet worden, 1756 findet ebenfalls eine

Eßzimmer im oberen Bau

größere Gangreparatur statt. Vor der Brücke über den Graben befand sich ehemals noch ein dazugehöriger Stadel, der erstmals 1685/86 nachzuweisen ist.

Mit dem Umzug des Amtes in die Stadt wird vermutlich 1728 begonnen worden sein, denn hier wird zum ersten Male das Vogthaus in der Unterburg als altes Vogthaus bezeichnet. Bald ersucht auch der Pfleger, 1749, ebenfalls ins Tal ziehen zu können, da der Weg vom Tal herauf so beschwerlich sei. Sein Bittgesuch aus dem Jahre 1746, nach Gößweinstein umziehen zu dürfen, wird wegen der hohen Ansprüche abgelehnt, der Auszug ins Tal aber genehmigt, und von nun an dient das Schloß nur noch als Getreideboden und verfällt. 1779 ist ein Teil der Ringmauer ,,losgegangen", also vermutlich abgestürzt. Sie wird daraufhin eingerissen und nur wenige Schuh hoch wieder aufgeführt, 1781 die Backstube oben abgerissen, 1782 der ruinöse Schüttboden repariert.

1785 werden weitere Schäden deutlich, vor allem an der Vorburg. Ein Gebäude wird abgetragen, und die Außenmauern fallen ein. Weiter sind zwei Bauten auf der Oberburg, welche die Südbegrenzung des Hofes bildeten, auch baufällig und so geht es weiter. Die Außenmauern des Haupthauses müssen 1809/10 teilweise ausgebessert werden. Der Baubestand nimmt weiter ab. 1805 läßt der Landbaumeister Roppelt mehrere Gebäude abtragen und 1812 werden weitere Mauern eingerissen. 1809/10 und 1826 wird dagegen die Schloßbrücke wiederhergestellt. Die Wachhäuser, der Turmstumpf, Aufzug und in der Unterburg der Pferdestall, die zu Beginn des 19. Jahrhunderts noch bestehen, werden bei einer Schätzung aus dem Jahre 1851 nicht mehr genannt. 1854 stürzt ein Teil der südlichen Schloßmauern ab und 1872 wird der Scheunenbau im Unteren Hof abgebrochen und dafür zur Befestigung der ruinösen Außenmauer drei Stützpfeiler errichtet. Als der Apotheker Kleemann 1878 in letzter Minute noch die wenigen vorhandenen Teile des ehemals so großen Komplexes vor dem Untergang rettet, stehen nur noch der Schloßbau, Schloßwartswohnung, das Zeughaus und Brunnenhaus neben dem Schloß und der Brunnen im Vorhof. Es ist wohl nicht übertrieben, wenn man sagt, daß nurmehr noch ¼ der ehemaligen Anlage auf uns gekommen ist. 1895 wird das Untere Schloß verändert und um eine Achse verkürzt. Der Zeit Kleemanns verdanken wir auch die neogotische Ausstattung und Möblierung einiger Räume. Diese werden heute gezeigt im Rahmen eines kleinen Museums, das, angefangen von vorgeschichtlichen Funden über Möbel und Waffen bis zu Erzeugnissen der ehemals familieneigenen Glashütte in Thüringen viel Interessantes bietet. Die jetzigen Besitzer sind unter großen Opfern, wie auch ihre Vorgänger, sehr darum bemüht, die Bauten weiter zu pflegen und zu renovieren, wobei die besondere Schwierigkeit wie auch in Gößweinstein dabei liegt, daß kein land- und forstwirtschaftlicher Grundbesitz dazugehört, der es selbst anderen Schloßbesitzern nur manchmal ermöglicht, wenigstens die notwendigsten Reparaturen teilweise ausführen zu können, wobei die Erträge zu grundlegenden und oft dringenden Renovierungen nicht ausreichen. 1970 wurde das Zeughaus renoviert und dient jetzt als Raum für Kunstausstellungen.

25 Trockau

Burg, Kreis Pegnitz

Wie viele Burgen der Fränkischen Schweiz verdankt die Burg Trockau ihre Entstehung einer Altstraße, die von Waischenfeld durchs Ahorntal nach Trockau und weiter nach Lindenhardt und Creußen zieht. Das Schloß ist der Stammsitz des heute noch blühenden Hauses der Freiherrn Groß von Trockau.
Der erste Nachweis der Burg im Jahre 1316 erfolgt anläßlich eines Vertrages mit dem Kloster Ensdorf und der Pfarrei Lindenhardt über den Gottesdienst in der Burgkapelle. Kunstmann schließt aus dem Vornamen Werner, 1273, den er für einen nicht in der Familie üblichen hält, daß Trockau durch Heirat von den ursprünglichen Besitzern an die Große kam.

Es hat sich als ursprüngliches Allodial-Gut stark an die Partei der Schlüsselberger und Leuchtenberger Landgrafen angelehnt. Aus dem ältesten erhaltenen Leuchtenberger Lehenbuch von 1390–99 ist zu entnehmen, daß zu dieser Zeit Trockau den Landgrafen zu Lehen aufgetragen war. Kunstmann vermutet, daß die Lehensauftragung des ehemals allodialen Besitzes aus Sicherheitsgründen erfolgte, da einige Zeit zuvor mit dem Tode Konrads von Schlüsselberg auf der Festung Neideck dieser mächtige Dienstherr der Groß nicht mehr als Beschützer in Frage kam. 1307 waren die Besitzer von Trockau als Burghüter auf Rabenstein in seine Dienste getreten. Im Gegensatz zu anderen Familien gelang es den Groß, ihren Besitz relativ unbeschränkt aus der Katastrophe des Unterganges des Hauses Schlüsselberg zu retten. Zwar wurde durch den Vertrag von Iphofen, der den Streit zwischen den um das Erbe der Schlüsselberger kämpfenden Parteien beendet, Rabenstein den Burggrafen von Nürnberg zugesprochen, aber im Übrigen scheinen die Groß bei den Leuchtenbergern Schutz gesucht und gefunden zu haben. In einer Urkunde vom 23. 7. 1349 verzichten sie nochmals ausdrücklich auf die Rechte, die in dem Vertrag mit den Schlüsselbergern 1307 ausgemacht waren. Die Verbindung zu den Leuchtenbergern mag auf Grund von deren verwandtschaftlichen Beziehungen zu Konrad von Schlüsselberg zustandegekommen sein. Die Schutzherren erwirken sich auch 1488 das erbliche Öffnungsrecht für die Burg. In diesem Jahr ist zum ersten Mal die Rede davon. 1444 waren Trockau und Tüchersfeld sogar für einige Zeit Nürnberg geöffnet worden. Aus oben genannten Gründen und wegen der im Fürstenkrieg gemachten Erfahrungen wird dieses Recht gegeben worden sein. War Trockau immer, seit es uns bekannt ist, im Besitz einer Familie, so bildet eine kleine Ausnahme das Teil (¼), welches Elisabeth Spiglerin ihrem Bruder Ulrich Ochs verkaufte — ihr Heiratsgut. Dieses war als Erbteil von Albrecht Groß auf unbekannte Weise scheinbar an den Mann der Spiglerin gekommen. Trotz Schiedsspruches des Markgrafen Friedrich von Brandenburg vom 24. 9. 1432, der dem Ochs ausdrücklich sein Teil an der Burg, das 1430 von den Groß in Besitz genommen und vernichtet war, zusprach, entschieden die Landgrafen von Leuchtenberg für die Große. Eine Klage der Witwe Anna und auch vor dem Landgericht Auerbach wurde am 4. 11. 1439 abgewiesen.
Im Rahmen des Lehensverhältnisses zu den Landgrafen von Leuchtenberg werden die Groß vermutlich zu verschiedenen Leistungen verpflichtet gewesen sein. Anläßlich einer Erbhuldigung am 7. 10. 1531 wird aufgeführt, daß sie dem Landgrafen vier reisige Pferde zu einer Heerfahrt zu stellen haben.

Nach Aussterben der Leuchtenberger und Übergang von deren Territorien an das Haus Wittelsbach 1621 wird Trockau, nunmehr Hofmark, mit dem Amt Hollenberg zusammengelegt und durch einen Bescheid des Hofrates vom 11. 2. 1737 zur Reichsritterschaft des Kantons Gebürg geschlagen. In Zukunft gehört es dann teilweise zu Bamberg, Bayreuth und Sulzbach-Rosenberg.
Im Zuge der Besitznahme der fränkischen Gebiete der Hohenzollern durch ihren Verwandten, den Preußischen König, erhielt Trockau am 21. 1. 1806 auf Befehl des Generalleutnants von Blücher, der in dem bayreuther Sommerschloß Eremitage Quartier gemacht hatte, eine preußische Besatzung. Sie bestand zunächst aus zwei Offizieren und sechzig Mann und wurde später auf etwa die Hälfte verringert. Die Herrschaft war verpflichtet, diese Einquartierung kostenlos zu verpflegen.
Von bayerischer Seite sah man diesen Maßnahmen wiederum auch nicht tatenlos zu. Das Landkommissariat ließ durch den Landrichter von Pottenstein am Schloßtor das bayerische Wappen anschlagen und vereidigte den Richter des Ortes auf die bayerische Krone. Zugleich erging an den preußischen Befehlshaber im Schloß die Aufforderung, selbiges so schnell wie möglich zu räumen. Diese wurde unterstrichen durch das Abstellen von 25 Kanonieren aus der Festung Forchheim nach Pottenstein, sie trafen am 27. 1. 1807 dort ein. Unter Berufung auf die Zugehörigkeit zur Reichsritterschaft des Kantons Gebürg lehnte der preußische Hauptmann von Valentin eine Räumung des Schlosses ab. Am 28. 1. 1807 ließ er das bayerische Wappen beseitigen und übergab es dem Bürgermeister zur Verwahrung. Erst nachdem Bayern darauf hingewiesen hatte, daß Trockau der bayerischen Landeshoheit auf Grund seiner Eigenschaft als ehemaliges Leuchtenberger Lehen unterstünde, zog die Besatzung am 7. 2. 1807 ab. Aber damit waren die Schwierigkeiten für die Groß von Trockau noch nicht beendigt, denn nun wurden sie verdächtigt, mit den Preußen kollaboriert und sie ins Land geholt zu haben. Die daraufhin erfolgende Maßnahme Bayerns bestand in der Konfiszierung der Rittergüter Trockau, Kohlstein und Tüchersfeld. Erst der Beweis, daß die Großschen Beamten eine Unterwerfung unter preußische Oberhoheit trotz Angebots guter Versorgung abgelehnt hatten, führte zur Rückgabe der beschlagnahmten Güter am 18. 2. 1807. Wie auch in vielen anderen ritterschaftlichen Gebieten, wurde in Trockau am 15. 1. 1820, ein Patrimonialgericht errichtet, und zwar ein Gericht 1. Klasse, das man aber am 14. 3. 1824 dann in ein solches 2. Klasse umwandelte.
Wie viele andere, bedeutendere Familiensitze und Burgen ist auch Trockau in einige kriegerische Auseinandersetzungen verstrickt gewesen und hat darunter zum großen Teil erheblich zu leiden gehabt.

Aquarellierte Zeichnung auf einer Landkarte des 16. Jahrhunderts (Mit freundlicher Genehmigung des Bayerischen Hauptstaatsarchivs München aus der Plansammlung Nr. 10710)

In die Auseinandersetzung seines Lehensherren war Trockau natürlich ebenfalls immer verwickelt. So brachte der Streit zwischen Bamberg und Leuchtenberg um Betzenstein ein Gefecht in Trockau, bei dem es auf beiden Seiten starke Verluste gab. Einer Belagerung 1399 durch die Bamberger konnte die Burg allerdings widerstehen. Im Gegensatz zu den meisten anderen Häusern blieb sie im Hussittenkrieg 1430 von einer Zerstörung verschont. Ein Teil der Burg wurde, wie oben schon erwähnt, durch Jorg Groß, einen Deutschherren, vor Pfingsten 1430 dem Ulrich Ochs abgenommen und ausgebrannt, wird bei einer Belehnung im Jahre 1451 als wüste Kemenate erwähnt und scheint nicht mehr aufgebaut worden zu sein. Die Feststellung zweier wüster Kemenaten in einer Urkunde vom 5. 12. 1490 scheint auf eine abermalige Zerstörung hinzuweisen, die wohl mit dem Fürstenkrieg in Verbindung stehen muß. In diesem Krieg 1460/62 kämpfte der Landgraf von Leuchtenberg mit Herzog Ludwig von Bayern gegen den Markgrafen von Bayreuth. Von den beiden erwähnten, zerstörten Kemenaten ist eine von Albrecht Groß von Trockau wieder aufgebaut worden. Im Bauernkrieg erleidet Trockau das Schicksal fast aller Burgen in Franken. Es findet sich auf der umfangreichen Liste der in den Bistümern Bamberg und Würzburg und der Markgrafschaft Bayreuth zerstörten Burgen. Die Besitzer sind zu dieser Zeit Christoph und Otto Groß. Von einer Entschädigung seitens des

Hochstiftes ist nichts vermerkt. Diese wird, wenn sie überhaupt gezahlt wurde, sicherlich — wie auch in vielen anderen Fällen — nicht dem wirklichen Schaden entsprochen haben.
Der dreißigjährige Krieg hinterläßt hier, wie auch bei den meisten anderen Häusern, ein Chaos. Ein Bericht des Pflegers zu Betzenstein vom 3. 6. 1632 an den Nürnberger Rat erzählt davon, wie Trockau zerstört wurde. Von der alten Burg sind heute nur noch wenige Teile vorhanden. Das Meiste mußte dem Umbau in der Barockzeit weichen.
Die alte Anlage bestand aus einem Vorhof und einem Hauptbau. Von einem Vorhof ist zwar erst 1568 die Rede, es ist aber mit Sicherheit sein Vorhandensein schon für das Mittelalter anzunehmen. Seine Existenz läßt sich aus dem Rest eines vorgelagerten Grabens schließen, der sich in Form eines Hohlweges im Süden vor dem Schulhaus erhalten hat, während das übrige völlig eingeebnet ist. Am Südhang des Berges deutet ein großer Abraumhügel auf die künstliche Herkunft eines Grabens.
Die Hauptburg des mittelalterlichen Trockau schloß sich durch einen breiten, beim Neubau des Schlosses aufgefüllten Graben, getrennt, der Vorburg an. Die neue Stützmauer, welche die Auffüllungen nach Süden hin abschließt, läßt die ehemalige Ausdehnung des Grabens auf etwa 20 m Breite und 7 m Tiefe festlegen. Die Zufahrt gewährte ein großes Burgtor in der Mitte der Mauer der Ostseite, das wir noch auf der Zeichnung des Verwalters Uhlmann vom Jahre 1803 im Schloßarchiv zu Trockau erkennen können. Es wurde durch den südlich anschließenden Reutersturm geschützt, welcher auf der Zeichnung Uhlmanns als Stumpf abgebildet ist und später als Archiv diente. Nördlich flankiert es die noch heute bestehende Burgkapelle. Der Turm, welcher 1545, 1556 und 1566 als ,,hoher Turm" bezeichnet wird, ist auf einer Abbildung aus dem 16. Jahrhundert im Bayerischen Hauptstaatsarchiv München zu erkennen. Die ehemalige Hauptburg bestand aus vier Gebäuden, nach der schon mehrfach erwähnten Zerstörung einer Kemenate 1430 nur noch drei. Sie sind in einer Belehnung des Sittig Groß aus dem Jahre 1430 nachweisbar. Für die verbleibenden Kemenaten finden sich nacheinander verschiedene Bezeichnungen. Die Innere Kemenate wird 1545 aufgeführt, heißt aber 1556 und 1566 auch alte Kemenate.
Ihre nähere Lokalisierung ermöglicht der Zusatz ,,hinter dem Turm", womit der hohe, auf Reuls Zeichnung abgebildete Turm gemeint ist. Diese Kemenate lag parallel zur heutigen Baumasse an der südlichen Seite des Geländes. 1556 ist dann auch in einer Urkunde von einer vorderen mit angebauter hinterer Kemenate die Rede. Sie verlief demnach an die erstgenannte nördliche anstoßend parallel zum Graben zwischen Haupt- und Vorburg. Kunstmann vermutet, daß die noch erwähnte

hintere Kemenate auf der Nordseite des Schlosses zu suchen sein wird und an die vordere, parallel zur alten angebaut war, somit im Verband mit den anderen Bauten einen nach hinten geöffneten Hof bildete, wodurch der Zugang zum Hof dem Feind abgekehrt lag. Diesen Zustand bestätigt auch die Zeichnung des 16. Jahrhunderts. Die vier Türme, welche ehemals an den Ecken das Plateau, auf welchem das Schloß steht, eingrenzten, sind wohl nachmittelalterlicher Herkunft. Von ihnen stehen nur noch drei. Der vierte an der NW-Ecke ist verschwunden. Die Futtermauern schreibt Kunstmann ebenfalls späterer Zeit zu und vermutet nur, daß früher ein terrassenartiger Absatz an drei Seiten ein Eindringen erschwerte und hier als Schutz lediglich ein Palisadenzaun oder eine aufgesetzte Mauer gedient haben mag. Die Zeichnung des 16. Jahrhunderts zeigt die vier Mauertürme aus Fachwerk und vor einer hohen Futtermauer einen Palisadenzaun.
Der vermutlichen Zerstörung im Fürstenkriege 1460/62 scheint nur langsam ein Wiederaufbau gefolgt zu sein, denn 1488 lag von drei bekannten Kemenaten eine noch zerstört da, von dem Aufbau der anderen durch Albrecht Groß hörten wir ja schon. Nach der Darstellung von Uhlmann, den wir immer wieder als wichtige Quelle zitieren, da er der erste ist, der sich eingehender mit der Geschichte der Groß beschäftigt hat, scheint die endgültige Wiederherstellung der Burg in die Jahre zwischen 1499 und 1516 zu fallen. Ecktürme und Futtermauern schreibt Kunstmann der gleichen Entstehungszeit zu. Auf letzterer findet sich aber ein Stein mit der Zahl 1411. Über den Wiederaufbau nach dem Bauernkrieg ist nichts greifbares vorhanden, er muß aber bald erfolgt sein, da bei einer Belehnung 1545 nicht mehr, wie in vorherigen Belehnungen, von einer „wüsten Kemenate“ die Rede ist. Die 1578 baufällige Anlage wird von Lorenz Groß — er wählte Reizendorf als Wohnsitz — wieder instandgesetzt. In Folge der Zerstörungen im 30jährigen Krieg ist dann wohl eine Kemenate verschwunden und es sind nur noch zwei parallele Kemenaten beurkundet, die ein schmaler Hof trennte. An der Nordostecke und der Südwestecke befanden sich je ein Treppenturm, auf einem Blatt in den „Nachrichten v.d. freiherrlich Groß v. Trockauschen Familie“ von J. H. Reul findet sich eine Zeichnung des Gebäudes, auf der das alte Haus besagte Türme trägt, diese wie auch der Hauptturm und die Ecktürme werden von einer Zwiebel gekrönt. An die Kapelle schließt sich, auch dieser Zeichnung zu entnehmen, ein flacher Bau mit Zeltdach an und in gleicher Form besteht ein Trakt an der Westseite zwischen den beiden Türmen. Der aus dieser Abbildung zu ersehende Baubestand findet eine Bestätigung in der Fraischgrenz-Beschreibung des Amtes Bayreuth aus dem Jahre 1742. Diese Grenze teilte Trockau in zwei Teile

und verlief auch mitten durch das Schloß, wie es wörtlich heißt: „durch das dasige Schloss, zwischen Turm, unter welchem die Küche befindlich und daselbst auf dem Herd ein Grenzstein eingemauert seyn solle, und das zweyfache Gebäude hindurch". Also ist der Turm nicht nur zum Schutze des Zuganges, sondern auch als letzte Zuflucht gedacht gewesen, denn im letzten Zufluchtsort befinden sich meist Küche oder Vorratsgebäude (vgl. Kunstmann, Mensch und Burg).

Es gab größere Umbauten zu Anfang des 17. Jahrhunderts, so spricht ein Inventar aus dem Jahre 1610 von dem hinteren, neuen Bau, auch werden wohl die vier Rundtürme danach entstanden sein. Für die Kapelle wurde 1606/07 Christoph Pichler entlohnt und schon aus dem Jahre 1603 wissen wir von den Vormündern des Ottheinrich Groß, daß sie an der Kapelle einiges veränderten. Ferner trägt die Toreinfahrt die Jahreszahl 1605, was ebenfalls für einen Neubau spricht.

Von dieser alten eben beschriebenen Anlage stehen nur noch drei niedrige Türme und die Kapelle. Sein heutiges Gesicht verdankt Trockau der Zeit des ausklingenden Barock.

Karl Ludwig Kasimir Wilhelm Groß v.u.z. Trockau, auf Trockau, Kohlstein und Tüchersfeld (1723—89), hochfürstlich bambergischer und würzburgischer Geheimrat und Oberamtmann in Kupferberg und zuletzt Marloffstein, ist der Erbauer des schönen, schlichten Barockbaues. Sein Epitaph ist in die innere Südmauer der Kirche eingelassen. Uhlmann berichtet über den Bau, daß trotz vielfacher Reparaturen, die am Haus vorgenommen worden seien, 1769 unter Hinweglassung des alten Turmes ein dreistöckiger Bau von 9 zu 5 Achsen geschaffen worden sei, — der Mauerknick an der Nordseite bezeichnet die Nahtstelle zwischen der alten Nord- und Ostkemenate — „wobei aber das Schloß von seiner ehemaligen Veste sehr viel verlor, weil die ehemalige Zugbrücke hinweggeschafft, der Graben zum Eingang teils mit Erden aufgefüllt, ein anderer langer Graben hingegen eingeebnet worden, so daß nur noch die rings das Erdreich schützende hohe Mauer mit ihren vier auf jedes Seiteneck gesetzten runden, massiv erbauten Türmen von seiner alten Würde einigermaßen als Überbleibsel das Zeugnis gibt". Uhlmann bedauert offensichlich den Umbau und scheint an dem Neubau wenig gefallen gefunden zu haben.

Die Anlage hat wohl nicht in einem Zuge ihre heutige Gestalt erhalten, davon kündet das Trockauer Amtsurbarium von 1769, welches noch von der Existenz des Reuters-Turmes, der auf der Uhlmannschen Zeichnung nur noch im untersten Teil mit Walmdach erhalten steht, zu berichten weiß, außerdem von einem verschütteten Graben anstelle der alten Zugbrücke. Im Vorhof bestehen zu dieser Zeit ein Viehhaus, ein Getreideboden und Stallungen für Pferde und Vieh. Die Gräben wurden dann scheinbar nach und nach völlig eingeebnet und die Reste des Reuters-Turmes werden wohl 1858 zusammen mit dem Tor abgerissen worden sein.

Der Neubau wurde von Wenzeslaus Schwesner (Schweßinger) aus Waischenfeld aufgeführt, nach seinem Tode 1772 vollendete sein Sohn Johann Georg das Werk. 1769 können wir wohl als das Baudatum ansehen. Die gesamte Bauzeit hingegen betrug zehn Jahre. Anhand zweier undatierter Kostenvoranschläge — 3130 fl. und 4977 fl. — läßt sich etwa der Umfang der Baumaßnahmen ahnen. Die Ostseite der beiden alten Kemenaten, Teile der Südwand, die aus Fachwerk bestanden, und die gegenüberliegende Seite wurden eingerissen und die Lücke zwischen den beiden Kemenaten mit einer Mauer ausgefüllt, die Treppentürme abgetragen, die entstehenden Baulücken ausgefüllt und die Außenwände in angemessene Proportionen gebracht. Der ehemalige Kleine Hofraum zwischen beiden Kemenaten bildete nun den Gang in den beiden Hauptstockwerken. Der Untere Gang wurde an der Eingangsseite (Osten) mit einem Portal versehen, die Treppe, welche der Turm im Südflügel aufnahm, nach Norden verschoben, in den neu geschaffenen Gang geöffnet und so ein Zugang zum Treppenhaus geschaffen. Die Schauseite des Hauses erhielt durch Mittelrisalit mit Giebel und Lisenen eine Gliederung.

Salon

Einen Beweis für die Feststellung des Umbaues zweier paralleler Kemenaten zu einem Gesamtkomplex lieferte 1961 die Auffindung eines Kellergewölbes (Tonne) in Nord-Süd-Richtung.
In der Gestaltung aus der Barockzeit präsentiert sich uns heute das ganze Plateau mit Türmen, Mauern und dem großen blockhaften Schloßbau, der auf einem breiten Bergvorsprung, welcher nach drei Seiten hin steil abfällt, liegt. Der Kern der Anlage wird auf den zum Tal hin abfallenden Seiten von einer ca. 7 m hohen Futtermauer aus Sandstein umgeben. Die vier Ecken des inneren Hofes begrenzen runde Mauertürme aus Sandstein mit welschen Hauben, wobei vom Nordwestturm nur noch die Fundamente stehen. Alle Türme sind mit in die Mauer einbezogen und mehr oder weniger vorgerückt. Der an der Kapelle dient heute als Sakristei. Die alten Hauben der Türme wurden erst 1912 wiederhergestellt, nachdem im 19. Jahrhundert Zinnen an ihre Stellen getreten waren. An der Sakristei und der Süd- und Ostwand der Kirche ist außen eine Platte mit mehreren Wappen angebracht. Die unregelmäßige Form im Grundriß des Hauptbaues beruht auf der Verwendung älterer Bauteile für den Umbau 1769/79. Das Haus hat die Ausmaße von 5 zu 9 Achsen, deren Umrahmung im Norden und Süden aus Sandstein besteht, welcher die einzige Belebung des verputzten Sand- und Bruchsteinmauerwerkes bilden. Die Schauseite nach Osten wird durch Ecklisenen, Pilaster und einen Sockel aus Sandstein bereichert. Die Pilaster heben einen dreiachsigen Mittelrisalit hervor und werden von einem profilierten Dreiecksgiebel überragt. Dessen Mittelteil, bestehend aus einem Monogramm in Rocaillecartouche — den verschlungenen Initialen C L des Bauherrn Carl Ludwig Groß v. Trockau — wird von einer Vase bekrönt. Ob, wie auf Uhlmanns Zeichnung von 1803 noch sichtbar, ehemals drei Vasen oben standen, ist nicht ganz sicher.
1778 wird vor dem Inneren Schloßtor ein Gärtlein angelegt. Aus Baurechnungen von 1772–74 erfahren wir einiges über Baumeister und Handwerker. Schweßinger erhält 6979 fl. rh., Hans Neuner, Zimmermeister, bekommt die Rekordsumme von 1213 fl. Der Schreiner Georg Bogner aus Gößweinstein und der Schlosser Johann Jacob Messinger von Pegnitz werden erwähnt, ferner Jakob und Johann Gerstendörfer aus Trockau 1773/74 für die Stuckierung von vier Zimmern im mittleren Stock mit 54 fl. entlohnt. Das Nordwestzimmer (Eckzimmer) ist 1781 mit nicht mehr erhaltenen Tapeten ausgestattet. 1779 erfolgt die Vollendung der Haupttreppe durch Zimmermeister Nikolaus Neuner aus Heroldsberg und den Schreiner Johann Georg Bogner, der sie mit hölzernen Pfeilern und Geländern versieht. Räume im zweiten Obergeschoß werden erst 1855 ausgebaut. Das innere Tor und der

Rest des Reutersturmes sind 1858 abgebrochen und vom Jahre 1861 weiß man größere Reparaturen.

1793 baut man südlich im Vorhof das Viehhaus nach Riß v. J. G. Schweßinger (im Archiv) auf und damit erhält der Hof seinen wesentlichen Abschluß.

Ein Plan des Hofgärtners J. Jannek, zu Schloß Fantasie in Donndorf, von 1864 für den Park im englischen Stil wurde nicht ausgeführt.

Das Innere des Hauses erreicht man durch ein in der Mittelachse liegendes Portal, dessen reich profilierte Umrahmung mit ornamentiertem Schlußstein oben in einen gesprengten Segmentbogen ausklingt und unten in Voluten ausläuft. Eine alte Tür aus zwei Flügeln in Holz mit Oberlicht und reich geschnitzten Rocaillefeldern verschließt den Eingang.

Durch das Portal betritt man den unteren, mit Sandsteinplatten belegten Flur, von dem links das Treppenhaus in die beiden oberen Stockwerke führt. Oben, im Hauptwohnstockwerk, ist der Gang dann mit Solnhofener Platten ausgestattet. Das Parterre ist scheinbar von Anfang an als Wirtschaftsstockwerk gedacht gewesen. Einige Räume sind mit Gewölben versehen. Im Eckzimmer, das nach Südosten führt, befindet sich noch ein Delfter Kachelofen des 18. Jahrhunderts.

Sehr hübsch ist das Treppenhaus, welches auf einer Breite von zwei Fensterachsen einläufig dem Südteil eingebaut ist. Über dem Lauf der Treppe wölben sich flache Stichbogentonnen. Bis ins erste Stockwerk sind Pfeiler und das Geländer aus Sandstein und weiter oben dann aus Holz mit Sandstein imitierender Bemalung. Den schönsten Teil des Hauses bilden sechs im Spätrokoko prachtvoll stuckierte Salons, von deren ursprünglicher Art viel erhalten blieb. Der Zugang zu diesen Räumen öffnet sich durch in die dicken Wände eingeschnittene Flügeltüren. Die westlichen drei Zimmer im Norden sind untereinander mit drei Flügeltüren zu einer repräsentativen Suite zusammengefaßt. Im Zuge der von 1961–63 erfolgten, mit viel Sachkenntnis durchgeführten Restaurierung wurden, soweit möglich, der Zustand aus der Erbauungszeit wiederhergestellt, die Stukkaturen in ihrer ursprünglichen Farbigkeit gefaßt und passende Wandbespannungen ausgewählt. Die Räume sind ausgestattet mit einer Fülle erlesener Möbel des 18. Jahrhunderts, darunter neben schön geschnitzten Sitzmöbeln und Konsolen eine Reihe prachtvoll eingelegter Kommoden und Schränke.

Der wohl interessanteste Raum ist das nordöstliche Eckzimmer, einstmals Schlafzimmer, heute als Eßzimmer dienend, von dem aus vielleicht ein gedeckter Gang zur Kirche verlief. Die Wandbespannung mit ihrer naiven Malerei (Öl auf Leinwand) verleiht dem Raum einen besonderen

Eßzimmer

Reiz. Dargestellt werden auf den verschiedenen Wandfeldern ein Gewächshaus, eine Parkansicht mit verschiedenen architektonischen und figürlichen Staffagen, zwei große Vasen auf hohem Sockel und neben der Tür eine höfische Gesellschaft in einem offenen Pavillon vor einem kleinen Garten. Außer dieser kuriosen Malerei verdient vor allem der ausgezeichnete Stuck besondere Erwähnung, er wird dem am italienischen Bau arbeitenden bayreuther Meister Rudolph Albini zugeschrieben und weist mit dessen Arbeiten zweifelsohne große Verwandtschaft auf. Seine Tätigkeit läßt sich allerdings nur für die Kapelle in den Jahren 1777 nachweisen. Im Schloß soll er aber auch einen Raum ausgestattet haben. Der vergoldete und gefaßte Stuck füllt die Hohlkehle der Decke und gliedert das Deckenmittelfeld mit einem großen Medaillon, dessen Mittelpunkt spielende Putten bilden. Die unteren Wandflächen und Fensterlaibungen werden durch schlichte gefelderte Boiserien ausgefüllt. Den oberen Teil der Laibungen beleben kleinere Stuckornamente. Die Türen, wie auch in den meisten anderen Räumen mit geschwungenen Feldern, deren Leisten teilweise vergoldet sind, versehen, nur die Tür zum ehemaligen Alkoven ist reich mit Schnitzereien verziert und wird von Pilastern mit Rankendekor gerahmt. Die anstoßenden drei Räume sind in ähnlicher Weise ausgestattet. Über schlichtem Holzsockel und Wandbespannung folgt an der Decke und in der Hohlkehle eleganter Stuck und wird das Mittelfeld durch ein Medaillon betont. In manchen Formen zeigen sich schon feine Ansätze zum Louis XVI. und treten zum Teil wohl auch schon spürbar, wie etwa in Supraporten, auf. Für die drei Räume und das schlichte Südwestzimmer kennen wir den Meister. Es sind die aus Trockau stammenden Johann und Jakob Gerstendörfer, die hier 1773/74 arbeiteten. Die Supraporte des Mittelsalons zeigt einen Prospekt des Schlosses in seiner Form zu Ende des 18. Jahrhunderts. Der südwestliche Eckraum, dessen Stuck nach 1945 durch den Einbau einer Holzverkleidung verdeckt wurde, ist 1971 wieder freigelegt worden. Der letzte mit bedeutendem Stuck versehene Raum ist das Südostzimmer. Wie in den anderen Salons herrscht auch hier dieselbe Flächenaufteilung, aber die Qualität der Arbeiten ist erheblich größer, sie sind in ihrer leichten und eleganten Form die schönsten im Haus. Albini käme auch hier als Künstler in Frage. Neben dem beachtlichen Mobiliar — hierzu zählen auch einige weiß gefaßte und an den Zieraten vergoldete Stücke, wie Konsolen, einige Stühle und eine Sitzbank, die wohl zur ursprünglichen Einrichtung gchören — besitzt das Haus einige gute Gemälde und Ahnenbilder.

Die dem Schloß vorgelagerte Schloßkapelle St. Oswald gehört von

Anfang an zum Haus. Von ihrer Existenz erfahren wir zum ersten Male aus einer Urkunde des Jahres 1316. In diesem Vertrag zwischen dem Abt des Klosters Ensdorf und Heinrich, Ulrich und Hermann Groß von Trockau und der Pfarrei zu Lindenhard wird über den Gottesdienst in der Kapelle gesprochen. Man vermutet daher, daß die Gründung der Kapelle noch in das 13. Jahrhundert fällt. Im Zuge der Reformation ist sie 1550–1669 für den evangelischen Gottesdienst gebraucht worden. Im Jahre 1815 erfolgte die Stiftung eines Schloßbenifiziums und 1925–50 diente sie als Kuratiekirche bis zur Errichtung eines Neubaues im Ort. Der Bau, den wir heute vorfinden, geht auf einen Umbau aus dem Jahre 1603 zurück. Der Sakristeiturm, einer der vier um den Innenhof, wurde 1607–09 erneuert. Der Innenraum ist in seinen Hauptteilen durch die Erneuerung von 1777 gekennzeichnet. Der schon erwähnte Albini restaurierte die Stukkaturen, von denen kaum etwas mehr erhalten ist, und schuf das Wappen an der Eingangsdecke. Empore und Loge wurden von Georg Neumüller aus Trockau und Hans Georg Bogner gefertigt. In die Zeit des Schloßumbaues fällt auch der Bau des Turmes, dessen Verbindung zum Schloß mittels Gang noch die zugesetzte Tür im Zimmer an der Nordostecke des Schlosses beweist. 1882 erfolgte eine Veränderung der wegen der Beseitigung des Tores eingefallenen Ostwand durch den Einbau zweier leider unproportioniert großer Fenster. Beim Einsturz der Mauer ging auch der schöne Stuck verloren. Der Innenraum hat viel seiner ursprünglichen Ausstattung eingebüßt, aber auch jetzt noch seinen Reiz durch die Empore mit dem Herrschaftsstand, den reichen Rokokoaltar und die schön geschnitzten Gestühlswandungen. Außerdem beherbergt die Kirche noch einige bemerkenswerte Figuren, besonders zu erwähnen ein Jacobus und eine Strahlenkranzmadonna aus Franken 1. Hälfte 16. Jahrhundert sowie ein Wendelin von Theiler.

Die Zufahrt zum Schloßkomplex führt links an einem nach Plänen Schweßingers errichteten Viehhaus und rechts an einer um 1800 erbauten Scheune vorbei. Das äußere Schloßtor stammt noch aus älterer Zeit und ist mit der Jahreszahl 1605 bezeichnet.

Von dem ehemaligen Barockgarten am Süd- und Westhang künden heute nur noch zwei Putten aus der 2. Hälfte des 18. Jahrhunderts. Hinweise auf die Existenz eines solchen Gartens entnimmt man dem ersten Katasterplan.

Das Schloß Trockau ist heute der Hauptsitz einer ehemals in viele Linien zu Rabenstein, Tüchersfeld, Kohlstein, Pfersfeld und Zeilenreuth gespaltenen Familie und sticht vor vielen Schlössern der Umgebung durch seine besondere Gepflegtheit hervor.

Burg Rabenstein

26 Rabenstein und Rabeneck

Burgen, Kreis Ebermannstadt

Die Burg Rabenstein verdankt ihre Entstehung, wie schon die Namensverwandschaft vermuten läßt, demselben Geschlecht der Dienstmannen von Rabenstein, welche sich in Waischenfelder und seit 1216/19 in Schlüsselberger Diensten befunden haben. Sie werden 1188 zum ersten Male genannt und sterben 1742 aus mit Peter Johann Albrecht von Rabenstein. Aus der Zeit dieses letzten Rabensteiners besitzen wir einen sehr originellen Kupferstich von den fünf Rabensteinischen Patronaten, der als Frontispiz dem eigenen Gesangbuch vorgeschaltet war. Den Mittelteil nimmt das Rabensteiner Wappen ein. Es ist in dieser Aufteilung nur noch ein Stich aus dieser Gegend erhalten und zwar der aus dem Egloffsteinschen Patronatsgesangbuch von 1727, das bis 1800 erschien. Es zeigt vier Patronate und in der Mitte das Doppelwappen. Rabenstein und seine Umgebung haben wie kaum eine andere Burg die Romantiker zu unendlich vielen Zeichnungen hingerissen. Am bekanntesten dürfte von Ludwig Richter „Schäfers Sonntagslied" sein, das die nur wenige hundert Meter entfernte Klaussteinkapelle zeigt. Um Rabenstein ist im Mittelalter eine ungewöhnliche Anhäufung von Burgen, deren dieses Land wirklich schon sehr viele besitzt, festzustellen. Einmal ist südwestlich an einer heute nicht mehr genau festlegbaren Stelle, aber urkundlich durchaus feststellbar, oberhalb des „Rabenloches" eine Burg gelegen gewesen. Die zweite müssen wir auf der anderen Talseite gegenüber Rabenstein suchen. Sie ist 1490 erwähnt, als der Bischof von Bamberg einem Lehensträger empfiehlt, die Burg auszubauen. Auch eine dritte Burg im Ailsbachtal wird genannt. Eine Konzentrierung von Befestigungen auf so engem Raum läßt sich daraus erklären, daß Rabenstein Markgräflich, Hohenloch (gegenüber) aber bambergisches Territorium war. Dann stand an der Stelle der von Richter verewigten Klaussteinkapelle die Burg Ahorn, im Besitze der Edelfreien gleichen Namens, die 1017 zum ersten Male nachgewiesen sind und 1271 aussterben, wonach die Burg an Bamberg fällt. Weiterhin sind im hier beginnenden Ahorngrund noch ein Adelssitz in Wünschendorf zwischen der Schweinsmühle und Kirchahorn beurkundet, ferner ein Sitz in Kirchahorn, beide im Besitz der Ahorn. Im weiteren Verlauf des Tales, finden wir dann ebenfalls eine größere Zahl an Burgen oder Burgställen. Auf der anderen Seite im Wiesenttal liegen Rabeneck und Waischenfeld. So sind also allein in unmittelbarer Nähe von Rabenstein noch vier Burgen vorhanden gewesen, was für die Bedeutung des hier entlangführenden Weges spricht, der von Gößweinstein auf dem Plateau westlich Rabenstein in den Ahorngrund verlief.

Relativ spät, im Vergleich zu anderen Burgen der Umgebung, hören wir zum ersten Male etwas von Rabenstein. Ein Vertrag von 1307 regelt die Übergabe der Burg durch Konrad von Schlüsselberg an die Familie Groß von Trockau, welche auf dem nahegelegenen Trockau saß. Die Groß werden darin verpflichtet, nur den Schlüsselbergern oder den rechtmäßigen Besitzern der Herrschaft Waischenfeld dienen zu dürfen. Hieraus wurde geschlossen, daß die Edelherren von Waischenfeld die Gründer der Burg sind.

Ist die Burg erst im 14. Jahrhundert erwähnt, so hören wir, wie oben gesagt, von den Rabensteinern schon im 12. Jahrhundert, sie werden mit dem Übergang der Herrschaft Waischenfeld, nach Aussterben der gleichnamigen Familie 1219, an die Schlüsselberger gekommen sein. Eine weitere Familie von Waischenfeld steht später in den Diensten der Schlüsselberger und hat nichts mit den Edelfreien gleichen Namens zu tun, sie stirbt nach 1360 aus. Als Dienstleute der Schlüsselberger kommen zuerst die Rabenstein in Frage, und seit Ende des 13. Jahrhunderts auch die Groß. Letztere sind hier 1295 und im 14. Jahrhundert nachweisbar und nennen sich nun auch von Rabenstein. Zu dieser Zeit sind die Rabenstein selber hier vermutlich nicht mehr Burgleute gewesen. Mit dem 1347 auf seiner Burg Neideck erfolgten Tod Konrads von Schlüsselberg, der das so mächtige Geschlecht auslöschte, wurde das Erbe unter die ihn befehdenden Bischöfe von Würzburg und Bamberg und den Burggrafen von Nürnberg geteilt. Rabenstein fällt an den Burggrafen. Der Vertrag von Iphofen regelt 1349 die Aufteilung der Schlüsselberger Erbschaft. Mit dem Vertrag geht im selben Jahr der Verzicht der Groß vonstatten und vier Jahre danach finden wir die Brüder Otto und Hermann von Rabenstein als freieigene Besitzer der Burg Rabeneck. Kunstmann nimmt an, daß es sich hierbei um Verwandtschaft der ehemaligen Burghüter Groß von Trockau handelt. Ein Teil der Burg Rabenstein hat sich nachweislich im Besitze der Familie Groß von Trockau befunden. Im übrigen ist die Burg wohl nach dem Übergang an die Hohenzollern burggräfliches Amt geworden und war zur Versorgung der dort gesessenen Verwalter oder Amtsleute, wie auch andere Amtssitze kleiner oder größerer Territorialherren, mit Land ausgestattet.
Was zu Zeiten der Schlüsselberger genau zu Rabenstein gehörte, läßt sich nicht feststellen, da der Teilungsvertrag von Iphofen den Besitz in vier Teile zerschnitt. Die Klage einer der noch lebenden Verwandten Konrads von Schlüsselberg, Sophie von Zollern, um die Erbschaft ihres Vetters wurde abgewiesen und 1379 wird die letzte Schlüsselbergerin als Äbtissin des Hausklosters Schlüsselau genannt, womit 22 Jahre nach dem Tode Konrads auf der Neideck der letzte Namenträger, eine Frau, uns bekannt ist. Die übrigen Frauen der Familie haben in eine Reihe der zu jener Zeit angesehensten Häuser geheiratet, Tirol, Hohenlohe, Eberstein, Zollern, Montfort, Wertheim, Katzenelnbogen, Leuchtenberg, Württemberg, Helfenstein und Schwarzburg. Mit einigen Auflagen seitens des Burggrafen und dem Einbehalten von geistlichen und weltlichen Lehen, sowie dem Burggut und dem Öffnungsrecht, ging 1400 die Burg an Konrad von Aufsess, vor dessen Tod 1432 es dann an den getreuen burggräflichen Diener, Ritter Gerlach

von Eberstein wechselte, mit den gleichen Verpflichtungen, die Aufsess übernommen hatte, ausgenommen die Verwendung einer gewissen Summe für Bauten auf der Burg. 1454 erhielt Heinrich von Aufsess die Burg auf Lebzeiten. 1464, eine Zerstörung im Fürstenkrieg war mit größter Wahrscheinlichkeit vorausgegangen, finden wir die Burg noch in denselben Händen, wo sie wohl bis zu seinem Tode 1474 verblieb. Erst 1489 hören wir dann wieder von der Burg, als Konz von Wirsberg sie, nunmehr Ruine, mit der Verpflichtung, sie innerhalb von acht Jahren wieder aufzubauen übernahm. Von diesem Wirsberg ging die Burg an seinen Sohn Matern, der sich nach der Burg nannte, und nach dessen Tod im selben Jahre an seinen Bruder Dietgen, der sie an Michael von Wirsberg verkaufte und der wiederum an Christoph Stiebar.

Auch jetzt geht der rasche Besitzwechsel noch weiter. 1557 ist die Burg an seinen Schwager Wolf von Rabenstein verkauft, der 1558 damit belehnt wird. Nun sitzen die Rabenstein, wie ehedem als Lehensleute

Burggarten anstelle des alten Innenhofes

eines großen Herren nach rund 250 Jahren wieder auf jener Burg, nach der sie sich benennen. Die Söhne des Erwerbers Daniel und Hector teilen sich seit 1560 ins väterliche Erbe und besitzen neben Rabenstein und Zugehörungen noch Kirchahorn und Weiher. Seit 1588 sind dann nur noch die Söhne Daniels — Georg Werner, Philipp Daniel und Wolf — im Besitz der Burg, während ihr Onkel Hector auf Adlitz sitzt und 1695 nach dem Tod zweier Rabenstein-Brüder, die im Streit über Baufragen sich gegenseitig umbrachten, besitzt Georg Werner allein die Burg. 1604 findet sich dann schon ein Vetter, Wolf Wilhelm, mit als Lehensträger von Rabenstein und nach 1618 sind nur noch die Nachkommen Daniels im Besitze der Burg. Die Zahl der Brüder schwankt zwischen drei und sieben. Wie in den anderen Familien des Adels wütete der 30jährige Krieg auch unter den Rabenstein furchtbar. Nach dem Tode von Hans Christoph von Rabenstein vor 1653 besteht die

Burggarten anstelle der alten Hauptburg

Familie nur noch aus zwei Personen; Wolf Hieronymus und Wolf Werner, die 1653 zum ersten Male mit der Veste belehnt werden. Die Brüder teilen nach dem Tode des Vaters und Wolf-Hieronymus bekommt Rabenstein, der andere Kirchahorn und die Mitbelehnung zu Rabenstein. Aber die Teilung des Besitzes beseitigt die Schwierigkeiten durchaus nicht. Die Witwe des Vaters und die Töchter beanspruchen nun für ihre Aussteuer Geld und erhalten in einem Vergleich vom 20. 3. 1660 3500 Gulden auf Rabenstein und 1500 auf Kirchahorn zugesprochen. Dies bringt die schon arg mitgenommenen Finanzen des Wolf Hieronymus sehr in Unordnung und er zögert noch mit der Belehnungsannahme von Rabenstein bis sie 1666 nicht mehr verzögert werden kann. 11 Jahre später, nach dem Tode seines Bruders, nimmt er für dessen minderjährigen Sohn Johann Albrecht den Anteil an Rabenstein zu Lehen. Die Schulden sind nunmehr auf 4226 Gulden angewachsen und die Witwe des Vaters, die in zweiter Ehe einen Guttenberg geheiratet hat, erhält durch den Bischof von Bamberg im Auftrage des Reichshofrates Rabenstein zugesprochen. Der Vorbesitzer zieht sich nach Schmeilsdorf zurück. Und nun beginnt ein längerer Streit um den Besitz des Rittergutes Rabenstein. Mit Einverständnis des Markgrafen, aber gegen den Willen des eigenen Sohnes Christian Friedrich, kommt es durch Kauf an den ansbachischen Rat und Amtmann in Windsbach, Johann Ulrich von Danggrieß, dessen Belehnung durch den Markgrafen 1681 erfolgt. Darauf wenden sich die Guttenberg, ihre Töchter und der Sohn des Verkäufers an Bamberg, das seine Genehmigung für die eigenen Lehensteile versagt. Eine Beschwerde beim Reichshofrat durch den Sohn bringt den Auftrag desselben an Nürnberg, den Streit zu schlichten. Erst 1686 erfolgt zu Bayreuth eine Einigung. Der rechtmäßige Erbe kommt durch eine Abfindung an die Erben des Käufers in Höhe von 300 Reichstalern wieder an das Lehen. Zwei Monate später, im Dezember erfolgt die Belehnung, 1692 die Peter Johann Albrechts von Rabenstein mit der Burg und mit ihm beginnt, einem letzten Abendglanze gleich, noch einmal eine große Zeit, deren Ende er selbst erlebt, nachdem seine beiden Söhne jung verstorben sind. Als erstes werden Burg und Kapelle wiederhergestellt und verschönert, außerdem eine Schule in Kirchahorn gestiftet. Alle Arbeiten zur Erhaltung der Bauten und des Besitzes, sowie dessen Vermehrung geschehen im Hinblick auf die Zukunft des Hauses, die auf den beiden Söhnen Karl Ludwig Gottfried und Jakob Maximilian Philipp ruht. Sie sterben 1734 an den schwarzen Blattern und damit ist das Schicksal des Hauses besiegelt. Der von tiefer Verzweiflung gezeichnete Vater stiftet 1737 ein Gesangbuch, von dessen Frontispizkupfer anfangs die Rede war und fügt in den Text ein langes elegisches Gedicht, in dem er seine tiefe Trauer beschreibt. In den letzten Jahren wendet er sich vor allem diesem Werk des „geistlichen Gesangbuches für die Rabensteiner Unterthanen“ und der Erhaltung und dem Ausbau der Kirche (Innenausstattung und Portale) in Kirchahorn zu. Er vereinigt noch einmal den Gesamtbesitz des Hauses in seiner Hand. Am 19. 5. 1742 erlischt auf Schloß Weiher mit

Peter Johann Albrecht Freiherr von Rabenstein: auf Rabenstein, Rabeneck, Weiher, Kirchahorn, Adlitz, Kaiserlichem Wirklichen Rat, Brandenburg Culmb. edlen Ritter, Lehengerichtsassessoren und Ritterhauptmann des Kantons Gebürg, das Geschlecht, nachdem es 700 Jahre lang eine wechselnde Rolle gespielt hat. Von seinen 16 Kindern überleben ihn nur 4 Töchter.
Die dritte Frau des Verstorbenen, Sophie Albertine Marschalk von Herrengosserstädt zieht nach Bühl bei Creußen in das Schloß ihres Schwiegersohnes Johann Adolf Gottfried von Brand, der auch bereits verstorben war. Mit dem Erlöschen des Hauses fällt das Mannlehen an die Markgrafschaft heim und diese verkauft es am 19. 8. 1744 für 20000 Gulden und 200 Dukaten an Rudolf Franz Erwein Graf von Schönborn in Wiesentheid als Rittermannlehen. Mitbelehnt wird Graf Eugen Franz von Schönborn.
Von 1744 an bis heute befindet sich Rabenstein im Besitz der Schönborn, allerdings nicht mehr in dem Umfange, wie es unter dem letzten Rabenstein in einer Hand vereinigt war, sondern nur noch in Teilen der alten Besitzgröße. Am 10. 1. 1855 wird das Lehen allodifiziert und damit geht es in den unmittelbaren Besitz des Hauses über. Seit 1948 besitzt Graf Rudolf, ein Bruder des Eigentümers von Pommersfelden, Rabenstein. Die Baugeschichte des Hauses gibt trotz vieler Unterlagen nur einen annähernden Eindruck von der Verschiedenheit der Anlagen, die nacheinander auf diesem Platz standen. Das erste uns bekannte Datum hierfür ist das Jahr 1388. Die Auflage an Konrad von Aufsess, bei Übernahme der Burg diese für 900 Pfund herzurichten, läßt auf eine Zerstörung im Städtekrieg schließen. Nach dem Hussittenkrieg finden sich keine derartigen Hinweise, darum schließt Kunzmann daraus, daß die Burg damals nicht zu leiden hatte. Im Fürstenkrieg 1460/62 hingegen scheint sie wiederum arg mitgenommen worden zu sein. Im Bauernkrieg bildet die Burg eine Ausnahme in weiter Umgebung. Sie wurde nicht zerstört, wobei die teilweise Zugehörigkeit zu Bayreuth die Burg vor Verwüstungen bewahrte. Der 30jährige Krieg brachte aber auch hier 1633 und 1634 schwere Verluste, als die Waischenfelder sie niederbrannten.
Hier, wie bei den meisten Burgen der Umgebung, ermöglichen die Nachrichten von Zerstörungen und Bränden eine recht umfangreiche Baugeschichtsforschung. Die Möglichkeiten, festzustellen, wie die erste Anlage der Burg vor dem Fürstenkrieg ausgesehen hat, fehlten uns, da weder Abbildungen noch Rechnungen uns Hinweise liefern. Sicher ist nur, daß die Burg aus Vor- und Hauptburg bestanden hat. Die ersten Nachweise einer Bautätigkeit rühren von Konz von Aufsess zwischen

1400 und 1403 her. Nach der Zerstörung im Fürstenkrieg werden die Ruinen abgetragen und die Steine nach Waischenfeld verbracht, weshalb keine romanischen Bauteile mehr vorhanden sind. 1489–95 ist dann der Wiederaufbau erfolgt, aus welcher Zeit uns das Schloßportal erhalten ist.

Der seitliche Rundturm wird etwas später entstanden sein, der im Gegensatz zum Sandsteintorbau aus Kalkstein besteht. In dieser Zeit dürfte der Torbau seinen Abschluß in einem heute noch auf dem Dachboden erhaltenen Giebel gefunden haben. Dieser Befund spricht für das Vorhandensein eines kleinen Vorhofes hinter dem Torbau. Diesen und die Eingangsseite konnte man von einem heute inmitten des kleinen Blumengartens gelegenen Turm kontrollieren, der Turm stammt aus derselben Zeit wie die anderen Bauten. Die heute nur in Resten an der Nord- und Südseite vorhandenen Zwingeranlagen werden auch zu dieser Zeit erstellt worden sein. Die alte Einteilung in Vor- und Hauptburg scheint man beibehalten zu haben.

In einer Zeit, deren Baufreude wir u. a. wesentliche Teile der gewaltigen Anlage von Thurnau verdanken sowie die Schlösser in Steinenhausen vor Kulmbach, den Künßbergschen Hauptsitz Wernstein (zu der Zeit mit Thurnau als Besitz verbunden) und das später Rabensteinsche Weiher, wurde um 1570 durch Daniel von Rabenstein, der mit Margarethe von Kerppen verheiratet war, ein wesentlicher Umbau der Anlagen vollzogen. Zwischen den Wappen der Bauherren mit ihrem plastischen Schmuck und der Bauplastik zu Wernstein am Torhaus vermutet Schädler wohl zu Recht eine große Verwandtschaft.

Diesem Umbau wird die Vergrößerung des Torbaues über den Giebel hinaus zu verdanken sein. Das Wappen der Erbauer ziert den Außengiebel und die darüber befindliche Pechnase stammt mit Sicherheit auch aus dieser Zeit. Vermutlich sind auch andere Teile der heute nur noch in ruinösen Bruchstücken erhaltenen Burg ebenfalls in der Zeit dieses Schloßherren erneuert worden. Die Stelle des heutigen vorderen Blumengartens nahm ehedem ein Hof ein, so daß sich zum Osten hin in einem Hof eine dreiflüglige Anlage öffnete. Den einen Seitenflügel bildete der Torbau, den Mittelflügel der heutige Hauptbau und der andere Seitenflügel liegt heute als Ruine hinter dem Garten. Weiterhin wurde die Vorburg mit dem hinteren Teil verbunden und die Zwischenräume durch Aufschüttungen und Kellergewölbe überbrückt. Damit war der ganze Felssporn von einer zusammenhängenden Anlage bekrönt.

Der 30jährige Krieg mit einer totalen Zerstörung der Veste brachte nur einen Wiederaufbau des Westteiles. Ehemalige Hauptburg und der neu angelegte Zwischenbau blieben in Trümmern. Auf dem jenseits der

Brücke vorgelagerten Bergteil entstand nun ein eingefriedeter Vorhof, der 1656 zum ersten Male erwähnt wird. Er diente, wie meist in solchen Fällen, als Wirtschaftshof. Eine Beschreibung aus dem Jahre 1695 berichtet von einem sehr umfangreichen Vorhof mit einer großen Anzahl von Wirtschaftsgebäuden. Die Zugbrücke, heute nicht mehr vorhanden, bestand damals noch. Die folgenden Räume im Torbau wurden 1686 und 1692 ausgebessert. Der gesamte Komplex umfaßte ca. 25 Zimmer, während der Rest in Schutt und Asche lag. Der letzte Rabensteiner auf Rabenstein hatte, wie eine Schätzung nach seinem Tode ergab, einen Neubau errichtet im Werte von 15000 fl., weiter wurde der Wert des Gebäudes geschätzt: 210 fl. Dach, Keller 2000 fl.. Die Umbauten stammen aus dem Jahre 1728. Mitte des Jahrhunderts ist dann aber alles schon recht ruinös, auch die ehemals ca. 15 Vorhofbauten sind schon in recht schlechtem Zustand.
Eine große Zahl alter Abbildungen, die ca. um 1718 beginnen, ermöglichen es, einen Einblick in den jeweiligen Bauzustand zu bekommen. Die Anlage ist demnach auch immer mehr verfallen seit dem Tode des letzten Rabensteiners. Erst als der Besuch des bayerischen Königs bevorstand, begann man 1829 mit Umbauten. Damals waren nur noch der Vorderbau und der turmartige Abschluß des Zwischentraktes erhalten. Über genauere Maßnahmen fehlen auch hier die Angaben. Man weiß nur, daß im Vorhof Ruinen abgetragen wurden und man dort einen Rasenplatz mit Bepflanzungen anlegte. Eine Uhr wurde über dem Eingang von dem bekannten bamberger Uhrmacher Schmitt angefertigt, dessen Uhren aus der Empire- und Biedermeierzeit man heute noch in vielen Schlössern finden kann. Im übrigen wurde der ruinöse Zwischentrakt aufgestockt und anstelle des Innenhofes ein Blumenpaterre aufgefüllt, dafür ein Rundturm abgerissen.
Diese Veränderungen waren die letzten einschneidenden Maßnahmen zur Umgestaltung der Burg vor der Renovierung 1970/71. Heute bietet sich uns die Burg außen in ihrer romantischen Lage noch weitgehend so dar wie sie der bayerische König gesehen haben mag.
Der Besucher der Burg sieht heute nurmehr wenig von ihrer ehemaligen Ausdehnung. Die Bauten des Vorhofes sind bis auf spärliche Mauerreste verschwunden. Über die Brücke gehend, gelangt man an das Tor, dem man die alten Formen noch stark ansieht: gotischer Bogen, Blende für die Zugbrücke, Pechnase, Rollen für die Zugbrückenketten, Schießscharten und links ein den Eingang ehemals schützender Rundturm. Von den beiden Zwingern künden ebenfalls nur noch Mauerreste. Der Schloßbau besteht aus dem Torbau, dem Zwischentrakt und dem turmartigen Abschluß. Der Eingang führt in eine gewölbte Halle, von

hier vermittelt eine Treppe den Zugang zum oberen Stockwerk, heute Hotelräume, und dem auf selber Höhe angelegten Blumengarten, dessen Farbenpracht im Sommer und Herbst einzigartig ist. Auf halber Höhe des Aufganges liegt der Eingang zu den Unteren Räumen, von einem Gang aus zu erreichen, die bis vor kurzem vom Kastellan bewohnt wurden. Sie weisen zum Teil einfachen Rahmenstuck aus der Zeit um 1730 auf. Am Ende des Ganges befinden sich zwei Gewölbe unter dem Blumengarten. Durch diesen Blumengarten gelangt man über Treppen und Mauerreste in die hinteren Teile der ehemaligen Burg, heute Ruine und ebenfalls z. T. in den Garten einbezogen; dieser Teil der Anlage bildete früher, nach vorne durch einen Graben abgesichert, die Hauptburg. Von hier aus sieht man dann auch die Reste des Ostzwingers. Teile dieses hinteren Baues sind noch unterkellert. Der Blick von der Südspitze auf die beiden Flanken, die ja durch Zwinger gesichert waren, veranschaulicht am deutlichsten die günstige strategische Lage der Burg. Die ehemals an der Westseite befindliche Auffahrt wurde durch die darüberliegenden Zwingermauern gesichert. Heute ist diese Zufahrt aufgegeben und es führt nur noch an der Ostseite ein Fußpfad hinauf.
Die Umgebung der Burg wurde, vermutlich ebenfalls im Zuge der Vorbereitungen für den Königsbesuch im 19. Jahrhundert, durch einen Wanderweg und Gestaltung desselben zu einer Art Landschaftsgarten verwandelt. Ein Pavillon auf dem Wege zur Klaussteinkapelle ist eine der wenigen übriggebliebenen Reste. Längs des Wanderweges zeigen noch Spuren von eingemeißelten Sprüchen und ein Gedenkstein Teile der Anlage. Dieser Rundgang um die Burg auf beiden Seiten des Tales wurde wohl auch den königlichen Gästen 1830 präsentiert, denn am Südrand des Tales findet sich in einer Felswand der Spruch: „Therese Das Ideal der Mutter wollte der Himmel zeigen. Da gab er Dich, schuf Dich zu unserem Glück.“ Die Burg wurde 1970 in ein Hotel umgebaut und Ostern 1971 ist dort ein Betrieb mit Übernachtungsmöglichkeiten und Restaurant eröffnet worden. Bei dieser Gelegenheit hat man die ganze Anlage völlig renoviert und modernisiert.

Burg Rabeneck, Stahlstich nach L. Richter 1837

Unweit Rabenstein liegt über dem Wiesenttal die Burg Rabeneck, deren Name auf eine nahe Verbindung zu Rabenstein schließen läßt. Tatsächlich befand sich auch diese Burg einstmals im Besitz der gleichen Familie von Rabenstein. Als erste Besitzer finden wir hier deren Mitglieder, sie nennen sich auch Rabeneck. Einem völlig anderen Geschlechte gehören die Rabenecker an, denen man noch bis ins 16. Jahrhundert begegnet.

Vermutlich eine Gründung der Rabenstein, ist die Burg freies Eigen der Familie, allerdings besaßen die Schlüsselberger auch Rechte an der Burg, die nach deren Aussterben aus Schwarzenburgischem Besitz (Erbschaft) durch Kauf an den Bischof von Bamberg übergeht. Auch hier klagt die gebürtige Schlüsselbergerin, Sophia von Zollern, auf Rückerstattung der Rechte. Später scheinen diese Rechte von den Besitzern abgelöst worden zu sein, denn sie können in weiteren Verträgen frei verfügen. 1388 sind die Stiebar im freieigenen Besitz der Burg. Unter ihnen wird 1415 die Schloßkaplanei gestiftet. Bis 1530 verbleibt die Burg als freies Eigen in derselben Familie, als die Lehensauftragung von ½ an Bamberg erfolgt. 1559 wird die andere Hälfte aufgetragen; 1570 oder 72 ein Teil an einen Künßberg verkauft, der

Besitz wechselt aber 1577 an Daniel von Rabenstein, welcher wohl wieder an den Ausbau der Burg gegangen ist und auch wesentliche Bauten in Rabenstein durchführt. Mit dem Domherrn Daniel von Stiebar erlischt die Rabenecker Linie dieses Hauses und die Buttenheimer erben den Anteil an der Burg. 1603 kommt dann auch die andere Hälfte an die Rabenstein.

Titelkupfer des Rabensteiner Gesangbuches von 1737

Nach dem Tode Georg Werners von Rabenstein, 1616, geht die Burg für 36000 Gulden an Bamberg. Der Bischof Johann Gottfried von Aschhausen vererbt sie an Philipp Gottfried von Nippenburg und Philipp und Heinrich von Aschhausen.
Das Gut bleibt in deren Pfandbesitz, da das Hochstift die vom Bischof vorgestreckte Kaufsumme nicht beibringen kann. Außer den beiden oben erwähnten Erben ist noch Konrad von Werdenau genannt, er und Nippenburg waren mit Schwestern des Aschhausen-Erben verheiratet.
Im zweiten Viertel des 17. Jahrhunderts haben dann Hans-Dietrich und Hans-Christoph von Rabenstein Klage beim Reichskammergericht in Wetzlar eingereicht, da ihnen die damalige Verkaufssumme von 36000 fl. in schlechten Münzen ausbezahlt worden war. Die Enkel der Kläger gewannen 1715 den Prozeß, das Hochstift wurde dazu verurteilt, den Besitz zurückzugeben und den Schaden zu ersetzen, desgleichen die Prozeßkosten zu tragen. Der 2. 3. 1716 brachte einen Vergleich zwischen dem derzeitigen Bischof Lothar Franz Graf von Schönborn und die rückwirkende Einweisung vom 22. 2. des Jahres an. Außerdem wurden ihnen alle Unterlagen der Verwaltung zurückgereicht, kostenlos Bauholz aus den bischöflichen Waldungen zugesprochen und ein Darlehen in der endgültigen Höhe von 20 oder 24000 fl. zum Wiederaufbau der Burg gewährt. 1742 erlischt das Haus und geht auch dieser Besitz denselben Weg wie Rabenstein. Noch im gleichen Jahr erhält Graf Rudolf Erwein von Schönborn es zu Lehen, wie auch Kirchahorn und Weiher. Nach dem Tode des Bischofs, seines Bruders, 1746, wird diese Belehnung angefochten, ebenfalls auch die mit den anderen Rabensteinschen Gütern. Ein aufwendiger Prozeß vor dem Reichshofrat ist die Folge, der 1777 seinen Abschluß zugunsten des Hauses Schönborn findet. Seitdem ist es im Besitz derselben Mitglieder des gräflichen Hauses gewesen wie Rabenstein.
Aus der Geschichte des Hauses wissen wir mit Sicherheit nur von der Zerstörung im Bauernkrieg, ob sie auch unter den Husitten zu leiden hatte, ist fraglich, mit Sicherheit sind aber keine weiteren Zerstörungen anzunehmen.
Nachrichten über die Baugeschichte fließen erst seit dem 16. Jahrhundert. 1530 und 1559 bei den beiden Lehensbeauftragungen besteht die Anlage aus Vor- und Hauptburg. Die Vorburg dürfte mehrere Wirtschaftsgebäude umfaßt haben, dieser vorgelagert befand sich eine Schenkstatt. Die Hauptburg umfaßte wie heute noch, zwei Kemenaten, die von den beiden im 16. Jahrhundert Anteile besitzenden Familien bewohnt wurden. Nach Übergang 1620 an das Hochstift und die Erben des Bischofs Aschhausen, wurden alle Einkünfte der zahlreichen Nachkommenschaft den Erben ausgezahlt und am Haus nichts gerichtet, die Not des Krieges und Pro-

zeßkosten verringerten weiterhin die Möglichkeit, Mittel für die Pflege des Baues zu erbringen.
Eine Lehensbeschreibung von 1729 erwähnt den ruinösen Zustand von Vorhof und Hauptburg. Der letzte Rabensteiner, dessen rege Bautätigkeit in seinen anderen Häusern bekannt ist, scheint auch hier viel getan zu haben, denn 1742, nach seinem Tode, werden eine Reihe, vor allem Wirtschaftsbauten, genannt. Im 19. Jahrhundert diente das Schloß, wie so viele andere Häuser der Umgebung, auch als Getreideschüttboden, die anderen Gebäude sind schon um 1808 nicht mehr aufgeführt.
Dem Besucher bietet sich heute die Burg hoch über dem Wiesenttal auf vorstehender Felsspitze. Seit der Romantik, die auch diese Burg, wie so viele andere, in Gedichten und vielen Abbildungen festhielt, hat sich an diesem Landschaftsabschnitt wenig geändert. Der einzige Unterschied besteht darin, daß bei einigen Abbildungen die Hänge der Burg nicht bewaldet sind. Man nimmt auch heute an, daß weite Teile der Fränkischen Schweiz nicht bewaldet waren, so wie heute noch das unter Naturschutz stehende Kleinziegenfelder Tal.
Von der ehemals sehr umfangreichen Vorburg sind heute nurmehr einige Turmstümpfe, Kellerreste und Kasematten (für die Entstehungszeit ungewöhnlich früh), vor allem an der Seite zur Hauptburg hin erhalten. Von den Gräben, die der Vorburg und Hauptburg vorgelagert waren, besteht nur noch der Letztere.
Die Hauptburg, heute noch erhalten, erreicht man über eine steinerne Brücke, Ersatz für die alte Zugbrücke. Durch ein quadratisches, zweigeschossiges Torhaus mit Gewölbe, dessen Obergeschoß nach innen offen ist, gelangt man in den Zwinger. Das alte Portal bildete der heute als Fenster links vom Tor erhaltene Eingang. Das Torhaus entstand im Spätmittelalter. Durch den Zwinger kommt man über eine Treppe in den inneren Burghof, von dem aus man die viergeschossige ehemalige Schütt betreten kann. Den Zugang zum dreigeschossigen südlichen Haupthaus vermittelt eine Tür vom dem Tale zugewandten Hof, den man durch einen zwischen beiden Haupthäusern freien schmalen Gang erreicht. Der südliche Bau ist ebenfalls, wie das Torhaus, spätmittelalterlich. Westlich an dieses Haus schloß sich ein zweigeschossiger Flügel an, dessen Südmauer noch erhalten ist. Er wurde im 19. Jahrhundert abgerissen. Die Schütt wurde zur Künßbergschen Zeit wohl teilweise als Wohnhaus ausgebaut, das Innere enthält im Untergeschoß Gewölbe. Früher stand auf äußerstem Felsvorsprung vor der Zisterne im zweiten Hof noch ein kleiner Turm, auch er verschwand im 19. Jahrhundert. Die Burgkapelle neben der Burg auf einem Felssporn gelegen, wurde zu Beginn des 15. Jahrhunderts erbaut, und wohl zwischen 1733 und 1737 erneuert und umgebaut.

27 Greifenstein

Schloß, Kreis Ebermannstadt

Von den Fenstern der Burg Greifenstein bietet sich wohl einer der schönsten Ausblicke des östlichen Frankens über die weite Juragebirgslandschaft der Fränkischen Schweiz. Auf einer bewaldeten Felshöhe thront die in der Barockzeit wohnlich umgestaltete, große vierflügelige Anlage hoch über dem Tal. Ein Teil der Hänge ist in einen weitläufigen schönen Park einbezogen, dessen etwas verwildertes Bild einen bezaubernd romantischen Eindruck macht. Der Besucher, welcher sich heute vom Tal her der großen Anlage nähert und auf der Höhe dann von der Straße abbiegt, ist als erstes überrascht von einer prachtvollen, alten Lindenallee, die über mehrere hundert Meter den Weg zum Tor weist. Als Rest der ersten barocken Parkanlage findet der Besucher an ihrem Anfang noch einen kleinen runden Tempel auf einem aufgeschütteten Hügel. Diese Allee ist für fränkische Verhältnisse etwas sehr seltenes. Findet man in Ost- und Norddeutschland häufig solche großen Alleen als Zufahrten zu den Schlössern und Herrensitzen, so in Franken äußerst selten und in dieser Art wohl nirgends. Dazu ist der breite, großzügige Verlauf, in dem sie ansteigt, fällt und wieder ansteigt, von großer Tiefenwirkung und erhöht noch optisch den großartigen Eindruck. Über eine heute teilweise in Stein ausgeführte Brücke betritt man die beiden Höfe der Anlage.

Die Burg Greifenstein wird 1172 zum erstenmal erwähnt, als im Besitz eines Schlüsselbergers Eberhard befindlich.

Die erste Burg wurde wahrscheinlich von einem Mitglied desselben Geschlechts erbaut. Sie wird in der Folgezeit bis 1275 mehrmals urkundlich erwähnt, dann aber erst wieder 1339. In diesem Jahre werden 2/3, welche die Streitberg mittlerweile zu freiem Eigen hatten, dem Hochstift zu Lehen aufgetragen. Dafür erhalten sie 1000 Pfund Heller. Mit der Lehensauftragung war wie üblich eine ganze Reihe von Lasten verbunden. Außerdem wurde dem Bischof bei Verkauf etc. ein gewisses Mitspracherecht gesichert. Ob das schlüsselbergische Drittel an Greifenstein 1345 verkauft wurde, ist fraglich, denn der Erbe Konrad von Schlüsselbergs, Heinrich v. Plauen, mußte noch 1/3 der Ausgaben für die Bewachung der Burg tragen, während der Rest zur einen Hälfte vom Bischof und zur anderen Hälfte von den Streitbergern übernommen wurde. Nach dem Tode Konrad von Schlüsselbergs, 1347 auf Burg Neideck, finden sich die Anteile an Greifenstein weiter aufgespalten in Sechstel. 1348 werden vier bischöfliche und zwei streitbergische Anteile genannt, wobei einer aus schlüsselbergischem und drei aus streitbergischem Besitz an das Hochstift gekommen waren. 1348 war von Erben des letzten Schlüsselbergers — Graf Günther v. Schwarzburg und seiner Frau, sowie Agnes v. Plauen — ihr Anteil an Streitberg, Greifenstein, Waischenfeld, Rabeneck, Weideck, Adelsdorf, Bieberbach, Betzenstein und Neunhof verkauft worden. Es gab aber trotzdem noch Auseinandersetzungen mit dem Hochstift. 1354 und 1365 hören wir von Streitigkeiten zwischen dem Grafen von Schwarzburg und dem Bischof. Trotz der 1376 erfolgten Anerkennung der Verkäufe von Seiten der Schwarzburger gab es weiter Schwierigkeiten. Die Gräfin Sophia von Zollern beanspruchte u.a. Greifenstein aus der Erbmasse des letzten Schlüsselbergers, denn sie stammte selber aus diesem Hause. 1383 erfolgte dann schließlich noch einmal eine Bestätigung des bischöflichen Besitzes u.a. der Burg Greifenstein. 1389 wird ein Streitberg als Kommandant des bischöflichen Teiles der Burg eingesetzt, welches Amt teilweise schon vorher von anderen Mitgliedern dieses Hauses ausgeübt wurde. Um 1400 haben zwei Mitglieder desselben Geschlechtes zwei Burggüter im Besitz, und sieben Jahre später Engelhard v. Streitberg ein weiteres.

Von 1407 bis 1488 hören wir nichts mehr von Lehensvergaben der Burg. Kunstmann vermutet, daß, da keine Lehensurkunden vorhanden sind, die Burg verpfändet war. Ab 1488 setzen wieder die Belehnungen ein und bringen uns einen Einblick in die Erbfolge der einzelnen Anteile. Greifenstein war demnach, wie viele Häuser in der Umgebung auch eine Ganerbenburg. Dazu gehörte außerdem noch Besitz in den umliegenden Orten. Die Streitberg besaßen zu dieser Zeit eine ganze Reihe von Burgen: Veilbronn und Burggrub, letzteres heute mit einem bezaubernden Barockschlößchen noch im Besitz ihrer Nachfolger, ferner in späterer Zeit Ahorn bei Coburg, Strößendorf und verstreute Liegenschaften in der Fränkischen Schweiz. Das Geschlecht gehört zur fränkischen Reichsritterschaft des Kantons Gebürg, dessen Ritterhauptmann Dietrich v. Streitberg im 17. Jahrhundert war. Diese Zeit der Burg Greifenstein endete mit Erlöschen des Geschlechtes im Jahre 1690. Zum Zeitpunkt des Ablebens des letzten Streitbergs war folgender Besitzstand vorhanden: Burggrub, Strößendorf, Greifenstein, Veilbronn, Sachsengrün, Ober- und Unter-Gattendorf, Hartmannsreuth, Ebneth und Daschendorf. Zu Greifenstein gehörte damals auch noch die hohe und niedere Jagd. Beim Übergang des Besitzes an die Stauffenberg kam es mit den Groß v. Trockau zu Erbauseinandersetzungen, denn die Groß v. Trockau zählten zu den Nachkommen des letzten Streitberg. Es gab einen 19jährigen Prozeß vor dem Reichskammergericht in Wetzlar, der aber zugunsten der Stauffenberg endete.

Die bischöflichen Lehen waren an das Hochstift gefallen. In Form eines Rittermannlehens gingen sie nun als Geschenk an den damaligen bambergischen Fürstbischof Marquart Sebastian Schenk v. Stauffenberg, der das Recht erhielt, dieses an Verwandte zu übertragen. — Dieser Bischof ist auch der Erbauer des Schlosses zu Seehof, das später noch oft umgebaut wurde, bis es seine heutige Gestalt bekam. — Die Stauffenberg waren ehemals Schenken der Herzöge von Schwaben aus dem Hause der Hohenstauffen. Sie stammen aus Schwaben und gehörten zur dortigen Ritterschaft. Mit dem Fürstbischof in Bamberg kam auch die Familie nach Franken und ist seither hier ansässig. Marquart Sebastian v. Stauffenberg verstand es, eine kluge Politik für das Hochstift zu führen und erhielt Greifenstein wohl vor allem auch als Dank für seine Bemühungen. 1691 wurden die Eigengüter der Witwe des letzten Streitberg auf Greifenstein für 1200 Gulden an ihn verkauft. Ferner wurden vom Fürstbischof von Würzburg, Jakob v. Zollern, und den Markgrafen von Brandenburg weitere Besitzungen dazu gekauft. Als das Lehen Greifenstein nach dem Tod Marquart Sebastians heimgefallen war, bekamen es die Brüder des Fürstbischofs. Mit dessen Tod gab es aber noch einmal

Lavierte Federzeichnung um 1800

Schwierigkeiten, da er im Alter von 49 Jahren ohne Testament verstorben war, fiel das Besitztum zuerst einmal an das Hochstift zurück. 1694 erreichten die beiden Brüder Stauffenberg, welchen Greifenstein zugedacht war, aber endlich, daß sie es zusammen mit Burggrub, der Neumühle sowie dem Präsentations- und Patronatsrecht in Heiligenstadt erhielten. Nach dem Tode des Bischofs 1693, erfolgte dann erst 1694 die Belehnung seiner Brüder und als eventuell späterer Nachfolger der Wülflinger, Lautlinger und Rißtissener Linie. In der Folgezeit wurden mehrere Familienmitglieder nacheinander und gleichzeitig mit Greifenstein belehnt. Die letzten Lehensvergaben erfolgten am 7.9.1798, wenige Jahre vor Ende des Hochstiftes Bamberg. Mit ihrer Belehnung kamen die Stauffenberg auch in die Dienste Bambergs und bekleideten Ämter am Hofe des Fürstbischofs oder Verwaltungsstellen. 1698 erfolgte auf Veranlassung des Fürstbischofs von Bamberg die Erhebung der gesamten Familie in den Freiherrenstand. Die Beziehungen zu Bamberg gestalteten

sich in der Folge weiter sehr eng. 1712 und 1715 weilte der Fürstbischof v. Schönborn in Greifenstein. Es war eine Art Sommerhofhaltung. Die notwendigsten Teile der Regierung wurden in Heiligenstadt einquartiert, während der Fürstbischof in Greifenstein wohnte.
Mit dem Ende des Hochstiftes kam auch das Ende des Lehensverhältnisses zu Bamberg. Die Stauffenberg erhielten das Lehen zu Eigen und besitzen die Burg noch heute.
1874 wurde ein Zweig des Geschlechts in den Grafenstand erhoben, nachdem bereits 1791 eine Linie, die 1833 ausstarb, eine Erhöhung in den Grafenstand erfahren hatte. Es blüht seither in einer gräflichen und einer freiherrlichen Linie. Zu den Gütern in Franken: Greifenstein, Burggrub, Heiligenstadt gehörten der gräflichen Linie, früher auch die heute noch in Familienbesitz befindlichen schwäbischen und württembergischen Besitzungen: Ammerdingen, Jettingen und Eberstall, sowie Lautlingen, Ochsenberg, Wildenthierberg, Baisingen und Eutingerthal. Wülflingen ist in der Hand der freiherrlichen Linie.
Über die ersten Bauten in Greifenstein ist wenig bekannt. Erst der Teilungsvertrag von 1471 gibt uns Aufschluß über das Aussehen zu jener Zeit. Diese Anlage wurde in den Bauernkriegen zerstört. Erwähnt werden: ein großer Tortum im Burghof, dann ein Bau am großen Tor und im Anschluß das „Neue Haus". Der Westteil des Plateaus wurde eingenommen von dem „Haus ob den Kellern", „hinteren Haus auf dem Fels" und dem unterkellerten „alten Haus". Ferner wird eine Zisterne im inneren (hinteren) Hof genannt, sowie eine Badestube. Ein Vorhof ist auch vorhanden gewesen. Demnach bestand die Burg, wie heute, aus einem von Bauten umgebenen Haupthof, einem vorderen Hof und vermutlich einer Vorburg, die wir vielleicht vor der heutigen Brücke suchen müssen. Nach dem Bauernkrieg wurde die Anlage wieder aufgebaut. Sie scheint in der Folgezeit aber wieder stark verfallen zu sein, denn beim Aussterben der Streitberger, 1690, muß sie arg devastiert gewesen sein. Schon zu Lebzeiten des letzten Greifensteiner Streitberg war eine ganze Front, da völlig baufällig, neu aufgerichtet worden. Auch die Dächer waren z. T. kaum mehr vorhanden oder sehr schadhaft. Erst unter dem Bischof Stauffenberg begann man, die Halbruine wieder herzustellen. Das Schloß, dazu mit Schulden von 4000 Gulden, wurde vom Bischof in der Folgezeit vor allem als Jagdschloß neu aufgebaut. Zu dieser Zeit entstand der Brunnen, von Mainzer Bergleuten aus dem Felsen gehauen, welcher mit 90 Meter einer der tiefsten des Landes ist. Weiter wurde unter Leitung von Leonhard Dientzenhofer die ganze Anlage überholt, vereinheitlicht und vergrößert. Die Fenster erhielten neue, geohrte Einfassungen und im Inneren wurden große, neue Räume eingebaut,

deren reiche Deckenstukkaturen, welche sehr an italienische Arbeiten der Umgebung erinnern, mit Blattwerk und Muscheldekor noch heute gut erhalten sind. Eine von Ihnen zeigt das große Fürstbischöfliche Amtswappen in reichem Rahmenwerk, welches fast manieristische Züge trägt. Besonders prächtig ist der Stuck des großen Fürstenzimmers in der Südwestecke mit einem breiten Fries, welcher in kräftigem Muschelwerk und Pflanzendekor eingebettet die vier Jahreszeiten zeigt. Ob die freigelassenen Medaillons, wie in Coburg, auch für Malereien bestimmt waren, ist fraglich. — War die ganze Gegend in der Reformation evangelisch geworden, so führte man in der erneuerten Schloßkapelle nun wieder den katholischen Gottesdienst ein. 1723 wurden weitere Änderungen vorgenommen. Einen tieferen Eingriff, leider zum Nachteil ihrer Erscheinung, erfuhr die Burg um 1850. In einer gut gemeinten Burgerneuerung hat man sich zu dieser Zeit leider öfters in der Gestaltung vergriffen, und den Häusern in der Meinung, sie wieder in ihren mittelalterlichen Zustand zurückzuversetzen, sehr in ihrem Aussehen geschadet. Damals wurden zuerst alle vier Türme erhöht und mit Spitzdächern und Zinnen versehen, und die alten Zwiebelhauben, die noch auf einem Gemälde des Romantikers Geist dem Hause eine bezaubernde Belebung verschafften, leider entfernt. 1919 wurden dann die Zinnen wieder entfernt und durch Spitzdächer ersetzt.
Schon im 17. Jahrhundert war außerhalb der Burganlage eine umfangreiche Ökonomie gelegen, die in der Folgezeit bis heute erhalten blieb. Der Schloßpark wurde in den Jahren 1681 bis 1683 erstmals angelegt. Von den Alleen, Terrassen, Treppen, Skulpturen, Wasserkünsten und anderen Gartenarchitekturen ist nur noch ein kleiner Rest vorhanden. Von ihrer Existenz wissen wir nurmehr aus Beschreibungen und alten Plänen im Schloß. 1719 wurde das kleine Lusthaus mit einem Mittelsaal und anstoßenden kleinen Kabinetten errichtet. Ob noch ein zweites gebaut wurde, ist unsicher. Genauso wie ein Plan aus dem Jahre 1781 schon eine Kapelle zeigt, ist dort auch das andere Gartenhaus mit Figuren von Trauttmann und Wurzer erwähnt, von dem behauptet wird, daß es 1848 zerstört worden ist. Im 18. Jahrhundert hat man weitere ausgedehnte Gärten angelegt — so ein breites Parterre westlich der Gartenpavillons — von denen heute nur noch ein im englischen Stil umgestalteter Rest vorhanden ist. Das barocke Einfahrtstor und der bezaubernde Gartenpavillon lassen die gute Qualität der ehemaligen Anlage noch immer erkennen. Die beiden ehemaligen Hauptachsen in Form von zwei Alleen sind heute nur noch zur Hälfte erhalten.
Der Park wurde im 19. Jahrhundert umgestaltet, wobei man die romantische Felslandschaft weitgehend mit einbezogen und einige Bauwerke

hinzugefügt hat, die heute nur noch z. T. bestehen, so von 1820 eine als Ruine ausgebildete kleine Kapelle. Ein Tempel, der dem an der Allee ähnelte, wurde mutwillig von Besuchern zerstört und auch andere Holzarchitekturen dieser Zeit sind leider verschwunden.

In den Ereignissen um den 20. Juli 1944, unter denen die gesamte Familie fürchterliches erlebte und zu leiden hatte und einige Mitglieder die Haft im KZ nicht überlebten, ist es wie ein Wunder, daß die Burg nicht geplündert und zerstört wurde. Absichten in dieser Richtung hatten bestanden, konnten aber in letzter Minute glücklicherweise abgewendet werden.

Der Besucher, welcher heute das teilweise der Öffentlichkeit zugänglich gemachte Schloß besichtigt, erreicht es über die anfangs beschriebene Allee und passiert den rechterhand liegenden, heute etwas verwilderten und wesentlich verkleinerten Schloßpark. Gegenüber liegt auf der anderen Seite ein Hundezwinger, in dem die Hausfrau eine weithin berühmte Zucht von Irish-Terriern unterhält. Ihre Hunde wurden für die ausgezeichneten züchterischen Ergebnisse des öfteren mit hohen Preisen bedacht, die in der Bibliothek ausgestellt sind. Bereits zweimal erzielten Hunde dieses Zwingers den Weltsieg zuletzt 1971 in Budapest. Rechts unterhalb des Schlosses liegen die Ökonomie und eine Burggaststätte. Auf der Allee fahren wir nun weiter und erreichen als erstes die ehemalige Zugbrücke, die heute teilweise in Stein ausgeführt über den Halsgraben führt. Zu Anfang der begleitenden Sandsteinbaluster tragen zwei Löwen das Stauffenbergsche und Groß v. Trockausche Wappen (der Großeltern des jetzigen Besitzers). Durch ein neugotisches Tor, über

Gang im Ostflügel

Gewölbe mit der Waffensammlung

dem noch die alte Pechnase und ein kleiner efeuumrankter Mauerturm hervorspringen, betritt man die Vorburg. Sie ist an drei Seiten vom Wehrgang umschlossen, der einen neuen Zinnenkranz des 19. Jahrhunderts trägt. Alt sind noch die großen Rundbogen-Nischen von mehreren Metern Tiefe hinter der Mauer, die rundherum laufen und einstmals zur Lagerung von Vorräten dienten. Der rechterhand vom Tor stehende Marienturm wurde im vorigen Jahrhundert nicht unbedingt zu seinem Vorteil verändert. Wie die anderen Türme hatte er ehemals eine Zwiebel und war wesentlich niedriger. Ein der südlichen Mauer vorgelagerter Turm wurde ebenso in ähnlicher Art umgebaut. Die vierte Seite des Hofes nimmt die Hauptfront des Schlosses ein, welche hier mit großen geohrten Fensterrahmungen ein weitgehend barockes Gesicht zeigt. Im Erdgeschoß führt eine gewölbte Durchfahrt in den Haupthof. Linkerhand erhebt sich der große Bergfrit, dessen obere Geschosse ebenfalls im 19. Jahrhundert erneuert wurden. Den Hof umschließen vier Barockflügel zu zwei Geschossen, deren Fassaden meist von Efeu bewachsen sind. Der Hofeinfahrt gegenüber liegt die Kapelle. Das Innere birgt eine Folge des Kreuzweges aus Buchsbaum, welcher dem Forchheimer Meister Leonhard Gollarker im 17. Jahrhundert zugeschrieben wird. Die vier Flügel des Hauses beherbergen im Erdgeschoß alte Gewölbe, von denen einige eine umfangreiche Waffensammlung aufnehmen, welche bis in die Zeit des 2. Weltkrieges reicht. Andere Teile bergen Nebenräume, Küche und ein schönes Eßzimmer, dessen Gewölbe von einer großen Mittelstütze getragen wird. Im ersten Stock sind die Gästezimmer und Repräsentationsräume untergebracht. Einige Zimmer weisen noch ihre alten, reichen Barockstukkaturen auf. Überall im Hause verteilt findet sich schönes altes Inventar. Neben der Waffensammlung muß besonders ein prachtvoller Renaissanceschrank erwähnt werden, der am Ende des Saales steht und dessen überreiche Intarsien, auch auf Säulen und Vorsprüngen, zu dem Kunstvollsten und handwerklich Perfektesten gehört, was die deutsche Möbelkunst zu dieser Zeit hervorgebracht hat. Im Saal ist der alte Fußboden mit eingelegten Wappen noch erhalten. Auf den Gängen verteilt findet sich eine einzigartige Sammlung von Geweihen, welche zum großen Teil von Rothirschen stammen, die der Fürstbischof in Kärnten, einem Gebiet, das zum Hochstift Bamberg gehörte, und in Greifenstein erlegt hat. Die Häupter wurden aus Holz geschnitzt und zeigen die verschiedensten „Charaktere und Erscheinungen". Der bekannte fränkische Autor Hans Max Freiherr v. u. z. Aufsess aus dem benachbarten Oberaufsess hat über diese wohl einmalige Galerie, die in Oberfranken nur ein bescheidenes Pendant in Aschbach hat, ein bezauberndes Buch mit dem Titel „Hier röhrt sich was" verfaßt. Besonders interessant sind noch zwei reiche Türrahmungen, die aus der Ritterkapelle in Haßfurt stammen und zu Zeiten des Fürstbischofs nach Greifenstein gebracht wurden.

Dem Touristen werden neben der Waffensammlung, die Kapelle, der inzwischen beleuchtete Brunnen und in den oberen Räumen Geweihsammlung, Bibliothek, Jagdzimmer und der Saal gezeigt. Man verläßt diesen Ort mit dem Gefühl des selten gewordenen Eindrucks eines gepflegten, kultivierten und mit schönen Stücken gefüllten Hauses, wie es unter den bewohnten Schlössern leider nur noch wenig vermittelt werden kann.

28 Aufsess

Burg, Kreis Ebermannstadt

Die Gegend um Aufsess war schon in vorgeschichtlicher Zeit besiedelt wie wir von Höhlenfunden und Ausgrabungen in der Umgebung wissen, die z. T. von dem Gründer des Germanischen Museums in Nürnberg, Hans von Aufsess, angestellt wurden.
Vor den meisten oberfränkischen Burgen zeichnet Aufsess sich dadurch aus, daß es seit der Erbauung im Besitze desselben Geschlechts verblieben ist, dessen Namen es trägt, — zusammen mit Egloffstein wohl die älteste, ununterbrochen in der Hand des gleichen Hauses befindliche Burg in dieser Gegend, deren Name mit dem des Geschlechtes identisch ist.
Für Guttenberg und Trockau trifft dasselbe zu, wenngleich hier wohl nicht dasselbe Alter wie für die beiden erstgenannten Häuser in Anspruch

genommen werden kann. Wie ein Großteil der Burgen in dieser Gegend bildete auch Aufsess das Zentrum eines eigenen ritterschaftlichen Territoriums, zu dem die ausgedehnten Besitzungen des Geschlechtes in dieser Gegend gehörten.
Was Aufsess aber über die meisten anderen ritterschaftlichen Territorien heraushebt, ist das Halsgericht, welches immer wieder von den mächtigen Nachbarn Bamberg und Bayreuth angefochten, lange bestanden hat. Ob das Geschlecht allerdings edelfreien Ursprunges ist, wie kürzlich entgegen älteren Untersuchungen aus dem Kreise der Familie, behauptet wird, ist fraglich, aber möglich, da es Edelfreie von Aufsess gab, deren Zusammenhang mit der heute noch blühenden Familie aber nicht völlig klar ist. Trotz dieser nicht ganz gesicherten Abstammung können wir aber das Geschlecht der Freiherren von und zu Aufsess zu den ältesten und angesehensten in Oberfranken rechnen, dessen Bedeutung nicht nur im eigenen erheblichen Besitz bestand, sondern aus dessen Reihen viele Personen hervorgingen, die großen Einfluß im Dienste der umliegenden Territorien erlangten. Es blüht heute in zwei Linien: Unteraufsess und Oberaufsess. Diese Beziehung geht auf zwei noch jetzt im Besitze der Familie befindliche Burgen zurück. Oberaufsess entstand erst viel später infolge einer Auseinandersetzung innerhalb der Familie, ab 1690. Und seither gab es die Trennung der Linien Ober- und Unteraufsess. Der Unteraufsesser soll über diese Namensgebung sehr verärgert gewesen sein und gegenüber von Oberaufsess auf einem Felsen ein kleines Schloß mit dem Namen Höchstaufsess gebaut haben, das 1692 vollendet war und 1718 abbrannte,
Wenn man heute von Heiligenstadt oder Plankenfels aus sich der Burg und dem Ort Aufsess nähert, so weist das Ortsbild, trotz mancher unschöner, unharmonischer Neubauten, die sich leider nicht ganz in den Ort einpassen, in wesentlichen Teilen ein Bild auf, wie es uns aus verschiedenen Stichen vom Beginn des vorigen Jahrhunderts überliefert ist. Hier muß besonders ein sehr hübscher Stahlstich von Ludwig Richter erwähnt werden.
Die das Dorf auf einem talwärts vorkragenden Felsvorsprung beherrschende Burg bildet immer noch, obwohl längst nicht mehr im alten Umfange bestehend, einen beachtlichen Komplex, der sich im Wesentlichen aus drei Teilen zusammensetzt. Meingotzsteinhaus mit Turm, Kapelle — heute Pfarrkirche — und der Hauptburg mit zwei Flügeln und vier Türmen. Eine Reihe kleinerer Wirtschaftsgebäude befindet sich ebenfalls im Burgbereich.
Den Umfang zur Zeit der größten Ausdehnung der Burganlage müssen wir auf ein Vielfaches schätzen. Wenn auch die um 1890 erfolgte Re-

konstruktion durch Freiherrn Hermann v. u. z. Aufsess wohl im Detail etwas zu weit geht, so erhält man hierdurch doch zumindest einen anschaulichen Eindruck. Im Zuge einer Reihe von kriegerischen Zerstörungen und durch die Abnahme der Bedeutung dieser Familie im Rahmen des Erstarkens der großen Nachbarn, sowie die Veraltung der Verteidigungsanlagen aufgrund neuer Waffensysteme, ist die Burg Aufsess dann sehr geschrumpft und umfaßt heute nurmehr den Kernteil der ehemaligen, großen Festung.

Reste der alten, heute außerhalb der Burg liegenden Anlagen, finden sich noch an vielen Stellen. Vor allem das Tor am Südosthang der Burg, das sogenannte Mühltor, ist hier zu nennen.

Dr. Kunstmann vermutet aufgrund der großen Ausdehnung der Burg, daß es sich um eine ottonische Landesburg gehandelt haben könnte, deren Entstehung ins 10. und 11. Jahrhundert fällt. Als weitere Beispiele hierfür führt Kunstmann noch an: Banz, Bamberg (Altenburg), Burgebrach, Burgkunstadt, Creußen, Kronach in Oberfranken sowie das südlich gelegene Egloffstein.

Die erste größere Quelle, aus der wir sehr Wesentliches über die Burg erfahren, ist der Burgfrieden von 1395, durch den Aufsess zu einer Familienganerbenburg wurde.

Dem Burgfrieden entnehmen wir, daß die äußere Burganlage als Muntat, d. h. Immunität bezeichnet wird. Demnach unterstand sie keiner fremden Gerichtsbarkeit, sondern besaß eine eigene Gerichtshoheit, die laut Erich Guttenberg auch den Königsbann eingeschlossen hat. Das erst später beurkundete Halsgericht in Aufsess geht wohl auf die erste Zeit zurück.

Die erste Erwähnung der Burg geht nicht mit der ersten Nennung des Geschlechtes einher. 1114 findet sich zum ersten Male ein Aufsess, der Edelfreie (liber homo) Herolt de Ufsaze. Ein Herolt ohne Angabe eines Familiennamens, diese erfolgt generell erst später, wird 1079 genannt. Ob er der Vater des 1114 erwähnten Herolt ist, bleibt fraglich.

Die Möglichkeit, daß hier zwei Herolt aufeinanderfolgten, ist damit durchaus nicht ausgeschlossen, so wie bei den eben schon erwähnten Egloffstein um diese Zeit zwei Heinrich aufeinanderfolgten. Jedenfalls ist die Familie Aufsess mit Sicherheit bis ins 11. Jahrhundert zurückzuführen und die bedeutende Stellung ihrer ersten Mitglieder läßt die Vermutung, Aufsess sei eine ottonische Landesburg gewesen, besonders wahrscheinlich werden. Dem schon mehrfach erwähnten Burgfrieden entnehmen wir eine Reihe von Angaben über das Haus. Das sogenannte Meingotzsteinhaus, eine kleine Kemenate am Burgturm dürfte mit diesem der älteste Teil sein, findet sich doch 1136—1156 ein Meingotz

v. Aufsess erwähnt. Somit dürfen wir die Existenz dieses Teiles mit Sicherheit im frühen 12. Jahrhundert annehmen, während die Vermutungen einer Landesburg nur auf Indizien beruhen, die aber eine starke Wahrscheinlichkeit enthalten. Liegen erste Vermutungen und Beweise schon sehr früh, so ist die erste urkundliche Nachricht erst aus wesentlich späterer Zeit vorhanden. Am 27. 3. 1327 finden wir die erste urkundliche Erwähnung der Burg. Die Aufsess hatten in der zwischenliegenden Zeit erheblich an Einfluß eingebüßt und von nun ab für die folgenden Jahrhunderte bis zum Reichsdeputationshauptschluß in immer stärkerem Maße unter der Bedrückung mächtiger Nachbarn zu leiden. Die Abstammung oder Besitznachfolge von einem edelfreien Geschlechte — in dieser Gegend ist es vermutlich das einzige von ehemals 25 — führte, da es einflußreich und folglich unbequem war, zu Kämpfen mit den Nachbarn. Ähnlich ging es auch den anderen Edelfreien in der Umgebung. Ergebnis war, auch hier wieder eine Parallele zu Egloffstein und auch zu Guttenberg, die Lehensauftragung weiter Teile des freieigenen Besitzes, wie sie zu dieser Zeit meist stattfand. 1327 wurden die Burg Aufsess und die Hälfte v. Wüstenstein zu Lehen aufgetragen. 1349 erklärte ein weiteres Familienmitglied seinen Teil an Aufsess dem Burggrafen zu öffnen. Dasselbe geschah 1342 durch Albrecht v. Aufsess für seinen Teil und Freienfels. Zur Sicherung vor einseitiger Bedrückung wurde in den folgenden Jahrzehnten auch Bamberg einiges zu Lehen aufgetragen. Verkäufe innerhalb der Familie führten zu einer Fehde mit dem Burggrafen. Diese ging dann 1378 mit

Stahlstich von J. Poppel um 1840

dem Vertrag auf der Plassenburg für die Aufsess sehr ungünstig aus. Sie hatten sich zu unterwerfen und mit Ausnahme des Teiles Albrecht v. Aufsess', der frei blieb, wurde der andere Besitz des Hauses dem Burggrafen zu Lehen aufgetragen. Danach gab es aber noch eine weitere Änderung, indem der Burggraf im Tausch für Freienfels, das nunmehr zu öffnen war, einige Teile an Aufsess wieder zurückerstattete.
Sieben Jahre später erfolgte eine Teilung des Besitzes der drei Brüder Friedrich, Konrad und Burckhard. 1. ihres Teiles an Aufsess mit Ausnahme der gemeinsamen Kemenate, 2. Königsfelds mit Recht an den Türmen und Toren in der Veste Aufsess, 3. Freienfels' und Gerbersdorfs. 1377 war eine Festlegung der männlichen Erbfolge beschlossen worden, die dann bis 1938 gültig blieb.
Aus dem Burgfrieden von 1395 entnehmen wir nun außerdem eine weitgehende Beschreibung der seinerzeitigen Anlage. Den Kern bildete die heutige Burg, wie sie in ihren Ausmaßen als Ritterburg, im Gegensatz zur Landesburg, bestanden hatte. Sie wurde eingefaßt durch einen Graben im Westen sowie Mauern und zwei Tore. Das erste lag in einem Bau südlich des großen Burgturmes, das zweite an seiner heutigen Stelle. Der Vertrag besagt weiter, daß die gemeinsamen Grabenanlagen nicht zugebaut werden durften, bzw. von Gebäuden zu befreien waren. Um diesen Kern zog sich wie ein breiter Gürtel, die äußere Burg, oben als Immunität erwähnt. Sie umfaßte beinahe den ganzen heutigen Ort. Auch in ihr ist ein großer Wartturm zu suchen. Dieser weite Außenbezirk war durch Mauern mit Türmen geschützt, die wohl als Verstärkung vorhandener Tore anzusehen sind. Von zweien haben wir genaue Nachricht und eines davon steht ja, wie erwähnt, noch heute. Die Erhaltung und Besetzung dieses äußeren Ringes war Angelegenheit des Gesamtgeschlechtes, während die beiden Ältesten hier besondere Rechte innehatten. Weiter regelte der Burgfrieden, daß kein Raubgut auf den Burgen gelagert und Fehden von hier aus nur mit Zustimmung der ganzen Familie geführt werden konnten. Im Kriegsfalle sollten alle „schädlichen" Türen und Fenster vermauert werden. Ferner war festgelegt, daß kein Mitglied des Hauses seinen Teil einem Herren oder Fürsten veräußern, sondern nur einem Geschlechtsmitglied oder einem anderen Standesgenossen anbieten konnte, der dann ebenfalls diesen Burgfrieden zu bestätigen, sich ihm zu unterwerfen hatte. Aber der Vertrag verhinderte nicht, daß anders gehandelt wurde. 1404 wies ein Schiedsgericht zwar derartige Absichten zurück, aber trotzdem erfolgte 1410 der Verkauf eines Teiles an den Burggrafen v. Nürnberg, und erst 1446 konnte dies auch durch ein einflußreiches Familienmitglied glücklicherweise wieder rückgängig gemacht werden, ein für das Geschlecht

wichtiges Ereignis, zumal der Verkauf sehr bedeutend war, da es sich wohl um einen Teil der inneren Burg, die freies Eigen war, gehandelt hatte. Die Bedingung eines Rückkaufrechtes und des Öffnungsrechtes waren aber in der Folge zu akzeptieren und damit trotzdem eine weitere Schmälerung der Rechte eingetreten.

Aus den Urkunden über diverse Belehnungen in den folgenden 2 Jahrhunderten erfahren wir genaueres über die Zahl der Gebäude. Es werden die verschiedenen Bauten aufgezählt, mit denen einzelne Familienmitglieder belehnt wurden. Einem Eintrag im Lehenbuch aus dem Jahre 1676 entnehmen wir, daß alle Teile der äußeren Burg, die dem Markgrafen zu Lehen gingen, zerstört waren, desgleichen alle Mauertürme; wie es im Eintrag heißt, ,,liegt das alles derzeit schon über 100 Jahre in Trümmern". 1670 waren die Lehen eingezogen worden, da sich das Geschlecht angeblich nicht um deren Erneuerung bemüht hatte. Erst nach Auftragung der freieigenen hohen Jagd (Rot- und Schwarzwild), derentwegen es dauernd Streitereien mit dem Bischof gegeben hatte, erhielten sie 1676 den Besitz wieder zurück. Die Bedeutung der Jagd war schließlich für die damaligen Herren recht erheblich, sind doch in den Jahren 1650—1680 in Aufsess ein Bär, elf Hirsche, sechs Stucks und sieben Stück Schwarzwild geschossen worden. Als Zeichen der hohen Jagd wurden u.a. die Läufe der Hirsche an das Burgtor geschlagen, wo 1677 hundert gehangen haben sollen. Ein Gebrauch, der z.T. in einigen Häusern noch bis in unsere Zeit üblich war. —

Die alten Bauten um die innere Burg erstanden nicht wieder aus ihren Trümmern. Sie wurden an die Untertanen vergeben. Von der Anlage war jetzt nur noch der Kern vorhanden. 1670 wird dieser noch als freies Eigen erwähnt.

Um 1676 erfolgen detailliertere Angaben über den Zustand einzelner Bauteile der äußeren Burg, die im 30jährigen Krieg weiter gelitten hat. Aus all diesen Hinweisen erfahren wir sehr viel über die große Zahl an Kemenaten, Höfen und Befestigungsteilen in der äußeren Burg. Über die innere Burg dagegen fehlen uns weiter exaktere Nachrichten, da sie auch in keiner Lehensbeschreibung näher erwähnt wird.

Der älteste bekannte Teil der inneren Burg ist die Kapelle, welche 1309 genannt ist. Sie war den Hl. Blasius und Pankratius geweiht. 1395 werden der hohe Burgturm und das Meingotzsteinhaus erwähnt. Die Entstehung der Kemenate rechts neben dem heutigen Burgtor wird zwischen 1296 und 1338 vermutet. Die Burgkapelle dürfte schon zur Zeit ihrer ersten Erwähnung recht alt gewesen sein, da hier von der Begräbnisstätte der Ahnen gesprochen wird. Weiter sind noch die Burkhardt-Kemenate,

die Ulrichs-Kemenate neben dem Turm und zwei Tore nachgewiesen. In verschiedenen Kriegen hatte auch die innere Burg schwer zu leiden. Eine erste Zerstörung erfolgte im Hussittenkrieg. Der Bauernkrieg brachte umfangreichste Schäden, — damals wurden sechs weitere Aufsess-Burgen zerstört —, und auf diese ist wohl die Aufgabe des äußeren Teiles der Anlage zurückzuführen. Der Aufbau der inneren Burg, die ebenfalls sehr mitgenommen war, ist 1537 wohl schon beendet gewesen. Im 30jährigen Krieg hatte Aufsess unter durchziehenden Völkern zu leiden. 1633 hauste eine Abteilung Kroaten furchtbar im Ort. Der Schutzbrief, den Kaiser Ferdinand II. 1629 für Daniel v. Aufsess ausgestellt hatte, nützte nichts. Mangels Lehenseintragungen und Spezifikationen ist über die Besitzerfolge der inneren Burg, des Ganerbenhauses des Geschlechtes, nicht viel zu erfahren.
Der an den Trakt rechts des Tores anschließende Bau wurde 1615 von Jacob v. Aufsess und seiner Frau Katharina v. Wiesenthau, verwitweten v. Rabenstein mitsamt dem Treppenturm gebaut. Die Errichtung der runden Türme ist für die gleiche Zeit anzunehmen.
Christoph Daniel v. A. wird wohl das im Krieg zerstörte Schloß dann wieder aufgebaut haben. Die einander widersprechenden anderen Angaben zur Wiederherstellung scheinen nicht zuzutreffen. Die Burg wurde in der Folge unter mehrere Mitglieder der Familie aufgeteilt, wobei manche Teile Gemeinschaftsbesitz blieben. Der Gebäudebestand: Turm, Meingotz-Haus, Otto-Kemenate mit anschließendem Neubau und Treppenturm sowie drei Rundtürmen, die Kirche, ferner ein Brunnen, Faßboden, Stadel, Viehhaus, Pferdestall, Kälberstall, Schafstall und andere Viehställe, sowie diverse kleine Nebengebäude, Keller und Gelasse, Gärten und sogar ein Lusthaus werden erwähnt. Seit frühester Zeit beherbergt die Burg Aufsess neben den Verteidigungsbauten und Kemenaten eine Reihe von Wirtschaftsgebäuden und in vielen Beschreibungen der Anlage werden namentlich die einzelnen Teile erwähnt. Bis ins 19. Jahrhundert wurde vom Haus aus die Landwirtschaft betrieben und erst danach erfuhr die Ökonomie eine Verlegung aus der Burg heraus. Die verschiedenen Erbverträge zu Ende des 16. und während des 17. Jahrhunderts machten den Ganerbencharakter der Burg zunichte. War sie vorher Gemeinschaftsbesitz, so gingen nun Teile erblich an einzelne Linien über.
Gemeinsam blieb nur das Patronat der spätestens schon 1593 evangelischen Kirche. Die Frau des Unteraufsessers konvertierte mit ihren Brüdern, den Aufsess aus Wüstenstein und diese wurden 1695 in den Grafenstand erhoben. Durch die weiteren Zerwürfnisse innerhalb des Geschlechtes, die sich aufgrund verschiedener Konfessionen ergaben,

war die Linie in Oberaufsess entschlossen, ihren Anteil am Rittergut Unteraufsess zu verkaufen, was aber auf Betreiben der katholischen Vettern in Unteraufsess vom Kanton Gebürg untersagt wurde. So gab es dauernd Streit.
Nach 1755 trat zwar Friede ein, dieser wurde aber noch mehrfach gebrochen. Am 7.5.1800 erlosch nach wenigen Generationen die katholische Linie des Hauses zu Unteraufsess. Damit fiel der gesamte Besitz an die Linie in Oberaufsess. Diese begründete nun wieder eine neue Linie zu Unteraufsess. Hans v. Aufsess, der Gründer des Germanischen Nationalmuseums in Nürnberg, ist der Erste dieser neuen Unteraufsesser Linie. 1850 wurde dann ein Teilungsvertrag geschlossen, der die beiden Haupthäuser mit ihren Zugehörungen zuteilte. Die Oberaufsesser schlossen 1860 einen weiteren Teilungsvertrag, der die Grundlage der heutigen Besitzverhältnisse dieser Linie bildet. In einem Nebenvertrag wurden die Leistungen der Herren zu Unteraufsess für die Gesamtfamilie, wie Öffnung gewisser Teile für alle Familienmitglieder u.a. geregelt. Von den einstmals im Besitze des Hauses befindlichen Schlössern mit Gütern gehören heute noch Ober-, Unteraufsess und Mengersdorf dazu, während später durch Erbschaft noch Besitz in Laudenbach am Main dazu kam.
Die beschränkte Selbständigkeit des Territoriums Aufsess hat in den letzten 150 Jahren seines Bestehens immer mehr abgenommen. Für Unteraufsess begann nach dem 30jährigen Krieg die Zeit der Lehenshoheit durch die Markgrafen von Bayreuth. Bis 1670 war, wie bereits erwähnt, nur die äußere Burg,— nach Bauern- und 30jährigem Krieg zerstört und deren Grund 1664—1698 an die Untertanen verkauft —, Lehen. In der Folgezeit scheint sie nun ganz und gar zu Lehen aufgetragen worden zu sein oder durch Unachtsamkeit des Verwalters in diese Abhängigkeit gekommen zu sein. In einer Urkunde von 1670 über die Einziehung des Lehens Aufsess ist zwar schon davon die Rede, daß man die Frage bis zur Klärung der Verhältnisse offen lassen wolle, und bis dahin keine Festsetzung getroffen werden solle, ob das innere Schloß nun weiter freies Eigen bleiben werde oder nicht. Später ist dann aber von einem regulären Lehen die Rede und damit endgültig der Zustand des „freilautereigenen" Besitzes beendet.
Trotz dieses Lehensverhältnisses blieb Aufsess aber als Sitz einer reichsritterschaftlichen Familie weiter reichsunmittelbares Gebiet. Mit dem Übergang der Markgrafenschaften an Preußen wurden die Pressionen der Nachbarn auf das Geschlecht noch weiter verstärkt und man unternahm es immer wieder, die Reichsritterschaft, zu der die Aufseß gehörten, ins Landsassiat herunterzudrücken. Die drohende Gefahr eines Ein-

Studierstube des Gründers des Germanischen Nationalmuseums, Hans v. Aufsess

marsches der Franzosen bot hier die beste Gelegenheit, und am 10. Oktober 1796 huldigte fast die gesamte Ritterschaft in Ansbach und Bayreuth dem König von Preußen, um so als preußische Untertanen vom Sonderfrieden zu Basel zu profitieren, welcher sie vom französischen Einmarsch ausnahm. Aufsess wurde nun unter diesen Schutz gestellt, ein entsprechender Schutzbrief ausgestellt und Tafeln angebracht mit der Aufschrift:

„Territoire Prussien, Haute et Basse Aufseß, qui appartiennent au territoire d'ici."

Nun ging ein Hin und Her um die Huldigung los. Die Aufsess wurden unter Androhung der Einziehung ihrer Güter zur Huldigung beordert. Schließlich war man mit der Aufgabe der Reichsunmittelbarkeit einverstanden, aber vorbehaltlich aller Rechte. Bei der dritten Aufforderung durch Bayreuth wurde nun sogar militärische Besetzung angedroht. 1797 erschien dann am 5.9. ein preußischer Kommissar und vereidigte Pfarrer, Lehrer und Untertanen auf den König von Preußen. Aber erst nach einem in gemäßigtem und freundlicherem Ton gehaltenen Brief Hardenbergs vom 20.7.1799 erfolgte am 26.8. die Huldigung. Damit war de facto die Reichsunmittelbarkeit von Aufsess beendet, — wenngleich einige andere Teile der Herrschaft noch ritterschaftlich blieben —,

und die Familie in den Stand der Landsässigkeit absank. Dies bedeutete aber insofern nicht allzuviel, da bereits wenige Jahre später allgemein auch die letzten Reichsritter aufhörten als solche einen gesonderten Status zu genießen, und die einstmals mächtigen Nachbarn, welche Aufsess so lange zu schaffen gemacht hatten, entweder säkularisiert wurden oder mediatisiert und den großen Ländern zugeschlagen.
Der neue Status brachte aber auch gleich wieder gewisse Vorteile, da die unter Moreau eingebrochenen Franzosen wiederum Aufsess als nunmehr preußisches Territorium verschonten.
Mit dem Landesgrenz- und Purifikationsvertrag vom 30.6.1803 zu Ansbach, gingen Ober- und Unteraufsess an Bayern und somit waren die Aufsess Landsass des bayerischen Kurfürsten. Mit Königsfeld, Wonsdorf und Zochenreuth aber blieben sie Angehörige der Ritterschaft. Und nun begann der Kampf um die letzten Reste der Reichsunmittelbarkeit mit Bayern. Dies handelte aber schneller, besetzte Königsfeld und stellte es auch noch unter Zwangsverwaltung. Nachdem man mit Preußen so üble Erfahrungen gemacht hatte, huldigte Friedrich Wilhelm aus Oberaufsess Ende Januar 1804. Der noch bestehende Reichshofrat in Wien entband die Reichsritterschaft zwar der Huldigungspflicht, aber das währte nicht lange, denn am 17.12.1805 überließ ein Tagesbefehl Napoleons die reichsunmittelbaren Rittergüter dem Kurfürsten von Bayern. Als nicht einmal von Wien irgend eine formale Unterstützung kam, huldigte Friedrich Wilhelm am 3.2.1806, nachdem man erfahren hatte, wie mit anderen nachbarschaftlichen Familien verfahren worden war. Die Rheinbundakte vom 12.7.1806 löste alle reichsritterschaftlichen Güter im Gebiet der Rheinbundfürsten auf und übergab sie diesen. Das Heilige Römische Reich deutscher Nation hörte mit dem 6.8.1806 auf zu existieren und damit war auch formell der Abschluß unter eine mehr als 1000jährige Geschichte gezogen und für die fränkische Ritterschaft das endgültige Ende ihres Status der Reichsunmittelbarkeit gekommen. Von nun an waren sie landsässig, blieben aber immer noch als politisch und soziologisch gleichartig gewachsen, eine recht geschlossene Schicht, deren Gemeinsamkeit durch viele verwandtschaftliche Bande bestärkt wurde.
Mit dem Reichsdeputationshauptschluß bzw. dem Anschluß an Bayern und Preußen ging die alte Gerichtsbarkeit in Aufsess verloren. Aber bis 1848 erhielt sich eine Art niederer Gerichtsbarkeit, denn 1812 wurde in Aufsess die gutsherrliche Gerichtsbarkeit in die eines Patrimonialgerichtes 2. Ordnung überführt. Dieses Gericht übte die freiwillige Gerichtsbarkeit aus, ferner das Hypothekenwesen und die niedere Polizei.

Die Schloßkapelle Unteraufsess, heute evangelische Pfarrkirche in Aufsess:
Dem Besucher von Aufsess zeigt sich heute außer den verschiedenen Burggebäuden in ihrem Zentrum eine Kirche, die Hauptpatronatspfarrei des Hauses Aufsess. Das erste Mal wird sie 1309 als Begräbnisstätte der Ahnen Otto I. v. Aufsess erwähnt. Daraus läßt sich schließen, daß sie schon wesentlich früher bestanden haben muß. Wir können sie deshalb zusammen mit dem Burgturm und dem Meingotz-Steinhaus als ältesten Teil der Burg ansehen. Hussitten- und Bauernkrieg werden auch die Kirche so wenig verschont haben, wie das Schloß. Eine Glocke mit der Jahreszahl 1537 läßt einen Wiederaufbau zu dieser Zeit vermuten. 1593 wird erwähnt, daß die Kirche zum evangelischen Gottesdienst benutzt wurde. Sie dürfte aber schon früher der Familie, welche sich bald der neuen Lehre zuwandte, zum evangelischen Gottesdienst gedient haben. 1633 wurde der Bau erneut zerstört, diesmal durch die Kroaten. 1647 ist der Wiederaufbau vermutlich abgeschlossen gewesen. Nach 1728 wurde von den konvertierten Unteraufsesser Brüdern im Südflügel des Hauses eine katholische Schloßkapelle eingebaut, die evangelische Kirche ließ man verfallen, obwohl in Familienverträgen deren Wiederherstellung vorgesehen war. Die katholischen Vettern widersetzten sich aber den Plänen des Oberaufsesser evangelischen Vettern, die Kirche aufzubauen, und erst 1735 war es mit Unterstützung des Markgrafen möglich. Die Unteraufsesser versuchten aber mit allen Mitteln, den Fortgang der nur unter Schwierigkeiten angefangenen Arbeiten zu verhindern. Die Abbrucharbeiten der alten, verfallenen Kirche liefen noch relativ einfach ab. Am Neubau wurden die Oberaufsesser aber dauernd gehindert.
Schließlich fand sich der Unteraufsesser Christoph Ludwig bereit, die Kirche zu bauen und bestätigte dies vor einer Kommission der Ritterschaft. Der Beschluß des Reichshofrates besagte, daß eine evangelische Kirche zu bauen sei und nach der Abweisung der katholischen Einwendungen erfolgte dann am 17.3.1741 die Grundsteinlegung, die Einweihung fand am 23.9.1742 statt. 1752 wurden endlich auch die letzten Streitigkeiten zwischen Unter- und Oberaufsess beigelegt.
Die Burg Aufsess umfaßt heute nur noch den Kern der ehemaligen, mittelalterlichen Anlage. Durch ein großes Hoftor betreten wir einen Innenhof, in dessen Zentrum die barocke Schloßkirche liegt . Rechterhand schließen sich an das Tor zwei Flügel an, die das Hauptschloß bilden. Zum Tal hin sind die drei Ecken von zwiebelbekrönten Rundtürmen abgeschlossen. Am Schnittpunkt der beiden Flügel erhebt sich im Hof ein Treppenturm, durch den man in die Stockwerke gelangt.

Die mehrstöckigen Trakte weisen im Inneren eine Reihe von Räumen auf, deren Ausstattung und altes Mobiliar einen Einblick in die Geschichte des Hauses und der Familie geben. Das Archiv bildet mit seinen ca. 6000 Urkunden vom 12. bis 18. Jahrhundert, welche aus den Häusern Freienfels, Wüstenstein, Truppach stammen, und dem Neuen Archiv, das unter Hans v. Aufsess im 19. Jahrhundert angelegt wurde und sich an die etwa gleichgroßen Bestände des 14. bis 18. Jahrhunderts anschließt, noch immer eine eindrucksvolle Materialsammlung zur Geschichte des bedeutenden Hauses und seiner Besitzungen. Zu

Halle und Gang im Südflügel

ebener Erde des Südflügels befindet sich eine Kapelle. Im Obergeschoß ist der Saal untergebracht, dessen Ausmalung auf das vorige Jahrhundert zurückgeht. Eine Reihe von Portraits im Haus zeigt bedeutende Mitglieder der Familie, darunter auch einen Ritterhauptmann des Kantons Gebürg in großartiger Barockpose.

Außer dem Haupthaus steht heute noch der älteste Teil der Burg, der Bergfrit oder Burgturm mit dem anschließenden Meingotz-Steinhaus. Dieses beherbergt die kleine Wohnung des Gründers des Germanischen

Nationalmuseums mit einer Reihe von Erinnerungsstücken an den bedeutenden Historiker und Kunsthistoriker. Dem heutigen Besucher fällt die äußerste Bescheidenheit und Primitivität dieser Behausung auf, deren Innenausstattung ebenfalls aus der Zeit des Hans v. Aufsess stammt. Die Verbindung vom Turm zum heutigen Tor stürzte 1931 ein und wurde nur in geringerer Höhe wieder aufgebaut. An die Mauer, die diesen Bauteil mit dem Haupthaus verbindet, reiht sich noch eine Zahl kleiner Nebenbauten an, die aber z.T. erst spät entstanden sind. So bietet das Haus in einer breiten Skala seiner heutigen Bausubstanz einen Überblick über die alte Geschichte. Die Kirche im Zentrum der Burg nimmt die Stelle einer gotischen Vorgängerin ein. Ihre Schlichtheit verrät den Einfluß von Bayreuth. Einfache Emporen ziehen sich an den Wänden entlang. Nur die Herrschaftsloge mit dem Wappen ist etwas stärker ausgeschmückt. Ein etwas reicherer Deckenstuck schließt den Raum ab. Der Altar wird bekrönt vom Allianzwappen der Stifter Lochner-Aufsess. Im Kirchenschiff verteilt finden wir einige Grabsteine, worunter der des Albrecht v. Aufsess besonderer Erwähnung bedarf. Bis 1872 diente die Gruft unter der Kirche der Familie als Grabstätte. Heute liegt der Begräbnisplatz im Wald. Auch der Gründer des Germanischen Museums fand in der Kirche die letzte Ruhe, sein Epitaph ist außen angebracht. Zum Gottesdienst läuten noch immer zwei alte Glocken von 1538 und 1785, die glücklicherweise alle Kriege überstanden haben.

Wie so viele Besitze anderer fränkischer ritterschaftlicher Familien, ist auch Aufsess ehemals ein Condominat der Gesamt-Familie gewesen, wurde 1919 in eine Erbengemeinschaft umgewandelt und ist heute, wie schon in den vorgehenden Jahrhunderten, noch immer Gemeinschaftsbesitz der Familie.

29 Zwernitz und Sanspareil

Burg und Felsengarten, Kreis Kulmbach

Die Burg Zwernitz ist ursprünglich Sitz des edelfreien Geschlechtes der Walpoten gewesen. Dieses mächtige Haus, welches eine recht bedeutende Rolle in der Geschichte des Oberfränkischen Raumes gespielt hat, ist nach einer nur kurzen Dauer von 300 Jahren erloschen. Sein Besitz fiel an die umliegenden Herrschaften und wurde aufgeteilt. 1015 scheint der erste Walpote aufgetaucht zu sein, der erste gesicherte dieses Geschlechtes ist Immo Walpoto, welcher 1059 erwähnt wird.
Die Burg Zwernitz ist erst knapp ein Jahrhundert später zum ersten Male genannt. Friedrich und Uodalrich aus dem Hause der Walpoten nennen sich „de Zvernze". Seit dieser Zeit bleibt die Burg bis zur

Mitte des folgenden Jahrhunderts in ihrer Hand. Aber schon vermutlich seit 1218 mußten die edelfreien Walpoten ihren Sitz den Meraniern zu Lehen auftragen. Nach deren Aussterben ist sie dann spätestens 1260 an die Grafen von Orlamünde gekommen, welche sie 1290 an die Nürnberger Burggrafen verkauften. Von da an verlief die Geschichte der Zwernitz wie die aller fränkischen Besitzungen der Hohenzollern, 1791 an Preußen, 1806 an Bayern.
Die angrenzende Herrschaft Thurnau, deren Herren im 18. Jahrhundert so lange versuchten, eine eigene Grafschaft zu bilden, scheint aus Teilen der ehemaligen Walpotenherrschaft bestanden zu haben.
Die Bedeutung von Zwernitz endete mit der Abgabe aus dem Besitz der Walpoten. Sie spielte von nun ab nurmehr eine untergeordnete Rolle und war eine der vielen befestigten Amtssitze der Markgrafen. Das Interesse der Zollern an Zwernitz scheint niemals allzugroß gewesen zu sein. Seit 1290 Sitz eines burggräflichen Halsgerichtes wurde es schon 1318 für die Erwerbung von Colmberg und Leutershausen bei Ansbach an die Grafen von Truhendingen versetzt und schon neun Jahre später ein zweites Mal.
Ins Licht der Geschichte rückte es nur, als am 6. März 1430 Burggraf Friedrich IV. von Nürnberg hier in der Nähe mit dem Hussittenführer Prokop zusammentraf und gegen ein hohes Lösegeld den Abzug der wilden Horden erwirkte. Im Markgräflerkrieg wurde die Burg allerdings nicht verschont. 1553 eroberten sie die Nürnberger unter dem Obersten Haug von Parsberg und zerstörten die Anlage, welche erst lange Zeit später (1570) wieder notdürftig hergerichtet wurde. Aber diese Zerstörung scheint, wie auch die der Plassenburg, nicht sehr groß gewesen zu sein. 1634 erfolgte eine zweite Beschädigung, welche der Markgraf selber anordnete, um die Burg nicht, wie bereits 1632, noch einmal in die Hände feindlicher Truppen fallen zu lassen. Aber auch diesmal waren die Verwüstungen nicht allzugroß. 1708 brachte eine Zerstörung von Teilen des Bergfrits durch Blitzschlag.
Im übrigen ist aus der späteren Geschichte der Burg nicht viel Wesentliches zu berichten.
Über die Baugeschichte sind wir nur lückenhaft unterrichtet. Anhand des Befundes lassen sich Teile der Ringmauer, des Bergfrits und des Archivbaues auf der Ostspitze des Felsens, noch aus Staufischer Zeit, nachweisen. Das Buckelquadermauerwerk dieser Zeit ist noch gut erhalten. Schon damals wird die Burg in eine Hoch- und eine Niederburg zerfallen sein. Über die einzelnen Bauteile können nur im Rahmen des allgemein Gültigen über den Burgenbau zur Staufenzeit Vermutungen angestellt werden.

Von einer Kapelle wissen wir seit 1421. 1498 wurde der Bergfrit umgebaut, um ihn in das markgräfliche Signalsystem einzugliedern, welches zur Warnung vor in das Land einfallenden Feinden überall aufgebaut wurde.

1570 erfolgte, lange Zeit nach dem Markgräflerkrieg, die Wiederherstellung der Burg. Damals dürfte sie auch unter Verwendung wesentlicher alter Teile ihre heutige Gestalt bekommen haben. Umbauten müssen, wie ein datierter Schlußstein an der Hochburg mit der Jahreszahl 1550 beweist, schon vor dem Krieg stattgefunden haben. 1732 wurden Ausbesserungsarbeiten vorgenommen. Mit der Anlage des Lustgartens Sanspareil kam eine erneute Instandsetzung in den Jahren 1746/47. 1793 ließ man von der inzwischen strategisch völlig bedeutungslos gewordenen Anlage den äußeren Mauerring und das Rondell neben dem äußeren Burgtor schleifen. Am Bergfrit wurden bis 1851 immer wieder Bauarbeiten durchgeführt. Seit die Burg zusammen mit Sanspareil im Besitze der bayerischen Verwaltung der staatlichen Schlösser, Gärten und Seen ist, hat man Restaurierungsarbeiten durchgeführt. Der heutige Besucher der äußerst originellen Burg wird in erster Linie von ihrer reizvollen landschaftlichen Lage begeistert sein und die kühne Konstruktion bewundern, mit der auf teilweise weit überragende Felsen ein ganzer Burgenbau gesetzt worden ist. Diese wohl einzigartige Form hat immer wieder die Maler seit dem 18. Jahrhundert dazu gereizt, in teilweise recht übertriebenen Formen die Silhouette der Burg darzustellen. Passenden Vordergrund hierzu bot der nach dem Dichter Zschokke benannte Felsen, welcher wie ein Pilz sich aus dem Boden erhebt. Die Ansichten Koeppels, mit einer Stiche-Serie auch über Sanspareil, gehören zu der umfangreichen Zahl an Bildern. Lebschee und Poppel haben in ihrer großen Serie über Franken auch dieser Burg ein Bild gewidmet, und im Schloß Sommersdorf zeigen zwei kleine Holzbilder der Barockzeit besonders reizvoll die romantische Lage der Burg.

In der heutigen Zeit vermag man von den ehemals vier Hauptteilen der Burg: Äußerer Bering, Vorburg, Hoch- und Niederburg, nur noch die letzten drei Teile zu unterscheiden. Von dem äußeren Mauerring ist nurmehr das Tor im Südosten erhalten. Früher umzog er die Burg im Norden, Osten und Süden. Der Westen bot genug natürlichen Schutz durch den steilen Felsabfall. In der Vorburg gibt der Verlauf des Mauerwerkes vom ehemaligen Kastenamt, welches aus dem 15.–16. Jahrhundert stammt und im 18. Jahrhundert erneuert wurde, den Verlauf der äußeren Ummauerung an. Alle anderen ehemaligen Bauten der Vorburg sind heute verschwunden. Nach Einnahme des äußeren Mauerringes, welcher durch drei Rondelle verstärkt wurde, war der Angreifer gezwungen, eine doppelte Vorburg einzunehmen, während er mit der schildtragenden Hand nach außen gewandt, sich nur schlecht schützen konnte. Nach einem ersten Torbau war zumindest ein zweites Tor unterhalb der Hochburg zu nehmen. Erst dann lag der Hof offen da, von dem aus die Niederburg angegangen werden konnte, durch welche dann erst der Zugang zur Hochburg führte. An strategisch ungemein günstiger Stelle lag der Bergfrit, er bildete den Angelpunkt zwischen den beiden Burgteilen und konnte auch eine gute Verteidigung der unterhalb gelegenen Vorburgen gewährleisten. Außerdem unterstützte die Verteidigung an dieser wesentlichen Stelle noch ein südlich vorgeblendeter halbrunder Turm, dessen Wehrgang von der Hochburg aus zugänglich war. Die Hochburg selbst war durch die allseitig steil abfallende Felswand und eine hohe Mauer sehr wirkungsvoll geschützt.

Im südöstlichen Anbau der Niederburg befand sich die Burgkapelle. Ob der nachmittelalterliche, heute so benannte Bau an der Stelle der ersten Kapelle liegt, ist aber fraglich.

Zu etwa derselben Zeit wie die Kapelle dürfte der Bau der Niederburg, welche auch Hirschkopfbau genannt wird, in seiner jetzigen Form entstanden sein. Ob damals noch ein Wehrgang auf der Südmauer bestanden hat, dessen Reste man erkennen kann, ist ungeklärt. Im Inneren birgt der Bau im Parterre einen für die Verhältnisse der Anlage ungewöhnlich großen Saal.

Vor dem Vorhof führt ein Felsdurchbruch heute direkt in den umgebenden Park. Die Höhe des Bodens ist an dieser Stelle durch Auffüllungen um nahezu zwei Meter größer als ursprünglich. Von der Niederburg aus passiert man den Bergfrit, um in die Hochburg zu gelangen. Er ist mit 34,5 Metern ungewöhnlich hoch. Die Einstiegsöffnung für den Notfall befand sich in 11,5 Meter Höhe, abgekehrt von der Angriffsseite. Im Untergeschoß ist das Verlies untergebracht. Die Hochburg zerfällt in drei Teile: Einen Westflügel, den sogenannten Schönhof und im Osten das Archivgebäude. Der Hof wird früher vermutlich ganz bebaut gewesen sein. Wie auch die Niederburg dürften die heutigen Bauten dem unter Verwendung alter Teile nach 1553 erfolgten Wiederaufbau entstammen.

Seit dem 18. Jahrhundert bildet diese Burg, deren strategisch sehr geschickt berechnete Anlage auf so kleinem Raum den Besucher überrascht, nurmehr die romantische Kulisse für den Felsenpark von Sanspareil.

Was wir heute von diesem zu seiner Zeit im kontinentalen Europa einzigartigen Park vor uns haben, ist nur noch ein kleiner beschei-

Barocke Platzgestaltung um den Morgenländischen Bau mit den beiden heute verschwundenen Pavillons

dener Rest. Wie in der Eremitage zu Bayreuth sind auch hier viele der kleinen Gartenarchitekturen untergegangen. Glücklicherweise besitzen wir von J. G. Koeppels ein umfangreiches Abbildungswerk, welches in den Jahren 1793/94, also schon kurz nach Übergang an Preußen, den damaligen Zustand wiedergibt, der aber durch weitere Bauten der Nachfolger der Markgräfin Wilhelmine verändert, bereits nicht mehr den Zustand zur Blütezeit wiedergegeben haben dürfte.

Neben den Abbildungen von J. G. Koeppel haben wir von Johann Thomas Koeppel, dessen Vater, aus den Jahren 1746–48 ein weiteres Bildwerk, das wohl den ursprünglichen Zustand am besten wiedergibt. Die über dreißig Bauten, Grotten, Sitzplätze und kleinen Gärten, sind heute verschwunden und verwildert. Der Felsenhain gibt aber gerade jetzt, und vor allem im Herbst, einen Eindruck wieder, wie man ihn zu einer Zeit, als nicht mehr in barockes Gesicht gezwängte Natur, sondern ihre ursprüngliche freie Entfaltung geschätzt wurde, vielleicht gar als besonders gelungen empfunden haben würde.

Der Felsenhain zu Zwernitz wird 1434 zum ersten Male erwähnt.

Markgräfin Wilhelmine war aber durchaus nicht die Erste, die die einzigartige Form dieses Haines erkannte. 1604 rühmt der Humanist F. Taubmann in seinem Werk ,,Schediasmata poetica" den Felsenhain, welchen er mit der Insel Ithaka, Heimat des Odysseus und seines Sohnes Telemach vergleicht. Ja sogar ein 1542 erstmals erschienenes und noch 1716 erneut verlegtes Werk Kaspar B. Brusch(ius) rühmt Sanspareil und andere Felsenhaine Ostfrankens als ,,göttliche und natürliche Wunder-Werke".

Jedoch erst die Tätigkeit der Markgräfin Wilhelmine von Bayreuth verwandelte ihn über 300 Jahre später, zusammen mit ihrer Eremitage, in den ersten kontinentalen Landschaftsgarten. In den Jahren 1745–48 entstanden in dem östlich der Burg gelegenen, langgezogenen, schmalen Gelände eine Vielzahl von Bauten. Hier wurde, wie in der Eremitage die Welt von Fénélons Telemache in die Wirklichkeit umgesetzt. Dabei waren die bedeutendsten Hofkünstler wie Joseph Saint Pierre als Architekt, Gianbattista Pedrozzi als Stukkateur und Spindler als Ebenist beteiligt.

Heute stehen nurmehr noch der Morgenländische Bau, der Küchentrakt und das Ruinentheater, neben einigen Treppen und Grotten, die aber ihrer ursprünglichen Ausstattung beraubt wurden.

Der morgenländische Bau ist heute auch nur noch teilweise in seiner Ausstattung erhalten. Von den drei weiteren den Vorplatz umgebenden Bauten steht in veränderter Gestalt nur der Küchenbau. Das Markgrafen- und das Burggrafenhaus wurden später abgerissen. Sie alle umstanden ein kleines barockes Gartenparterre. Die Erscheinungsform dieser Bauten war und ist bezeichnend für den Wunsch nach größtmöglicher Naturnähe auch in der Bauweise. Ein Überzug aus Tuffstein und Glimmer erzeugte ursprünglich und auch heute noch teilweise den Eindruck eines aus natürlichen Felsen gewonnenen Gebäudes, wie es bei den unregelmäßig behauenen Steinen der alten Eremitage zu Bayreuth mit ihren sogar bewachsenen Schornsteinen ebenfalls zutraf, welche letzteren sich im übrigen auch hier in Sanspareil befunden haben. Die Architektur war im übrigen auf das künstlich ruinose ausgerichtet. Plastisch hervortretende Gliederungen waren aus diesem Grunde nur bruchstückartig angebracht. Und so erweckte der Bau einen recht bunten Eindruck.

,,Der Küchenbau stellte in seiner ursprünglichen Form eine sonderbare Mischung von Landschlößchen, Bauerngehöft und künstlicher Ruine dar" (Bachmann). Heute steht von diesem nurmehr der eigentliche Haupttrakt, die Nebenflügel für Kavaliere und Damen wurden abgetragen. Diese Häuser gegenüber dem Morgenländischen Bau waren durch den Küchentrakt verbunden, in dem auch die Kommandantenwohnung war.

Der morgenländische Bau stellt wie die anderen unter Mitwirkung der Markgräfin für den eigenen Bau geschaffenen Raumfolgen ein „intimes Durcheinander" dar. Die zu jener Zeit noch überall geschätzte streng symmetrische Raumfolge weicht einem ohne diese Gesetze entstehenden unregelmäßigen Konglomerat kleiner Zimmer. Der ganze Bau wird von allen Seiten durchdrungen vom Garten, der über einen kleinen nach außen geöffneten Gang die Verbindung zu einem winzigen Innenhof darstellt. Dieser nimmt in der Mitte eine Buche auf, die, jetzt eine kleine Neuanpflanzung, lediglich den Platz eines mächtigen alten Baumes einnimmt, um den der ganze Bau geführt war, gewissermaßen um die Natur einzufangen. Bachmann sieht hier ein Wiederaufleben der Baumlauben in einer verwandelten Art der Neubelebung des Baumkultes. Die Natur dient nicht mehr wie im Barock der Architektur, sondern das Verhältnis ist jetzt umgekehrt. Von der ehemals reichen Verzierung der Außenfronten des morgenländischen Baues mit bunten Steinen, wie wir sie etwa auch bei der Bayreuther Eremitage finden, ist heute leider kaum mehr etwas vorhanden. Die Wirkung war hier wie dort eine Steigerung ins Illusionäre. Die bisher nur bei Grottensälen vorkommende Glimmer- und Farbenpracht, findet nun in einer Umkehrung Anwendung auf die Außenfassaden. Wieder eine Wandlung von großer Tragweite. Das Rokoko durchbricht in seiner Hauptphase alle diese überkommenen Grenzen. Bisher unumstößlich feststehende Regeln wie Symmetrie, Unterordnung des Ornamentes unter die Architektur, als dienende Funktion, Bändigung der Natur in architektonische Formen, werden total umgekehrt. Das Ornament übernimmt die führende Rolle, der selbst die Architektur dienen muß. Die Symmetrie wird absichtlich gebrochen. Achsen und geometrische Gartenparterres weichen dem Bemühen, mit möglichst großer Annäherung Natürliches nachzuvollziehen. Diese nicht in rauher, sondern äußerst sanfter Form vollzogene, aber ebenso sehr wirksame Umwandlung aller überkommenen Vorstellungen auf diesen Gebieten wurde von H. Bauer sehr treffend als die „taubenfüßige Revolution" bezeichnet. Ihre Wirkungen weiter aufzuzeigen, würde hier zu weit führen.
Der morgenländische Bau trug früher noch eine andere Bedachung mit Kuppeln, die den Eindruck des fremdländischen und phantastischen noch unterstreichen sollte. Damit brachte Sanspareil zum ersten Male in Europa neben den bereits im Barock beliebten chinesischen Motiven auch Formen, die der islamischen Kunstwelt entstammten.
Mit der Wahl von Zwernitz als mittelalterlicher und des morgenländischen Baues als maurischer Staffage, liegt Sanspareil um viele Jahrzehnte vor vergleichbaren Anlagen in Deutschland. Erst Sckells Moschee in Schwet-

zingen ist 35 Jahre später die zweite Station auf dem Weg, der u.a. über Brighton zu den Schlössern Ludwigs II. führt.
Andere Beispiele folgten erst später, Wörlitz 1766, Weimar 1784 und dann eine große Zahl weiterer Parks mit eigens geschaffenen Parkburgen, wie Machern, Wilhelmsbad, die Löwenburg in Wilhelmshöhe und schließlich so großen Bauten, wie der Franzensburg in Laxenburg und Waldleinigen.
Das Innere des Baues ist in eleganter Weise, aber bescheidener, mit Stukkaturen von Pedrozzi ausgestattet. Holzarbeiten und Möbel entstammen teilweise wohl der spindler'schen Werkstatt. Andere Teile der Einrichtung sind zum größten Teil von der Hand bayreuther Hofkünstler. Um den zentralen Kuppelsaal gruppieren sich rechts und links je drei Räume, welche dem Markgrafen und der Markgräfin dienten. Im Ruhezimmer der Markgräfin ist eine Sammlung der Stiche von den

Felsentheater

beiden Koeppel (Vater und Sohn) vereinigt, welche den ursprünglichen Zustand von Sanspareil wiedergeben.
In der ehemaligen Anlage des Parkes waren neben dem bereits genannten morgenländischen Bau, mit den drei anderen das vorliegende Parterre umstehenden Bauten, noch folgende Architekturen und Grotten vor-

handen: Eiskeller, Hühnerloch, Referentenhaus hinter dem Hauptbau, wo der Markgraf des öfteren seine Regierungsgeschäfte ausgeübt haben soll, ein Fachwerkbau mit vorgeblendeten Bruchsteinen, weiter ein Holzstoßhaus, auf dem später als Felsen der Liebe bezeichneten Berg. Es folgten ein Ulysses-Monument, der Regenschirm, das Strohhaus. Links lagen dann in den Felsen die Mentorsgrotte, der grüne Tisch, Dianagrotte, eine Mooshütte, ein Dianahäuschen, weiter eine Baumlaube, die Kapelle, Pansitz, Amorgrotte.

Der Belvederefelsen nahm ein weiteres bemerkenswertes Gebäude in Form von drei turmähnlichen mit geschweiften Hauben gedeckten aneinander stoßenden Bauten auf. Von hier bestand Verbindung zu einem Garten, der auf der Höhe gelegen haben soll. Am Fuße dieses Felsens lag ein kleiner Garten mit einem Pavillon.

Dann kam die Sirenengrotte, die Grotte der Kalypso. Statuen von Mentor und eine Gruppe mit der Kalypso waren ebenfalls vorhanden. Das Theater, welches noch heute besteht, bildet den Außenpunkt dieses lang gestreckten Geländes. Noch wesentlich gelungener im Ruinencharakter als das Theater der bayreuther Eremitage, gibt es uns das wohl schönste Beispiel der markgräflichen Ruinenarchitektur in den Parks des fürstlichen Hauses. Das ehemals vorhanden gewesene plastische Beiwerk ist heute leider auch verschwunden.

Nördlich vom Belvederefelsen lag die bereits erwähnte Gartenzone mit einem Tanzsaal. Noch weiter nördlich gruppierten sich um eine weitere Felsgruppe Sibyllen- und Äolusgrotte, sowie Cybele Höhle. Auf einem Felsen war der Äolustempel errichtet, eine entsprechende luftige und leichte Architektur. Von diesem Platz führte eine Allee, die Sibyllenallee, zur Vulkanshöhle. In derselben Gruppe war auch ein Monument der Penelope aufgestellt. Die südlich des Hains liegenden Zschokke- und

Morgenländischer Bau

Gollerfelsen waren ebenfalls durch Wege mit in die Anlage einbezogen. Die Stukkaturen und wohl auch alle Figuren, die ehemals in Gebäuden und dem Hain angebracht und verstreut aufgestellt waren, entstammten der Hand Pedrozzis. Saint Pierre dürfte für alle Bauten die Entwürfe geliefert haben, wobei die Markgräfin sicherlich auch selber mitgestaltend eingegriffen hat.

Alle diese Architekturen, Grotten, Höhlen, Figuren und Monumente standen in irgend einem inhaltlichen Zusammenhang mit den Abenteuern des Odysseus und seines Sohnes Telemach auf der Zauberinsel Ogygia. Literarisch war ein Programm wie das von Sanspareil aber nicht nur durch Fénélons Telemach, sondern auch durch Defoes Robinson Crusoe vorgezeichnet. Letzterer erschien zu einer Zeit (1719) als in England der erste Landschaftsgarten entsteht. In diesem Roman wird das Einsiedlerdasein, welches schon im Barock mit den Eremitagen Marly, Magdalenenklause in Nymphenburg und Bayreuth seinen Anfang genommen hatte, weiter vorangetrieben, die Bachmann als „säkularisierte Form der christlichen Einsiedeleien im Mittelalter" sehr richtig bezeichnet hat. Wie sehr diese Vorstellungen sich in sich selbst zu übersteigern vermochten, beweist vielleicht, daß Robinson, welcher auf seiner Insel ein Einsiedlerdasein führte, mit dem er, wie dann alle Nachfolger dieses Gedankens, eine möglichst unberührte, ursprüngliche, paradisische Welt erleben will, sich noch in dieser Welt eine Einsiedelei baut. Genauso ist die Errichtung von „Eremitage-Bauten" in diesem Gelände im Grunde die Schaffung einer Einsiedelei in der Einsiedelei.

Als im Jahre 1745 die Markgräfin Wilhelmine Sanspareil besuchte, hatte sie den Plan gefaßt, hier ein literarisches Thema in ein Gartenprogramm umzugestalten und zu verwirklichen. Es entstand daraufhin bis 1748 die Anlage, deren Reste wir heute vor uns sehen. Der letzte Markgraf fügte nurmehr zwei Teile hinzu. Im übrigen wurde der Park kaum verändert. Das Ende der Markgrafschaften brachte auch das Ende von Sanspareil. Zwar hat der bayerische Herzog Pius, wie bei der Eremitage, noch einmal den Untergang aufzuhalten versucht, aber vergeblich.

Ludwig I. bekundete noch ein gewisses Interesse, aber mit der Vernichtung des Äolustempels 1830 durch Blitzschlag war der Anfang gemacht. 1832 wurden Küchenbau, Tanzsaal, sowie das Dach des Äolustempels verkauft. 1835 das baufällige Belvedere abgebrochen, 1839 folgten die beiden Trakte neben dem morgenländischen Bau, ferner Referenten-, Holzstoß- und Dianahaus. Erst die bayerische Verwaltung der staatlichen Schlösser, Seen und Gärten hat seit der Übernahme 1942, vor allem aber nach dem Krieg, verbleibende Bauten und Gärten, soweit möglich, wieder instandgesetzt.

30 Bayreuth

Neues Schloß, Kreis Bayreuth

Haben wir in Bamberg das oberfränkische Zentrum und eine der bedeutendsten Residenzen des katholischen, so tritt uns in Bayreuth die neben Ansbach bedeutendste Residenz des evangelischen Franken entgegen, dessen Verbindungen zu Preußen und damit auch starke französische Beeinflussung man allenthalben in der alten Markgräflichen Residenz spüren kann. Noch heute vermittelt eine Reihe von Bauten, die im wesentlichen das Straßenbild der Innenstadt bestimmen, einen guten Eindruck der barocken Residenz.
Der französische Einfluß in Bayreuth ist vor allem auch der Tätigkeit von Franzosen für den Hof zuzuschreiben. Hier spielt der Architekt Josef Saint Pierre eine große Rolle, welcher außer der neuen Residenz

eine Reihe von anderen Bauten geschaffen hat, so das prachtvolle Opernhaus, die Neue Eremitage, Sanspareil, mehrere Bauten für die Familie v. Meyern, Kirchen und Bürgerhäuser. Die auch wesentlichen Beiträge der Italiener weisen mit Ausnahme des hochbarocken, pompösen Inneren der Oper eine ungewöhnliche Leichtigkeit und Verspieltheit auf, wie sie fast nur in den Markgrafschaften und in Potsdam erreicht wurde. Das heitere Bayreuther Blumenrokoko kann wohl beanspruchen, eine der schönsten, wenn nicht die schönste Variante dieses Stils zu sein.
Die bescheidenen Möglichkeiten der Markgrafschaften, der dort durch engste verwandtschaftliche Beziehungen zu Potsdam starke klassische Einfluß Frankreichs, die Begabung und das Interesse des regierenden Hauses und die großen schöpferischen und handwerklichen Fähigkeiten französischer, deutscher und italienischer Künstler schufen in diesem Gebiet, das gewissermaßen ein Kreuzungspunkt zwischen den verschiedenen Einflüssen aus Preußen, Italien, Frankreich und Böhmen bildet, jene Werke, deren vornehme und zurückhaltende Elegance immer wieder besondere Aufmerksamkeit verdient.
Dem neuen Schloß geht als Residenz der bayreuther Markgrafen das alte Schloß voraus. Der 1194 zum ersten Male genannte Ort befand sich zu Beginn in der Hand der Andechs-Meranier, und ist 1231 Stadt. Das erste Domizil der Andechser lag am Platz der heutigen Regierung von Oberfranken. 1248 kam Bayreuth durch Erbschaft an den Burggrafen Friedrich III. von Hohenzollern. Seit der Belehnung der Hohenzollern mit der Mark Brandenburg nannten sie sich auch in Franken Markgrafen und entfalteten nun in den nächsten Jahrhunderten eine rege Tätigkeit zum Ausbau ihrer Herrschaft und Verschönerung ihrer späteren Residenzstadt, wobei letzteres in der produktivsten Zeit des Barock und Rokoko stattfand, nachdem Kulmbach als vorangehender Hauptsitz in der Renaissance prachtvolle Bauten erhalten hatte. Diesen Weg kennzeichnen verschiedene wesentliche Ereignisse. Die erste Blüte erlebte Bayreuth im 14. Jahrhundert. 1542 erfolgt die Verlegung der Hofkanzlei von Kulmbach nach Bayreuth unter Markgraf Albrecht Alcibiades. Die im Hussittenkrieg zerstörte und größer wieder aufgebaute Residenz der alten Meranier, die etwa im 14. Jahrhundert an ihre heutige Stelle verlegt worden war, wurde seit 1565 gründlich renoviert und ausgebaut.
Unter Markgraf Christian wurde dann Bayreuth ab 1604 Hauptresidenz der Hohenzollern, 1605 brannte das Schloß ab und wurde bis 1610 wiederhergestellt. Einen entscheidenden Impuls erfuhren das geistige Leben und der Ausbau der Stadt durch die Ansiedlung der Hugenotten ab 1686, welche allen hohenzollernschen Territorien zu großem Vorteil

erwuchs. In Bayreuth entstand der Stadtteil St. Georgen seit 1700 mit einer Reihe hervorragender Bauten im Auftrage des Herrscherhauses versehen, so das Schloß, die Ordenskirche und das Gravenreuther Stift neben einer Reihe von Bürgerhäusern. Der Besucher von Bayreuth soll nicht versäumen, sich diesen Stadtteil anzuschauen. Eine Zeichnung von G. Decker vermittelt uns am besten den Eindruck des alten Lustschlosses mit dem ehemals davor angestauten See.

Die Bauarbeiten am Alten Schloß hatten seit der Verlegung der Kanzlei nach Bayreuth zur Vergrößerung der Anlage geführt. Die von der heutigen Südostecke des Schloßkomplexes im 14. Jahrhundert ursprünglich ausgehende Anlage war im 15. Jahrhundert verändert worden. In der ersten Hälfte des 16. Jahrhunderts erfolgten weitere Vergrößerungen, 1565/66 wurde der Treppenturm nach einem Plan des berühmten in Kulmbach tätigen Caspar Fischer gebaut. 1594/99 erfolgte der Ausbau des Nordtraktes, um 1600 der Bau des Marstalles, welcher etwa die Stelle der heutigen Schloßkirche einnahm. Zu Beginn des nächsten Jahrhunderts wurden Teile des Kurfürstenbaues (südlich vom Turm) und die beiden anschließenden Flügel, die den Ehrenhof im Osten und Norden begleiten, errichtet. 1662—72 entstand die Schloßkirche. Am Ende desselben Jahrhunderts schloß man den Hof durch den Anbau eines Westflügels zu einer barocken Ehrenhofanlage, außerdem wurde wohl auch das einheitliche Aussehen der Fassaden durch Aufstocken besorgt. Diese Arbeiten hat vermutlich Elias Gedeler durchgeführt. Seit 1691 erfolgte dann unter Charles Philippe Dieussart die Vereinheitlichung des östlich anschließenden Innenhofes. Leonhard Dientzenhofer führte das Werk zuende.

Die rege Bautätigkeit unter dem Markgrafen Friedrich, dem Vielgeliebten, welcher mit der Schwester Friedrichs des Großen verheiratet war, fand ihren Niederschlag u. a. in dem Ausbau des Residenzschlosses. Von dessen einstmals sehr schönen Innenräumen ist leider kaum mehr etwas erhalten, da ein verheerender Brand von 1753 weite Teile zerstörte. Man trug sich zunächst mit großartigen Neubauplänen unter Verwendung alter Reste, wie das Projekt von Carl Philipp von Gontard aus der Zeit 1753/54 beweist. Aber dann wurde nurmehr ein Teil aufgebaut. Nordflügel und Schloßkirche waren total vernichtet und man richtete nun die Schloßkirche nach Entwürfen Saint Pierres neu auf. Die anderen Teile wurden wohl, soweit sie in Mitleidenschaft gezogen waren, wieder hergestellt, der Osttrakt am Ehrenhof allerdings nur noch als Verbindungsgang in der Höhe eines Geschosses. Die beiden anschließenden Flügel um den Ehrenhof, die sogenannte Sophien- oder Wilhelmsburg, brannte im letzten Krieg aus. So sind nurmehr vier Räume in ihrer alten Gestalt auf uns gekommen.

St. Georgen, Kupferstich von Delsenbach nach Zeichnung von G. Decker um 1705

Der katastrophale Brand von 1753 diente nun aber dem Markgrafen als Vorwand, endlich einen neuen Bau für seine Residenz aufzuführen, in dieser Zeit der Traum jedes Fürsten. Mit ähnlichen Gedanken hatte man sich schon lange getragen, eventuell zu diesem Zweck auch schon 1747 das Meyernsche Palais gekauft. So entstand das neue Schloß, welches, wenn auch in seiner äußeren Gestalt etwas langweilig und auf diesem Gebiet mit Ausnahme des Mittelrisalits durchaus keine der größten Leistungen der Zeit, im Inneren eine Anzahl von bezaubernd ausgestatteten Räumen birgt, die zu dem Schönsten zählen, was das deutsche Rokoko aufzuweisen hat. Die Schwierigkeit bestand nun als erstes darin, wie man einen geeigneten Platz finden könnte. Hierzu bot sich der seit 1744 durch Saint Pierre gestaltete Platz der Reitbahn an. Um die Forderungen nach den stets knappen Geldmitteln zum Bau nicht ins Unendliche wachsen zu lassen, entschloß man sich, vorhandene Bauten an der Südostseite des Platzes mit einzubeziehen. Einige Überlegungen waren diesen Planungen vorausgegangen. Im Jahr des Ankaufes des Meyernschen Palais erfolgte ein Baustopp für die reformierte Kirche. Weiter wurde der Brunnen aus dem äußeren Schloßhof an seine heutige Stelle vor damals die reformierte Kirche gesetzt. Hierin kann man erste

Anzeichen eines Projektes für den Neubau der Residenz erkennen. Wie immer in solchen Fällen (vergleiche Bamberg) stellte man im alten Schloß fest, daß einiges im Inneren der dringenden Erneuerung bedurfte. Da aber in einem Gutachten die wesentlichen Teile der alten Residenz immer noch für gut befunden wurden, sorgte ein zweites Gutachten dafür, daß die Änderungsvorschläge einen Neubau als zweckmäßig erscheinen ließen. Zuerst war vorgesehen, an der Stelle des alten Schlosses durch Abreißen einen Platz für den Neubau zu gewinnen. 1751 sollte der Bau begonnen werden. Die Steine wurden sogar schon herangeschafft. Im folgenden Jahr erging der Befehl des Markgrafen, die reformierte Kirche abzureißen. Hiermit scheint also der klare Beweis erbracht, daß der Schloßbrand nurmehr Anlaß und nicht Ursache zum Schloßneubau wurde. Es wird sogar berichtet, daß Saint Pierre selber dazu beigetragen habe, daß der Schloßbrand sich ausdehnte, indem er den Handwerkern, die, um den Rest des Schlosses zu retten, die Dachkonstruktion abbra-

Saal im italienischen Bau

chen, dies verbot: „Doch Saint-Pierre, ein katholischer Franzos, der Lust hatte, ein neues Schloß zu bauen, verbot es bei Zuchthausstrafe" (aus der Arbeit von Merten).

Der Bruder der Markgräfin schlägt ihr zwar vor, das alte Schloß aufzubauen, aber man scheint doch sehr schnell den Entschluß gefaßt zu haben, die an der Südostseite der Rennbahn stehenden Häuser zu einem Neuen Schloß zu vereinigen und umzubauen. An Vorgängerbauten befanden sich an dieser Stelle von Norden beginnend: Haag'sches Haus, Predigerhaus, Reformierte Kirche im Rohbau, Meyern'sches Palais und drei Bürgerhäuser. Das Palais der Familie von Meyern bewohnten der Markgraf und die Markgräfin nach dem Brand wohl gemeinsam. Es war in den Jahren 1746/47 auf Anordnung des Markgrafen unter Entwurf und Leitung von Saint Pierre für den Geheimen Rat und Kammerdirektor, späteren Direktor des Hofbauamtes Adam Anton v. Meyern als Teil der neugestalteten Platzanlage erbaut und in diese einbezogen worden.

Bei seiner Verwendung für den Bau der Residenz wurde die Gartenfassade kaum verändert. Nun begann das Zusammenbauen der vorhandenen Fassaden unter weitgehender Verwendung der alten Teile, wobei hier besonders zu Hilfe kam, daß Saint Pierre, wie oben gesagt, den Platz in einheitlicher Art im Auftrage des Markgrafen zu gestalten hatte, was naturgemäß zu einer Ähnlichkeit der Fassaden führte. Die Kirche wurde mit Ausnahme der Grundmauern abgetragen. Diese fanden Verwendung bei dem Bau des im Vergleich zur restlichen Fassade sehr aufwendigen Mittelrisalits. Die Verbindung zwischen dem nördlichen anschließenden, als erstem innen umgebauten, Haag'schen und dem Predigerhaus stellt ein Risalit dar, der die große Länge der Front gliedern und ein Pendant zum Mittelrisalit des Meyern'schen Hauses bilden sollte. Somit konnte auch zumindest eine gewisse Symmetrie erreicht werden. Alte vorhandene Fassadengliederungen wurden beseitigt und der linke Teil entsprechend dem rechten Trakt des Palais Meyern mit einem Mansardendach gedeckt, wie wir es heute noch auf der Rückseite von letzterem finden. So konnte die Markgräfin schon am Ende des Jahres ihren neuen Bau beziehen, der inzwischen auch mit der alten Orangerie verbunden wurde, welche man zum Damentrakt umbaute. Da der Mittelbau mit seinen Treppenhäusern noch nicht stand, muß man annehmen, daß der gartenseitig weit zurückspringende Mittelrisalit des linken Flügels das Treppenhaus enthielt, dessen Zugang von der Mitte der platzseitigen Fassade erfolgte. Heute ist an dieser Stelle ein Fenster eingebaut. Im Süden der Schloßanlage entstand durch Zwischenbauten — einen schmalen Flügel mit anschließendem Gang — ein Komödienhaus.

Im folgenden Jahr wurde der Mittelteil mit dem großen Treppenhaus und der im Vergleich zur sonst schlichten Fassade großartige Mittelrisalit, dem auf der Parkseite eine einfache Fassade entspricht, gebaut, und die beiden Seitentrakte miteinander verbunden.
Bis zu diesem Zeitpunkt hat die Hand von Saint Pierre den Bau geführt. Nach seinem Tod wird nun dauernd am Äußeren herumgeflickt und es entsteht so etwas, das nicht im günstigen Verhältnis zur hervorragenden Qualität der Innenausstattung steht. Dem wesentlichen Bedürfnis, eine Unterkunft für das Herrscherpaar möglichst rasch herzustellen, war mit der Errichtung der beiden getrennten Flügel zunächst genüge getan worden und zum Schluß erfolgte der Zusammenbau und die Errichtung der hauptsächlichen Repräsentationsräume.
Gewisse Unklarheiten in der Bauleitung — vermutlich übernahm diese später Gontard — und die Abwesenheit des Markgrafenpaares führten zu einem Durcheinander in der Planung. Als erstes wurden die Flügel um zwei Achsen verlängert, der rechte 1757 um neun und dann noch um weitere drei zur Platzseite vorgezogen, weiter das Mansarddach durch Erhöhung der Fassade, ausgehend vom Mittelbau des Palais Meyern, aufgegeben, was bestimmt zu keiner Verschönerung beigetragen hat. Größere Projekte scheinen noch bestanden zu haben, vielleicht zur Gestaltung einer großen Ehrenhof-Anlage, denn der Markgraf verhandelte mit den an den Südflügel angrenzenden Nachbarn um den Erwerb dieser Häuser. 1759 entstand dann von Gontard der italienische Bau, welcher später durch einen weiteren Verbindungstrakt angeschlossen wurde. So bietet die Rückseite beider Flügel ein Wirrwarr von vor- und zurückspringenden Trakten, Anbauten und Risaliten. Auch die Dachform wechselt, so daß eine dem barocken Gestaltungsbemühen ganz entgegenlaufende Unordnung herrscht. Das kurz zuvor errichtete Komödienhaus wurde schon 1761 wieder abgerissen. Die unter Saint Pierre errichteten Teile hatten wenigstens zum Platz hin eine gleiche Front, die zwar später verändert worden ist, aber trotzdem ihren bis zu einem gewissen Grade symmetrischen Charakter behalten hat. Der Eingangshalle wurde bei Umbauten im 19. Jahrhundert viel von ihrer Großzügigkeit genommen. Ursprünglich waren im Erdgeschoß drei Eingänge, an die sich eine große Halle anschloß, die durch drei Bögen den Aufgang über die beiden Treppenhäuser vermittelte, welche früher durch die nicht zugesetzten Seitenfenster noch wesentlich besser beleuchtet waren. Von hier führt über den sehr einfach gehaltenen Gardereitersaal mit zarten Stukkaturen von Rudolf Albini, von dessen ehemals reichem Bilderschmuck nichts mehr erhalten ist, der Weg in die prachtvoll ausgestatteten Zimmer des Markgrafen und der Markgräfin, welche

heute allgemein zugänglich sind. Über die ehemalige Haupttreppe des Palais Meyern erreicht man dann zum Schluß der Führung die Parterrezimmer der südlichen Anbauten und des italienischen Baues von Gontard. Es soll hier nun der Reihe nach eine Beschreibung der Räume erfolgen, die man bei einer Führung durchwandert. Als erstes kommt man nach dem Gardereitersaal in den Festsaal, dessen Ausstattung noch in wesentlichen Teilen auf Saint Pierres Entwürfe zurückgeht. Eine Wand aus grauem Stuckmarmor wird von zum Teil paarweise stehenden korinthischen Pilastern gegliedert, die jeweils Fenster, Türen und Wandschrägen einrahmen. Supraporten und die Hohlkehle der Decke überziehen feinste Stukkaturen des Italieners Giovanni Battista Pedrozzi, der vor Albini als der Hauptmeister der Bayreuther Rokokostukkaturen angesehen werden muß. Ein umlaufendes Gesims nimmt abwechselnd den Adler und das Monogramm des Erbauers auf. Leider ist im Hauptsaal das Deckenbild des Hofmalers Wunder nicht mehr vorhanden. Merten sieht in seiner ausgezeichneten Arbeit über Saint Pierre im Festsaal von Bayreuth eine gewisse Vorstufe zum großen Saal in Charlottenburg. Während in Bayreuth die Fenster und Türen die Wandgliederung bestimmen und die Pilaster nur diese begleiten, geben in Charlottenburg die Pilaster die Wandgliederung an. Die anschließende Enfilade der Markgräfinnenzimmer gehört zu den schönsten Raumfolgen, die das Rokoko in Deutschland geschaffen hat.

Es folgen hier im Nordflügel anschließend an den Saal drei Räume mit einer Reihe ausgezeichneter Brüsseler Tapisserien. Die Zimmer erfuhren sämtlich zu Ende des vorigen Jahrhunderts um 1890 ihre Veränderung zur heutigen Gestalt. Man brachte damals neue Stukkaturen und Täfelungen an. Das erste, bis dahin Cedernzimmer, erhielt statt einer Vertäfelung mit diesem Holz die Tapisserien. Ursprünglich hingen in diesem Raum hohenzollern'sche Familienbilder. Das zweite Gobelinzimmer weist außer den schönen Wandbehängen aus Brüssel, nach Entwürfen von David Teniers d. J., wenig Ausstattungsgegenstände auf. Im dritten wieder Tapisserien, diesmal nach Entwürfen von J. Fr. von der Hecke. Die nun anschließenden Räume bewahren im wesentlichen noch ihre alte Ausstattung. Hier, im ehemaligen Obergeschoß des Haag'schen Hauses hat die Hand der Markgräfin die Einrichtung bestimmt. Intime Atmosphäre rangiert an erster Stelle, während barocke, fürstlich-absolutistische Repräsentation in den Hintergrund tritt. Die Enfilade wird weiter geführt. Dies bleibt aber auch das einzige Zugeständnis an das Barock. Die kleinen Kabinette atmen heiterstes Rokoko. Man spürt den Geist der Markgräfin, die zu einigen Räumen zumindest teilweise die Entwürfe geliefert hat. Als typisches Merkmal für das markgräfliche

Rokoko tritt neben das Intime der Raumgröße und Anordnung, die Ausstattung mit einem die Wände spalierartig überziehenden Stuck und das durch Verwendung von Spiegeln und Spiegelscherben erreichte Lichtspiel.

Letzteres trifft man gleich im ersten Raum dieses kleinen Bezirkes an, im Spiegelkabinett. Pedrozzi schuf, unter Anregung durch die Markgräfin eine Decke, deren Chinoiserien den Rahmen für Spiegelscherben abgeben. So finden wir es nur im Bayreuthischen. Die Vortäuschung von Räumen war nicht ihre Aufgabe, sondern die Illusion des Verfalls, des Ruinösen sollte erzeugt werden, eine typische Vorliebe des Rokoko, wie wir es in den zahllosen Eremitagen und Gartenhäusern oft wiederfinden. Auch im folgenden Raum, dessen Golddecke an das Vorzimmer des Markgrafen in der Eremitage erinnert, hat wieder Pedrozzi gearbeitet. Hier ist auch, wie in wenigen Zimmern, die zauberhafte alte Wandbespannung erhalten, deren Blumendekor die elegante Atmosphäre noch unterstreicht.

Der letzte Salon auf der platzseitigen Suite der Markgräfin bildet zusammen mit den Spalierzimmern unter den Rokokomeisterwerken dieses Baues den wohl schönsten Raum.

Die Qualität des Japanischen Zimmers steht ebenbürtig neben Räumen wie dem Voltairezimmer in Sanssouci. Chinoiserien und Blumendekoration greifen selbstverständlich ineinander. Wir haben hier die erste Stufe auf dem Wege vom barocken Innenraum, dessen Gliederung durch die Architektur gebildet wird, zum Zimmer des ausgehenden Rokoko, das nurmehr Aufbewahrungsort für naturalistische Szenerien wird, wie wir es im Salet des Neuen Schlosses der Eremitage finden. Auch hier arbeitete wieder Pedrozzi für die Stukkaturen, wie auch in beiden folgenden kleinen Räumen, dem Grauen Kabinett, wegen des Marmorkamines so benannt, und dem Porzellankabinett. Letzteres beherbergte ursprünglich auf 82 vergoldeten Konsölchen eine Sammlung von Chinesischem Porzellan und Chinoiserien unterschiedlicher Qualität.

Den Abschluß der Suite von Markgräfin Wilhelmine bildet das Musikzimmer. Hier wie auch im Japanischen Zimmer sorgen Spiegeltüren für eine vergrößerte Raumillusion. 18 über die Wand locker verteilte und durch leichten Stuck, wohl auch wiederum von Pedrozzi, elegant verbundene Pastellbilder von Künstlern des Theaters und der Oper in Bayreuth, zum Teil von der Hand der Markgräfin, bilden einen sparsamen Schmuck der Wände.

An der Decke spielt in einem eleganten Stuckrahmen Orpheus vor den Tieren, ein Werk des Hofmalers Wilhelm Wunder. Beherr-

schendes Motiv sind außer den Blumen vor allem Musikinstrumente, Notenblätter und früher hingen in diesem Raum noch wesentlich mehr Bilder, ebenfalls von Sängern und Sängerinnen etc., die aber glücklicherweise entfernt wurden, wodurch die ursprüngliche, vom Künstler gewollte Gestalt, besser hervortritt.
Sämtliche Räume der Markgräfin weisen eine Vielzahl guten Mobiliars auf, worunter sich eine große Zahl von Stücken der Hofebenisten Spindler, Matthäus Eberhard Müllers und seines Bruders, befindet. Spindler hat auch zum Teil an den schönen Parkettböden mitgearbeitet. Außerdem ist eine Reihe von Marmorkaminen verschiedenster Farbe zu erwähnen, deren zurückhaltende Formen sich gut in die Räume einpassen.
Gehen wir nun die ganze Suite zurück, so kommen wir wieder in den Festsaal und hier beginnt nun südlich davon der Trakt des Markgrafen. Diese Zimmer sind noch wesentlich stärker als die Räume der Markgräfin auf die Repräsentationsbedürfnisse eines absolutistischen Fürsten zugeschnitten. Zeigt das Appartement der Markgräfin noch im wesentlichen die durch sie bestimmte Gestalt, so hat der Südflügel im 18. und 19. Jahrhundert eine Reihe von Eingriffen erfahren. Das heutige sogenannte Audienzzimmer war früher an einer anderen Stelle gelegen, welche heute die beiden Räume vor dem Palmenzimmer einnehmen.

Neues Schloß, Speisesaal, ein Geschenk Friedrichs d. Großen an seine Schwester

An seinem Platz war früher das sogenannte Kaiserfamilienzimmer eingerichtet, benannt nach den 16 Portraits von Mitgliedern des Hauses Habsburg, die hier aufgehängt waren. Der Stuck stammt aus einer späteren Zeit und entstand wohl zwischen 1760 und 1770. Im folgenden Gobelinsaal hingen von Anfang an 6 Gobelins, von denen vermutet wird, daß sie aus England stammen. Stuck und Täfelungen wurden im 19. Jahrhundert verändert. Das kleine Pagodenkabinett mit spalierähnlichen Stukkaturen und Chinoiserien diente einstmals als Porzellankabinett und bewahrte u.a. 35 Vasen u.ä. sowie einen Lackschrank. Als nächstes kommen wir in das Wohnzimmer, einen Teil des alten Audienzzimmers. Außer dem Deckenstuck und dem alten Parkettboden hat die Veränderung von 1867 nicht viel belassen. Dies und das angrenzende Bilderzimmer erhielten die gleiche Vertäfelung. 1933 brachte man im letzteren eine handgemalte Wandbespannung an. Der folgende Raum muß wiederum zu den besten des Schlosses gerechnet werden. Er ist ein Geschenk Friedrichs des Großen an seine Lieblingsschwester.
Eine Täfelung aus schön gemasertem Nußbaum umzieht den Raum in Blendarkaden. Diese werden durch die vergoldeten Stämme von Palmen getrennt, deren reiche Blattkrone bis in die Decke reicht. Der untere Teil der Felder ist von gleichfalls vergoldeten Rocaillen überzogen. Pedrozzi öffnete darüber einen ganz leicht stukkierten Himmel, der von allerlei Tieren durchzogen wird. Als weitere Künstler sind mit großer Sicherheit Johann Georg Schleunig für die Schnitzereien und Spindler für die anderen Holzarbeiten anzunehmen. Besonders erwähnt werden muß hier noch das Meublement. Ein riesiger Eßtisch ist umstellt von einer großen Zahl brauner Stühle mit leichter Goldfassung der Profile. Diese Stühle gehören zu dem Besten, was in Bayreuth unter Spindlers Einfluß geschaffen wurde. Die Einfachheit und bei aller Kraft doch Eleganz der Stühle kann sich mit besten Erzeugnissen dieser Zeit messen. Als nächstes kommt nach diesem sehr dunklen Speisesaal ein starker Kontrast in Gestalt des Spalierzimmers. Ein zartes Spalierwerk gliedert Wände und Decke in Nischen und aufgelöstes Dach. Der Stukkateur ist wieder derselbe, wie in den vorhergehenden Räumen. Eventuell lieferte Rudolf Heinrich Richter hierfür die Entwürfe. Die Raumillusion wird verstärkt durch die von Johann Christian Jucht gemalten Ledertapeten, Landschaften mit Vogel und Vasendarstellungen, die sich in die als Rahmen dienenden perspektivisch verkürzten Gitter einfügen.
In dem anschließenden achteckigen, ehemaligen Musikzimmer hat das 19. Jahrhundert einiges umgestaltet. Nur der Deckenstuck ist noch vor-

handen. Von dem vorgelagerten Balkon mit seinem feinen Schmiedeeisen hat man einen schönen Blick auf den Park.

Den Abschluß der oben gezeigten Räume bildet das Schlafzimmer mit zwei folgenden Nebenräumen, von dessen alter Ausstattung wiederum wenig vorhanden ist. Hier tritt uns ein zweiter Meister unter den Bayreuther Stukkatoren entgegen. Vermutlich ist Rudolf Albini der Schöpfer der Deckenstukkaturen, die, wie auch in den anderen Räumen, oft vergoldet sind. Im Gegensatz zu Pedrozzi, den man wohl als den größeren Künstler ansehen muß, blieb er dem Rocaille-Ornament bis zum Schluß treu.

In den bisher durchmessenen Räumen des Südtraktes haben die Hofebenisten, wie im Nordflügel, eine Reihe von Möbeln geschaffen und auch an den Parketts mitgearbeitet. Johann Georg Schleunig schnitzte einen Teil der Möbel. Zum großen Teil sind noch alte Marmorkamine vorhanden, in ähnlicher Art wie im Nordtrakt. Ältere Öfen mußten zum Teil solchen aus dem 19. Jahrhundert weichen.

Von der vorzüglichen Einrichtung soll vor allem eine Reihe Portraits des preußischen Hofmalers Antoine Pesne erwähnt werden.

Die beiden noch anschließenden Räume vermitteln den Übergang zum italienischen Bau, der in diesem Stockwerk heute dem historischen Verein Oberfranken dient. Das erste Zimmer hat nochmals Stukkaturen von Pedrozzi aufzuweisen.

Über das alte Haupttreppenhaus des Palais Meyern mit dem Stuck von Albini erreicht man die fürstliche Gartenwohnung im Erdgeschoß des Südflügels und des italienischen Baues. Im Dachgeschoß des ehemaligen Palais befindet sich eine 1754 geschaffene Wohnung mit ebenfalls hervorragender Ausstattung. Sie dient heute als Museum der Stadt. Im Parterre ist schon eine Vereinigung von Garten und fürstlicher Wohnung erreicht, wie man sie gewöhnlich nur in Eremitagen findet. Abgesehen davon, daß es ungewöhnlich ist, daß sich fürstliche Wohnräume im Erdgeschoß befinden, und nicht nur reine Gartenzimmer, wie Grotten u.ä., verlegte man die als Bestandteil fürstlicher Repräsentation unerläßliche Galerie auch in das Parterre. Die Verbindung zum Garten war einstmals durch die Spaliere an den Außenmauern, die in die Laubengänge des Gartens übergingen, praktisch perfekt.

In diesen Räumen ist die Ausstattung teilweise schon später erfolgt als in den anderen Teilen, was daran liegen mag, daß hier, wie überhaupt in dem ganzen Bau, erst nach und nach gestaltet wurde und immer wieder Anbauten das Bild veränderten, was im Obergeschoß allerdings nicht zu dieser zeitlichen Verschiebung führte wie unten. Dies mag vielleicht auch an der Zwanglosigkeit liegen, die hier unten mehr vor-

handen war als oben, wo man eine gewisse im Protokoll vorgeschriebene Raumfolge brauchte.
Einen der Haupträume betritt man zuerst. Es ist der Gartensaal, dessen Ausstattung als eine der wenigen dem Frühklassizismus verhaftet ist und dessen fast farblose Gestalt mit strengen Pilastern nur durch die Medaillons mit den Bildnissen von Phidias und Praxiteles und zwei Abgüsse antiker Statuen (Venus und Artemis) eine schwache Belebung erfährt.
Linkerhand befinden wir uns aber gleich wieder inmitten des vertrauten Blumenrokoko. Spaliere mit Blüten überzogen, verschlungene Rocaillen und Ranken bilden den von Pedrozzi geschaffenen Schmuck dieser beiden Grottenzimmer, deren Entwürfe von Richter stammen. Hier zeigt sich besonders deutlich auf engem Raum der Unterschied zwischen einer der Klassik bereits ganz verhafteten Manier Gontards, dem der Saal zuzuschreiben ist, und der vorhergehenden Stilepoche des ausklingenden Rokoko.
Die Auflösung des zweiten Zimmers leitet zu der anschließenden Grotte über, die durch einen kleinen Vorraum betreten werden kann. Dieser ist über und über mit Bergkristall, Muscheln und einem bunte Steine imitierenden Glasfluß überzogen. Quarze und andere Licht reflektierende und brechende Steine geben außerdem jenen verzauberten Eindruck, der früher, als sich Schmutz und Staub noch nicht so stark in den Fugen abgelagert hatten, durch das lebendige Kerzenlicht hervorgerufen, eine unwirkliche Atmosphäre schuf. Natürlich fehlt auch der Brunnen nicht. An der Rückseite plätscherte aus einer von großer Muschel bekrönten Fratze, beide wiederum aus kleinen Muscheln geformt, das Wasser in vier untereinanderliegende Becken.
In der eigentlichen Grotte, die man von diesem Raum durch einen unregelmäßigen, Natur nachahmenden, Eingang erreicht, sind die Wände mit Licht brechenden Steinen und Glasflüssen bedeckt. Die Fußböden zeigen schöne Marmorinkrustationen, wie wir sie sonst nirgends im ganzen Haus finden.
Diese Grotten entsprangen den Bemühungen des Rokoko um größtmögliche Naturnähe und sind einer Vorromantik zuzuordnen. Sie sollten außerdem bei den Festen der Abkühlung dienen. Wenden wir uns nun wieder den folgenden Räumen zu, so erreichen wir nach den bereits beschriebenen Zimmern die Galerie. Sie entstand wie das Palmenzimmer nach Anfügen des 9achsigen Baues an das Palais Meyern. Leider ist das alte Aussehen nurmehr in der Art des dichten Aufhängens erhalten. Von den ursprünglich hier befindlichen Werken ist nichts mehr vorhanden. Die bayerischen Staatsgemäldesammlungen haben allerdings eine Reihe guter Bilder als Leihgabe zur Verfügung gestellt.

Die erst spät, 1772 ausgestattete Galerie wurde mit größter Wahrscheinlichkeit von Albini und Michael Krätzer stukkiert. Rocaillen bilden hier wieder das beherrschende Motiv, wie auch in den beiden anschließenden Räumen, dem Salet und dem Wohnzimmer. Ersteres wurde später nochmals verändert. Noch einmal erleben wir dann zwei Räume von Pedrozzi im sogenannten Badetrakt. Das Ruhezimmer mit Alkoven überzieht wieder der feine Blütenrankenstuck und im folgenden Vorraum des Bades schafft ein Blütenspalier an Wand und Decke die bezaubernd leichte Atmosphäre des Blütenrokoko. Die vier Nischen werden gefüllt von zwei Puttengruppen aus Delphinen über Brunnenbecken, die wahrscheinlich der Räntz-Familie zuzuordnen sind, während die Mars und Venusstatue der anderen beiden Nischen in stilistischem Zusammenhang mit Werken von Adriaen de Vries stehen. Das eigentliche Bad mit Oberlicht durch eine Laterne stattete auch wiederum Albini aus.

Nun betreten wir das italienische Schlößchen, das, wie bereits anfangs gesagt, von Gontard unter Mitwirkung Richters gestaltet wurde. Markgraf Friedrich ließ es für seine zweite Frau, Sophie Karoline von Braunschweig-Wolfenbüttel, errichten.

Die Innenausstattung lehnt sich wohl in manchem noch an das typische bayreuther Rokoko an, erhielt aber durch Richter eine Gestalt, die einen eigenen Stil vertritt. Stammt das Innere des erst um 1764 errichteten Verbindungshauses noch aus dieser typischen Periode des Rokoko, so vertritt, obwohl früher, 1760 bis 1762, gestaltet, das italienische Schlößchen eine eigene Welt, wie schon das Äußere erkennen läßt. Dort vereinigt sich in seltener Art klassizistische Strenge mit z. T. leichten Stuckdekorationen von Putti, Blumenranken und Rocaillen. Ein Übergangsstil kennzeichnet das Ganze. Den Bruch mit der barocken Tradition, die das Hauptgeschoß, die Belletage, in den ersten Stock verlegt, ist vollzogen. Hier liegt es im Parterre, nach italienischem Vorbild, daher der Name, während das zweite Geschoß von untergeordneter Bedeutung ist. Als erster Bau ist er außerdem nicht mehr aus Naturstein, sondern verputztem Bruchstein errichtet.

Als erstes betritt man das Ankleidezimmer mit in die geschnitzte Täfelung eingelassenen Spiegeln und Blumensupraporten. Der Stuck greift, wie auch in den folgenden Räumen, auf ältere Schmuckformen zurück. Auch das Schlafzimmer ist getäfelt mit geschnitztem Blumendekor und durch Spiegel optisch vergrößert, wie der anschließende Salon. Den Fest- und Hauptraum des Baues bildet der kleine Saal. Die leicht gefelderten Wände mit sparsam angewandtem Schmuck stehen im Gegen-

Spielkabinett in der Suite der Markgräfin

satz zu der fast schweren Ausstattung der Deckenwölbung. Mitten im Rokoko wird hier wieder barocke Raumgliederung aufgenommen. Die im Rokoko fast ganz verschwundene strenge Wandeinteilung wird neu belebt und die strenge Trennung durch ein Kranzgesims von der Deckenzone eingeführt. Der Klassizismus deutet sich schon in der symmetrischen Gestaltung des losen Rankenwerkes und der Verwendung kannelierter Blütenkörbe an, wie sie eventuell Albini im Eßzimmer von Trockau schuf. Spiegel in den Wänden und einem Teil der Ovalfenster der Decke sorgen in dem Gartensaal des italienischen Schlößchens für mehr Licht und Raum. Den festlichen Eindruck unterstreichen die aus den Ovalfenstern hängenden Draperien, die wiederum einen starken farbigen Akzent setzen. Fast barock anmutende Putten ziehen mit der Verteilung von Blumen beschäftigt über die Decke und zwei haben sich, von der vielen Arbeit ermüdet, mit den Draperien zugedeckt. Hier zeigt sich wieder die ganze Verspieltheit dieser Epoche. Das alte Mobiliar ist leider nicht mehr vorhanden. Eine gewisse Störung gibt es in diesem Raum dadurch, daß ein zum Abschluß nötiges Deckenbild nicht ausgeführt wurde.

Das Ende der Suite bilden drei Räume, Arbeitszimmer, Gesellschaftszimmer und Blumenkabinett. Wie überall überziehen die Decke farbig gefaßte Stukkaturen von Blumen und Ranken. Die Wände sind vertäfelt. Im ersten Raum muß ein Spiegel der Bayreuther Fayencemanufaktur erwähnt werden, deren Erzeugnisse vor allem zur Zeit der Markgräfin Wilhelmine besondere Qualitäten erreichte und deren Bemalung vor allem unter Löwenfinck zum Besten gerechnet werden kann, was die deutsche Fayencekunst produziert hat. Im Blumenkabinett tritt uns der wohl vollkommenste Raum des italienischen Baues entgegen. Einfache, starke, gegliederte Wandfelder, in die große Spiegel und gemalte Blumenstücke, umgeben von leichten Schnitzereien, eingelassen sind, die abwechselnd von kleinen Spiegeln bzw. Blumenstilleben als Aufsätze abgeschlossen werden, ruhen auf einer schlichten boisierten Sockelzone. Für die Malereien kommt der Hofmaler Wunder in Frage.

Damit ist das Ende des Rundganges erreicht, an dem wir gleichzeitig auch am Schluß des bayreuther Rokoko stehen und damit auch am Ende der Blütezeit Bayreuths.

Die Entlassung fast aller Hofkünstler unter Friedrich Christian von Bayreuth war der erste Schritt, der ein weiteres Kunstleben unmöglich machte. Potsdam und Berlin erhielten damals sehr fruchtbaren Zuwachs. Die Jahre der preußischen Zugehörigkeit brachten nichts Neues. Das Schloß diente unter anderem Hardenberg und Mitgliedern des Hauses Württemberg als Quartier. Ferner wohnten in der napoleonischen Zeit der Fürst von Nassau-Weilburg und der spätere erste König von Bayern hier. Der preußische König kam zu Besuch und mit dem Übergang der Markgrafschaften an Bayern wurde es, wie alle großen Schlösser, ehemals reichsständischer Herrschaften, zeitweise Residenz und Absteige für das Haus Wittelsbach. Außer dem Einbau von Nymphenburger Öfen und geringen Veränderungen an Täfelungen und Stukkaturen erfolgten aber keine Eingriffe, die das Bild wesentlich beeinträchtigt hätten. 1889 wurden Dach und Decke über dem Festsaal erneuert, 1898 die zu Ende des 18. Jahrhunderts verkleideten Decken in den Räumen der Markgräfin wieder freigelegt. Restaurierungen vor allem bis 1932 brachten dann das Gebäude wieder in guten Zustand und seit dem Kriege ist auch einiges hergerichtet worden. Glücklicherweise führte der Krieg zu keinen Verlusten an der Bausubstanz. Die Räume sind heute wieder alle dem Publikum geöffnet und können mit Führungen besichtigt werden.

31 Bayreuth

Eremitage, Kreis Bayreuth

Die Geschichte der markgräflichen Eremitage zu Bayreuth geht ins 17. Jahrhundert zurück. 1666 wurde von Markgraf Christian Ernst, der Mode der Zeit entsprechend, in dem 1616 vom Haus erworbenen Gelände ein Tiergarten angelegt. Das erste Bauwerk, ein Brunnenhaus, entstand nur drei Jahre später.

Das alles sind aber nur Anfänge, denen ein großes gestalterisches Konzept fehlte. Erst mit Markgraf Georg Wilhelm begann die große Zeit der Eremitage. Die höfische Imitation ländlichen Lebens, unter anderem aus einer Übersättigung zu erklären, bedurfte passender Räumlichkeiten. Neben eine Reihe kleiner hölzerner Einsiedeleien trat nun der erste wesentliche Bau, das alte Schloß. 1715 bis 1718 entstand nach den Plänen von Johann David Räntz, unter Leitung Johann Heinrich Endrichs, der um einen kleinen Innenhof gruppierte Komplex. Außerdem wirkten noch Elias Ränz als Bildhauer und Gabriel Schreyer als Freskomaler mit. Die Stukkaturen schuf vermutlich Domenico Cadenazzi, dessen meisterlicher Hand u.a. auch der Mittelsaal in Thiergarten und der Saal im Egloffsteinschen Palais in Erlangen zugerechnet werden können, welche wohl seine gelungensten und besterhaltenen Schöpfungen bilden. Mit der Vollendung des ersten Baues entstanden auch die ersten Gartenanlagen von Gabriel Lück. Im Gegensatz zu den französisch beeinflußten Barockeremitagen ist hier kein großartig angelegter Park mit geometrischen und symmetrischen Gärten vorhanden. Ansätze, wie die Kaskade, brechen bald ab und sind nicht durchgeführt. Man kann als Ursache dieser Lösung nicht allein beschränkte Mittel sehen. Vielmehr scheint es Absicht gewesen zu sein. Die Naturbezogenheit des Baues, die in Steinhaufen ähnlichen, dazu bewachsenen Kaminen und wie Fels behandelten Hausteinen der Fassaden gipfelte, fand auch im Garten ihren ersten Ausdruck. Wege verliefen in unregelmäßiger Kurvenführung durch das die schmale, geometrische Umgebung des Schlosses weit umziehende, ungestaltete Gelände. Der Übergang in die freie Natur wurde vermutlich durch einen am Mainufer entlangführenden Weg noch weiter vermittelt und verband durch zwei Brücken den Bezirk mit einem weiter außerhalb gelegenen Bestandteil des Parkes, Römersleuthen genannt.

Der Zeitpunkt der Anlage muß uns sehr überraschen, ist doch im Ursprungsland des Landschaftsparkes, England, auch etwa zur selben Zeit das erste Mal dieses Prinzip der Gestaltung aufgetaucht. Bayreuth steht damit am Anfang der Entwicklung und bildet einen einsamen Vorposten. Die eingeleitete Neuorientierung erfuhr dann unter Markgräfin Wilhelmine ihren Ausbau und die Vollendung. In der Eremitage, als Geschenk des Mannes bei Regierungsantritt in ihren Besitz gelangt, stand nun nichts mehr der Verwirklichung ihrer lang gehegten Pläne entgegen. Schon im folgenden Jahr, 1736, wurde das Alte Schloß an jeder Seite um fünf Räume vergrößert und damit das Prinzip der regelmäßigen Viereckanlage aufgegeben. Die Ausstattung der neuen Zimmer und die Überholung der alten Teile dauerte unter Leitung von Graël und dann Weiß bis etwa 1744. Später erfolgten allerdings noch einige kleinere Veränderungen. Auch scheint der erste Ausbau nicht in einem Zuge vollendet worden zu sein. Die Stukkateure Andrioli, Carlo Daldini Bossi und Pedrozzi arbeiteten für diesen Bauabschnitt, ferner die Maler Wunder, Brendel, Gläser und Jucht und die Schnitzer Fischer und Ziegler. Außer vier später noch einmal veränderten Zimmern stand das Alte Schloß dann in seiner heutigen Gestalt.

Eremitage, Neues Schloß

Damit war aber erst der Anfang getan. Die Markgräfin drängte in ihrer Vielseitigkeit, — war sie doch gleichermaßen interessiert und begabt für viele Künste, als Architektin, Entwerferin für Innenausstattungen, Gartenkünstlerin, Schauspielerin, Malerin, Komponistin und vor allem begabte Schriftstellerin — nun auch den Garten umzuformen. Zuerst wurden zur noch stärkeren Asymmetrie führende Veränderungen an den Bosketts vorgenommen und eine Reihe von Figuren aufgestellt. Als erste Gartenarchitektur errichtete Wilhelmine noch vor 1744 die untere Grotte mit der Eremitage des Markgrafen, diese bereits in Ruinenarchitektur ausgebildet, in welchem Stile später noch mehr Bauten folgen sollten. Das bedeutendste Bauwerk dieser Serie bildet dann das Ruinentheater, welches Saint Pierre ab 1743 sicher unter starker Beteiligung der Markgräfin erbaute. Ist hier der ruinöse Charakter auch noch nicht so meisterhaft eingefangen wie in Sanspareil, so ist die Bogenfolge der Kulissen doch beeindruckend. Aber nicht genug hiermit. Die Waldwege wurden vermehrt und gleichzeitig entstanden Sanspareil und die Oper. Den Abschluß der großen Veränderungen im Park der Eremitage bildete der Bau des Neuen Schlosses von 1749 bis 1753, — anstelle des Labyrinthes, welches die Markgräfin 1737 angelegt hatte —, welcher wohl als die perfekteste Bauschöpfung des markgräflichen Rokoko angesehen werden darf. Abgekehrt vom Park wendet sich die Architektur einzig dem es umschließenden Basin zu, das sie halbkreisförmig einschließt. Ursprünglich war, wie Bachmann in dem neu aufgelegten Führer durch die Eremitagegärten und Schlösser beweist, nur eine Art Colonnade geplant und auch ausgeführt worden, von der aus Türen in verschiedene Käfige, Volieren etc. führten, also eine Menagerie. Der rückwärtige Anbau der Räume erfolgte dann erst später. So sieht Bachmann im Neuen Schloß eine Variante des für Deutschland typischen und nur hier nachweisbaren Orangerieschlosses, das zwar Nebenbau, nach außen hin aber wie ein Schloß wirkte, und in diesem Falle um 1750 dann auch als solches gestaltet wurde. Außerdem kam noch im Westen des Geländes einiges an gärtnerischen Anlagen hinzu, wobei deren Achsen auch zum Teil wie schon vorher willkürlich, ohne Bezug zueinander und zum Schloß, ein Eigenleben führen und ein Gesamtkonzept zu fehlen scheint.

Den Abschluß der Arbeiten in der Eremitage bildete die Innenausstattung des Neuen Schlosses bis in die siebziger Jahre. Hier arbeitete wieder eine Elite Bayreuther Künstler, genannt seien nur die bereits von dem Neuen Schloß altbekannten Pedrozzi und Albini, sowie Richter und Jucht, außerdem Räntz und wahrscheinlich auch wieder Spindler.

Mit dem Tod des Markgrafenpaares erlosch das schöpferische Leben in

der Eremitage nahezu völlig. Der letzte Markgraf führte zwar noch einiges weiter, ein englischer Garten wurde angelegt, aber die große Zeit war vorbei. Manches verfiel und wurde abgerissen, im Jahre 1800 Vasen und die Treillagen am Neuen Schloß beseitigt und verkauft. Herzog Pius von Bayern widmete sich der Pflege der Anlage und der wagnerbegeisterte Ludwig II. wohnte öfters hier, aber Wesentliches geschah nicht mehr. Ab 1925 setzte eine Restaurierung der Anlagen ein, die ihr furchtbares Ende durch die Vernichtung des Neuen Schlosses im Krieg fand, bei der Unersetzliches zerstört wurde: die gesamte Innenausstattung und dazu das Inventar, teilweise auch vom Alten Schloß zusammen mit einer Portraitsammlung der Markgrafen.
Der äußere Wiederaufbau ist zwar wieder in glänzender Form gelungen, die Innenräume bleiben aber für immer Erinnerung. Als einzige neue Errungenschaft kann man die bedingt geglückte Rekonstruktion der den Sonnentempel bekrönenden Quadriga ansehen, die als Abschluß des Wiederaufbaues, nach über 100 Jahren wieder aufgesetzt wurde.
In einer Beschreibung der wichtigsten Teile dieses großen Parkes soll ein Überblick über die heutige Anlage und ihre Bauten folgen.
Das Alte Schloß weist nur an den beiden Fronten seines Mittelbaues und an den seitlichen Verbindungstrakten zum Anbau ein glattes Mauerwerk auf, sonst ist überall das gesamte Äußere verkleidet durch rauh behauene und absichtlich unregelmäßig gehaltene Steinbrocken, zum Teil sogar mit Andeutungen von Fratzen versehen. Die vorhin schon erwähnten, heute noch teilweise erhaltenen Kamine, wie kleine Felshaufen gebildet, sollten zusammen mit dem Mauerwerk und den außen angelehnten rohen Felsen aus Tuffstein den möglichst natürlichen Eindruck einer in Felsen gebauten Ruine vermitteln, welcher noch durch den dreiseitig direkt anschließenden Lindenwald mit dicht geschlossenem Laubdach verstärkt wurde. Mit Ausnahme des Mittelbaues, dessen Fenster leicht umrahmt sind und der beiden Portale, die flankiert von Säulen, geschweifte Giebelschenkel mit Figuren, Wappen und Monogrammen tragen, ist nur sparsamer Schmuck vorhanden. Auf der Vorderseite ist das Brockenwerk der Mauern noch gliedernd in Form von Lisenen angebracht, während an den anderen Mauern die Fenster und Türen, wie Löcher im Fels wirken.
Als erstes betritt man den Hauptraum des Gevierts, den Marmorsaal aus dem Jahre 1720, dessen Formen noch dem schweren Barock verhaftet sind. Über Wänden aus verschiedenfarbigem Marmor, durch Pilaster gegliedert, erhebt sich die relativ wuchtige Decke, geschmückt mit einer Reihe von Emblemen des Markgräflichen Hauses. Besonders oft taucht der Rote Adlerorden auf, dem dieser Raum gewidmet ist. Der Stuck

Die Eremitage des Markgrafen mit ihren Wasserkünsten und dem Vogelpavillon

stammt wohl, wie in dem ebenfalls diesem Orden gewidmeten Saal in Schloß Thiergarten, von Cadenazzi.
Die links anschließende Raumfolge umfaßt den Damenflügel. Seine Ausstattung und Teile des Baues sind aus der Zeit der Markgräfin Wilhelmine. Andrioli schuf mit größter Wahrscheinlichkeit den Deckenstuck im ersten Raum auf blau-silbernem Untergrund.
Die Boiserien sind mit versilbertem Rocailleschnitzwerk überzogen, Außenwand und Sockel mit schwarzem Stuckmarmor verkleidet. Das Deckenbild malte der Hofmaler Wunder. Von hier kommt man nun in den Anbau der Markgräfin und betritt als erstes das Audienzzimmer. Ein heller Raum umfängt uns, dessen Wände über einem blau-goldenen Sockel durch weiß gefaßte Täfelungen mit vergoldeten Schnitzereien verkleidet sind. Die Stukkaturen stammen von Bossi, das Deckenbild von Torelli und die Supraporten von Georg Gläser. Das folgende Eckkabinett gehört zu den originellsten Interieurs der Eremitage. Auf der Grundlage von vier originalen, ostasiatischen Lacktafeln, die Friedrich der Große seiner Lieblingsschwester schenkte, wurde ein ganzer Raum vom Boden bis zur Decke unter ihrer Leitung und Mitarbeit mit Lackarbeiten verkleidet, die eine erstaunliche Einfühlung in die ostasiatische Formenwelt zeigen.

Diese beherrscht auch die restliche Ausstattung des Zimmers. Besonders erwähnt werden muß ein Produkt des „Bayreuther Blumenrokoko" in diesem Raum, der Leuchter aus Bronce dorée mit Bayreuther Porzellanblumen, von großer Leichtigkeit und ansprechender Eleganz. Er entstand um 1750. Die Flachrelieftafeln der Chinoiserien sind gerahmt von Schmuckleisten auf Goldgrund und die Decke überzieht ein Gitterwerk mit Ornamenten aus Stuck. Der zwischen 1736 und 1740 entstandene Raum soll um 1750 von Pedrozzi überarbeitet worden sein. Das anschließende Musikzimmer kann als der schönste Raum des alten Schlosses bezeichnet werden. Die stukkierten Wandfelder, wohl von der Hand Bossis, zeigen über einem einfachen Sockel bewegt und vergoldet gerahmte Wandfelder mit Musikinstrumenten, darüber sind in reiche Stuckrahmen Portraits von Antoine Pesne und seiner Schule eingelassen, die besonders anmutig gemalt, Frauen aus der Umgebung der Fürstin darstellen. Auch in diesem Raum hat Pedrozzi um 1750 einiges überarbeitet und wohl auch den Deckenstuck ergänzt. Wie im Musikzimmer des neuen Schlosses spielt auch hier auf dem Deckenbild Orpheus vor den Tieren. Das folgende Chinesische Spiegelkabinett bietet heute einen schwachen Abglanz seiner einstigen Pracht und Vielfalt. Zwar sind die Spiegelscherben, über die Wände und eine Sitznische verteilt, noch vorhanden, aber seit 1799 fehlen die über dreihundert kleinen Porzellane und Figuren, deren buntes Farbspiel den heute fast etwas eintönigen Raum natürlich erheblich belebten. Wohl ist die Illusion der durchlöcherten, ruinösen Wand gegeben, aber die ursprüngliche Wirkung zerstört. Der ebenfalls dem Stil der Chinoiserie zuzuordnende Deckenstuck stammt von Jucht. Hier zeigt sich die Vielseitigkeit mancher Künstler am bayreuther Hofe, denn Jucht war in erster Linie Hofmaler und nicht Stukkateur. Ähnliches gilt für den Stukkateur Pedrozzi, der hier und im Japanischen Kabinett Konsoltische entwarf, wenn nicht sogar fertigte und für Sanspareil sogar Plastiken schuf. In diesem Raum entstanden die Memoiren der Markgräfin, er diente einst als Arbeitszimmer, und sie gestaltete ihn vor allem nach ihren Ideen.
Zurück durch die Musikzimmer erreichen wir nun das ehemalige Ankleidezimmer, später Schreibkabinett. Die Wände waren ursprünglich, wie im Schlafzimmer des Markgrafen, mit 218 gerahmten Kupferstichen bedeckt. Heute ist leider nichts mehr davon erhalten und einen ähnlichen Raumeindruck können wir nur noch im Kupferstichkabinett von Schloß Thurn erleben. Im Gegensatz zum vorhergehenden Zimmer finden wir hier nurmehr eine einfache Stuckausstattung von Andrioli. Das Schlafzimmer bildet den Abschluß der repräsentativ ausgestatteten Suite des Damenflügels. Es gehört zu den Räumen des ersten Baues und ent-

sprechend stammt der Stuck wieder mit größter Wahrscheinlichkeit von der Hand Cadenazzis, und ist im Régencestil ausgeführt. Spätere Zutaten, so am Kamin, schuf Andrioli. Von der alten Ausstattung ist nicht mehr viel erhalten. Das Bildnis der Kaiserin Maria-Theresia in diesem Raum bringt Bachmann mit der zeitweiligen Entfremdung zwischen Wilhelmine und ihrem Bruder in Verbindung, der er auch die Vergabe für den Innenausbau der Oper statt an Knobelsdorff an den Wiener Theaterdekorateur Galli-Bibiena zuschreibt. Alle Räume des Damentraktes weisen bis hierhin eine Reihe alten Inventars auf, das aus anderen Beständen später zum Teil ergänzt wurde und wiederum eine Reihe von Werken Bayreuther Hofkünstler umfaßt. Es folgen nun sechs einfache Gelasse, deren Interieur durch die Verwendung als Eremitenzellen bestimmt ist. Im Höchstfalle sind, wie in den beiden ersten Räumen, noch einfache Stuckdecken und Kamine angebracht. Die Einrichtung ist aber ansonsten einfach bis primitiv. Auf die Toilettenkammer folgen die Arbeitskammer der Markgräfin, die Garderobenkammer, dann Geschirrkammer und Küche, welche eine schöne Sammlung alten Küchengerätes umfaßt. In einigen Räumen hängen hübsche Pastellbildnisse und Stiche.

Von diesen Zimmerchen aus betritt man den Innenhof des Schlosses mit einem kleinen Garten. Als Gegenstück zum großen Saal liegt, vom Hof zugänglich, das Grottenhaus mit einem sehr originellen Raum im Souterrain. Er gehört auch zu den 1720 errichteten Teilen des Baues. Der Entwurf könnte von Paul Decker stammen. Die mit Glasfüßen, Steinen und Muscheln besetzten Wände und Laternen erfahren durch verschiedene Farben des Materials eine recht kräftige Gliederung, die von sparsam angebrachten, sehr schweren Stukkaturen aus Profilleisten und Blattwerk verstärkt wird. In den Nischen sind Figuren von Räntz aufgestellt. Auch hier wieder Wappen und Monogramme der Erbauer, wie im Saal. Ehemals über 200 kleine Fontänen, die in verschiedenen Stufen betätigt werden konnten, dienten u.a. dazu, Gäste naßzuspritzen, welchem Vergnügen der Hof von den beiden Emporen aus zusehen konnte. Von dieser Höhe erfolgt auch die Beleuchtung des Raumes durch Rundbogenfenster. Vermutlich diente er aber, wie auch andere Grotten der Zeit, einfach nur einer Abkühlung bei Festen und an heißen Sommertagen.

Im Herrenflügel, dem anderen Teil des Komplexes, findet man die gleiche Raumzahl wie im Damentrakt. Zuerst folgen sechs Zellen aufeinander, deren Kamine und Stuckausstattungen aus der Erbauungszeit stammen. Die Möblierung ist noch wesentlich primitiver als im Trakt der Markgräfin. Auch hier findet sich wieder eine Reihe von Stichen und kleinen Portraits. Ursprünglich waren je zwei Kammern als Schlaf-

kammer und Garderobenkammer zu einer Eremitenwohnung zusammengefaßt. Die dann folgenden Räume weisen denselben Grundriß auf, wie im Damenflügel. Dies ist die einzige Symmetrie, außer derjenigen der Vorderfassade, die man in diesem Bau finden kann. In sich bilden die Zimmer ein willkürliches Konglomerat, das intimen und keinen repräsentativen Charakter hat. Barocke Enfiladen fehlen.
Das Schlafzimmer des Markgrafen weist wieder Stuckarbeiten Cadenazzis und am Kamin Andriolis auf. An der Decke ist eine Darstellung der Flora angebracht. Von der Ausstattung sei hier besonders die Serie der Apostelbilder des böhmischen Malers Johann Kupezki erwähnt. Das Nebenzimmer zusammen mit den folgenden fünf Räumen liegt wieder in dem Anbau, der unter Wilhelmine entstand. Es ist ein Pendant zum Schreibkabinett der Markgräfin und wurde, wie dieses von Andrioli stukkiert. Auch hier hängt, wie dort, eine Tapisserie der Erlanger Manufaktur, welche von den Markgrafen gegründet worden war. Im

Eremitage, Mittelpavillon des Apollo im Neuen Schloß

anschließenden Vorzimmer ist die alte, erste Ausstattung nicht mehr erhalten. Aus der dritten Gestaltungszeit der Alten Eremitage um 1750 stammt der vergoldete Deckenstuck von Pedrozzi. Er ersetzte ein Deckengemälde mit dem Thema: Leonidas bei den Thermopylen. Das Seitenkabinett bietet keine besondere wandfeste Ausstattung. Im folgenden Eckzimmer ging die alte Einrichtung ebenfalls verloren. Wie im Vorzimmer waren auch hier ein Deckenbild angebracht und die Wände vertäfelt gewesen. Die beiden schönsten Räume des Herrenflügels vermitteln nun den Übergang in den Saal und damit schließt sich der Kreis der Räume um den Hof. Im Audienzzimmer fassen reiche, vergoldete Stukkaturen wohl von der Hand Bossis ein großes Deckenbild von dem Hofmaler Wunder. Ein Teil der Wände ist mit vergoldeten Schnitzereien auf einer Täfelung verkleidet, zwei Wände werden durch Brüsseler Tapisserien, Allegorien des Frühlings und Sommers darstellend, ausgefüllt. Im Vorzimmer befanden sich einmal eigenhändige Werke von Richter, der uns bisher nur als Dessinateur begegnet ist. Leider sind die von ihm bemalten Tapeten verschwunden. Das Bild über dem Kamin kann man aber mit größter Wahrscheinlichkeit auch seiner Hand zuordnen. Andrioli schuf die Stuckdecke als Umrahmung für Wunders Deckenbild. Soweit zum Alten Schloß.

Der zweite Hauptbau auf dem Gelände der Eremitage, das Neue Schloß, gibt uns heute nur noch von außen im Sonnentempel und den Fassaden der Trakte einen Eindruck der alten Form. Von den Innenräumen konnte nur der Saal im Sonnentempel wiederhergestellt werden. Der Rest war in diesem Krieg zu sehr zerstört worden. Die leichte, aufgelöste Architektur rührt, wie anfangs gesagt, von der ursprünglichen Bestimmung als Orangerie oder Menagerie her. Die Ideen zu diesem Bau lieferte vermutlich die Markgräfin selber, während ein Franzose namens Nicolas den Entwurf gefertigt haben soll. Die Hofarchitekten Saint Pierre und Gontard leiteten dann die Ausführung des Komplexes. Beide Flügel wurden zur markgräflichen Zeit durch Spaliergänge fortgesetzt, wodurch der Eindruck eines geschlossenen Gartenhofes entstand. Sie nahmen das heute vorgelagerte Brunnenbecken gleichsam in ihre Mitte. Getrennt stehende Pavillons vermittelten den Übergang vom Schloß zu den Treillagengängen. Auch andere Teile der Ausstattung sind heute verloren. So waren in den Bögen der beiden Trakte weiße Vasen aufgestellt, die Mutschele, Grüner und Andreas Neuhäuser nach dem Entwurfe Richters geschaffen hatten. Die Treillagengänge waren ebenfalls reich bestückt mit Figuren und Vasen, die auch noch in der Umgebung verstreut aufgestellt waren. Den gartennahen Charakter dieser wohl schönsten Schöpfung des Bayreuther Hofes unterstreicht die Verwendung eines Materials für die Fassaden, welches sonst nur bei Grottenbauten Verwendung fand, nämlich bunter Steine, Quarze, Glasflüsse und Bergkristalle. Diese Lebendigkeit der Farben schuf in Verbindung mit den Wassern des Bassins und der Fontänen jene unwirkliche Welt, wie sie das Rokoko liebte.

Die Gruppe Apollos auf dem Sonnenwagen — wie auch die Büsten und Vasen über den Säulenpaaren der Arkaden von der Hand Pedrozzis —, mußte, da sie zu schwer war, 1758 ersetzt werden, durch eine hölzerne von Mutschele und Schuh geschaffene, welche aber auch verschwunden ist und zum letzten Male noch 1819 erwähnt wird. Dem im Barock immer wieder verwandten Thema des Sonnengottes Apoll ist der ganze Mittelpavillon gewidmet, welcher auch seinen Namen trägt. Im Inneren weisen nicht nur die Supraporten auf diese Verbindung hin. Der ganze Raum ist vom Licht gestaltet, dessen Intensität durch die Vielzahl von acht Türen und darüber liegenden ovalen Dachfenstern ungewöhnlich groß ist. Wie für das Äußere den Wagen, so lieferte auch für das Innere Pedrozzi seinen Beitrag, er schuf die Stukkaturen, deren Vergoldung die Lichteffekte noch unterstreicht. Die Leichtigkeit dieses Baues litt wohl etwas durch den mit der Ausgestaltung der Anlage verbundenen Einbau der Türen, andererseits kam dieser der Erhaltung der Substanz aber sehr zugute.

Das Zentrum des Neuen Schlosses, das Basin, weist in zwei großen und acht kleinen Figurengruppen der Bildhauer Johann Gabriel Räntz und Johann Schnegg eine enorme Vielfalt an Fabelwesen, Putten und Seeungeheuern auf, welche auch heute noch eine prachtvolle Wasserkunst hervorbringen. Alle diese Figuren stehen in einem inhaltlichen Zusammenhang zum Wasser.

So läßt uns das prächtige Äußere fast den Verlust der unersetzlichen Innenausstattung der Flügel des Markgrafen und der Markgräfin vergessen, die in 14 Zimmern mit die besten Zeugnisse des bayreuther Rokoko enthielten und deren Ausstattung erst unter dem letzten Markgrafen vollendet werden konnte. Sechs Räume umfaßte die Wohnung der Markgräfin, während der Markgraf im rechten Bau acht zur Verfügung hatte, von denen das Salet wohl die interessanteste, wenn auch nicht schönste Schöpfung war. Hier war die Natur soweit in den Raum eingefangen, daß seine architektonische Gliederung, bis auf die Andeutungen durch Spaliere, die schon leichte Ansätze des Louis XVI. zeigten, und die notwendigen Türen und Fenster verschwanden, und er nurmehr der Natur als Aufbewahrungsort diente. Naturalismus in einer fast in Kitsch überschlagenden Weise zeichnete dieses Zimmer aus, in dem das Plätschern der Brunnen und der Gesang der gefangen gehalte-

nen Vögel die perfekte Illusion des sich in der Natur Befindens schaffen sollte. Das deutsche Rokoko hat wohl kaum noch einen Raum aufzuweisen, in dem diese Idee so weit verwirklicht wurde.
Heute sind all diese ehemals bedeutenden Schöpfungen zu zwei großen Sälen geworden. Eine sehr glückliche Restaurierung stellte das Äußere wieder in seiner alten Pracht her und versucht so durch die besondere Gepflegtheit ein wenig für die Verluste zu entschädigen.
Die Parkanlagen der Eremitage umfassen heute vier Zonen: Den als letztes geschaffenen Teil westlich des Neuen Schlosses zwischen drei Alleen gelegen, das Neue Schloß mit dem vorgelagerten Parterre, welches größtenteils durch das Basin ausgefüllt wird, den Bereich des Alten Schlosses bis zur heutigen Gaststätte — dem alten Wirtschaftsgebäude — auf das die Kaskade und die Allee nach Monplaisir bezogen sind, und als vierten Teil die Hangzone, welche weitläufig auf drei Seiten dieses Zentrum umzieht und in die noch einige kleinere Bauten einbezogen sind. Viele dieser Bauten haben aber große Teile ihres alten Bildes eingebüßt, so z.B. der Grottenberg südlich vom Alten Schloß. Früher wurde er von 11 Statuen, die Elias Ränz geschaffen hatte, bekrönt. — Von den alten Laubengängen und Pavillons sind heute nurmehr wenige erhalten. Viele wurden im Rahmen der Vereinfachung zum englischen Parkstil entfernt. Die Einsiedeleien, welche am Nordhang neben der Kaskade verstreut lagen, wurden 1789 abgebrochen. Das Prinzessinnenhaus am Neuen Schloß verschwand ebenso wie viele der Figuren und Vasen, um 1800. Auch das Strohhaus und der Tempel des Stillschweigens fehlen heute.
Beginnen wir nun am Alten Schloß mit dem Rundgang durch den Park. Am Ende des ehemaligen Parterres finden wir zwei besonders gute Beispiele der Ruinenarchitektur, einmal das Grabmal des Lieblingshundes der Markgräfin in Form einer ruinösen Mauer und dann das große Theater. Es entstand 1743 nach Plänen Saint Pierres und wiederum sicher unter starker Einflußnahme der Markgräfin.
Wenden wir uns dann dem westlichen Bereich zu, so liegt an dessen Ende das kleine Schlößchen Monplaisir, welches der ersten Bauperiode entstammt. Von seinen Nebengebäuden und den Gartenanlagen ist heute nichts mehr zu finden. Der südlich davon aufgeschüttete Schnekkenberg wurde einst von einer kleinen Pagode bekrönt, die auch nicht mehr erhalten ist. Im Hangbezirk der Eremitage steht dann die mit dem Theater wohl bedeutendste Ruinen- und Grottenarchitektur des Parkes.
Die untere Grotte wird durch ein auf drei Seiten von Bauten umgebenes Basin gebildet, in dem Johann David und Johann Lorenz Räntz eine

großartige Figurengruppe mit allerlei Putten und Fabeltieren schufen. Die Wasserkünste sind als einzige der Eremitage komplett erhalten und funktionsfähig geblieben. In dieses Spiel mit einbezogen sind die Gruppen auf den umgebenden Arkaden. Die felsenähnlichen Bögen und Nischen bergen zum Teil kleine Brunnen und dienten einst der Erfrischung, wie auch das Basin vermutlich als Bad benutzt wurde. Wie überall in dem beschriebenen Bezirk ist auch für diese Anlagen wieder Saint Pierres Tätigkeit überliefert. Den Abschluß des um die Wasserspiele gebildeten Halbkreises macht die kleine Eremitage des Markgrafen. Ein Oktogon als Mittelteil überragt um ein Geschoß die kleinen, niedrigen Flügelbauten. Hier ist das Vortäuschen der Ruine wohl am besten gelungen, so daß sich der Betrachter fragt, ob nicht wirklich ein vollendet gebautes Haus später verfiel und so das jetzige Aussehen erhielt.
Über diesem ganzen Komplex schlossen sich früher zwei Vogelhäuser an, von denen leider nur noch eines erhalten ist. Der kleine, achteckige Tuffsteinpavillon besitzt außen auf den Lisenen eine Reihe recht origineller Reliefs, die sämtlich der Tierwelt der Grotten entstammen. Die ehemals über den rechten Grottenbögen aufgestellten Figuren fehlen heute leider auch. Zu diesem großen, unteren Bezirk tritt, in einer schräg laufenden Achse nach oben verbunden, ein weiterer „Grottenbau" in Beziehung, die Drachenhöhle, deren kleiner Raum früher von einem Japanischen Häuschen bekrönt war, das später auch abgerissen wurde. Das Pendant zur Eremitage des Markgrafen am Basin bildete eine um 1744 errichtete, heute ebenfalls verschwundene Anlage der Markgräfin.
Es ist schade, daß man beim Durchwandern des ganzen Parkes immer wieder an Stellen kommt, wo einmal etwas stand, was heute nicht mehr zu rekonstruieren ist. Anhaltspunkte liefern lediglich Reisebeschreibungen und Stichwerke aus jener Zeit. Das was bleibt, gibt aber immer noch, obwohl Fragment, eine Fülle von architektonischen und Raumeindrücken. Besonders im Herbst verzaubert sich diese Landschaft und manche kleine Ruine erscheint, wenn das farbige Laub sich darüber gelegt hat, vielleicht erst dann in dem Gewand, welches die Erbauer bei ihrer Errichtung vor Augen gehabt haben mögen. Die Wasserspiele verleihen dazu dem Ganzen noch den unwirklichen Eindruck einer Theaterdekoration, deren Verwandtschaft ja nicht allein in der bezeugten Tätigkeit Saint Pierres für die Bühnendekoration überliefert und nachweisbar ist.

32 Thurnau

Schloß, Kreis Kulmbach

Zu den größten, heute noch bewohnten Schloßkomplexen in Franken gehört Thurnau im Besitz der Freiherren Hiller von Gaertringen. Von welcher Seite auch immer man diesen Bau betrachtet, jedesmal ist man überwältigt von der Fülle sich über- und hintereinander staffelnder Flügel, Türme und Mauern. Die große, sich um zwei geräumige Innenhöfe gruppierende Anlage, mit ihren annähernd 300 Räumen, wird überragt vom ältesten Teil des Schlosses, der Kemenate. Dieser große Klotz bildet den wichtigsten Teil der alten Verteidigungsanlage. Er wächst aus dem Felsboden zur Höhe von sieben Stockwerken und einem dreigeschossigen Dachboden auf. Von dieser gewaltigen Baugruppe beherrscht duckt sich der Marktplatz, welcher noch die Atmosphäre einer kleinen Residenz zu atmen scheint, vor den großen Mauern. Drei bedeutende Familien sind die Gestalter Thurnaus und seiner Geschichte, bis es mit Aussterben der Grafen Giech an die jetzige Familie fällt. Am Anfang stehen die Herren Förtsch von Thurnau.

Ursprünglich scheint der Besitz zur Herrschaft der schweinfurter Markgrafen gehört zu haben und dann in die Hand der sächsischen Markgrafen gekommen zu sein. 1137 wird Dornowa in einer Urkunde des Bischofs Otto I. von Bamberg zum ersten Mal erwähnt, in der davon die Rede ist, daß der Bischof Thurnau aus der Hand Eckberts v. Sachsen und des Grafen Reginboto v. Giech erworben hat. Die öfters erwähnte Jahreszahl 1060 stimmt in keiner Weise. Thurnau scheint demnach ursprünglich freies Eigen gewesen zu sein und gehörte nun zu Bamberg. Ein Teil blieb aber scheinbar freies Eigen, der andere wurde nach der Erbschaft von den Förtsch durch die Giech freigekauft. 1288 ist dann wiederum ein Teil an Bamberg zu Lehen aufgetragen worden. Das Halsgericht zu Thurnau, um dessen Erhaltung und Bestätigung später ein dauernder Streit zwischen den Thurnauer Herren und den angrenzenden größeren Territorien Bayreuth und Bamberg geführt wird, gehörte ursprünglich wohl zum Besitz und Hauptsitz der Walpoten in Zwernitz. Aus deren Hand scheinen die Förtsche im Anfang des 13. Jahrhunderts Thurnau erworben zu haben. Sie hatten aber vermutlich schon vorher in der Gegend Besitz gehabt, desgleichen auch die Plassenberg (eines Stammes mit den Künßberg und Guttenberg) und die Giech. Der vermutlich erste faßbare Förtsch Eberhardus de Briswize ist 1149 zum ersten Male erwähnt und zwar wohl auch schon in der Gegend ansässig. Thurnau scheint zusammen mit dem Hochgericht von den Förtsch gekauft worden zu sein. Erich Guttenberg nimmt an, daß auf diese Zeit die Erbauung der ersten Burg zurückgeht. Ob eine ältere Turmhügelburg — hier wäre wohl die genaue Bezeichnung ein Wohnturm auf einem Felsen in sumpfigem Gelände — von denen Kunstmann sagt, daß sie im Jura schon nach der Mitte des 11. Jahrhunderts nicht mehr errichtet wurden, vorhanden war, ist fraglich. Genauere Datierungen, die in diesem Zusammenhang für Thurnaus ersten Bau getroffen wurden, müssen als unsinnig zurückgewiesen werden.

1239 nennen sie sich zum ersten Male v. Thurnau. 1308 geht aber Kasendorf aus dem Besitz der Förtsch teilweise an die Burggrafen, welche andauernd die Hochgerichtsbarkeit der Förtsche anfechten. 1392 erfolgt eine ausdrückliche Anerkennung des Thurnauer Hochgerichtes durch den Bamberger Bischof Lamprecht v. Brunn. König Wenzel bestätigt es 1397 in einer noch heute im Thurnauer Archiv erhaltenen Urkunde. Alle diese Zusicherungen störten die Burggrafen von Nürnberg wenig. Sie fuhren weiter fort, den Thurnauer Herren das Leben schwer zu machen und wegen des Hochgerichts Streitigkeiten anzuzetteln. Sie versuchten auch 1307 durch einen Tauschvertrag das Gebiet an sich zu bringen, was aber am Einspruch des Bischofs von Bamberg scheiterte, der 1288 und 1292 einen Teil der Kemenate von Theoderich dem Berner erworben hatte, dem 1292 eine Lehensauftragung der Anteile Albrecht Förtschens am Gesamtbesitz an den Bischof folgte. Durch den Einspruch Bambergs wurde also der Tausch verhindert und die hohe Strafe von 1000 Pfund Haller für die Nichteinhaltung des Vertrages trug der Bischof. Der Lehensvertrag wurde erneuert und der Bischof erhielt ein Vorkaufsrecht. Außerdem sollte die Herrschaft beim Aussterben der Förtsche an das Hochstift fallen. Weiter ist von da ab, wie oben gesagt, Kasendorf zollernscher Besitz, und erhält 1328 u.a. ein Hochgericht. Dies brachte in der Folge dauernde Schwierigkeiten mit den Burggrafen, und Kasendorf bildete in jeder Hinsicht eine Konkurrenz für Thurnau. Für die Bedrängnisse durch die Zollern lieferte der erneuerte Lehensbrief Kaiser Friedrichs III. von 1475 neuen Stoff, da er die Hochgerichtsbarkeit nur insofern anerkannte, als sie dem Markgrafen nicht seine Rechte schmälern dürfe. 1525 bringt der Bauernkrieg mit der Zerstörung der Burg den Förtsch weitere Schwierigkeiten. In der Folge können sie nur noch das Hochgericht im Markt Thurnau ausüben. Aber auch das scheint gefährdet gewesen zu sein, denn im Crailsheimer Rezeß von 1539 trägt Wolf Förtsch dem Markgrafen das Hochgericht in Thurnau zu Lehen auf, als Reichsafterlehen, und erhält dabei auch eine geringfügige Vergrößerung des Bezirkes bis zu den vier Martersäulen um Thurnau gewährt. 1541 erkennt Kaiser Karl V. den Crailsheimer Rezeß an.

1564 stirbt mit Georg Förtsch zu Peesten die Familie aus. Die umfangreiche Herrschaft umfaßt zu der Zeit im ganzen, außer Thurnau, Besitz in ca. 80 Orten, verteilt über die heutigen Landkreise Kulmbach, Bayreuth, Lichtenfels, Staffelstein, Bamberg, Ebermannstadt, Stadtsteinach, Ebern und Neumarkt.

Es folgen nun drei Geschlechter, von denen auf die Dauer zwei von der Beteiligung ausscheiden. Die Schwiegersöhne des letzten Förtsch: Hans Friedrich von Künßberg, aus Wernstein und Hans Georg von Giech aus Buchau, von der Ellerner Linie des Hauses, teilen sich den Besitz. Der dritte Erbe ist Sigmund Fuchs v. Rügheim. Er wird gleich von den beiden anderen ausbezahlt.

Die Giech, vielleicht edelfreier Abstammung, werden dann ab 1731 die alleinigen Besitzer von Thurnau. 1137 sind sie zum ersten Male erwähnt und es wird vermutet, daß sie von den Edelfreien v. Schönbrunn abstammen. Jedenfalls sind sie 1149 als Ministerialen der Andechs-Meranier und später Bambergs nachgewiesen. Ihren Besitz, Giech bei

Schesslitz, dem sie den Namen verdanken, geben sie 1255 ab. Außerdem umfaßt der Komplex der Giechschen Besitzungen Güter in und um folgende Orte: Schesslitz, Giech, Oberbrunn, Helfenroth, Wiesenfels, Buchau, Giechkröttendorf, Kasendorf, Krögelstein und Prügel und weiter in insgesamt ca. 75 Dörfern. Mit der Ererbung eines Teiles von Thurnau wird dieses ihr Hauptsitz. In den folgenden Jahrhunderten bauen sie ihre Herrschaft und den Besitz dort so stark aus, daß sie die Künßberg im 18. Jahrhundert aus dem Ort und dem Schloß verdrängen und abfinden können.

Die Versuche der Giech im 17. und 18. Jahrhundert Sitz und Stimme auf der fränkischen Grafenbank zu erreichen, dauern über zwei Generationen. Am Anfang steht Christian Carl. Der erste Schritt ist die Ernennung zum Ritterhauptmann des Kantons Gebürg. 1680 folgt die Erhebung zum Reichsfreiherren. 1694 sucht er bereits um eine weitere Standeserhöhung zum Grafen in Wien nach, die dann auch 1695 erfolgt. Damit war die ersehnte Würde des Reichsgrafen endlich erreicht. Große Schwierigkeiten machte nun die Aufnahme in das fränkische Grafenkolleg. 1726 war es dann endlich soweit und erfolgte dann die lang ersehnte festliche Aufnahme bei dem Grafentag zu

Lithographie von S. H. Jarwart 1840

Weikersheim. Die Giech nahmen nun als sogenannte Personalisten, d. h. Reichsgrafen mit Sitz und Stimme aber ohne Herrschaft, wie die Windischgrätz, Rosenberg und Pückler, nicht den besten Platz in der Rangfolge ein und ließen sich auch von befreundeten oder verwandten Häusern auf dem Grafentage vertreten.

Mit der Abfindung der Herrn von Künßberg im Jahre 1731 wurden sie auch alleinige Herren in Thurnau und bauten es zu einer kleinen Residenz aus. Der Besitz wurde durch Ankäufe wiederum erneut vergrößert. Die ersehnte Reichsstandschaft war aber hiermit durchaus nicht verbunden. Einen Eindruck der damaligen Herrschaft und der Stadt vermittelt die im Anschluß an den Bayreuther Vertrag von 1699 gefertigte Landkarte mit einer Ansicht Thurnaus von dem bekannten Kartographen Homann aus Nürnberg. In der Folge entwickelte sich ein kleines, den bescheidenen Verhältnissen, — die allerdings durch sehr zielstrebige Heiratspolitik in Verbindungen mit reichen Frauen bester reichsständischer Familien eine nicht unerhebliche Aufbesserung erhielten —, entsprechendes Hofleben, dessen Höhepunkte wohl die Einladungen zu Festlichkeiten an den benachbarten und nunmehr befreundeten Hof nach Bayreuth bildeten. Eine Reihe recht bedeutender Künstler wurde bis ins 19. Jahrhundert immer wieder mit Aufträgen des Hauses bedacht, wenn es natürlich auch zur Anstellung eigener, guter Hofkünstler nicht kommen konnte. 1767 normalisierte ein Vertrag mit Bamberg auch diese Beziehungen, die bis dahin immer gespannt gewesen waren, und so stand Thurnau nicht mehr unter dem ständigen Druck von zwei Seiten. Die beschränkte Selbständigkeit hatte aber 1792 ihr Ende, als mit Übergang der Markgrafschaften an Preußen auch dessen Druck spürbar wurde. Die Giech wurden damit Landstand des Königs von Preußen, wenngleich eine Reihe von Privilegien noch blieb, so waren sie doch ihrer wesentlichen Rechte beraubt. Das änderte aber nichts an der Tatsache, daß sie noch zum Grafenkollegium und ihre nicht im Bayreuthischen gelegenen Besitze weiter zum Reich und der Ritterschaft gehörten. Aber auch dieser Zustand endete mit dem Reichsdeputationshauptschluß und der Säkularisation von 1803/06. Für die Giech gab es ein kompliziertes Jonglieren zwischen Bayern und Preußen, da seine Besitzungen in beiden Bereichen lagen. Die Kontributionen wurden schließlich so hoch, daß ein Verkauf einiger Güter erwogen wurde. Diese Zeit von 1806–1810 brachte viel Elend über die kleine Herrschaft. 1810 ging auch Bayreuth an Bayern, nachdem Bamberg durch die Säkularisation schon vorher dazugekommen war. Damit war endgültig das Ende einer auch beschränkten Unabhängigkeit Thurnaus gekommen.

1812 wurden wohl ein gräfliches Herrschaftsgericht mit Patrimonialgerichten in Buchau und Wiesentfels errichtet. Aber die Giech waren nun Landstand, wenngleich sie den Standesherren zugeordnet wurden, besaßen aber keinen politischen Einfluß wie in früherem Maße mehr.

1938 starb der letzte Giech und damit schließt das Kapitel der Geschichte dieses Hauses in Thurnau. Besitzer wurden die Freiherren Hiller von Gaertringen. Heute betritt man die gewaltige Schloßanlage von Thurnau durch ein Tor, das erst später an dieser Stelle errichtet wurde. Früher erfolgte der Eingang rechts zwischen dem heutigen Torbau und der Kemenate. An der rechten Seite des Torhauses lagen zwei Türme, als Pendants zu den Türmen an der Kemenate. Diesen beiden Türmen schloß sich links eine große Scheune an, die den Platz des östlichen Gartens vor dem Hans-Georgen-Bau einnahm. Sie brannte ab und die Stelle wird noch heute als die Brandtstatt bezeichnet. Nach außen war sie durch eine Schildmauer geschützt gewesen. Dem alten Tor vorgelagert befand sich ein tiefer Graben, der zum Schloß hin durch eine Mauer abgeschlossen war, deren Reste noch heute mit Schießscharten den Torbau und den großen Rundturm an der Nordostecke verbinden. Vermutlich aber ist diese Mauer später immer wieder verändert worden. Wann das heutige Eingangstor an seine jetzige Stelle gelegt worden ist, bleibt unklar. Ob es im 16. Jahrhundert gebaut, unter Franz Friedrich Karl Giech etwa in den 30er Jahren des 19. Jahrhunderts verändert wurde, oder früher, ist unsicher. 1832 sind zumindest Teile des Erdgeschosses nach dem Brand der Scheune, aufgebaut worden, wie eine Inschrift über dem Tor links in der Durchfahrt mit dem Giechschen und Steinschen Wappen besagt. Der alte Eingang zwischen den vier Türmen lief vermutlich in einer Art Zwinger parallel zur Kemenate und hatte noch ein hinteres Tor an der Ecke zur Kemenate. Den Überbau, vielleicht nur in Form eines Wehrganges, der eine Verbindung vom rechten Treppenturm zum linken Turm vermittelt haben muß, können wir noch am Mauerwerk um ein Fenster im Treppenturm erkennen. Für eine Planänderung während des Baues spricht die erste Bearbeitung des Felsens im Erdgeschoß der Kemenate. Hier sind deutlich die Umrisse eines Torbogens zu erkennen, der aber nur wenige Zentimeter tief aufgeführt wurde. Vermutlich war man sich der Schwierigkeit bewußt, durch den meterdicken massiven Fels einen Zugang zum unteren Hof oder einen Eingang in die Kemenate zu schaffen und hat deshalb das Projekt aufgegeben.

Das neue Torhaus erhielt 1833 einen Aufbau von zwei Stockwerken. Die Fenster weisen neugotisches Stabwerk auf. In die Wand über dem Tor ist das Allianzwappen Giech-Förtsch eingelassen mit einer Inschrift, aus der hervorgeht, daß Hans Georg v. Giech durch die Heirat mit Barbara v. Förtsch 1583 den Besitz Thurnau übernommen hat. Er ist auch der erste große Bauherr nach den Förtschen. Auf ihn geht der links vom Torbau anschließende Hans-Georg-Bau zurück. Er hat eventuell auch als erster den Torbau an dieser Stelle aufgerichtet. Das große Tor mit Rundbogen weist noch die Aufzugsrollen für die Zugbrücke und die durch ein Profil abgesetzte Fläche für das Anziehen der Brücke auf. Die innere Durchfahrt und das Tor zum Hof entstammen der Bauperiode um 1833. Die beiden Anbauten an das Torhaus entstanden im 18. Jahrhundert. Aus etwa der gleichen Zeit dürfte der Maueraufbau mit den Pyramiden rechts vom Torhaus sein. Diesem vorgelagert war früher ein Trockengraben, der am Torhaus vorbei und davon links weiter führte. Ihn überspannte die anfangs erwähnte Zugbrücke. Der zweite Eingang zum Schloßkomplex führt durch den Westflügel im unteren Hof. Er führte in den unteren Schloßhof. Der heutige Haupteingang vermittelt den Zugang zum oberen Schloßhof und dem zuzeiten des Condominates der Künßberg und Giech, der letzteren Familie gehörigen Teil. Der Hof war ehemals durchaus nicht geschlossen. Im Anfang standen lediglich die Kemenate mit Torbau und die beiden Südtürme mit kleinen Anbauten. Im unteren Hof, anschließend an den Archivbau, befand sich außerdem ein großer Turm, wohl Bergfrit, dessen gewaltige Fundamente bei kürzlichen Vermessungsarbeiten gefunden wurden. Anstelle des Carl-Maximilianbaues schloß den Hof zwischen Künßbergteil und Zehntturm eine Wehrmauer ab. Nur das Kutschenhaus zwischen den beiden Südtürmen war in niedriger Form vorhanden. Im Ganzen muß aber das untere Schloß als der ältere Teil angesehen werden, wenn es auch später eingreifende Änderungen erfuhr Der obere Hof kam erst später dazu. Den ältesten Kern bilden die Kemenate und der Bergfrit. Die Kemenate ist auf dem gewachsenen Fels errichtet und ihre Kellergewölbe zum Teil in den Fels gehauen. In ihren sieben Stockwerken beherbergt sie eine Reihe von Räumen, von denen aber nur die Ausstattung weniger bemerkenswert ist. Meistens sind es wie im größten Teil der gesamten Schloßanlage simple Zimmer mit einfachen Dielenfußböden, einige haben schöne Spunddecken. Der oberste Raum im Rundturm an der Kemenate ist mit bezauberndem Stuck, wohl aus der Zeit um 1710/20 unter starkem italienischen Einfluß entstanden, ausgestattet. Im zweiten und dritten Stock der Kemenate wurden im 18. Jahrhundert einige Zimmer von einem italienisch beeinflußten Meister stukkiert, vermutlich zu der Zeit, als Bernardo Quadri 1702/03 den überaus reichen und kräftigen Stuck für die Kirche schuf. 1705 brannte ein Teil der Kemenate aus. Das recht schmucklose Äußere läßt uns gut die verschiedenen Bauepochen erkennen. An der Ostseite sind noch heute deutlich zwei romanische Kuppelfenster zu sehen. Der Südgiebel stammt aus der dritten wesentlichen Bauperiode des Schloßkomplexes und nach dem Bauernkrieg hat Wolf Förtsch den Südwestteil der Kemenate erneuert. Der erste Giech in Thurnau nahm hier eingehende Veränderungen vor. Der Südgiebel entstand 1581 zusammen mit dem besonders schönen und reichen Gebetserker. Auf einer Spitzkonsole mit der Figur eines Wappenträgers am Fuß, ruht eine Brüstung, die durch Figuren in Blendnischen und Pfeiler mit Wappen gebildet wird. Über den von verzierten Pfeilerchen eingefaßten Butzenfenstern erhebt sich ein Volutengiebel, in dessen Feld das Allianzwappen der Erbauer angebracht ist. Der Meister dieses Erkers ist vermutlich Hans Schlachter. Zur gleichen Zeit entstanden die beiden Treppentürme an der Kemenate, weiter eventuell der oben erwähnte Torbau und der auch bereits aufgeführte Hans-Georg-Bau, letzterer unter Verwendung älterer Teile, die aus dem 14. und 15. Jahrhundert stammen. Seine typischen Renaissance-Doppelfenster gliedern in schöner, einfacher Form die große Fassade. Dieses schlichte Äußere erfährt eine Belebung durch die leider vermauerten Arkaden im Erdgeschoß, in dem sich der noch in alter Form erhaltene Pferdestall befindet. Der Flügel wurde 1658 renoviert, 1710 um ein Stockwerk erhöht und im Innern ein großer Saal eingebaut, dessen Stuckdecke im Stil den anderen durchaus gleich oder verwandt ist. Ein anschließender Raum weist eine ähnliche Ausstattung mit Rahmenwerk, Ranken und Muscheldekor sowie Putten in Medaillons auf. Ein Zimmer auf derselben Geschoßhöhe im Weißen Turm wurde im 19. Jahrhundert im Anschluß an die Bibliothek als Studierzimmer, wie diese, neogotisch ausgestattet. Der jetzige Besitzer, der sich um die Erhaltung des Hauses sehr große Verdienste erworben hat, baute unter Erhaltung historischer Substanz im ersten Stock Büros für die Verwaltung ein.

Den einfachsten Teil des oberen Hofes, der kürzlich in guter Form umgestaltet wurde, bildet das Kutschenhaus mit zwei Geschossen und einem Mansarddach. Es entstand 1714 an der Stelle einer alten Wehrmauer, welche die beiden Südtürme verband und von der noch Teile in der Außenseite versehen mit Schießscharten zu erkennen sind. Der Bau diente als Remise und Scheune und wurde 1781 aufgestockt. In der Ecke zum Hans-Georg-Bau liegt ein achteckiger Turm mit einer Treppe. Das Erbauungsjahr 1601 ist am 1. Stock angebracht. Den Abschluß der Bauten bildet, der Chronologie folgend, der Carl-Maximilians-Bau. Er ist auf die alte Mauer gesetzt, die früher den Hof nach Westen hin abschloß. — Von den Vorgängerbauten ist auch noch ein zweiachsiger Renaissancebau an den Südwestturm (Zehntturm) erhalten. — Dieser Flügel hat die repräsentative Front, wenngleich die Bausubstanz sehr schlecht ist. Man hat sich, wie so oft in der Barockzeit, nicht um Statik gekümmert, sondern nur um das Äußere und so gab es im Inneren einige Ungenauigkeiten, die heute bei der Erhaltung des Gebäudes sehr große Sorgen bereiten. Das Portal wird betont durch einen dreiachsigen Mittelrisalit. Dieser wird durch einen geschweiften Giebel abgeschlossen, der seine Bekrönung in einer Urne erfährt. Die Mansardfenster im Dach sind ebenfalls in der gleichen Art verziert. Besonders reich ist das breite Mittelportal in einer schönen Gliederung und Einfassung durch Pilaster mit Voluten und über dem Portal eine Kartusche mit den Erbauungsjahren 1729 und 1739 gehalten. Das Innere wurde im 19. Jahrhundert zum Teil sehr geschmacklos umgestaltet und enthält nurmehr wenige schöne, alte Teile. Einige einfache Rahmenstuckdecken blieben erhalten und das Treppengeländer aus der Wende vom 18. zum 19. Jahrhundert in einem schlichten Treppenhaus. Nur ein Raum verdient noch Erwähnung. Er wurde zur Zeit der Gräfin Karoline, geb. Schönburg-Wechselburg mit Landschaftsszenen ausgemalt, die Besitzungen ihres Hauses darstellen.

Die beiden Südtürme sind in der Barockzeit mit geschweiften sechseckigen Hauben versehen worden. Älteren Datums dürften sie wohl schon bei früheren Anlagen gestanden haben, als im oberen Hof nur der Kern des Hans-Georg-Baues und die beiden anderen Wehrmauern existierten. Von den vier Geschossen der beiden Türme wurde das obere des Zehntturmes 1705 neugebaut, wie eine Bauinschrift mit Wappen besagt. Das südlich angebaute Gerichtsdienerhaus dürfte wohl wenig später entstanden sein. Es lag an dieser Stelle, da der Zehntturm das Gefängnis beherbergt. Außer dem im Zusammenhang mit der Bibliothek schon eben erwähnten Raum, dessen Ausstattung neogotisch ist, befindet sich im darunterliegenden Stockwerk des weißen Turmes ein zweites Gewölbe mit Wappenschlußstein.

Der bisher beschriebene Teil bildete mit Ausnahme der Kemenate den Teil, welchen die Giech nach der Auseinandersetzung mit Künßberg innehatten. Die Kemenate war zwischen beiden Familien geteilt, ungefähr halbe-halbe, wobei die verschiedenen Raumgestaltungen der Geschosse natürlich Schwierigkeiten machten. Daß diese Teilungen natürlich zu Streitereien Anlaß boten, ist klar. Und in jenen Zeiten war man mit Handgreiflichkeiten durchaus nicht zimperlich.

So gab es auch bis die Burg in einer Hand vereinigt war, keinen Zugang vom Giechschen Teile zum Künßbergischen. Erst nach der Vereinigung

der beiden Teile in einer Hand bauten die Giech den Holzverbindungsgang, der heute vom Hans-Georg-Bau zur Kemenate führt und von dort weiter über die Straße in die Patronatsloge der Pfarrkirche.
Der Holzgang ist in seiner jetzigen, nicht sehr schönen Form vermutlich auf eine Veränderung im vorigen Jahrhundert zurückzuführen. Der Gang zur Kemenate im Hof entstand wohl 1709, während der über die Straße um 1800 gebaut wurde. Früher waren sie wahrscheinlich offen, zumindest teilweise der Gang im Hof, wurden später geschlossen und mit neogotischen Fenstern und Verlattung versehen.
Einen besonderen Schmuck des oberen Schloßhofes bildet der große Rokokobrunnen. Über einem vierseitigen, reich geschweiften und mit verkröpften Gesimsen versehenen Brunnenbecken erhebt sich eine Säule, die aus Rocaillen besteht, mit Putten und einem Schwan (im Giechschen Wappen) verziert ist und von einer Vase bekrönt wird. Die Röhren werden von Schmiedeeisernen Gs getragen. Der um die Erforschung des Kunsthandwerks der oberfränkischen Gebiete sehr verdiente K. Sitzmann vermutet Johann Gabriel Ränz als den Künstler.
Damit wäre der obere Hof beschrieben. In einem zweiten Teil soll nun der untere Hof behandelt werden, der zusammen mit der Kemenate und dem Bergfrit den ältesten der Burganlage bildet.
Die erste Anlage, auf die vorhin schon kurz eingegangen wurde, wies, vielleicht den bereits erwähnten mit Mauern umgebenen oberen Hof vermutlich mit Türmen (südlich) und dem Vorgängerbau des Hans-Georg-Flügels, sicher aber einen wesentlich kleineren unteren Hof auf, der sich westlich an die Kemenate anschloß und ebenfalls von einer Mauer eingefaßt war. Auf diese einer ersten Bauperiode nach Errichtung der Kemenate und des Bergfrits entstammende Anlage, folgte in einer zweiten großen Umgestaltung der Ausbau und die Erweiterung der Burg. Die Hussitten hatten sie zerstört und nun entstand sie größer als vorher aus den Trümmern. Die Kemenate wurde in ihrem Südteil wieder aufgebaut und der große Nordtrakt des Archivbaues entstand. Damals wurde auch vermutlich der Turm, der im Norden direkt an die Kemenate anstieß und durch dessen unteren Stock man heute den Nordzwinger betritt, nicht mehr aufgebaut, vielleicht aber auch erst im 17. Jahrhundert abgeändert. Es wird vermutet, daß sich an der Stelle des Archivbaues eine Kapelle befand, die durch den Bergfrit und die Kemenate eingefaßt war. Man führte nun den sogenannten Storchenbau, der südwestlich an die Kemenate anschließt auf und veränderte den Zugang zum unteren Hof. Außerdem erfolgte um 1500 die Errichtung des Nordzwingers mit den Türmen. Der Wehrgang des Zwingers weist innen noch den reizvollen Arkadengang auf. In die Außenmauer ist

Der obere Hof mit Hans-Georgen-Bau und Kutscherhaus vom unteren Hof aus

eine 1565 bezeichnete Wappentafel mit Inschrift eingelassen, die vermutlich vom abgerissenen oberen Markttor stammt. Einen wehrhaften Charakter vermitteln die vielen in Mauern und Türmen zum Markt vorhandenen Schießscharten. Allerdings hat diese Seite auch durch die Barockzeit Veränderungen erfahren. So wurden im Nordwestturm Balkons angebracht. Den mittelalterlichen Charakter hingegen unterstreichen dann wieder die Abtritterker an der Nordwand des Archivbaues. Die Hofseite dieses Flügels weist unregelmäßige Fenster z. T. aus dem 19. Jahrhundert, innen einen gewölbten Raum und den Eingang zu einer turmartig vorspringenden Treppe auf, deren Verlauf man an den schräg gestellten Fenstern erkennt. Es sind auch noch romanische Reste vorhanden, und zwar zugemauerte Rundfenster. Die Hofwand der Kemenate wird durch einige Anbauten teilweise verdeckt. Zwischen dem Treppenturm und dem Archivbau schützt ein Dach eine Sammlung von Steinfragmenten, darunter alte Grenzsteine, Brunnenreste und Epitaphien. Der Treppenturm mit sieben Stockwerken enthält über dem Portal eine Inschrift des Hans von Giech aus dem Jahre 1583. Außerdem ist eine Tafel angebracht mit dem Wappen der Förtsch, Giech und Künßberg, deren Text besagt, daß die beiden

Familien 1565 den Besitz gekauft haben. Diese stammt also aus einer Zeit, in der sich die beiden Familien noch einig waren. Zwischen Turm und Storchenbau wurde eine Vorhalle mit Kreuzrippengewölbe angebaut, die um 1830 einen neugotischen Holzaufbau mit überdachten Arkaden und Balustraden erhielt. Diesen Teil zeigt sehr schön eine Lithographie von Lebschee. In der Vorhalle sind die im vorigen Jahrhundert aus Giechschen Kirchen zusammengetragenen Reste von Steinskulpturen aus dem 16. und 17. Jahrhundert aufgestellt, darunter auch Grabdenkmale. An der Westseite der Kemenate läßt sich noch die Linie des ehemals wesentlich steileren Daches des Archiv- oder seines Vorgängerbaues erkennen. Dieser Teil der Kemenate, an den er anstößt, ist verputzt und war wohl in den Kriegen nicht mehr in Mitleidenschaft gezogen worden, im Gegensatz zum südlich anschließenden, welcher zweimal unter Verwendung alter Bausubstanzen erheblich erneuert werden mußte. Der Nordteil weist daher im Gegensatz zum Südtrakt mit nur sechs Stockwerken eines mehr auf.
Der westlich an das Archiv anschließende Wohnbau war, wie auch die dann jeweils im rechten Winkel anstoßenden Flügel, früher zum Hof hin in Arkaden geöffnet, die durch drei Stockwerke gingen, also ein Plassenburg Hof „en miniature“ und wohl wesentlich bescheidener. An der Hofseite des Baues neben dem Archiv läßt sich noch der alte Bestand im Mauerwerk rekonstruieren. Um 1675 erfuhr er eine Überarbeitung. Die Fenster wurden in ihrer heutigen Form geschaffen und wohl auch die Arkaden zugesetzt. Diese Bauten entstammen der Renaissance und gehen auch auf Hans Georg Giech zurück, denn er erweiterte den früher wesentlich kleineren unteren Hof um die Hälfte nach Westen. Aus derselben Zeit dürfte auch der Saal im Kellergeschoß des Storchenbaues neben der Durchfahrt in den Innenhof mit Eingang von dieser Seite her stammen, von dem noch einfache Säulen erhalten sind. Der Westflügel und anschließende Südtrakt werden als Künßbergflügel bezeichnet, da sie unter den Künßberg 1675 eine tiefgreifende Umgestaltung erfahren haben, die das Aussehen dieses Teiles in seiner heutigen Gestalt bestimmt hat. Die Verbindung vom Süd- zum Nordflügel stellt im unteren Hof ein zweigeschossiger Gang her, der dem Westflügel vorgelagert ist. Den Abschluß zum oberen Hof bilden ein Anbau der Zeit um 1900 und der Storchenbau, durch den die Einfahrt führt. Die Seite zum oberen Hof weist sogar noch die Aufzugrollen für eine Zugbrücke auf. Also ging vermutlich der älteste Eingang an der Ostseite der Kemenate in oben beschriebener Form durch zwei Tore in den oberen Hof und von diesem wiederum an der Kemenate vorbei in den unteren Hof. Von hier aus wird dann wohl der Zugang zur Kemenate

erfolgt sein. Auf der Seite des unteren Hofes unterstreicht eine Pechnase den wahrhaften Charakter. Das Dach findet seinen Abschluß in einem westlich geschweiften Giebel. Im Ganzen sind die Schmuckformen äußerst sparsam gehalten, was bei der Größe und vor allem Bedeutung der Anlage als Residenz verwundert.

Dieser gewaltige Baublock, dessen Höhe und Ausdehnung vor allem durch die niedrigen Bauten am Markt besonders hervorgehoben wird, ruht mit Ausnahme der Kemenate auf Pfahlrosten, die allein eine feste Gründung in dem sumpfigen Gelände ermöglichen. An der Südwestecke stand früher eine Mühle, die aber 1830 abgerissen wurde. Die Zuläufe sind noch heute erhalten. Unter dem Marktplatz ziehen sich in mehreren Stockwerken Keller hin, wobei auf Grund der Erschütterung der Straße durch den Verkehr dem Bau große Schäden zugefügt werden. Vom Schloß aus gehen vier zum Teil noch intakte unterirdische Gänge in die Flur hinaus. Zum Haus gehört ein schöner Park, der aber leider in den Jahren seit dem Krieg seine beiden Hauptattraktionen verloren hat. 1948 wurde die 1756 erbaute Orangerie abgerissen und die verheerende Sturmkatastrophe vor wenigen Jahren entwurzelte die prachtvolle alte Linden-Allee.

Das Innere des Hauses beherbergt außer verschiedenen Sammlungen und altem Inventar vor allem eine gute Bibliothek und ein umfangreiches Archiv in besonderer Vollständigkeit, das von großer Bedeutung für die Geschichte der Gegend ist.

33 Plassenburg

Burg, Kreis Kulmbach

Bevor noch das viel früher in zollernsche Hand gelangte Bayreuth als Residenzstadt Bedeutung in den Markgrafschaften erreichte, hat Kulmbach durch viele Jahrhunderte die Hauptstadt für die oberfränkischen Territorien der Hohenzollern gebildet; so wie das erst später erworbene Ansbach anstatt des alten Besitzes Cadolzburg im „Unterland" markgräfliche Residenz wurde.

Die Geschichte des Ortes reicht bis ins hohe Mittelalter zurück. Auf jeden Fall ist eine Ansiedlung in Kulmbach schon im 11. Jahrhundert vorhanden gewesen. Aus der Erbschaft der Markgrafen v. Schweinfurt oder von den Walpoten, die ihren Sitz in Zwernitz hatten, kam die Gegend an die Grafen von Andechs.
Für das mächtige Dynastengeschlecht der bayerischen Grafen von Dießen-Andechs war es einer der wichtigsten Stützpunkte ihrer fränkischen Besitzungen. Pfeiffer vermutet allerdings, daß es nicht das Zentrum war. 1248 erlischt dieses gewaltige Dynastengeschlecht und um sein Erbe entbrennen schwere Kämpfe.
Die Erbtochter Beatrix, Schwester des letzten Meraniers, bringt die Plassenburg in die Hände der Orlamünde. Graf Otto IV. v. Orlamünde muß 1338 Kulmbach an den Burggrafen Johann II. v. Nürnberg verpfänden.
Einer Sage zufolge brachte die letzte Orlamünde ihre beiden kleinen Söhne um, weil Albrecht der Schöne v. Hohenzollern ihr gesagt haben soll, daß seiner Ehe mit ihr vier Augen im Wege stünden, womit er seine Eltern meinte. Daraufhin habe die Gräfin Orlamünde, weil sie es falsch verstanden hatte, ihre Kinder umgebracht. Seither soll sie als Unglücksbotin in den Hohenzollernschen Häusern aufgetaucht sein und den nahen Tod seiner Mitglieder angezeigt haben.
1340 ist Kulmbach dann mit dem Erlöschen der Grafen von Orlamünde endgültig für 40000 Heller in der Hand der Hohenzollern und teilt von nun an alle Geschicke mit den anderen markgräflichen Besitzungen in Franken.
Der Ausbau ihrer Machtpositionen, welcher mit der Erwerbung der Burggrafschaft Nürnberg über Franken nach Brandenburg und schließlich weiter bis Preußen führt, zieht als zweite Stufe die Ausweitung in Oberfranken nach sich. 1248 gehen, nach dem Aussterben der Andechs-Meranier, bereits Bayreuth und 1290 Zwernitz, eine ehemalige Walpotenherrschaft, von den Orlamünde in zollernsche Hände. Obwohl Bayreuth also als erster oberfränkischer Teil an dieses Geschlecht fiel, haben sie es erst sehr spät zu ihrer Residenz für dieses Gebiet werden lassen.
Auf die Ausweitung der Territorien im Nordosten von Nürnberg, folgte 1331 mit Erwerbung von Ansbach die Bildung eines dritten Zentrums in Franken. Albrecht v. Zollern, nach der Teilung mit seinem Bruder Johann Herr der Plassenburg, stirbt ohne Nachfolger. Burggraf Friedrich V. vereint darauf wieder den gesamten fränkischen Besitz in seiner Hand.
Burggraf Friedrich V. teilte nun diese Länder in Oberland (Kulmbach-Bayreuth) und Unterland (Ansbach). Der Titel eines Burggrafen v.

Nürnberg wurde dann nur noch von seinen beiden Söhnen geführt. Von da an, seit der Verleihung der Würde eines Markgrafen von Brandenburg, Kurfürsten und Erzkämmerers im Jahre 1415, nennen sie sich Markgrafen von Brandenburg. Mit Johann III. beginnt die Blütezeit Kulmbachs. Als Schwiegersohn Kaiser Karls IV. besitzt er wichtige verwandtschaftliche Bande, welche sich auch auf das Ansehen seines Hauses auswirken. Die Plassenburg wird Sitz der Verwaltungen für das Oberland.

Zehn Jahre nach der Belehnung der Hohenzollern mit der brandenburgischen Kurwürde erfolgt mit dem Verkauf der Burg Nürnberg an die Stadt die Aufgabe des ersten fränkischen Sitzes dieses Hauses. Die Erstarkung der Städte bekamen nicht nur die kleinen Ritter, sondern auch die großen Landesherren zu spüren. In vielen Orten mußten sie aus den Städten weichen, selbst wenn diese nicht, wie Nürnberg, Freie Reichsstädte waren.

Dieser Verkauf zeigt außerdem, daß die Hohenzollern nun in erster Linie ihrem neu erworbenen Land Bedeutung beimaßen, von wo aus das Haus ja auch seinen weiteren großen Aufstieg erfolgreich betrieb. 1618 folgte die Würde eines Herzogs in Preußen und 1656 wurden sie Herzöge von Preußen. 1701 kam die Erhebung zum König in Preußen und 1742 die zum König von Preußen. Die fränkischen Lande spielten aber seit 1415 für die Machtpolitik der Hohenzollern eine untergeordnete Rolle.

Eine ihrer bedeutendsten Belastungsproben hatte die Plassenburg im 15. Jahrhundert zu bestehen. Als der auf dem Reichstage in Nürnberg zum Feldherren des Reiches gegen die Hussitten gewählte Friedrich I. v. Brandenburg, der den fränkischen und brandenburgischen Besitz des Hauses vereinte, seine Burg Zwernitz gegen die anstürmenden Horden verteidigte, brannten diese Kulmbach nieder und nur Dank der umsichtigen Verteidigung des Kommandanten Hartung v. Egloffstein konnte die Plassenburg gerettet werden. Ein hohes in Verhandlungen festgesetztes Lösegeld bewahrte das schon reichlich devastierte Land vor noch größeren Schäden und brachte den Markgrafschaften den Frieden.

Die Plassenburg war seither Amtssitz eines Hauptmannes „auf dem Gebirg" — wie das Oberland auch bezeichnet wurde. Des Kurfürsten ältester Sohn Johann Alchimist, welcher auf die Kurwürde verzichtet hatte, residierte nur selten hier und lebte in Baiersdorf. Kurfürst Friedrich II., sein jüngerer Bruder, folgte ihm und auf diesen ein weiterer Bruder Albrecht Achilles. Erst dieser führte das Haus weiter fort. Seine beiden Brüder hatten keine Söhne gehabt. Er vereinte allen Besitz des

Hauses wieder in einer Hand. Als einer der genialsten Hohenzollern in Franken versuchte er — zuerst sogar unterstützt vom Papst — ein fränkisches Herzogtum zu errichten. Aber das scheiterte am Widerstand, welcher von allen Seiten gegen ihn organisiert wurde. Mit seinem Tode folgte sein jüngerer Sohn Sigmund und darauf brachte die Regierungszeit dessen älteren Bruders, des Markgrafen Friedrich IV., der wiederum Ansbach und Kulmbach vereinte, für die Plassenburg eine prachtvolle Hofhaltung, in der noch einmal die ganze Prachtentfaltung der spätritterlichen Welt auflebte.

Friedrich IV. hat dieser Liebe zu einer enorm aufwendigen Hofhaltung bis 1515 nachgehen können. Dann wurde es nicht nur seinen Söhnen zu viel, und sie zwangen ihn zur Abdankung. Die darauf folgende 12jährige Gefangenschaft in den Verliesen der Plassenburg endete erst mit dem Tode des ältesten Sohnes Kasimir während der Türkenkriege im Jahre 1527. Aber auch danach übte Markgraf Friedrich nicht mehr die Regierung aus. Bis 1541 wurde Kulmbach von Ansbach aus durch einen Vetter, Markgraf Georg den Frommen, verwaltet. Er führte die Reformation ein.

Die beiden Söhne Friedrich IV. Casimir und Georg, gründeten die älteren, später ausgestorbenen Linien zu Ansbach und Bayreuth. Casimirs Sohn Albrecht Alcibiades war der letzte der Kulmbacher und starb 1557. Mit Albrecht Alcibiades, dem letzten der älteren Culmbacher Linie, nimmt diese ein verheerendes und unrühmliches Ende. Schon im Alter von 19 Jahren reißt er sein väterliches Erbe an sich. Die folgenden Kriegszüge, in denen er verschiedenen Herren dient, sogar mit dem König von Frankreich gegen den Kaiser zieht, bringen in den Jahren 1553–54 — im Markgräflerkrieg — fast ebensolche verheerenden Verwüstungen für Franken wie ein Jahrhundert vorher die Hussittenkriege. Schließlich verbünden sich die Bischöfe von Bamberg und Würzburg zusammen mit der Stadt Nürnberg und erobern die markgräflichen Gebiete. 1553 wird zuerst die Stadt Kulmbach eingenommen und total zerstört. Im folgenden Jahr muß sich die Plassenburg ergeben, wird dann niedergebrannt und alle Verteidigungsanlagen werden vernichtet, ja selbst die Brunnen vergiftet. Das Land des Markgrafen teilen die Verbündeten unter sich auf. Drei Jahre später endet das Leben dieses Abenteurers als Verbannter und Geächteter in der Fremde. Wie die Raubritter eine in wenigen Exemplaren vorhandene Entartung des Rittertums in seiner Untergangszeit darstellen, so ist Markgraf Albrecht Alcibiades die Verkörperung der Entartung unter den Renaissance-Fürstlichkeiten. Oft als „Condottiere" bezeichnet, trifft vielleicht eine Bezeichnung als „fürstlicher Raubritter" eher zu.

Georgs Enkel Georg Friedrich, der letzte der Ansbacher Linie, vereinte ab 1557 beide Markgrafschaften und den schlesischen Besitz des Hauses in seiner Hand und starb 1603. Er hat schließlich sogar die brandenburgischen Lande verwaltet. Der älteste Bruder des Markgrafen Friedrich, Johann, gründete die Brandenburger Linie und seine Nachkommen die neueren Linien zu Ansbach und Bayreuth.
Mit der erneuten Vereinigung der Markgrafschaften unter Georg Friedrich in einer Hand kam auch endlich Ordnung in das total zerrissene und verwüstete Land. Georg Friedrich konnte sogar für die Zerstörung der Plassenburg bei den verbündeten Gegnern eine gewaltige Entschädigung von 175 000 Gulden heraushandeln. Schließlich gab der Kaiser auch noch einmal 82 000 Gulden. Mit diesen großen Summen ging der Markgraf an den prächtigen Wiederaufbau der Plassenburg, in der er 1579 eine großartige Hochzeit abhielt. Mit ihm stirbt die ältere Ansbacher Linie aus. Kurfürst Johann Georg, der Urenkel des ältesten der drei Brüder — Johannes — aus dem 15 Jahrhundert, wurde der Begründer der neueren Linie zu Ansbach und Kulmbach, sein Sohn Joachim Ernst der Stammvater der Ansbacher Linie, die 1806 nach Abtretung der Markgrafschaft Ansbach an Preußen mit Christian Friedrich Carl Alexander ausstarb. Sein älterer Bruder Christian ist der Ahnherr der Kulmbach-Bayreuther Linie. Diese starb 1796 mit Markgraf Friedrich Christian aus und damit wurden zum letzten Male die beiden Markgrafschaften 22 Jahre vor ihrem Ende in einer Hand vereint.
Mit dem Ende der beiden älteren fränkischen Linien 1603 ist auch das Ende der Hofhaltung des Oberlandes in Kulmbach gekommen. Zwar hält Markgraf Christian noch 1604 seine Hochzeit auf der Plassenburg, aber schon im selben Jahr wird Bayreuth, damals bereits mit einem Schloß seines Vorgängers versehen, Residenz. Seither führt das Land auch den Namen dieser neuen Residenz, deren Ausbau er — zumal das Schloß 1605 abbrennt — nun sein Hauptinteresse zuwendet. Die Plassenburg wird lediglich fortifikatorisch verstärkt. 1605–10, 1621–23 und 1631–42 dient sie vorübergehend wohl noch einmal als Residenz. Diese Zeit hat aber im Grunde damit geendet, daß 1604 ein Festungskommandant eingesetzt worden ist, was den neuen Rang der Plassenburg klar verdeutlicht. Der dreißigjährige Krieg bringt, wie überall, auch hier das übliche Bild. Zwar widersteht die Festung unter dem Kommando von Oberst Muffel einer Belagerung durch Wallenstein, aber in der Folgezeit wechseln die Besatzungen der verschiedenen Parteien, zwischen deren Fronten ein so schwaches Land zermalmt wird. 1634 erfolgte sogar eine Absetzung des Markgrafen. 1655 verstirbt er. Sein Enkel Christian Ernst benutzt die Festung Plassenburg

hin und wieder, so zu seiner Hochzeit 1662 und zum Empfang Joseph I. v. Habsburg und läßt auch Verstärkungen der Verteidigungsanlagen durchführen. Der Charakter der Festung wird mehr und mehr betont und schließlich selbst die Eigenschaft als Festung in Richtung einer befestigten Kaserne im 18. Jahrhundert verändert. Die Plassenburg bleibt zweitrangig.

Auch unter den Nachfolgern: Georg Wilhelm, Georg Friedrich Karl, Friedrich, und dem letzten Kulmbach-Bayreuther, Friedrich Christian (1764–69), ändert sich nichts. Sie dient als Gefängnis für fürstliche Familienmitglieder, hin und wieder werden Kleinigkeiten gebaut; 1806 ergibt sich die bereits sehr schlecht verwahrte Festung schon nach sechs Wochen der Belagerung durch napoleonische Truppen. Nach dem Übergang an Preußen 1791 kommt sie dann 1810 endgültig zu Bayern. Damit ist für die Bausubstanz wieder eine große Gefahr aufgetaucht, denn wie überall im Lande empfindet man die großen Gebäude als äußerst unangenehme Last.

Mit dem Ende des Festungscharakters kommt dann auch die letzte Stufe. Die schon seit Übernahme der Zollernherrschaft des öfteren bestimmte Verwendung als Verbannungsort oder allgemeines Gefängnis

Stahlstich um 1840/50

bleibt bestehen, und wird weiter ausgebaut. Die Benutzung als Lazarett, Zwangsarbeiterhaus, ja sogar 1862–1909 als Zuchthaus und zum Schluß Kriegsgefangenenlager, führen in keiner Weise zur Verbesserung der Bausubstanz. Die Einrichtung wird verstreut und das Zerstörungswerk erst aufgehalten, als 1929 die Verwaltung der bayerischen staatlichen Schlösser, Gärten und Seen die Aufgabe übernimmt, die Plassenburg wieder herzurichten. Seither wurde viel getan für die Beseitigung der Verschandelungen und Zerstörungen des 19. Jahrhunderts. Der zweite Weltkrieg brachte auch hier Bombenschäden, die aber wieder ausgebessert werden konnten.
Die Baugeschichte der Plassenburg liegt in ihren Anfängen, wie gewöhnlich, im Dunkel. Von der mittelalterlichen Anlage ist sehr wenig bekannt, da die Abbildungen aus der Zeit vor der Zerstörung 1557 natürlich einen wesentlich späteren Zustand schildern. Die erste Anlage dürfte nicht einmal ein Viertel des späteren Hochschlosses umfaßt haben. Sie wird etwa in dem nordwestlichen Viertel des schönen Hofes gelegen haben. Zwei im rechten Winkel aneinanderstoßende Flügel bildeten die Hauptgebäude, während ein weiterer Trakt und eine starke Mauer auf den beiden anderen (Süd- und Ost)-Seiten die Anlage annähernd rechteckig abgeschlossen haben. Vor dem Jahre 1554 ist dann die mittelalterliche Burg auf das Doppelte nach Osten erweitert worden. Die im Markgräflerkrieg zerstörte Plassenburg trug zu dieser Zeit nur noch wenig Züge der ersten mittelalterlichen Anlage, welche vermutlich seit dem 14. Jahrhundert zu ihrer damaligen Größe erweitert wurde. Von der Existenz der vier Türme haben wir gewisse Nachricht. Der „Thürmersturm“ im Hof, vor dem Westtrakt gelegen, wird wohl der alte Bergfrit gewesen sein. Weiter an der Südwestecke ein ebenfalls runder und ein eckiger Turm schützten die hohe Schildmauer. Der Vierte lag vor dem zweiten Mauerring an der Nordseite des Westflügels. Die Massierung von Türmen an dieser Stelle läßt darauf schließen, daß hier der Eingang als schwache Stelle wirksamen Schutzes bedurfte. Vom Palas wird angenommen, daß er an der Südseite der mittelalterlichen Burg gelegen war. Diese erste Anlage umzog später an drei Seiten ein doppelter Mauerring. Den Zugang in den äußeren Ring vermittelte wahrscheinlich ein Tor an der Stelle des jetzigen mittleren Tores. Inwieweit mit dem ersten Erweiterungsbau der Hochburg auch eine erste Anlage des Kasernenhofes geplant und durchgeführt wurde, ist leider heute nicht mehr feststellbar. Man ist hier auf Vermutungen angewiesen.
War die alte Burg in ihrer Verteidigungskonzeption so angelegt, daß sie die stärkste Abwehr nach Westen hin ermöglichte, so wurde nun mit der weiteren Modernisierung der Waffen und fortschreitenden Veränderun-

gen der Belagerungstechnik, der Schutz vor dem östlich höher gelegenen Buchberg die wichtigste Sorge. Wie bei einem großen Teil von Höhenburgen, ist nur an drei Seiten ein Schutz durch dort steil abfallende Bergvorsprünge gewährleistet. Die Bergseite, welche oft auch den einzig möglichen Zugang vermittelte, mußte daher besonders stark gesichert werden. Hier entstanden meist in größerer Staffelung eine Reihe von Bastionen und Mauerringen.

Als erste Erweiterung wurde, wie oben gesagt, die Burg auf das Doppelte nach Osten erweitert, dabei der Nordflügel verlängert und im Osten ein dem Westtrakt entsprechender Bau aufgeführt. In Verlängerung des schmalen Südflügels wurde der Innenhof zum Ostflügel hin geschlossen.

Von der ersten Anlage im Nordwesten der heutigen Hauptburg scheint bei diesen Umbauten nicht viel übrig geblieben zu sein. Bachmann nimmt in seinem Führer durch die Plassenburg an, daß die Entstehung der ältesten Teile im Nordflügel, der allein beim Wiederaufbau nach 1557 Verwendung fand, nicht weit vor 1500 liegt. Die wesentlichsten Züge des Erscheinungsbildes der vor der Zerstörung im Markgräfler-Krieg vergrößerten Plassenburg dürften wohl den Baumaßnahmen unter Albrecht Alcibiades zu verdanken sein.

Seine zweifelsohne geniale Begabung als Feldherr hat er auch mit weit in die Zukunft schauenden Projekten für die Verteidigungsanlagen seiner wichtigsten Landesfestung unter Beweis gestellt. Was im einzelnen zwischen dem mittelalterlichen ersten Bau und der Erweiterung unter Albrecht Alcibiades an Umbauten stattgefunden hat, ist aber ungeklärt. Auf letzteren gehen aber mit Sicherheit die Planungen für den dritten Mauerbering und die Schaffung der neuartigen Rondelle zur Aufstellung von Geschützen zurück. Zur gleichen Zeit beginnt man in Nürnberg unter Leitung des Italieners Fazuni die Modernisierung der Stadtbefestigung. Die Italiener waren zu jener Zeit führend im Festungsbau.

1541—53 wird mit großem Aufwand an der Plassenburg gebaut. Das Verteidigungssystem ist in seiner Grundkonzeption später auf diese Planungen aufbauend im Großen nicht mehr weitergegangen. Die wesentlichen Ideen waren mit den Baumaßnahmen in der ersten Hälfte des 16. Jahrhunderts verwirklicht, bis 1554 diese Arbeiten durch die Belagerung der verbündeten Feinde hinfällig wurden. Das Ende des Markgrafen Albrecht Alcibiades brachte auch das Ende seiner Bauten, wenngleich weit mehr beim Wiederaufbau Verwendung finden konnte, als die Beschreibungen der Zerstörung vermuten lassen.

Der ab 1557 regierende Nachfolger baute nun die Plassenburg schöner als zuvor wieder auf. Unter den an dieser gewaltigen Arbeit beteiligten

Künstlern nimmt zweifelsohne Caspar Vischer den höchsten Rang ein. Seiner Idee entspringt die prachtvolle Anlage des schönen Hofes.
Außerdem entsteht die gewaltige Mauermasse der hohen Bastei zum Schutz vor dem Buchberg und der Kasernenhof wird ausgebaut. Im Innenhof haben sich im Ostteil des Nordflügels die von Albrecht Alcibiades vorgesetzten „Meraniersäulen" erhalten.
Außer Vischer, der die Oberleitung bei den gesamten Bauvorhaben ab 1562 erhielt, wurden noch andere namhafte Künstler und Festungsbaumeister zu Rate gezogen. Vom verwandten Hof in Berlin kam der brandenburgische Festungsbaumeister Francesco Chiaramella. Der in bayerischen Diensten stehende Jörg Stern leistete ebenso seinen Beitrag, wie der Baumeister Blasius Berwart, dessen bedeutendstes Bauwerk wohl das alte Stuttgarter Schloß darstellt. Weiter werden genannt Johann Pasqualin aus Jülich und der Bamberger Hofbaumeister Daniel Engelhardt, dessen Beteiligung an den Bauten der alten Hofhaltung zu Bamberg, der Veste Rosenberg zu Kronach und dem Schloß Mitwitz als gesichert anzusehen ist. Seiner Hand entstammen vermutlich die wesentlichen Teile des einzigartigen plastischen Schmuckes im schönen Hof.
Dieser bildete, in nunmehr auf etwa die doppelte Größe nach Süden erweiterter Form, das Zentrum der Festung. Im Süden wurden zur Errichtung der über drei Meter dicken Schildmauer unter anderem auch Teile der Ringmauer des Zwingers verwandt. Ost- und Nordflügel der erweiterten Burg waren in diesen Neubau mit einbezogen. Mit der Vergrößerung des Burghofes mußten auch die Niveauunterschiede ausgeglichen werden. Der älteste Burghof hatte zuvor nämlich einen erheblichen Höhenunterschied zum neueren, östlichen Teil gehabt.
1561/62 entstand als erstes der nordöstliche Uhrenturm. Seine Wendeltreppe vermittelte den Zugang zu den noch heute gleichermaßen benannten Markgrafenzimmern. 1564 waren diese bereits fertiggestellt. Der Westflügel wurde zur selben Zeit ebenfalls nach Süden verlängert und mit zwei Türmen versehen. 1567 ist dann wohl der Hof nach Süden geschlossen gewesen und als letztes der Südostturm als Gelenk zwischen Ostflügel und Schildmauer vollendet. Der um diese Zeit seit 1564 aufgeführte Südteil des Osttraktes hat dann den Gebäudering um den Schönen Hof geschlossen. Portal und Schloßkirche folgten mit einem gewissen Zeitabstand erst 1574/75.
Während man den Hof in dieser Weise vergrößerte, kam erst später die Idee, die Innenseiten durch die reiche, unvergleichlich prachtvolle Arkadenstellung zu bereichern. Bautraditionen der Gotik und Renaissance treffen sich in der Ausführung dieses großen Raumes. Waren die Türme ursprünglich mit zwei Seiten in den Raum des Hofes herausgetreten, und

Waffenhalle in der Plassenburg

hatten damit in einer für die Spätgotik typischen Art, die Diagonalen betont (Bachmann), so nahm auch die reine Renaissance der umlaufenden Arkaden in den Wölbungen der dahinterliegenden Gänge gotische Gewölbeformen auf.

1572 bis 1574 wurde nun weiter an den umliegenden Teilen gebaut. Der Kasernenhof erhielt als erstes im Anschluß an die Südmauer der Burg den Arsenalbau. 1579 folgten Mälz-, Rauch- und Brauhaus. Damit standen die Gebäude, welche der dritten Hauptbauphase ihre Entstehung verdanken. Die Verteidigungsanlagen zum Buchberg und um die ganze Festung wurden während dieser Bauzeit gleichzeitig mit erweitert und verbessert. Mit dem Tode Caspar Vischers 1579 stand die Anlage in ihren wesentlichen, heute auf uns gekommenen Teilen. Sein Nachfolger wurde der Burgvogt Hans Schrimpff. Wieder brachte die verwandschaftliche Beziehung zum preußischen Hof einen weiteren Baumeister für die Plassenburg. Der schon vorher genannte Königsberger Blasius Berwart lieferte 1587 Pläne für Verteidigungsanlagen.

Der Tod des bedeutenden Markgrafen Georg Friedrich im Jahre 1603 war auch das Ende der Blütezeit der Burg, welche nur eine Generation lang gedauert hatte. Zwar wurde die Plassenburg weiter als Festung ausgebaut, die glänzende Hofhaltung zog aber nach Bayreuth. 1607/08 wurde unter Leitung des Festungsbaumeisters Albrecht v. Haberland die Hohe Bastei erneut ausgebaut. Das Christiansportal mit einer sehr mächtigen rustizierten Vorblendung entstand zur selben Zeit.

Entsprechend dem Festungscharakter dieses Teiles ist die Arbeit eher etwas derb und kräftig. Hans Werner ist der Bildhauer, an dessen Urheberschaft kein Zweifel besteht. Weitere kleinere Arbeiten an der Festung wurden erst wieder in der zweiten Hälfte des 17. Jahrhunderts unter Markgraf Christian Ernst durchgeführt, auch die Wehrbauten erfuhren Verbesserungen. Im Inneren wurden einige Räume erneuert und im neuen Geschmack ausgestattet. Der Mailänder Carlo Brentano Moretto schuf in mehreren Zimmern einen Deckenstuck. Das geringe Interesse an der Plassenburg hielt auch unter den Nachfolgern an. Kleinere Umbauten erfolgen immer wieder. Ein Pulvermagazin entsteht, Giebel am Westflügel werden verändert. Nur noch ein großes Bauprojekt gelangt zur Durchführung. Der letzte fränkische Markgraf läßt 1782—84 den Kasernenbau entstehen. Damit erhält der untere Hof ein barock bestimmtes Aussehen. Der bayreuther Hofbauinspektor Johann Gottfried Riedel lieferte vermutlich die Pläne dazu.
Das Ende der Zugehörigkeit Kulmbachs zu Bayreuth und Ansbach kommt 1791, und damit ist auch die Baugeschichte abgeschlossen. In der Folgezeit werden nurmehr Teile der Rondelle abgetragen — 1806/07 die hohe Bastei gesprengt — und die Plassenburg im Rahmen ihrer neuen Bestimmung als Gefängnis, Lazarett und Zwangsarbeiterquartier im Inneren verschandelt. In der hohen Bastei wurde aus diesem Grunde 1866 ein Zellengefängnis eingebaut. Erst seit der bayerische Staat sich in Gestalt der Bayerischen Verwaltung der staatlichen Schlösser, Gärten und

Christiansportal
im Kasernenhof

Seen der Burg angenommen hat, ist diese traurige Zeit zuende. Seither wird mit großem Aufwand restauriert und sind eine große Anzahl von Räumen wieder hergerichtet worden. Welche barbarischen Zustände geherrscht haben müssen, verdeutlicht am besten die Tatsache, daß man die Arkaden des Schönen Hofes vermauert hatte. 1937 wurden ein häßlicher Anbau am Westflügel, der 1862 als Verwaltungsbau errichtet worden war, und ein Jahr später das Zellengefängnis abgebrochen. 1941/42 verlängerte man den Arsenalbau noch nach Osten. Der Krieg brachte dann zum zweiten Male eine Zerstreuung des mühsam zusammengestellten Inventars, diesmal durch plündernde Ausländer.
Auf einem bewaldeten Hang erhebt sich heute als die Stadt bekrönende Baugruppe die Plassenburg. Ihre bewaldeten Hänge nahmen ehemals Weinberge auf. Die Aufforstung ist, wie bei vielen Burgen der Gegend, erst sehr spät erfolgt.
Die Burg steht in drei Bauteilen vor uns. Die beiden Komplexe um den Schönen Hof und den Kasernenhof werden umzogen von einem starken Mauerring. Bevor man das erste Tor erreicht, fährt man durch den äußersten Bering um die Festung. Dann liegt links als Verstärkung dieser Ecke und als Bestandteil des zweiten Beringes der Schieferturm, dem weiter unterhalb eine vergrößerte Mauerrundung des dritten Beringes entspricht. Die heutige Auffahrt an der Nordseite des Berges führt uns dann durch ein Torhaus im unteren Geschoß der Kommandantenwohnung in den Kasernenhof. Dieser ist hufeisenförmig an drei Seiten von den sehr schlichten Barockfassaden der Kaserne und der des Arsenals begrenzt. Einziger auffälliger Schmuck ist das bereits erwähnte sehr aufwendige Tor am Christiansturm. — Von dem weiter südlich gelegenen Buchtor gibt es einen Zugang unter der Bastei zu den im Osten vorgeschobenen Mauern. Die Bastei selber ist durch den großen Christianturm erreichbar.
Hinter der nur durch Risalite sparsam gegliederten Front der Kaserne schließt sich an den Osttrakt, zugänglich durch ein Tor im Ostflügel, der Kasimirsturm an, welcher, verbunden durch eine Mauer mit der Bastei, eine mit Geschützen bestückte äußerst wirksame Verteidigung erlaubte. Eine weitere Durchfahrt ermöglichte den Zugang zu den östlich weit vorgeschobenen Mauern.
Vom Kasernenhof aus passiert man den großen Fürstenbrunnen und erreicht unterhalb des Pfauengartens, eines Vorwerkes im Nordosten der Kernburg, die Stelle des ehemaligen mittleren Tores. Durch den Westflügel gelangt man dann in den Schönen Hof. Von dem vorgelagerten Westrondell bietet sich ein schöner Rundblick über die Stadt ins weite Land. Ist das Äußere der Hauptburg besonders einfach gehalten, so

überrascht die lebendige Architektur des Schönen Hofes. An der Nordseite hat sich der ursprüngliche Zustand des Burghofes aus der Zeit vor dem großen Umbau noch am besten erhalten. Von dieser Epoche vor der Zerstörung stammen die gewaltigen Meraniersäulen, und das kleine Vordach westlich gibt uns die frühere Höhe des ältesten Burghofes an. In der Nordostecke liegt ein Brunnen von 75 Meter Tiefe.

In dem reichen plastischen Werk der Arkadendekorationen des Hofes zeigt sich der ganze Ideenreichtum dieser Zeit. Typisch die schon hier auftauchende und im Barock dann noch stärker ausgeprägte Vorstellung, daß zur Legitimation der eigenen Herrschaft eine Ahnenreihe unbedingt bis auf römische Fürsten zurückführen muß. Ihre erfundenen Portraitreliefs schmücken Teile der Brüstungen des Südflügels. Reichster Pflanzendekor und die Wappen der hohenzollernschen Herrschaften überziehen die gesamten hofseitigen Teile der Arkaden.

Im Inneren nehmen Ost- und Nordflügel die schönsten Räume auf. Die Schloßkirche im Ostflügel ist ein schlichter Raum mit Netzgewölbe und einfacher Ausstattung. Im ersten Stockwerk liegen im Nordabschnitt die Markgrafenzimmer mit sehr abwechslungsreichen Netzgewölben und schönen Sandsteinarbeiten als Tür- und Fenstereinfassungen und Kamine. Die sparsame Möblierung läßt die Zimmer sehr gut zur Wirkung kommen. Die vier Markgrafenzimmer des ersten Stockwerkes gehören zu den schönsten nachgotischen Räumen der Gegend. Im darüberliegenden Stockwerk befinden sich die Fürstenzimmer mit hübschen Holzdecken. Nur an einigen Stellen haben sich Stukkaturen des 17. Jahrhunderts erhalten. In der Plankammer geben eine große Sammlung von Reproduktionen alter Pläne und Ansichten, sowie ein Modell, welches den Zustand vor 1806 zeigt, einen guten Überblick über die Bauentwicklung. Ein weiterer Raum nimmt seit 1955 eine kleine Zweiggalerie der bayerischen Staatsgemäldesammlungen auf. Im ersten Obergeschoß liegt in der Osthälfte des Nordflügels die Waffenhalle, eine zweischiffige Halle mit Gewölben, welche als Waffen- und Rüstkammer diente. Im Nordflügel ist das reichhaltige Zinnfigurenmuseum untergebracht, in dem eine Reihe von Schaubildern ungewöhnlich große Szenen mit Figuren bieten.

Neuerliche Bemühungen wollen die historisch bedeutende Anlage zu einem Zentrum für die Geschichte des Obermaingebietes machen und in diesem Zuge ein vergrößertes Museum errichten, sicher ein lohnendes Unterfangen, dem man die Unterstützung des Staates und der gesamten Umgebung wünschen kann.

34 Wernstein

Schloß, Kreis Kulmbach

Zu den weitläufigsten und malerischsten Burgenkomplexen Oberfrankens zählt das unweit Kulmbachs gelegene Schloß Wernstein der Freiherren von Künßberg. Die Baugruppe, welche in ein unteres und ein oberes Schloß geteilt ist, spiegelt hier in einem besonders schönen Beispiel die Baufreudigkeit eines bedeutenden und in der Renaissance sehr wohlhabenden, fränkischen, reichsritterschaftliches Geschlechtes wider.
Der heutige Eindruck, den man von der ganzen Anlage erhält, wird beherrscht durch einen Stil. Die Baugeschichte des Hauses hingegen ist wesentlich vielseitiger und älter, wenngleich spätere Anbauten, Umbauten und Vergrößerungen diesen Kern weitgehend verdeckt haben. Nachdem die Stammburg der Freiherrn von Künßberg, Altenkünßberg, im heutigen Landkreis Pegnitz schon im ausgehenden Mittelalter nicht mehr vorhanden war und heute nurmehr der Platz der Burg bekannt ist,

bildete Wernstein den Hauptsitz dieses Geschlechtes und ist bis heute der bedeutendste Besitz des Hauses geblieben.
1218 wird dann der erste Künßberg, Eberhardus de Kindesperc genannt. In der Folgezeit verzweigte sich das Haus weitläufig und erwarb umfangreichen Grundbesitz im Oberfränkischen Raum. Eine der größten Erwerbungen geschah durch die Einheirat in die Herrschaft Thurnau, welche das Geschlecht dann durch mehrere Jahrhunderte zusammen mit den Giech besaß, schließlich von diesen aber herausgedrängt und abgefunden wurde. In Thurnau entstand neben Wernstein der bedeutendste Schloßbau der Künßberg, welcher das dortige untere Schloß und Teile der Kemenate umfaßte (siehe Artikel Thurnau).
Wernstein, als Hauptsitz, wurde aber zu dieser Zeit keineswegs vernachlässigt, sondern ebenso prachtvoll ausgestattet.
Die Burg ist 1376 zum ersten Male genannt, wie so oft im Zusammenhang mit einer Kirchenstiftung und Einrichtung einer Messe in der Burgkapelle. Demnach muß sie damals schon bestanden haben. Ein Säulenrest im Keller wurde kürzlich auf das 11. oder 12. Jahrhundert datiert. Wann sie entstanden ist, bleibt aber ungeklärt. Durch die geographisch günstige Lage abseits bedeutender Verkehrswege hat Wernstein — hierin wohl absolut ein Sonderfall — viele unruhige Zeiten, so auch den Bauernkrieg und den Markgräflerkrieg, unversehrt überstanden, was für eine so bedeutende Anlage eines außerdem recht bekannten Geschlechtes sehr verwunderlich ist. Aber der Umstand, daß der ehemalige Besitzer in bambergischen Diensten auf der Veste Rosenberg stand, wird diese günstige Wendung entscheidend herbeigeführt haben.
Der Dreißigjährige Krieg brachte nun zwar eine Belagerung und Beschießung durch die kaiserlichen Truppen im Jahre 1634. Die Schäden dürften aber nicht allzu gewaltig gewesen sein. Damit waren die einzigen kriegerischen Auseinandersetzungen, unter denen das Schloß zu leiden hatte, beendet, weswegen es uns heute noch ein recht unverfälschtes Bild aus seiner Hauptbauzeit gibt. Die beiden Häuser, oberes und unteres Schloß, sind in der Renaissance in ihrer jetzigen Form entstanden. Das obere Schloß wird wohl seine erste größere Anlage im 14. Jahrhundert erfahren haben, das Untere stammt aus der zweiten Bauzeit und hatte zumindest keine schloßähnlichen Vorgängerbauten.
Die Burg gliederte sich ehedem in drei Teile:
1. das heutige obere Schloß, 2. anstelle des heutigen unteren Schlosses einen ersten Vorhof und 3. einen sich östlich anschließenden zweiten Vorhof. Die Ostseite, welche diese Vorhöfe schützte, war demnach die gefährdetste, also auch Eingangsseite. Auf den anderen drei Seiten fällt das Gelände stark ab und war zudem durch noch heute bestehende hohe

Mauern, die in doppeltem Kranz an vier Seiten einen Zwinger einschlossen, gesichert. Nur im Osten mußte später der Zwinger der heutigen Auffahrt weichen. Der erste Zugang zur Burg lag an der Nordwestecke des Zwingers neben der Kapelle, die ähnlich wie in Strößendorf oder Trockau auch wehrhaften Charakter gehabt hat. Kunstmann schreibt dazu: „Hierfür gibt es zahllose Beispiele, weil man dabei auf die Pietät des Angreifers rechnete, sich aber trotzdem nicht scheute, aus der Kapelle auf den Gegner zu schießen." Der durch das nordwestlich gelegene Zwingertor eingedrungene Feind hatte in der ersten Anlage nun den Zwinger zu durchqueren — wobei er natürlich in besonders ungünstiger Position war —, um den inneren Zugang, an seiner heutigen Stelle gelegen, zu erreichen. Dieser war nun aber durch einen Graben mit Zugbrücke sowie ein Doppeltor befestigt. Die Burggebäude selber waren noch einmal von einer Mauer mit Wehrgang, welche sich in geringem Abstand um die Anlage zog und an den vier Ecken kleine Wehrtürme aufwies, umgeben. Dies alles ist noch in etwas veränderter Gestalt erhalten.

Das Burggebäude bestand aus zwei aneinanderstoßenden Trakten im Norden und Westen, die anderen beiden Seiten wurden durch eine hohe Schildmauer zu einem Viereck geschlossen und bildeten einen kleinen

Weißes Zimmer mit schwerem Stuck des 17. Jahrhunderts und vermutlich Arzberger Rokokoofen

Hof. Der große Bergfrit sicherte den Eingang und bot, wie gewöhnlich, wohl die letzte Zuflucht. Im Keller lag das Verlies. Er dürfte ursprünglich wesentlich höher und dominierender gewesen sein.
Der noch heute vorhandene 45 Meter tiefe Brunnen befand sich vor dem inneren Tor. An Nebengebäuden bestanden: Eine Badestube, Wachstube am Tor, Backhaus, ein Lustgärtlein, Waschhaus, Schwemme, Röhrenbrunnen und Tröge, Mälzerei, Brauerei. Im Erdgeschoß der Burg waren Kuh-, Schweine- und Pferdeställe untergebracht. An weiteren Wirtschaftsbauten waren vorhanden: Heustadel, Getreidestadel, Schweineställe in der unteren Vorburg, Schmiede sowie andere Stallungen für Ochsen und Pferde im Vorhof. Diese Anlage bestand, als Hans Friedrich v. Künßberg, angeregt durch die großartigen Bauten seines Landesherren auf der Plassenburg, eine Neugestaltung von Wernstein beschloß. 1563 begannen die umfangreichen Um- und Neubauten. In zwei Abschnitten, 1563—70 und 1607—1618 vollzog sich die Veränderung zur jetzigen Gestalt. Die Burg war wohl zu klein geworden und in einer Zeit ersten aufkommenden Repräsentationswillens, wie er sich im Schönen Hof der Plassenburg dokumentiert, genügte die enge mittelalterliche Anlage durchaus nicht mehr den Ansprüchen.
Als erstes wurden die beiden alten Trakte um ein Stockwerk erhöht und der Nordflügel nach Osten verlängert, so daß er genausoweit vorreichte wie der Bergfrit. Dieser stand ehedem östlich vorgeschoben frei und wurde dann auf die gleiche Höhe gebracht, mit einer welschen Haube versehen und der daneben liegende Flügel, wie der Westflügel, mit einem schönen Volutengiebel abgeschlossen. Ein ehemals vorhandener Erker ist heute verschwunden. Weiter errichtete man im Innenhof einen großen Treppenturm. Auch er erhielt, wie der Bergfrit, eine welsche Haube. Damit war ein großartiger, sehr auffälliger Charakter der Anlagen entstanden und das mittelalterliche Bild total verändert. Der ehemals sicher nur durch eine Notleiter zu erreichende Einstieg in den Bergfrit erhielt nun auch einen eigenen kleinen Treppenturm, daneben lag im Parterre der Pferdestall, während die Keller als Vorratsräume dienten. Dieser Umbau, obwohl er mit den beiden vertikal und horizontal sehr schön gegliederten Giebeln und den Turmhauben einen großen Eindruck machte, scheint dem Bauherren noch nicht genügt zu haben, und so müssen wir wohl die Entstehung des sehr reichen Torhauses vor dem alten Burgtor erklären. Es wurde seit 1570 errichtet und bietet zusammen mit der Eingangsfront des unteren Schlosses die schönste Bauplastik des Hauses. Das Allianzwappen der Erbauer, Künßberg-Förtsch, weist auf den Bauherren. Dieser konnte sich wohl vor allem auf Grund der Heirat mit einer der drei Thurnauer Erbtöchter diesen kostspieligen Umbau

leisten, welcher alles was ritterschaftliche Häuser dieser Zeit zu bieten haben, auch Mitwitz und Wiesenthau, bei weitem übertrifft.

Waren die bisherigen Umbauten eine Umwandlung zu einem einheitlichen Bild, so beginnt in der folgenden Bauperiode für das obere Schloß eine zum Teil recht unschöne Stückelei. Der Nordflügel wird 1607 nach Norden verbreitert, überbaut so den ehemals freien Zwischenraum von Schloß und erstem Mauerkranz und muß durch mächtige Stützpfeiler abgefangen werden. Die Wehrgangkonstruktion ist an dieser Stelle dann innen weitergeführt.

1683 wird erneut angebaut und der Innenhof durch die Schließung der Baulücke zwischen Nord- und Westflügel im Südosten weiter eingeengt, obwohl der östliche Teil als Halle unten offenbleibt. Diese Bauten setzt man auf die alte Schildmauer. Die Wirkung für das Gesamtbild ist damit nicht unbedingt positiv verbessert worden. Aber andauernde Raumnot hatte einen erneuten Anbau dringend erforderlich gemacht. Direkt störend wirkt der gleichzeitige Anbau, welchen man an der Nordostecke des Komplexes zufügte und dessen unschöne Dachform sehr die Wirkung des Renaissancegiebels beeinträchtigt. In der Barockzeit hat man sich auf Veränderungen im Inneren beschränkt. Es wurde eine ganze Reihe sehr kräftiger und lebhafter Stuckdecken zum Teil in italienischer Art angebracht und ein sehr großzügiges Treppenhaus mit hübschen Balustern eingebaut, denn den Vorstellungen des damaligen Wohnens wollte natürlich ein Aufgang durch eine enge Wendeltreppe gar nicht mehr behagen. 1754 veränderte man die Fenster zum größten Teil mit neuen Rahmungen.

Den Charakter als Befestigung hatte Wernstein damals wohl schon verloren, obwohl 1682—83 noch einmal die Befestigungsanlagen erneuert und verbessert worden waren. Es war aber nunmehr nur noch ein Wohnschloß.

Mit der erzwungenen Aufgabe der ritterschaftlichen Eigenstaatlichkeit 1798 gingen die Künßberg aus Opposition in sächsische Dienste nach Hildburghausen und Meiningen. Wernstein verfiel und wurde kaum mehr bewohnt.

Erst um 1882 wurde dann das ganze Haus grundlegend renoviert und hierbei außen einige, glücklicherweise sehr unwesentliche, Veränderungen durchgeführt, die das Erscheinungsbild nicht beeinträchtigen. Nur im Inneren bauten die damaligen Bauherren Gustav und Max Freiherren von Künßberg mehrere Räume um. Der kürzlich verstorbene Vater des jetzigen Besitzers hat dann in den Jahren nach dem zweiten Weltkrieg wieder in vorbildlicher Weise versucht, nach und nach den gesamten, sehr umfangreichen Baukomplex des unteren und oberen Schlosses

herzurichten. Dabei wurden nach dem Aufbau einer ganzen Seite des eingestürzten unteren Schlosses, mit der Wiederherstellung der äußeren Mauerringe und Sicherung von gefährdeten Teilen begonnen, Dächer repariert, wesentlich verschönert und dann im Inneren die Räume instandgesetzt. Bei der Vielzahl von Zimmern, eine große schwierige Aufgabe. Heute ist wieder fast das gesamte Haus in einem gepflegten Zustand. Dabei wurde bei allen Neuerungen, seien es Fenster oder andere Veränderungen, immer auf die stilgerechte und denkmalpflegerisch einwandfreie Lösung der Aufgaben geachtet und so eine unlösbar erscheinende Aufgabe der Erhaltung eines der größten in Privatbesitz befindlichen Häuser Oberfrankens gelöst.
Das untere Schloß ist in seiner Entstehung wohl erst später anzusetzen als das obere. 1485 wird es zum ersten Male genannt.

Burganlage von Süden

1517 hat bereits ein erster Bau gestanden, der dann 1586–93 noch einmal umgestaltet wurde und wohl in einem Zuge seine heutige Gestalt erhielt. Dabei wurde im unteren Schloß ein riesiger Festsaal mit einem gewaltigen Gewölbe eingezogen, dessen einmalige Modellstukkaturen bei dem Einsturz der Hofwand des Haupthauses 1955 zugrundegingen. Nur eine Stirnwand hat sich auf dem Dachboden erhalten und gibt einen Eindruck von der Pracht dieses Saales, der in dieser Größe zur Zeit der Renaissance in keinem Schloß der näheren und weiteren Umgebung eine Entsprechung findet. 1705 war sogar die Außenmauer bereits schon einmal neu aufgeführt worden. Vielleicht haben die beiden Mauern die Last der übergroßen Decke nie so recht tragen können und sind deshalb beide einmal eingestürzt.

Der dritte Teil des Schlosses, der zweite Vorhof, dann Wirtschaftshof, war ehemals auch befestigt. Nur im Südwesten ist noch anlehnend an das untere Schloß eines der beiden Tore erhalten, welches den Zugang vom Süden aus ermöglichte. Dieser war vor allem durch den großen Turm gesichert, der den Südabschluß des unteren Schlosses bildete, 1742 wurde er unten mit einer abgeböschten Ummantelung versehen. Das Osttor des Vorhofes ist heute in einem Bauernhaus verbaut.

So liegt Wernstein vor uns als ein seltenes Zeugnis ritterschaftlicher Bauentfaltung in der Renaissance. Gewöhnlich sind wir vom Barock her auch größere Aufträge der Ritterschaft gewohnt, nicht aber in der Renaissance. Diese Tatsache und die hohe künstlerische Qualität verleihen Wernstein unter den fränkischen Burgen und Schlössern einen besonderen Rang.

Heute betritt man den Schloßbezirk über einen dem unteren Schloß vorgelagerten Platz. Von hier aus läßt sich sehr gut die untere Anlage überblicken. Über einem wehrhaften Erdgeschoß mit Schießscharten und wenigen Fenstern erhebt sich ein repräsentatives Obergeschoß mit großen Fenstern. Die beiden in einem stumpfen Winkel aneinanderstoßenden Trakte erfahren durch die Vorblendung von zwei Rundtürmen im südlichen Teil, mit reichen Bildhauerarbeiten an der Brüstungszone des Obergeschosses, welche an die Plassenburg erinnern, eine ungewöhnlich schöne Belebung. In der Mitte des Torturmes ist ein etwas beschädigtes Kruzifix angebracht, und auch sonst gibt es reiche Bauplastik, wie Wasserspeier, kräftige Gesimse und Masken. Die Urheberschaft so bekannter Künstler wie Daniel Engelhardt und Pankraz Wagner kann allerdings nur aufgrund von Stilvergleichen als recht wahrscheinlich gelten. Beweisen läßt sich hier leider nichts. Im Süden überragt der große Turm das untere Schloß, in dessen Innerem ein gewölbter Rundraum mit bemerkenswertem Beschlagwerk ähnlichem Stuck liegt.

Einen weiteren schönen Akzent setzt das Torhaus mit reichem Volutengiebel, der durch Halbsäulen und Gesimse gegliedert, die an das Nürnberger Tucherhaus erinnern, sehr lebhaft wirkt. Ein kleiner Erker zeigt in der Brüstung die Wappen der Erbauer und eine beschädigte Georgsskulptur. Rechts liegt ein um 1865 entstandener Anbau in zurückhaltender einfacher Form. Ein Inschriftenstein gibt über dem Portal Auskunft über die Bauzeit.

Von den alten Innenräumen des Renaissanceteiles ist leider kaum mehr etwas vorhanden. Der Saal wurde, wie erwähnt, durch einen Einsturz 1955 vernichtet.

Die obere Burg ist noch auf drei Seiten von den alten Mauerzügen mit Türmen umgeben. Auch altes Geschütz in den Mauertürmen ist noch heute vorhanden. — Die Kapelle im Osten ist in späterer Zeit profaniert worden. Auch liegt der Eingang zum oberen Schloß heute nicht mehr an derselben Stelle, denn das obere Schloß erreicht man entweder über die Treppe oder die seitlich geschwungene Auffahrt und passiert als erstes das prächtige Renaissancetorhaus mit dem von wilden Männern gehaltenen Wappen der Erbauer. Über zwei Brücken und Tore mit eisenbeschlagenen Torflügeln, auf welche als Zeichen des Jagdrechtes Läufe von Schwarz- und Rotwild genagelt sind, gelangt man in das Innere des Burghofes und von hier über die Wendeltreppe oder das barocke Treppenhaus in die Räume des Schlosses. Diese nehmen eine Fülle schönen Mobiliars und anderer Kunstgegenstände auf. Besonders erwähnenswert sind die sehr reichen Stuckdecken des Frühbarock, zum Teil mit schwerem Rankenwerk, Blüten, Früchten und Vögeln. Aber auch schon der elegante Bandelwerkdekor ist zu finden. Außerdem hat sich eine große Zahl ausgezeichneter Fayenceöfen des 18. Jahrhunderts erhalten, die große Ähnlichkeit mit Erzeugnissen aus Arzberg aufweisen. Sehr schön ist das chinesische Zimmer mit feinen Seidentapeten des 18. Jahrhunderts, die zur Zeit in mühevoller Kleinarbeit von der Hausfrau restauriert werden. Im Raum darüber ist eine besonders prachtvolle Stuckdecke mit zwei großen Wappen angebracht.
An den Türgewänden finden sich noch überall Sandsteinarbeiten der Renaissance. Das Originellste ist wohl eine an einen Kamin angeschlossene Orgel aus Stein, die auch ehemals funktioniert haben soll.

Treppenpfeiler „Sandsteinorgel" mit den Wappen Künßberg und Förtsch v. Thurnau

35 Guttenberg

Burg, Kreis Stadtsteinach

Unter den vier Schlössern Oberfrankens (Aufseß, Egloffstein, Guttenberg, Trockau), die noch heute im Besitze der Geschlechter sind, denen sie seit der ersten Erwähnung gehörten und auch deren Namen tragen, kann man Guttenberg zusammen mit Trockau als das Gepflegteste bezeichnen. Guttenberg taucht als letztes in dieser Reihe erst 1315 auf. Heinrich v. Blassenberg aus einem Ministerialen-Geschlecht der Andechs-Meranier, das 1148 zum ersten Male mit Nentwic de Blassenberg erscheint und 1632 erlischt, ist der erste nachweisbare Guttenberg am Ort. Aus dieser Familie gingen mit größter Wahrscheinlichkeit die Guttenberg und Künßberg, letztere mit dem gleichen Wappen wie die Blassenberg, hervor.
Mit dem Bau der ersten Burg Guttenberg nennen sich die Blassenberg auch Guttenberg. Das Geschlecht nannte sich also nach einer sicher schon

vorhandenen Siedlung und erhielt so seinen Namen. In Aufseß und Egloffstein war es umgekehrt, daß der Ort nach oder von einem Familienmitglied den Namen erhielt. Die heutige Burg Guttenberg hatte an anderer Stelle eine Vorgängerin, die nach Erbauung der Burg am jetzigen Platz im Jahre 1482 Altguttenberg genannt wurde. Schon bald scheint die Lehensauftragung erfolgt zu sein, denn 1342 verspricht Hans v. Guttenberg, der Sohn des Erbauers, dem Bamberger Bischof Leupold v. Egloffstein, ihm mit der „Veste Guttenberg“ zu dienen. Es hat dann wohl Streitigkeiten gegeben, jedenfalls gelobt er im folgenden Jahr, dem Burggrafen von Nürnberg zu dienen. 1352 wird eine Messe in der Kapelle gestiftet. Nach dem Tode Hans v. Guttenbergs ging der Besitz an seine 6 Söhne. In dem Teilungsvertrag wurden die zur Burg gehörigen Güter aufgeführt und die Pflichten jedes Einzelnen festgelegt. 1370 wurde ein Burgfrieden geschlossen, für dessen Nichtachtung hohe Strafen (auch die Todesstrafe) angesetzt waren. Außerdem war ausgemacht, daß nur an Familienmitglieder Anteile der Burg veräußert werden durften, auch der Preis war festgesetzt. Jeder, der neu in die Gemeinschaft aufgenommen wurde, mußte den Burgfrieden beschwören. Als erstes kriegerisches Ereignis größeren Ausmaßes dürften die Hussittenkriege dem Ort sehr zugesetzt haben, wie sich aus späteren Urkunden, in denen von zerstörten Gebäuden die Rede ist, herauslesen läßt. Das Schloß selber wurde vermutlich verschont. Schwierigkeiten ergaben sich auch innerhalb der Familie. Zwar gehörte Guttenberg zum Gebiet der Markgrafen, doch kam nach Erbauung der Burg Neuguttenberg in einem der Vorhöfe der Burg dieser Teil als Lehen 1492 an Bayern-Landshut, während Altguttenberg 1490 als Lehen zu Bayreuth ging. Es folgten weitere Lehensauftragungen der anderen Vettern u.a. auch an Bamberg. In der Folgezeit spitzten sich die Spannungen derart zu, daß die Familie, in Anhänger Bambergs und Bayreuths gespalten, in eine Fehde verwickelt wurde, deren Ende die Lehensabhängigkeit von $^2/_3$ der ehemals freieigenen Burg brachte. Damit war der größte Teil in der Hand der Markgrafen und $^1/_3$ bambergisch.

Von der Burg Altguttenberg wissen wir in etwa, wie sie ausgesehen hat. Das älteste bekannte Gebäude ist die Kapelle. Kunstmann nimmt sie in einem der Vorhöfe der Burg an. Weiter sind drei Brücken über Gräben genannt. Ein Vorhof wird anstelle der jetzigen Burg vermutet, ein anderer nördlich der ersten Burg Altguttenberg. Die Hauptburg hatte im Norden einen Turm und vier Kemenaten. Die alte Kemenate lag am Burgtor im Süden, anschließend die Küche. Nördlich anstoßend wurde eine alte ruinöse Kemenate nach 1427 wieder aufgebaut. Auf der gegenüberliegenden Seite lagen zwei weitere Kemenaten. Außerdem waren am Südwest- und Nordwestteil zwei Türme als Verstärkung für den vorgelagerten Zwinger angebaut, zu denen vermutlich ebensolche im Nordosten und Südosten gehörten. Im Süden lag ein vorspringendes Torhaus. Der nördliche Vorhof wurde scheinbar später aufgegeben. Die Urkunden berichten auch von schweren Bauschäden, die zu beseitigen manche Familienmitglieder nur mühsam bewegt werden konnten.

Dieser beschriebene Baubestand lag vor, als die Burg 1523 vom Schwäbischen Bund zerstört wurde. Hierzu kam es im Rahmen einer Fehde des Hans Thomas v. Absberg gegen den Schwäbischen Bund. Die Guttenberg waren in diese Streitigkeiten verwickelt und beteiligten sich an Raubüberfällen auf Kaufleute. Jörg Truchses v. Waldburg zum obersten Feldhauptmann in der Fehde des Schwäbischen Bundes gegen Absberg gewählt, erhielt Instruktionen, was u.a. mit dem Guttenbergschen Besitz zu geschehen hatte, welchen er restlos zerstören sollte, mit Ausnahme der Teile, die Jörg Guttenberg gehörten, welcher auf der Seite des Schwäbischen Bundes stand. Burg Guttenberg war, bevor ein Heer, bestehend aus 10000 Fußknechten und 1000 Reitern in Begleitung von schwerem, mittlerem und kleinem Geschütz, beide Burgen einnahm, von der Besatzung verlassen worden. Bei der Sprengung und Einäscherung der Burgen kamen dann aber auch die Teile zu Schaden, welche geschont werden sollten. Vor allem war wohl Neuguttenberg zerstört worden, aber auch die Ganerbenburg Altguttenberg hatte viel gelitten und die Kemenaten von unschuldigen Familienmitgliedern waren sehr stark in Mitleidenschaft gezogen worden. Den großen Turm hatte man sogar gesprengt, was zu verheerenden Schäden am gesamten Baukomplex führte. Ferner plünderte man auch die Räume der Burg und im Ort, welche den nicht beteiligten Vettern gehörten und dazu wurden die umliegenden Güter verwüstet, 1531 und 1532 dann aber schließlich doch Frieden geschlossen.

Der Bauernkrieg hat hingegen nicht ganz so fürchterliches angerichtet, da ja auch kaum noch unversehrte Teile übrig waren. Die z.T. schon vorher zerstörten Bauten hatten noch weiter zu leiden und wurden geplündert bzw. in Brand gesteckt. Im Großen und Ganzen kann man sagen, daß vermutlich das, was der Schwäbische Bund relativ unzerstört zurückgelassen hatte, nun stark gelitten hat. Zu Ende des 15. Jahrhunderts war Guttenberg bis auf einen kleinen freieigenen Rest, der schon früher als Ansitz bei dem großen Turm erscheint, und eine Kemenate, die an Bamberg zu Lehen ging, markgräfliches Lehen.

Von der einstmals sehr umfangreichen Anlage stand nach den beiden Kriegszerstörungen nur noch ein kleiner Teil. Um 1550 werden nurmehr zwei intakte Kemenaten erwähnt.

Ende des Jahrhunderts ist der Nordabschnitt im Besitze der Steinenhauser Linie abgetrennt und mit einem eigenen Zugang versehen worden, der von Norden her hineinführte. Damit war eine erste reguläre Teilung der Ganerbenburg vollzogen. Jeder dieser Teile hatte damit seinen eigenen Zugang. Gemeinsam blieben die Turmruine, Graben im Süden und Norden, Ringmauer und Brunnen. Dies wollte man, da es ja zumeist zerstört war, gemeinsam wiederaufbauen. Einige Gebäude des südlichen Burgbereiches wurden in der Folgezeit neu errichtet, das Steinenhauser Schloß, oder besser gesagt der Anteil dieser Linie, nun ausgebaut und renoviert. Die Vernichtung der nur notdürftig wieder hergestellten Burg kam am 18.4.1634, als der kaiserliche Kroatenoberst Marco Corpes nach Guttenberg zog, das Schloß verbrannte und den größten Teil des Ortes mit. Alles wurde geplündert und viele Einwohner ermordet. Das war das endgültige Ende, denn schon 1632 war eine erste Plünderung erfolgt. Von jetzt an blieb das Gelände eine Ruine, von der heute nur noch geringe Spuren vorhanden sind. Trotzdem wurden die einzelnen Teile weiter unter ihren alten Bezeichnungen verliehen, wobei der rechte von 1608 bis 1765 der Familie v. Varell gehörte, dann aber wieder an die Guttenberg kam. Erst 1852 wurde er, nun nicht mehr

Federzeichnung von Ch. Wilder 1813

Lehen, in reguläres Eigen umgewandelt. Obwohl seit der totalen Zerstörung über 200 Jahre vergangen waren, wurden diese Stücke immer noch gesondert als eigener Besitz aufgeführt. Das mutet in so später Zeit wohl grotesk an, man muß aber bedenken, daß an dem Platz zu Zeiten des alten Reiches immer noch das Recht haftete, die Gebäude wieder aufbauen zu können, welches ansonsten für Neubauten nicht unbedingt leicht zu erwerben war. Aus diesem Grunde ist in Belehnungen z.B. von einer Kemenate die Rede, selbst wenn an dieser Stelle schon längst Schafe weideten. Anders verhielt es sich bei einem anderen Teil, der nach Aussterben der belehnten Linie der Guttenberg an die Markgrafschaften heimfiel und dann nie mehr auftaucht, auch in Belehnungen anderer Linien nicht. Der ehemals bambergische Anteil wurde 1854 in volles Eigen umgewandelt. Damit verschwanden auch die letzten Dokumente, in denen der Name von Altguttenberg oder Teilen der Burg auftaucht. Heute sind nurmehr spärliche Reste und ein gewaltiger Keller erhalten. Alles andere wurde abgetragen, überbaut und in einen Park einbezogen.
Von den beiden bekannten Burgkapellen wurde 1352 eine zum ersten Male genannt. Sie stand in einem der Vorhöfe und fiel den Brandschatzungen des Schwäbischen Bundes zum Opfer. Die Kapelle am Schloßberg, heute evangelische Pfarrkirche, entstand Ende des 14. Jahrhunderts. Sie wurde im 30jährigen Krieg zerstört, wiederaufgebaut und 1682 neu gebaut, der jetzige Bau wurde 1800 vollendet, 1856—58 aber in ungünstiger Form das Innere renoviert.
Ist von der ersten Burg zu Guttenberg heute nichts mehr erhalten, so finden wir von der Burg Neuguttenberg heute noch viele Teile in dem nach der fürchterlichen Brandkatastrophe von 1908 wieder verwandten Mauerwerk. Vom 28.10.1482 an hat Philipp v. Guttenberg die ersten Anlagen von Neuguttenberg errichten lassen. 1497 war dann die Burg annähernd vollendet. Der erste Bau wird vermutlich eine Kemenate an Stelle des jetzigen Hauptbaues mit Ringmauer und Tor gewesen sein. Dieser Teil war im ehemals südlichen Vorhof gelegen. Auseinandersetzungen innerhalb der Familie werden der Grund für den Neubau gewesen sein, wie wir es in anderen Burgen auch finden. So entstand das Schloß Oberaufsess ja auch durch Streitigkeiten in Unteraufsess. Die Errichtung der Burg geschah ohne Einverständnis der Vettern, die nach dem Burgfriedensvertrag und anderen Abmachungen hätten genau unterrichtet werden müssen. Philipp scheint dann die anfangs kleine Anlage nach und nach vergrößert zu haben. Schwierigkeiten gab es ferner durch die Lehensauftragung von Neuguttenberg an den Herzog v. Bayern. Spannungen zwischen diesem und Bayreuth und Bamberg

wirkten sich auch auf dem diesen drei Herren zu Lehen gehenden Guttenberg aus, so daß in derart unsicheren Zeiten die Neue Burg recht bald als fertige Verteidigungsanlage fertiggestellt war. Altguttenberg wurde dann am 8.9.1497 von den Markgräflichen besetzt, während Neuguttenberg eine bayerische Besatzung hatte. Noch kurz vorher war es durch mehrere Grabenaushübe in besseren Verteidigungszustand gesetzt worden. Während dieser Besatzungszeit wurden ein neues Tor und ein neuer Zugang geschaffen, die heute verschwunden sind. Es ist fraglich, ob Neuguttenberg nicht zum Schluß doch von den Markgräflichen genommen worden ist.
Die Vernichtung durch den Schwäbischen Bund 1523 hat uns wie von Altguttenberg so auch von Neuguttenberg aufschlußreiche Abbildungen hinterlassen. Neuguttenberg war demnach zu der Zeit durch einen Graben, dort gelegen, wo heute der Hofraum zwischen äußerem und innerem Tor ist, gesichert. An das anschließende Torhaus stieß beiderseitig eine Kemenate an. Am Südende standen vor einem massiven Rundturm ein „hohes Haus" und ein „langes Haus". Die Verbindung zwischen vorderem und hinterem Teil stellte je eine Mauer dar. An der Ostseite war diese Mauer durch einen Turm unterbrochen. Alle Häuser mit Ausnahme des Bergfrits hatten Fachwerkobergeschosse. Als vorgeschobene Absicherung und zum seitlichen Abschluß des Grabens lag links vor der Kemenate am Burgtor ein Turm. Diese ganze Anlage wurde damals total zerstört. Im Bauernkrieg wurde nur ein inzwischen wieder aufgebauter kleiner Teil niedergebrannt, der Rest war damals noch Ruine. 1548 wurde Neuguttenberg markgräfliches Lehen, nachdem es vorher zu Bayern gehört hatte. Neuguttenberg war nach der Zerstörung durch den Schwäbischen Bund in dessen Hand gekommen und erst nach Beilegung der Streitigkeiten 1532 zurückgegeben worden. Der Wiederaufbau brachte eine gänzlich neue Gestaltung der Burganlage. Der Graben wurde aufgefüllt und an seine Nordseite eine gewaltige Schildmauer mit aufsitzendem Wehrgang errichtet. Durch die Schildmauer erfolgte der Eingang. Das Hauptgebäude am Südende wurde wieder errichtet, genauso ein anstoßender Rundturm und der westlich verlaufende lange Trakt mit einem dem Südost-Turm entsprechenden Südwestturm. Im 30jährigen Krieg hatte auch Neuguttenberg viel zu erleiden. 1631 wurde es besetzt und geplündert. 1632 ein zweites Mal. Teile des Inventars konnten aber nach Kulmbach gerettet werden. Im Zuge der Zerstörung von Altguttenberg 1632 wird auch Neuguttenberg stark in Mitleidenschaft gezogen worden sein, wie ja fast der gesamte Ort in Schutt und Asche lag. 1661 ist dann der Wiederaufbau abgeschlossen worden.

In der Folgezeit ist nicht mehr von Neuguttenberg, sondern nur noch vom Schloß Guttenberg die Rede, zuweilen auch vom Oberen Haus, im Gegensatz zum Unteren und Mittleren Schloß im Ort. 1713 wurde ein Turm abgerissen, was bis 1715 dauerte — Kunstmann vermutet, daß es sich um den Südwestturm gehandelt hat, — 1715 dann die Zwingermauer ausgebessert und erneuert. Ab 1730 beginnen die wesentlichen Veränderungen der Anlage.
Die Pferdestallungen wurden völlig neu aufgebaut, wozu Balthasar Neumann die Pläne überarbeitete. 1731 begannen die Ausführungen. Weiter errichtete man eine neue Fronveste (Gefängnis). Dächer wurden neu- und umgedeckt und ein Verwaltungsbau entstand gegenüber dem Eingang zur Schloßkapelle. Die Pferdestallungen, noch heute erhalten, wurden linkerhand vom Inneren Tor anstelle älterer Nebengebäude aufgeführt. 1738 sind der Zwinger erneuert und im gleichen Jahre ein Turm, wohl der heutige Glockenturm, in Auftrag gegeben worden. Anstelle des Wehrganges bekamen die Mauern eine Abdeckung aus Sandsteinplatten. 1741 war der Glockenturm fertig. 1738 wurden sogar ein Teich zwischen Schildmauer und Pferdestall angelegt, im folgenden Jahr der Turm an der Südostecke erhöht, 1748 die Schildmauer und die Ringmauern ausgebessert. Eine Schloßkapelle war — bis 1748 fertiggestellt — im heutigen ersten Geschoß des großen Turmes untergebracht. 1778 wurde dann endlich ein eigener Kapellenflügel errichtet. Das Dach auf dem langen Trakt veränderte man anschließend so, daß es dem auf der Kapelle ähnlich sah und erhöhte zur gleichen Zeit den Glockenturm. 1785 erfolgte die Weihe durch den in der Gegend weilenden Fürstbischof Franz Ludwig v. Erthal, die in einem sehr festlichen Rahmen unter Assistenz zahlreicher Mitglieder der Familie stattfand.
Im 19. Jahrhundert wurden einige Veränderungen im Park vorgenommen. Am Südwestende des Schlosses legte man eine kleine Terrasse an und am Südhang wurde ein Gewächshaus gebaut. Um 1831 riß man einen Teil der Nebengebäude ab, auch ein neuer Schloßteich wurde angelegt. Ein Gebäude im äußeren Vorhof, das 1854 noch bestand, ist heute gleichfalls verschwunden. Die Beseitigung dieser Nebenbauten, die zumeist Ställe und Lagerräume beinhalteten, wird wohl im Zuge der Umgestaltung des Schlosses in einen reinen Wohn- und Repräsentationsbau erfolgt sein, denn auch im 18. Jahrhundert hat man bereits das Bild störende Nebenbauten entfernt oder diese in schöneren Formen wieder aufgeführt. 1906 wurde das Hohe Haus total renoviert, wobei man die beiden oberen Stockwerke abtrug und neu aufführte.
Bei einer fürchterlichen Brandkatastrophe im Jahre 1908, die ihren Beginn in der Sakristei genommen hatte, sind das gesamte Hohe Haus, der

Saal

anstoßende lange Trakt und der Kirchenflügel bis auf die Grundmauern zerstört worden. Fast das gesamte Archiv verbrannte. Nur Weniges von dem kostbaren Inventar konnte gerettet werden, so ein wertvoller Gobelin, die Bibliothek, da sie in einem Nebengebäude untergebracht war, einige Bilder und weniges Andere. Nicht nur die Renovierungsarbeiten, welche zuvor mit einer Summe von 30000 Goldmark durchgeführt worden waren, wurden damit hinfällig, sondern alle Bemühungen, in den letzten zweihundert Jahren, das Schloß zu vergrößern, zu modernisieren, instandzusetzen, auszubauen und durch wertvolle Sammlungen zu bereichern. Unverzüglich wurde mit den Aufräumungsarbeiten begonnen und schon 1911 stand das Haus wieder in seiner alten Form.

So hat der Besucher heute die Anlage vor Augen, wie sie vor der Brandkatastrophe 1908 bestanden hat.

Vorbei an den Resten von Altguttenberg erreicht man das äußere Tor. Rechterhand liegt eine große Scheune, die ursprünglich in die Verteidigungsanlagen mit einbezogen war, da ihre Außenmauern noch Schießscharten aufweisen. Durch das Tor in der noch heute über 12 Meter hohen Schildmauer, betritt man den äußeren Hof. Von hier aus ist rechts der Zugang in den Kapellenflügel des Hauses gelegen. Daneben etwas zurückspringend weist das zweite, innere Tor den Eingang zum Innenhof. Im Ostteil des Vorhofes liegt die Kutschenhalle, heute Garage. Durch das zweite Tor betreten wir den Innenhof und stehen nun dem Komplex des Schlosses gegenüber, der an drei Seiten den Hof einrahmt. Rückwärtig zur zweiten Wehrmauer schließt der Pferdestall Balthasar Neumanns den Hof ab. Einige Nebengebäude schaffen die seitliche Verbindung zum Haupthaus. Zwar ist das Bild weitgehend durch die Barockisierung beherrscht — so sind z. B. alle Fenster geohrt —, doch kommen auch andere Schmuckelemente zum Vorschein, so vor allem neugotische Formen aus der Zeit des Wiederaufbaus nach 1908.

Das Innere der Burg gehört heute zu den schönsten Interieurs fränkischer Schlösser. Die Verluste von 1908 konnten durch eine verständnisvolle Ansammlung alten Inventars und durch Ergänzungen aus anderen Guttenbergschen Häusern wieder ausgeglichen werden. Auch in letzter Zeit wurden Erwerbungen zur Vervollkommnung der Einrichtung getätigt, welche eine Fülle erlesenen Inventars bietet und in einer großen Zahl von Erinnerungsstücken, Ahnenbildern, Möbeln und anderer Kleinkunst die bedeutende Geschichte der Familie lebendig werden läßt, die nicht nur in Oberfranken allein ansässig ist und Besitz hat, sondern ebenso in Unterfranken und der Rheinpfalz. Unterfranken mit seinem Zentrum Würzburg wurde dabei praktisch eine zweite Heimat des Geschlechtes, das dort wie auch in anderen geistlichen Residenzen Süddeutschlands seine Stadthäuser und Höfe hatte. Vor allem aber in Würzburg spielten Mitglieder des Hauses in der hochstiftischen Politik eine große Rolle, als hohe fürstbischöfliche Beamte und schließlich bestieg einer von ihnen sogar Ende des 17. Jahrhunderts als Fürstbischof von Würzburg den Stuhl des Heiligen Kilian. Im Gegensatz zu anderen reichsritterschaftlichen Familien, die evangelisch geblieben waren, — die Guttenbergs hatten sich in späterer Zeit wieder zum katholischen Glauben bekannt —, konnten sie in der für Franken blühendsten Zeit des Barock eine reiche Bautätigkeit entfalten und nahmen als hohe Würdenträger in weltlichen und geistlichen Ämtern am reichen kulturellen Leben der Hochstifte regen Anteil. Erzeugnissen aus dieser Zeit begegnet man allenthalben im Schloß, das heute wieder liebevoll gepflegt ein Refugium für die Familie bietet.

36 Heinersreuth

Schloß, Kreis Stadtsteinach

Das Neue Schloß oder Ministerhaus in Heinersreuth nördlich Stadtsteinach gehört zu den seltenen Beispielen klassizistischer Baukunst unter den fränkischen Schlössern. Zusammen mit dem benachbarten Alten (Wildensteiner) Schloß in einem gepflegten englischen Park gelegen, wird es heute von der Familie der Freiherren von Lerchenfeld bewohnt, welche aus dem Altbayerischen stammen und in der Gegend um Regensburg begütert waren und noch sind. Vorweg will ich nur kurz die Geschichte des Alten Schlosses behandeln, dem ich wegen seiner spät erfolgten, grundlegenden Umbauten den kleineren Raum widmen möchte.
Vom ersten Bau, der vermutlich im früheren 16. Jahrhundert von den Herren von Wildenstein, deren gleichnamige Stammburg unweit Presseck lag, errichtet wurde, ist nach außen hin heute so gut wie nichts mehr

sichtbar. Teile des Mauerwerkes dürften aber noch aus der Zeit stammen, desgleichen die Kellergewölbe. Mit dem auf finanziellen Schwierigkeiten beruhenden Besitzerwechsel des ganzen, zur Reichsritterschaft gehörenden, Wildensteinschen Vermögens an Friedrich Karl Graf Voit von Rieneck im Jahre 1697 wird es zum Amtssitz des Halsgerichtes Pressëck. Zu dieser Zeit sind vermutlich auch bauliche Veränderungen erfolgt. Aus dem 17. und 18. Jahrhundert rührt das Obergeschoß des Hauses her, welches aus Fachwerk gebaut, sich über massivem Erdgeschoß erhebt, und mit Schiefer verkleidet wurde. Ebenfalls einer älteren Bauperiode ist der östliche Rundturm zuzuordnen, welcher ehemals eine Wendeltreppe aufnahm. Der Reichsdeputationshauptschluß führte dazu, daß hier im Jahre 1812, wie an so vielen ehemals ritterschaftlichen Sitzen, ein Patrimonialgericht entstand. Nach dem Tode des letzten Rieneck 1823 fiel das Lehen Heinersreuth an den bayerischen König. Seit 1823 gehört der Besitz, mit der Belehnung des Finanzministers Freiherrn Maximilian v. Lerchenfeld durch König Maximilian I., der Familie, in deren Hand er sich noch heute befindet. Die Ablösung des Gerichtes erfolgte, früher als an anderen Orten, schon 1835. In unserem Jahrhundert wurde dann das Haus weitgehend umgebaut, 1921—23 ein Flügel und die Stallungen aufgestockt. Die Pläne lieferte der bayreuther Architekt Hans Reißinger. Durch diese Umbauten verlor das Haus wohl seinen alten Charakter. Es muß aber festgestellt werden, daß die Ausführung in zurückhaltenden Formen erfolgte und keine unharmonische Störung des Gesamtbildes entstanden ist, im Gegenteil, das Haus sogar ein recht gefälliges Aussehen erhielt. Im Gegensatz zu diesem Teil der herrschaftlichen Wohngebäude ist das Neue Schloß oder Ministerhaus „aus einem Guß" entstanden.

Den weitreichenden Beziehungen des Bauherrn in seiner Eigenschaft als bayerischer Gesandter und Minister dürfte die Verbindung zum hessendarmstädtischen Hofarchitekten Georg Moller zu verdanken sein. Wie sonst hätte ein Künstler, der in dieser Gegend sonst keine einzige Spur seines Wirkens hinterlassen hat, in so entlegenem Landstrich einen Auftrag annehmen und ausführen können. Die Entstehung des Baues können wir etwa auf das Jahr 1827 festlegen. Ein heute nur noch in der Kopie erhaltener Plan weist zumindest diese Jahreszahl auf. Der schlichte, zweigeschossige Putzbau liegt am Rand eines Hügels, der von dem Platz um das Haus langsam abfällt und von Park und Gärtnerei eingenommen wird.

Interessant ist vor allem an diesem so einfach gehaltenen Bau, daß keine der vier Fassaden der gegenüberliegenden gleicht. Jede ist für sich verschieden und wird von 3 und 4 Achsen (an den Schmalseiten), sowie

7 und 8 Achsen (an den Längsseiten) gegliedert. An letzteren nimmt jeweils die mittlere ein Portal auf. Sämtliche Fenster und Türen außen sind durch Rundbogen abgeschlossen. Nur die im Dachboden in jüngster Zeit ausgebauten Zimmer haben gerade Fenster. Sie waren von Moller auch nicht vorgesehen gewesen. Das einfache Äußere erfährt eine sparsame Gliederung durch 4 umlaufende Gesimse, von denen das unter der oberen Fensterreihe besonders stark ausgeführt ist. Über dem Boden zieht sich ein Sockelgeschoß aus Sandsteinquadern um das ganze Haus. Das Dach ruht auf einem weit vorragenden Konsolgesims aus Holz. Dem Eingang an der Südseite (er führt direkt in die Halle) ist eine zweiläufige Treppe mit halbrundem Podest vorgelagert. Einzigen Schmuck der Fassade bilden die oberhalb der Mittelfenster an derselben Seite angebrachten Wappen der Erbauer und der Vorbesitzer (Wildenstein). Sucht man in dem umfangreichen Werk Mollers, das leider durch den Krieg in seinen wesentlichen Teilen zerstört wurde, nach Parallelen zu diesem Schloß, so findet man außer gewissen Ähnlichkeiten dasselbe Schema fast nur bei dem Entwurf für Häuser der unteren Rheinstraße in Darmstadt. Bei dem Mittelbau dort ist eine ähnliche Behandlung der Fassade festzustellen. Moller war ja nicht nur mit der Errichtung von Einzelbauten befaßt, sondern plante den Bau ganzer Stadtteile und Straßenzüge im Auftrag des Großherzogs.
Die einzige wesentliche Veränderung des Äußeren von Heinersreuth erfolgte 1910 mit dem Anbau einer Holzveranda an der Westseite.

Halle im Parterre

Saal im ersten Stock

Die Innenräume sind ebenfalls zum größten Teil in ihrer ursprünglichen Einteilung erhalten geblieben. Das Zentrum des Hauses bildet die untere Halle mit zwei monumentalen kannelierten dorischen Säulen. Man findet diesen Typ bei einer Reihe von Mollers Projekten wieder.
Von der unteren Halle erfolgt der Zugang zum Treppenhaus, das genau in die Achse dieses Raumes einmündet. Die anschließenden Zimmer sind, ebenfalls in einer Achse, durch Türen verbunden. Den Zugang nach oben vermittelt die doppelläufige Treppe, der ein kleiner Seitenaufgang angefügt ist. Im oberen Stockwerk befindet sich ein großer Salon, der wie auch andere Räume, noch wesentliches Inventar aus der Erbauungszeit besitzt. Im Übrigen haben mehrere dem Sammeln zugetane Generationen eine Reihe schöner Möbel, Bilder etc. zusammengetragen, die in den Räumen eine im Vergleich zu vielen anderen Häusern, wohltuend gelockerte Aufstellung erfahren haben.
Mit diesem Landhaus geht die Epoche des klassischen Stils im fränkischen Schloßbau zuende. Es folgen zwar bei einzelnen Häusern später noch wesentliche Umbauten im „Stilmischmasch" des 19. Jahrhunderts, aber in einem „eindeutigen Stil" erbaute Schlösser werden mit Ausnahme von Oberlangenstadt nun nicht mehr errichtet.

Nachwort

Am Ende möchte ich noch ein kurzes Wort über den Aufbau des vorliegenden Bandes und Dank denjenigen Personen sagen, welche mich in meiner Arbeit so entgegenkommend unterstützt haben.
Die Auswahl dieses Buches, dessen Merkmal nicht die nur in vielen Bänden zu erreichende enzyklopädische Vollkommenheit sein konnte und sollte, erfolgte unter dem Gesichtspunkt, typische Beispiele der verschiedenartigen Gattungen fränkischer Schloßbaukunst vor Augen zu führen. Dieser Katalog wählt unter den vier Haupttypen aus und beginnt bei den kleinen Burgen jener reichsritterschaftlichen Geschlechter, welche die Masse der adligen Familien in Franken ausmachen, und die nicht durch überregional bedeutende Gestalten hervortreten. Denn als höhere Beamte, Offiziere oder Geistliche stellen diese Familien einen mittleren Durchschnitt dar, über den sie nur die Halbstaatlichkeit ihrer Besitzungen hinaushebt. Nur wenige unter diesen Geschlechtern weisen eine Vielzahl hervorragender Persönlichkeiten auf. Die Durchschnittlichkeit der Stellungen ihrer Angehörigen als Amtmänner, Militärs mittlerer Chargen und Räte der Umgebung des Landesherren ist hingegen viel bezeichnender als das hervorstechende Amt eines Ministers, Feldmarschalls oder gar Wahlfürsten eines Hochstiftes. In den mittleren Ämtern erhalten sie ihre Einkünfte, welche ihnen die oft kleinen Besitzungen mit ihren kargen Juraböden nur in unzureichendem Maße bieten können. Ihre Baukunst ist dementsprechend in der Regel auch bescheiden. Die mittelalterlichen Burgen und Ansitze unterscheidet daher manchmal nicht allzuviel von einem großen, befestigten Bauernhof, und auch die Schlösser der Renaissance und des Barock sind daher zumindest in ihren Ausmaßen oft recht zurückhaltend. Von diesen relativ kleinen Bauwerken mit oft recht einfacher Ausstattung gab es in Oberfranken viele hundert.
Die Geschlechter, denen nun eine größere Ansammlung von Besitz gelang, sind die Bauherren der zweiten Gruppe. Sie bilden für sich gesehen eine stattliche, im Vergleich zur vorherigen Kategorie aber wesentlich kleinere Zahl. Ihre Bauten fallen meist erheblich größer aus, oft schon Ausmaße erreichend, die an landesherrliche Anlagen erinnern. Wernstein der Freiherrn v. Künßberg oder Thurnau als Condominat der Künßberg und Giech sind hier großartige Beispiele. Mit dem Ende der strategischen Bedeutung der Burgen im 16. Jahrhundert setzen auch für diese großen Anlagen die Veränderungen ein, die aus vielen derartigen Bauwerken große Schlösser werden lassen, die in erster Linie Wohn- und

Repräsentationszwecken dienen. An vielen Stellen entstehen auch völlige Neubauten in ebensolchen Ausmaßen.
Eine weitere Gruppe bilden nun die Burg- und Schloßbauten der Landesherren, zumeist gewaltige Anlagen, hier in Oberfranken in erster Linie der Markgrafen von Bayreuth und der Fürstbischöfe von Bamberg. Ihre großen Bauwerke bezeichnen auch einen Höhepunkt in den architektonischen Leistungen dieses Landstriches. Auf Grund ihrer im Vergleich zum umliegenden Adel wesentlich besseren Finanzlage können sie auch weithin bedeutende und gesuchte Künstler beschäftigen.
Eine Vielzahl von Amts- und Verwaltungsbauten, die man als die vierte Gruppe betrachten kann, steht in der Folge dieser großen landesherrlichen Bauten und bildet den Abschluß.
Aus diesem Kreise sind hier nun wenige Beispiele ausgewählt, um stellvertretend für viele gleicher Art und Geschichte zu gelten. Die Arbeiten im Rahmen dieses Buches haben sich in erster Linie darauf beschränkt, den derzeitigen Forschungsstand wiederzugeben und das in den jeweiligen Häusern greifbare Material aufzuarbeiten. Weitere Detailforschungen waren nicht Absicht und auch im zeitlichen und technisch begrenzten Rahmen nicht möglich. Grundlage boten hier vor allem die nach dem Kriege erschienenen Kurzinventare, welche das Bayerische Landesamt für Denkmalpflege herausgibt, und die sehr detaillierten und gründlichen Forschungen von Hellmut Kunstmann, die sich vor allem mit der Fränkischen Schweiz befassen. Außerdem konnten die im Auftrag der Bayerischen Verwaltung der staatlichen Schlösser, Gärten und Seen von Erich Bachmann neu bearbeiteten Führer durch die zu dieser Verwaltung gehörigen Schlösser und Residenzen ausgewertet werden. Eine große Zahl an kleineren Einzelarbeiten über die verschiedenen Objekte stand ebenso zur Verfügung, wie Material aus den Privatarchiven vieler Besitzer.
Zum Schluß möchte ich Freiherrn Hans Max von und zu Aufsess, dem ich den Anstoß zu dieser Arbeit verdanke, meinen herzlichen Dank für diese Anregung aussprechen. Außerdem danke ich Herrn Hellmut Kunstmann, der mir in sehr entgegenkommender Weise seine bisherigen Forschungsergebnisse zur Verfügung gestellt hat, und vor allem auch den Stellen, die mir eine eingehende Besichtigung der Bauwerke ermöglicht haben, sowie den Besitzern, die mir in überaus freundlicher Weise ihre Häuser geöffnet haben und mir mit Rat und Tat hilfreich zur Seite standen. Schließlich möchte ich Herrn Wolfgang Weidlich für die vielen Mühen danken, die er mit der Herausgabe des Bandes hatte und bei denen er trotz mancher terminlicher Schwierigkeiten immer einen Weg gefunden hat.

Kunreuth, im November 1972

[illegible] Monstren [illegible]. In [illegible]

[illegible] Ursprung [illegible]

[illegible] Ende des Tages [illegible].

[illegible] Gedanken, die Alten zu [illegible] Regeln [illegible]

[illegible] Landes [illegible] ganz andere [illegible]

[illegible] Grund [illegible] Menschen [illegible] Kirche [illegible]

[illegible] Wege [illegible] Regeln [illegible]

[illegible] Wildnis [illegible] Natur [illegible] Kunst [illegible]

[illegible] Bauwerk [illegible] Welt [illegible]

[illegible] Wirklichkeit [illegible]

[illegible]

Register

Jugend

Knaur

Cesco, Federica de:
Söhne der Prärie
112 S. Mit zahlr. Abb.
Band 2202

Cesco, Federica de:
Der Türkisvogel
176 S. Band 2204

Cesco, Federica de:
Pferde, Wind und Sonne
176 S. Band 747

Curwood, James Oliver:
Neewa, das Bärenkind
176 S. Mit 27 Abb.
Band 2205

Gast, Lise:
Reiterpension Heidehof
128 S. Band 2201

Gripe, Maria:
Käfer fliegen in der Dämmerung
224 S. Band 2206

Krüss, James:
Das Buch der sieben Sachen zum Staunen und zum Lachen
192 S. Mit zahlr. Illustrationen. Band 758

Lang, O. F.:
Ein Haus unterm Baum
112 S. Band 2207

Mark Twain:
Die Abenteuer des Tom Sawyer
240 S. Band 634

Mark Twain:
Die Abenteuer des Huckleberry Finn
240 S. Band 639

Obermüller, Klara:
Gaby S
128 S. Band 2203

Müller-Mees, Elke:
Die schottische Distel
176 S. Band 2208

Simmel, Johannes Mario:
Ein Autobus groß wie die Welt
144 S. Mit 21 Illustrationen. Band 643

Simmel, Johannes Mario:
Meine Mutter darf es nie erfahren
160 S. Mit 20 Illustrationen. Band 649

Simmel, Johannes Mario:
Weinen streng verboten
176 S. Mit 20 Illustrationen. Band 652

Science Fiction

Knaur

Das Beste aus Raum und Zeit

Bass, T. J.:
Der Gott-Wal
256 S. Band 5751

Boyd, John:
Die Sirenen von Flora
224 S. Band 5746

Morressy, John:
Frostwelt und Traumfeuer
176 S. Band 5747

Simak, Clifford D.:
Mastodonia
224 S. Band 5748

Silverberg, Robert:
Auf zu den Hesperiden!
160 S. Band 5752

Sladek, John:
Roderick oder die Erziehung einer Maschine
304 S. Band 5750